Standardbasierte Testentwicklung und Leistungsmessung
Französisch in der Sekundarstufe I

Raphaela Porsch, Bernd Tesch & Olaf Köller (Hrsg.)

Standardbasierte Testentwicklung und Leistungsmessung

Französisch in der Sekundarstufe I

Waxmann 2010
Münster / New York / München / Berlin

Bibliografische Informationen der Deutschen Nationalbibliothek
Die Deutsche Nationalbibliothek verzeichnet diese Publikation in
der Deutschen Nationalbibliografie; detaillierte bibliografische
Daten sind im Internet über http://dnb.d-nb.de abrufbar.

ISBN 978-3-8309-2274-2

© Waxmann Verlag GmbH, Münster 2010

www.waxmann.com
info@waxmann.com

Umschlaggestaltung: Christian Averbeck, Münster
Umschlagfoto: Ewe Degiampietro – Fotalia.com
Satz: Stoddart Satz- und Layoutservice, Münster
Druck: Hubert & Co., Göttingen

Gedruckt auf alterungsbeständigem Papier,
säurefrei gemäß ISO 9706

Alle Rechte vorbehalten
Printed in Germany

Inhalt

Vorwort 7

Kapitel 1:
Bildungspolitischer und fachdidaktischer Rahmen

Daniela Caspari
1.1 Französischunterricht in Deutschland – aktuelle Situation und
Zukunftsperspektiven 11

Eynar Leupold
1.2 Länderübergreifende Bildungsstandards Französisch im Kontext von
Bildungspolitik, Fachdidaktik und Französischunterricht 25

Daniela Caspari, Rüdiger Grotjahn & Karin Kleppin
1.3 Testaufgaben und Lernaufgaben 46

Bernd Tesch
1.4 Tests für Französisch auf Grundlage des Gemeinsamen europäischen
Referenzrahmens (GER) 69

Kapitel 2:
**Messung der funktionalen kommunikativen Kompetenzen
im Fach Französisch**

Bernd Tesch
2.1 Ablauf und Organisation der Testentwicklung am
IQB im Projekt Französisch 75

Bernd Tesch
2.2 Überblick: Testung der funktionalen kommunikativen Kompetenzen 81

Rüdiger Grotjahn & Bernd Tesch
2.3 Messung der Leseverstehenskompetenz im Fach Französisch 91

Rüdiger Grotjahn & Bernd Tesch
2.4 Messung der Hörverstehenskompetenz im Fach Französisch 125

Raphaela Porsch & Bernd Tesch
2.5 Messung der Schreibkompetenz im Fach Französisch 151

Bernd Tesch & Rüdiger Grotjahn
2.6 Messung der fremdsprachlichen Sprechkompetenz im
Fach Französisch 177

Kapitel 3:
Erste empirische Befunde –
Französischleistungen in der Sekundarstufe I

Raphaela Porsch & Olaf Köller
3.1　Erste empirische Befunde der Pilotierungsstudie im Fach
　　　Französisch (Sekundarstufe I) 209

Raphaela Porsch, Bernd Tesch & Olaf Köller
3.2　Die Entwicklung von Kompetenzstufenmodellen zum
　　　Lese- und Hörverstehen im Fach Französisch 244

Raphaela Porsch
3.3　Die Erprobung eines Kodierschemas zur Messung der
　　　Schreibkompetenz im Fach Französisch 267

Verzeichnis verwendeter Fachbegriffe 287
Raphaela Porsch & Bernd Tesch

Anhang

Anhang 1: Beispielaufgaben 303

Anhang 2: Deskriptoren 316

Anhang 3: Testspezifikationen 333

Anhang 4: Formulare 337

Autorinnen und Autoren 357

Vorwort

Der nun vorliegende Band schließt an den 2008 erschienenen Sammelband zu den Lernaufgaben im Fach Französisch (Tesch, Leupold & Köller, 2008) an und fasst die Arbeiten des IQB von 2005 bis 2009 im Bereich der Testaufgabenentwicklung im Fach Französisch zusammen. Der Band umfasst drei Bereiche. Das erste Hauptkapitel („Bildungspolitischer und fachdidaktischer Rahmen") berührt grundsätzliche Fragen zur Situation des Fachs Französisch sowie der Testung und Vermittlung von Kompetenzen im Kontext der Bildungsstandards. Das zweite Hauptkapitel („Messung der funktionalen kommunikativen Kompetenzen im Fach Französisch") führt in die Testung von vier sprachlichen Teilkompetenzen – Hören, Lesen, Schreiben und Sprechen – ein und das dritte Hauptkapitel („Erste empirische Befunde – Französischleistungen in der Sekundarstufe I") stellt empirische Befunde aus den Schulleistungsstudien von 2007 und 2008 vor. Der Band endet mit einem Glossar von *Raphaela Porsch* und *Bernd Tesch*, in dem die wichtigsten Begriffe aus allen Kapiteln beschrieben werden.

Im ersten Kapitel stellt *Daniela Caspari* zunächst die Situation des Fachs Französisch in Deutschland dar. *Eynar Leupold* thematisiert die Funktion der Bildungsstandards fünf Jahre nach ihrer verbindlichen Einführung im Spannungsfeld von Bildungspolitik, Fachdidaktik und Praxis des Fremdsprachenunterrichts. *Daniela Caspari*, *Rüdiger Grotjahn* und *Karin Kleppin* arbeiten die Unterschiede von Lern- und Testaufgaben heraus und *Bernd Tesch* führt in standardbasierte Testverfahren am Beispiel der DELF-DALF-Prüfung sowie der schweizerischen „Basisstandards" ein.

Das zweite Hauptkapitel ist der Testentwicklung zu vier der fünf kommunikativen Kompetenzen in den „Bildungsstandards für die erste Fremdsprache" im Fach Französisch gewidmet. *Bernd Tesch* führt zunächst in die Arbeitsphasen und Abläufe im Projekt Französisch am IQB ein sowie – auf einer allgemeinen Ebene – in die Testung der sprachlichen Kompetenzen. *Rüdiger Grotjahn* und *Bernd Tesch* gehen anschließend im Detail auf die Testung im Bereich des Hör- und Leseverstehens ein, *Raphaela Porsch* und *Bernd Tesch* führen in die Schreibkompetenzmessung ein, *Bernd Tesch* und *Rüdiger Grotjahn* in die Testung des Sprechens.

Im dritten Teil stellen die Autoren erste empirische Befunde vor. *Raphaela Porsch* und *Olaf Köller* erläutern die Auswertung in der Pilotierungsstudie (2007), *Raphaela Porsch*, *Bernd Tesch* und *Olaf Köller* beschreiben und kommentieren die Entwicklung von Kompetenzstufenmodellen zum Hör- und Leseverstehen im Rahmen eines Standard-Settings und *Raphaela Porsch* stellt Befunde der Normierungsstudie (2008) zum Schreiben im Fach Französisch vor.

Das IQB und die Herausgeber danken allen Autoren, die als Kooperationspartner am Gelingen der Projekte mitwirkten, sowie den Aufgabenentwicklern und dem CIEP in Sèvres, das als Kooperationspartner maßgeblich an der ersten Phase der Aufgabenentwicklung beteiligt war. Besonderer Dank gilt zudem den studentischen Hilfskräften, da sie – oft unter erheblichem Zeitdruck – die Umsetzung von Aufgaben in Datenbanken und Testhefte durchzuführen hatten.

Nicht unerwähnt bleiben soll die finanzielle Unterstützung durch die Länder der Bundesrepublik Deutschland. Die Zuwendungsgeber verbinden den Auftrag an das IQB nicht nur mit der Erbringung von Serviceleistungen, sondern lassen Freiräume für die Bearbeitung von Forschungsfragen, wie sie in diesem Band aufgeworfen und beantwortet werden.

Die Herausgeber

Literatur

Tesch, B., Leupold, E. & Köller, O. (Hrsg.). (2008). *Bildungsstandards Französisch: konkret. Sekundarstufe I: Grundlagen, Aufgabenbeispiele und Unterrichtsanregungen.* Berlin: Cornelsen Scriptor.

Kapitel 1:
Bildungspolitischer und fachdidaktischer Rahmen

Daniela Caspari

1.1 Französischunterricht in Deutschland – aktuelle Situation und Zukunftsperspektiven[1]

1.1.1 Französisch als zweite und zweitwichtigste Schulfremdsprache

Wie die Lernerzahlen zeigen, ist Französisch nach wie vor mit großem Abstand die am häufigsten gewählte 2. Fremdsprache. Trotzdem wird über das Fach in der Öffentlichkeit nicht selten negativ berichtet, und auch in der Wahrnehmung von Eltern, Schülern und Lehrern scheint es im Laufe der letzten Jahrzehnte zunehmend an Attraktivität eingebüßt zu haben. Dies zeigt sich in der zunehmenden Beliebtheit bislang „exotischer" Sprachen, insbesondere des Chinesischen, sowie im Wiedererstarken des Lateinischen in einigen Bundesländern, die den Zeitpunkt des Beginns der 2. Fremdsprache vorverlegt haben. Als größte Bedrohung für das Französische wird jedoch das Spanische betrachtet, das in den letzten Jahren einen großen Aufschwung als dritte und zunehmend auch als 2. Fremdsprache erlebte.

Dabei ist, wie man den aktuellen Angaben des Statistischen Bundesamtes entnehmen kann, der Anteil von Französisch in den letzten 25 Jahren weitgehend unverändert geblieben: In Deutschland nahmen nach Angaben der Behörde im Schuljahr 2007/08 bezogen auf alle Bundesländer und alle Schulformen 18,5 Prozent der Schülerinnen und Schüler am Französischunterricht teil, das sind fast 1,7 Millionen Kinder und Jugendliche. Dagegen lernten mit 8,9 Prozent der Schülerinnen und Schüler bundesweit weniger als halb so viele Schüler Latein, während der Anteil der Spanischlerner bundesweit lediglich 3,1 Prozent betrug (das sind 285.480 Schüler).

Weitere Angaben zur Anzahl der Französischlerner:

Bezogen auf Schulformen:
In der Primarstufe lernten 2007/08 bundesweit 138.024 Schüler Französisch, die meisten davon in Baden-Württemberg, dem Saarland (wo Französisch i.d.R. die 1. Fremdsprache ist) und Rheinland-Pfalz.[2] Da in einigen Bundesländern Französisch in der Grundschule nur im Rahmen von Schulversuchen zugelassen ist und in den übrigen Bundesländern die Schüler als Alternative Englisch wählen können, lernten bundesweit 2007/08 lediglich 4,4 Prozent der Schüler in der Primarstufe Französisch (versus 58% Englisch).

---

1 Bei diesem Kapitel handelt es sich um eine stark überarbeitete und weiterentwickelte Version des Beitrags von Caspari (2008).
2 2005/06 lernten bundesweit noch 145.554 Grundschüler Französisch Der deutliche Rückgang dürfte auf die Entscheidung Baden-Württembergs zurückzuführen sein, auch in der sog. Rheinschiene Englisch als Alternative zu Französisch zuzulassen. Es steht zu erwarten, dass ein großer Anteil dieser neuen, für Französisch zum gegenwärtigen Zeitpunkt erst einmal „ausgefallenen" Jahrgänge als 2. Fremdsprache Französisch wählen wird.

In den schulformunabhängigen Orientierungsstufen, Realschulen, Gesamtschulen und Gymnasien lernten 2007/08 nahezu alle Kinder Englisch (93,9%). Bei den weiteren Fremdsprachen liegt Französisch mit 32,0 Prozent weit vor Latein (17,4%), Spanisch (5,9%) und Russisch (1,6%). Schlüsselt man diesen Bereich der Sekundarstufen I und II weiter auf, so wurde Französisch von den meisten Schülern am Gymnasium gelernt (70,5% aller Französischlerner), gefolgt von Realschulen (19,6%), integrierten Gesamtschulen (6,6%) und Schularten mit mehren Bildungsgängen (3,6%).

Bezogen auf Schulstufen:
Französisch wird traditionell am häufigsten als 2. Fremdsprache in der Klasse 7 (neuerdings auch 6, teilweise 5) gewählt. In der Sekundarstufe I hält Französisch mit ca. 32,7 Prozent nach Englisch denn auch konstant den zweithöchsten Prozentsatz an Lernern. Zwischen Klasse 11 und 12 in Ländern mit neunjähriger Gymnasialzeit bzw. zwischen Sek. I und II mit Ländern mit achtjähriger Gymnasialzeit nehmen die Zahlen der Französischlerner dann jedoch dramatisch ab: von Klasse 11 auf 12 deutschlandweit im Jahr 2006/07 auf weniger als 50 Prozent (von 142.895 Lernern in Klasse 11 auf 71.357 in Klasse 12). Besonders groß ist die Abnahme in Thüringen mit ca. 24 Prozent verbliebenen Lernern (Klasse 10: 5.209; Klasse 11: 1.297) sowie Baden-Württemberg (Klasse 11: 28.720 Lerner, Klasse 12: 7.715) und Bayern (Klasse 11: 22.112, Klasse 12: 5.696) mit je ca. 26 Prozent. Diese Zahlen lassen darauf schließen, dass sich der von Meißner bereits 1999 konstatierte Abwahltrend des Französischen als 2. bzw. 1. Fremdsprache in der Oberstufe fortsetzt. Die Zahlen der anderen Bundesländer sind möglicherweise nur deswegen höher, weil dort stärker die Möglichkeit besteht bzw. genutzt wird, Französisch in der Oberstufe als neu beginnende Fremdsprache zu wählen.

Bezogen auf Bundesländer:
Im Saarland nahm 2007/08 mehr als jeder zweite Schüler aller allgemeinbildenden Schulen (ohne Schulkindergarten und Vorklassen) am Französischunterricht teil (62,6%), u.a. weil dort in der Primarstufe als Fremdsprache nahezu ausschließlich Französisch unterrichtet wird. Auch in Baden-Württemberg (26,7%), Hessen (22,8%) und Brandenburg (20,4%) lernten überdurchschnittlich viele Schüler Französisch. Dagegen wiesen Bayern und Sachsen (je 12%) sowie Mecklenburg-Vorpommern (12,4%) die niedrigsten Schüleranteile mit Französischunterricht auf.

Ist angesichts der erfreulichen Nachricht, dass der Anteil der Französischlerner in den letzten 20 Jahren nahezu unverändert geblieben ist, die Einschätzung des Französischen als eines „Faches in der Krise" überhaupt haltbar? Es steht in der Tat nicht zu befürchten, dass Französisch binnen kurzem seinen Status als wichtigste 2. Schulfremdsprache verlieren wird. Es ist aber wohl realistisch, dass Französisch in Zukunft Anteile am „Lernerkuchen" abgeben muss. Dafür spricht zum einen die Tatsache, dass es selbst einen Teil seiner bislang stabil gebliebenen Lernerzahlen der massiven Abwahl des Russischen in den neuen Bundesländern verdankt. Zum anderen lassen die sinkenden Schülerzahlen und die hohen Zuwachsraten für das Spanische mittelfristig einen Rückgang des Französischen erwarten (z.B. kann man bundesweit an Gymnasien innerhalb von sechs Jahren einen Anstieg der Spanischlerner um über 100 Prozent feststellen (2001/02 gab es 101.583 Spanischlerner, 2007/08 227.744).

Wo liegen in dieser Situation die speziellen Herausforderungen und auch die besonderen Chancen des Französischen als Schulfremdsprache?

1.1.2 Gründe für die Wahl des Französischen

Anders als für die Pflichtfremdsprache Englisch müssen sich die Schülerinnen und Schüler und ihre Eltern aktiv für Französisch entscheiden. Dies können sie nur in einigen Bundesländern bereits in der Grundschule tun, in weiterführenden Schulen i.d.R. auch nur in den Schulformen, die zum Mittleren Schulabschluss nach der 10. Klasse oder zum Abitur führen. Die Entscheidung für Französisch wird also in der Regel erst nach mehreren Jahren des einmütig als wichtig empfundenen Englischunterrichts und angesichts anderer Alternativen (andere Fremdsprachen oder andere Fächer im Wahlpflichtbereich) getroffen. Welches sind in dieser Situation Gründe, die für das Französisch sprechen?[3]

Im Wesentlichen sind für Eltern und Schüler pragmatische Überlegungen zum Verkehrswert des Französischen entscheidend, z.B. die Anzahl der Muttersprachler, die Anzahl der Länder, in denen Französisch gesprochen wird oder die Vorteile in Beruf und Studium. Weitere Gründe für die Wahl des Französischen zu einem möglichst frühen Zeitpunkt liegen in den biologischen und lernpsychologischen Voraussetzungen der Schülerinnen und Schüler sowie in der schulischen Sprachenfolge (Französisch erscheint nach Englisch oft als besonders schwierig). Auch für den Erwerb individueller schulischer Mehrsprachigkeit hat sich die Wahl von Französisch bislang als besonders förderlich erwiesen (zuletzt Meißner, Beckmann & Schröder-Sura, 2008). Weitere Gründe für das Französische als Schulfremdsprache sind die zahlreichen Förder-, Unterstützungs- und Austauschprogramme in Deutschland wie in Frankreich, die letztlich auf die deutsch-französischen Verträge von 1963 und 2003 zurückgehen. Dagegen scheint das traditionell hohe Prestige des Französischen als Sprache und die Attraktivität Frankreichs als Reise- und Kulturland für die heutige Schüler- und Elterngeneration nicht mehr im gleichen Maße wie früher zu gelten.

1.1.3 Gründe für die Abwahl des Französischen

Trotz der vielen guten Gründe wählt nur ein Teil der in Frage kommenden Schüler Französisch als 1., 2. oder 3. Fremdsprache. Informell werden häufig der hohe Schwierigkeitsgrad des Französischen, die zahlreichen Fehlermöglichkeiten der Sprache, der hohe Arbeitsaufwand im Vergleich zum (Noten-)Ergebnis sowie die relative geographische und kulturelle Ferne des Französischen angeführt (zum letzten Punkt vgl. Caspari, 2001).

Aber auch im Verlauf des Lehrgangs scheint es oft nicht zu gelingen, die Schülerinnen und Schüler dauerhaft für das Französischlernen zu begeistern. Dies zeigt sich besonders deutlich in der oben bereits genannten hohen Abwahlquote des Französischen nach Klasse 11 bzw. 10, denn sie resultiert ja nicht in erster Linie

---

3   Vgl. hierzu Caspari (2008) und Caspari & Rössler (2008). Dort auch die entsprechenden Gründe für die Wahl von Spanisch.

auf vorweggenommenen Erwartungen (wie bei der Wahl des Französischen in Klasse 3 oder 6/7) oder dem allgemeinen Prestige dieser Sprache. Stattdessen ist diese hohe Quote zum einen ein Resultat bildungspolitischer Vorgaben der einzelnen Bundesländer wie dem Zwang zur Fortführung der 1. Fremdsprache oder der Möglichkeit, eine in Klasse 11 neu begonnene Fremdsprache mit der dann oft besseren Note in die Abiturnote einzubringen. Sie ist auch ein Resultat von Sachzwängen wie den Wahl- und Kombinationsmöglichkeiten in der Oberstufe. Vor allem aber ist sie ein Ergebnis von mehreren Jahren erlebten Unterrichts.

Und hier, so hat man den Eindruck, ist eine – wenn nicht sogar die wichtigste – Ursache für die „Krise" des Französischen zu finden. Wie Bittner (2003) in einer Umfrage unter Hamburger Oberstufenschülern feststellte, sind die häufigsten Abwahlgründe die schlechten Zensuren, der hohe Schwierigkeitsgrad des Faches und Kritik an der Unterrichtsgestaltung, insbesondere wird zu wenig freies Sprechen und ungenügende Wortschatzarbeit beklagt (vgl. zu diesem Thema auch Wernsing, 2000). Da der von Lernern empfundene hohe Schwierigkeitsgrad zumindest beim Lesen und Hören nicht den tatsächlichen Leistungsdaten entspricht (vgl. Kapitel 3.2), sollte unbedingt der Frage nachgegangen werden, wie die Lerner zu ihrer subjektiven Wahrnehmung gelangen. Möglicherweise ist auch sie ein Produkt des Unterrichts bzw. der bisherigen Formen der Leistungsbewertung.

Küster (2007) hat mit seinen Studierenden in Berlin ähnliche Ergebnisse ermittelt: Obwohl fast die Hälfte (41%) der befragten Schülerinnen und Schüler der Jahrgangsstufen 9, 10 und 11 private Verbindungen zu Frankreich und seinen kulturellen Ausdrucksformen pflegt, spricht über ein Drittel der Befragten dem Fach „ganz oder teilweise eine innere Kündigung" aus (ebd., S. 221). Die Mehrheit der Unzufriedenen empfindet die Sprache als zu schwierig und den Unterricht als zu langweilig. Insbesondere wird Kritik an der Gewichtung der Unterrichtsinhalte geäußert: Während die Prioritäten im erlebten Unterricht in absteigender Tendenz Grammatik, Wortschatz und mit Abstand Landeskunde und Literatur/Filme sind, wünscht sich die große Mehrheit der Befragten eine umgekehrte Reihenfolge: Literatur und Filme vor Wortschatz und, mit leichtem Abstand, Landeskunde. Grammatik landet abgeschlagen auf Platz 4 (ebd., S. 215).

Die Gründe für die Unzufriedenheit mit dem Schulfach Französisch, die wohl kaum auf Hamburg und Berlin beschränkt sein dürften, machen deutlich, dass der Rückgang der Lernerzahlen weder ausschließlich auf äußeren Faktoren beruht noch ein unabwendbares Schicksal bedeutet. Im Gegenteil, sie liefern dem Französischunterricht Anhaltspunkte für Wege aus seiner, in weiten Teilen wohl hausgemachten, Krise.

1.1.4 Das wichtigste Ziel: Steigerung der Schülermotivation

Zu dieser Krise zählt auch die Wahrnehmung einer beständig abnehmenden Schülermotivation: Die Studien von Holder (2005) und Meißner et al. (2008) bestätigen den von vielen Lehrkräften geäußerten Eindruck, dass die durchschnittliche Beliebtheit des Französischen teilweise deutlich hinter dem des Englischen liegt, insbesondere bei Jungen. Viele Lehrerinnen und Lehrer klagen zudem darüber, dass die Anfangsmotivation relativ schnell nachlasse bis zu dem (im neunjährigen Gymnasium) absoluten Tiefpunkt in Klasse 11, in der sich die Schüler zu fast gar nichts mehr bewegen ließen. Außerdem entwickele sich nach der Pubertät Lernfreude und Anstrengungsbereitschaft zwischen guten und schlechten Schülern deutlich auseinander, wobei gruppendynamische Prozesse („Streber") die Motivation weiter reduzieren (vgl. Reinfried, 2002a).

In der Tat stellt der Fremdsprachenerwerb in Form eines schulischen Langzeitlehrgangs die Schüler vor erhebliche motivationale Herausforderungen (vgl. Düwell, 2002, S. 166f.): Das Lernen ist sequentiell angelegt, d.h. es kann nichts abgelegt oder „vergessen" werden, weil die gelernten Ausdrucksmittel in immer wieder neuen Situationen neu kombiniert und angewandt werden müssen, der schrittweise Aufbau der kommunikativen Kompetenz erfordert viel Durchhaltevermögen und die Diskrepanz zwischen Ausdrucksvermögen und Sprechabsicht verlangt den Schülern eine hohe Frustrationstoleranz ab.

Auch wenn Lehrer keine Schülermotivation schaffen können, so können sie ihre Schüler doch darin unterstützen, ihre Lern- und Anstrengungsbereitschaft zu erhöhen und in sinnvolle Lernakte zum Fremdsprachenerwerb zu überführen. Dazu dürften, wie aus den o.g. Untersuchungen abzuleiten ist, vor allem andere Schwerpunktsetzungen und eine attraktivere Unterrichtsgestaltung gehören. Bittner (2003) und Küster (2007) fordern insbesondere dem freien Sprechen im Unterricht einen deutlich größeren Raum zu geben und den Erwerb dieser Kompetenz systematisch zu unterstützen. Auch die Sprachrezeption sollte nicht nur an Lehrwerkstexten erfolgen, die von den Schülerinnen und Schülern zumeist als wenig interessant eingeschätzt werden, sondern anhand subjektiv belangvoller Texte. Im methodischen Bereich wird von Küster (2007, S. 221) vorgeschlagen, verstärkt innovative Verfahren wie Kreatives Schreiben, *simulation globale* oder Stationenlernen einzusetzen und häufiger kooperative Sozialformen anzuwenden. Inhaltlich könnte der Unterricht stärker landeskundlich-interkulturell ausgerichtet werden, nach dem Motto „mehr Frankreich [und Francophonie] in den Französischunterricht bringen" (Schumann, 2004, S. 275), insbesondere durch authentische Texte und Filme. Es liegen zahlreiche erprobte Konzepte vor, wie dies bereits zu einem frühen Zeitpunkt geschehen kann.

Reinfried (2002b, S. 185ff.) sieht weitere Möglichkeiten im lerner- und unterrichtsbezogenen Bereich die Motivation der Lerner zu unterstützen. Besonders wichtig scheint es, die Selbstwirksamkeit zu erhöhen, also das Vertrauen des Schülers, aufgrund seiner eigenen Fähigkeiten auch schwierige Aufgaben und Probleme lösen zu können. Dies kann zum einen dadurch geschehen, dass die unerreichbar erscheinende Zielsetzung „Französisch können" aufgespalten wird in realistische kurz-, mittel- und langfristige Ziele und dass deren Erreichen bewusst als Lernerfolg bzw. als Kompetenzzuwachs wahrgenommen wird. Eine individuumzentrierte Bezugsnorm bei der Beurteilung unterstützt diesen Effekt. Selbstwirksamkeit kann ebenfalls durch das Bearbeiten von Lernaufgaben (s.u.) erfahren werden sowie durch die Gelegenheit, bereits ab dem 1. oder 2. Lernjahr in realen oder medial vermittelten Kommunikationssituationen sein Können zu erproben.

Diese Überlegungen deuten bereits an, dass es eine Reihe von Möglichkeiten für einen konstruktiven Umgang mit den Problemen des Französischunterrichts gibt, auch für die Förderung von Jungen (vgl. Bonin, 2009, S. 20–22). Diese sind nicht zuletzt ein Ergebnis der schulischen, fachdidaktischen und bildungspolitischen Veränderungen der letzten Jahre.

1.1.5 Rahmenbedingungen und Anstöße für Veränderungen im Französischunterricht

(1) Organisatorische Rahmenbedingungen

In den meisten Bundesländern haben sich durch die verbindliche Einführung des Fremdsprachenunterrichts in der Grundschule (i.d.R. ab Klasse 3, in Baden-Württemberg, Rheinland-Pfalz, Brandenburg und Nordrhein-Westfalen[4] bereits ab Klasse 1) auch für den Französischunterricht Veränderungen ergeben. Zum einen deswegen, weil der dort erteilte Unterricht inzwischen kein mehr oder weniger unverbindlicher „Frühbeginn" mehr ist, wie es in der Erprobungsphase der 1990er Jahre zumeist der Fall war. Inzwischen gilt der Fremdsprachenunterricht in der Primarstufe als Fundament für die Weiterführung in der Sekundarstufe, was in Berlin z.B. durch den schulformübergreifenden „Rahmenplan Französisch Grundschule und Sekundarstufe I" von 2006 auch administrativ zum Ausdruck kommt.

Diese Einbindung des Primarstufenunterrichts in den Langzeitlehrgang führt zu teilweise deutlichen Veränderungen in den Zielsetzungen für die Primarstufe („ergebnisorientierter Unterricht"). Gleichzeitig erfordert sie von den Lehrenden und den Lehrwerken in den weiterführenden Schulen ein grundlegendes Umdenken im Sinne eines Ernst-Nehmens und bewussten Anknüpfens an die in der Primarstufe erworbenen Kompetenzen mit dem Ziel ihres behutsamen Ausbaus (Stichwort „Übergangsproblematik"). Als Hilfsmittel zur Diagnose der individuellen Vorkenntnisse und Kompetenzen, auf denen der weiterführende Unterricht aufbauen soll, werden in einigen Bundesländern sog. Lernstandserhebungen zu Beginn der weiterführenden Schule angeboten bzw. verpflichtend gemacht.

Zum anderen haben die meisten Bundesländer den traditionell in Klasse 7 erfolgenden Beginn der 2. Fremdsprache inzwischen auf Klasse 6, teilweise auf Klasse 5 vorverlegt. Auch diese Maßnahme verlangt eine Veränderung in den Zielsetzungen und der Methodik gegenüber dem traditionellen Lehrgang ab Klasse 7, denn 10- und 11-jährige Schüler haben andere Interessen und lernen anders als 12- und 13-jährige Schüler. Außerdem bringen alle diese Schüler bereits Erfahrungen mit dem Lernen mindestens einer Fremdsprache mit, eine Tatsache, die im Französischunterricht bislang viel zu wenig berücksichtigt wurde.

Das Angebot von Französisch in der Grundschule sowie die Vorverlegung der 2. Fremdsprache dürften mittelfristig zur Ausweitung des Anteils bilingualen Sachfachunterrichts führen. Zwar wurden die ersten bilingualen Züge und Zweige, in denen Französisch als Unterrichtsmedium für ein Sachfach fungiert, bereits in den 1970er Jahren eingerichtet, sie konnten sich für Französisch aber nicht in dem gleichen Maße durchsetzen wie für die 1. Fremdsprache und *lingua franca* Englisch. Die Vorverlegung des Französischen, das steigende Interesse von Schülern und Eltern sowie eine größere Flexibilität in den Konzepten bilingualen Unterrichts insbesondere in Form bilingualer Module, dürften dazu beitragen, dass sich sowohl das Fächerspektrum als auch die Menge bilingualen Unterrichts mit Französisch insbesondere in den weiterführenden Schulen erhöhen wird.

---

4 In NRW wird als 1. Fremdsprache allerdings nur Englisch unterrichtet.

(2) Prinzipien modernen Französischunterrichts

Neben diesen äußeren Faktoren haben bereits seit längerem die Entwicklungen in der allgemeinen Didaktik und in der Fremdsprachendidaktik zu einer deutlichen Veränderung der Konzeption von Französischunterricht geführt. Als wichtigste Prinzipien modernen Französischunterrichts gelten (vgl. Nieweler, 2006; Caspari, 2008): Die Orientierung an den Kompetenzen, Bedürfnissen und Interessen der Schüler, die binnendifferenzierte bzw. individualisierte Unterrichtsformen nahe legt, die Wertschätzung nicht nur des Lernergebnisses, sondern ebenfalls des Lernprozesses, was u.a. bedeutet, die Ziele und Vorgehensweisen des Unterrichts bewusst zu machen und über Lernprozesse nachzudenken, die Schaffung von vielfältigen Gelegenheiten zu möglichst authentischem sprachlichen Handeln, die Verbindung kognitiver, affektiver und körperlich-motorischer Zugänge zum Lernen, die Öffnung des Fachunterrichts in Bezug auf Unterrichtsmethoden, Lerninhalte und außerschulische Lebenswelt, die Förderung von Lernerautonomie, d.h., die Befähigung der Schüler, ihr Lernen zunehmend eigenverantwortlich zu gestalten.

Für den schulischen Französischunterricht recht neu ist das Prinzip der Aufgabenorientierung (*task based* oder *task oriented learning*) (Ellis, 2004; Nunan, 2004; Müller-Hartmann & Schocker-v. Ditfurth, 2005). Darunter versteht man, den Sprachunterricht nicht in der traditionellen Abfolge Einführung – Übung – Anwendung – Transfer zu organisieren. Stattdessen werden die Schüler zu Beginn einer Unterrichtssequenz unmittelbar mit einer komplexen, inhaltlich für sie interessanten Lernaufgabe konfrontiert, die sie in einzelne Arbeitsschritte aufspalten. Während der Bearbeitung dieser Aufgabe erwerben und üben sie das dafür notwendige inhaltliche und sprachliche Wissen und wenden es direkt an. Lernaufgaben verlangen am Ende oft ein Produkt, z.B. eine Präsentation, verschiedene mündliche oder schriftliche Texte oder ein Portfolio, an dem sichtbar wird, was die Schüler gelernt haben bzw. in welchen Kompetenzen sie sich verbessern konnten und an welchen Stellen noch Nachhol- oder Übungsbedarf besteht.

Da die gängigen schulischen Lehrwerke bislang noch keine Lernaufgaben im Sinn dieser neueren Konzeption enthalten, hat das Institut für Qualitätsentwicklung im Bildungswesen (IQB) in den Jahren 2005 bis 2007 Lehrerinnen und Lehrer aus verschiedenen Bundesländern in Zusammenarbeit mit Fremdsprachendidaktikern Lernaufgaben entwickeln lassen (vgl. Tesch, Leupold & Köller, 2008[5]). Welche Zielsetzungen mit diesen Lernaufgaben erreicht werden können, welche Kriterien bei ihrer Entwicklung zugrunde gelegt wurden und wie sie im Unterricht eingesetzt werden können, legen Caspari und Kleppin (2008) dar. Ziel der genannten Publikation ist es, Lehrkräften an konkreten Beispielen zu zeigen, wie sie mit kompetenzorientierten Lernaufgaben die komplexen, weit über die Bildungsstandards für die 1. Fremdsprache (KMK, 2003) hinausgehenden Zielsetzungen des Französischunterrichts realisieren und die Schüler gleichzeitig auf die Testung der Kompetenzen im Mittleren Schulabschluss oder in VERA-8 vorbereiten können. Damit soll verhindert werden, dass sich der Französischunterricht in Phasen allgemeinen

---

5   Diese Sammlung enthält nur einen Teil der entwickelten Aufgaben. Alle Aufgaben findet man seit Oktober 2009 im Internet unter www.iqb.hu-berlin.de/bista/aufbsp/frz [24.10.09].

Spracherwerbs und Phasen gezielter Testvorbereitung aufspaltet bzw. sich zu stark auf die Textvorbereitung konzentriert.

(3) Kompetenzorientierter Fremdsprachenunterricht

Die bedeutendste Änderung, die der Französischunterricht in den letzten Jahren erfahren hat, ist seine Ausrichtung an der Entwicklung von Kompetenzen. Dieses Prinzip wurde zwar schon vom kommunikativen Ansatz der 1970er Jahre eingefordert, es wurde im Fremdsprachenunterricht jedoch zumeist nur in der „schwachen Variante" realisiert (Legutke & Thomas, 1991). Kompetenzorientierter Unterricht bietet dagegen die Chance, fast ein halbes Jahrhundert später endlich eine „starke Variante" kommunikativen Unterrichts zu realisieren, d.h. einen projekt- und aufgabenbasierten Unterricht, der auf die von Grundwortschatzlisten und strukturalen Progressionen auferlegten Zwänge des lehrgangsbasierten Unterrichts keine Rücksicht nimmt (Legutke & Thomas, 1991). Anders als von Lehrkräften oft vermutet, ist ein weites Verständnis von „Kompetenzorientierung" (vgl. Hu & Leupold, 2008) ebenfalls gut geeignet, die oben genannten Prinzipien modernen Französischunterrichts zu realisieren, da lediglich das Ausmaß der zu erreichenden Kompetenzen, nicht jedoch die individuellen Lernwege vorgegeben sind.

Grundlage kompetenzorientierten Französischunterrichts sind der Gemeinsame europäische Referenzrahmen für Sprachen (GER; Europarat, 2001) sowie die Bildungsstandards für die 1. Fremdsprache (KMK, 2003). Am Prinzip der Kompetenzorientierung, insbesondere in der Fassung der beiden Dokumente wird von Lehrkräften wie von Fremdsprachendidaktikern deutliche Kritik geübt (z.B. Bausch, Christ, Königs & Krumm, 2003; Bausch, Burwitz-Melzer, Königs & Krumm, 2005; Burwitz-Melzer & Quetz, 2006; Hallet & Müller-Hartmann, 2006; Deutsche Gesellschaft für Fremdsprachenforschung, 2008; Küster, 2006). Sie richtet sich insbesondere gegen die bildungs- und schulpolitischen Implikationen, u.a. wird befürchtet, dass die Ausrichtung des Schulunterrichts auf Standards zu standardisiertem Unterricht und standardisierten Schülern führen könne. Außerdem erschienen die Regelstandards der Bildungsstandards, die erst jetzt empirisch überprüft wurden, für einen großen Teil der Schülerschaft unrealistisch hoch. Ein weiterer – für Lehrkräfte oft der zentrale – Kritikpunkt liegt in der hohen Bedeutung, die standardisierte Tests, z.B. die Tests zum Mittleren Schulabschluss, jetzt je nach Bundesland einnehmen. Neben der Sorge eines *teaching to the test* wird zu Recht bemängelt, dass die Ergebnisse von Schulleistungsstudien bis jetzt nicht zu einer Verbesserung der Lernbedingungen für Schüler und Lehrer geführt hätten.

Auch wird die Sorge laut, dass die Fokussierung auf Kompetenzen einen Unterricht ohne Inhalte und eine Reduktion des Unterrichts auf die vier Fertigkeiten bewirke. Insbesondere angesichts des traditionellen, gymnasial geprägten Selbstverständnisses des Französischunterrichts wird heftige Kritik an dem fast völligen Fehlen von literarischen Texten und literaturspezifischen Kompetenzen geübt. Aus Sicht des Französischen sind ebenfalls die zu geringe Betonung der Mehrsprachigkeit und das Fehlen einer fremdsprachenspezifischen Konturierung interkultureller Kompetenzen zu bemängeln.

Trotz dieser berechtigten und ernst zu nehmenden Kritik, die bei einer Überarbeitung der Bildungsstandards und bei der Erstellung der geplanten Abiturstandards unbedingt berücksichtigt werden sollte, stellt die Kompetenzorientierung m.E. eine große Chance für die Weiterentwicklung des Französischunterrichts dar (vgl. Caspari, 2009; Leupold, 2007). Denn nach wie vor ist, wie Legutke und Thomas (1991) es mit „schwache Variante des kommunikativen Ansatzes" bezeichnen, der Sprachunterricht Französisch in der Sekundarstufe I in hohem Maße auf den Erwerb sprachlicher Mittel (insb. Grammatik und Wortschatz) ausgerichtet. Dies liegt aufgrund des i.d.R. lehrwerksbasierten Unterrichts in der Sekundarstufe I nicht zuletzt an der Ausrichtung der Französischlehrwerke an grammatischer Progression und, damit verbunden, an dem sehr umfangreichen Angebot an Übungsaufgaben zum Grammatik- und Wortschatzerwerb. Zwar weisen neuere Lehrwerke insbesondere in den Bänden für Fortgeschrittene mehr Übungen zu den einzelnen sprachlichen Kompetenzen auf (z.B. in Form einer Vorbereitung auf DELF-Tests) und sie enthalten ebenfalls Hinweise auf Arbeitstechniken und Lernstrategien. Sie sind jedoch nach wie vor nicht an einer systematischen Schulung sprachlich-kommunikativer Kompetenzen ausgerichtet (vgl. z.B. die Befunde zum Sprechen von Dienes & Mendez, 2007). Häufig gelingt es den Unterrichtenden im Fach Französisch – wie auch in anderen Fremdsprachen – nicht, bei Parallelarbeiten Lektionsziele im Sinne des Abarbeitens bestimmter Lehrwerksabschnitte durch echte Kompetenzziele zu ersetzen bzw. generell auf kompetenzorientierte Klassenarbeiten hinzusteuern.

Für Lehrkräfte und Schüler stellt es daher eine große, auch zeitliche Herausforderung dar, die mit der Kompetenzorientierung verbundenen wichtigen Veränderungen des Französischunterrichts in der Sekundarstufe umzusetzen. Dass dies keinesfalls allein durch das Bereitstellen von guten Lernaufgaben und erprobten Überprüfungsformaten und -kriterien zu leisten ist, zeigen die Unterrichtsbeobachtungen von Tesch (2010). Er schlussfolgert aus seiner Analyse des unterrichtlichen Umgangs mit kompetenzorientierten Lernaufgaben, dass Lehrkräfte einer systematischen und langfristigen Unterstützung, z.B. in Form von Aktionsforschungsprojekten, bedürften, um ihren gewohnten Unterricht entsprechend zu verändern. Günstig wäre es insbesondere, wenn Projekte zur Veränderung des Unterrichts von mehreren Kollegen einer Fachgruppe getragen würden. Immer wieder wird geäußert, dass Eltern, Schüler, Fachkollegen und Schulleitungen es reformbereiten Lehrkräften schwer machten, ihre Ideen umzusetzen, wo doch Kollege X im Buch schon viel weiter sei oder die Schüler bei Kollegin Y völlig durcheinander kämen, weil sie bestimmte grammatische Phänomene einfach vorzöge. Lehrkräfte berichten, dass es, besonders wenn Englisch zuvor traditionell unterrichtet worden sei, bis zu zwei Jahre dauere, bis alle Beteiligten merkten, wie sehr sie vom kompetenzorientierten Unterricht profitierten.

Trotzdem sollten angesichts der o.g. Chancen die Bildungsstandards m.E. ebenfalls für Französisch als 2. Fremdsprache verbindlich gemacht werden. Auch das Vorziehen der 2. Fremdsprache und die Tatsache, dass am Ende von Klasse 10 in der 1. und 2. Fremdsprache das gleiche Niveau erreicht werden soll, legen dies dringend nahe. Einige Bundesländer richten die Lehrpläne der 2. Fremdsprache bereits nach denen der ersten aus bzw. gestalten, wie in Berlin, einen gemeinsamen sprachenübergreifenden Lehrplan Englisch – Französisch für die 1., 2. und 3. Fremdsprache. Zudem könnte Französisch als 2. Fremdsprache, wie oben bereits angedeutet, dann noch stärker auf die im vorangegangenen Englischunterricht erworbenen Kompetenzen aufbauen.

1.1.6 Fazit und Ausblick

Leider ist der Französischunterricht im deutschsprachigen Raum noch fast gar nicht empirisch erforscht. Bis auf die Untersuchung von Tesch (2010) liegen bislang noch keine Studien auf der Basis von Unterrichtsbeobachtungen vor. Auch die Ergebnisse des IQB-Ländervergleichs werden erst 2010 veröffentlicht. Die genannten Untersuchungen zur Motivation bzw. zu Abwahlmotiven im Fach Französisch und die Analyse von Lehrwerken stellen daher neben der „geteilten Wahrnehmung" vieler Studierender und Kollegen die wichtigsten Quellen für eine Einschätzung der Realität des Französischunterrichtes dar. Das hat zur Folge, dass die vielfältigen Versuche von Lehrkräften, Aus- und Fortbildnern, den Französischunterricht vor Ort zu reformieren, in dieser Darstellung möglicherweise zu kurz gekommen sind.

Dass solche Veränderungen jedoch unbedingt flächendeckend erfolgen müssen, zeigen die zu Beginn vorgestellten Lernerzahlen. Will man die Position des Französischen als zweitwichtigste Fremdsprache auf Dauer erhalten, dann liegt in den genannten Veränderungen eine große Chance. Die Chance nämlich, den Französischunterricht so zu verändern, dass er für Schülerinnen und Schüler (und auch für Lehrerinnen und Lehrer) attraktiver wird. Dabei sind jedoch nicht nur die Lehrkräfte, sondern auch die Fachdidaktiker und Bildungspolitiker gefordert.

Es wurde bereits erwähnt, dass die Schüler des Französischen über die im Vergleich zum Lernaufwand schlechten Noten klagen – eine Bewertung jedoch, die sich nicht primär an den sprachlichen Fehlern, sondern an den gezeigten Kompetenzen orientiert, kann den tatsächlichen Leistungen eines Schülers besser gerecht werden. Noch zu lösen ist indes das Problem, wie die verschiedenen Formen der Leistungsbeurteilung, insbesondere die unterschiedlichen Bezugsnormen, so miteinander kombiniert werden, dass ein gerechtes Gesamturteil entsteht.

Außerdem klagen die Lerner über den zu hohen Schwierigkeitsgrad des Faches – ein Unterricht, der die Zielsetzungen in Form von konkreten Kompetenzbeschreibungen transparent macht, die Kompetenzen gezielt fördert und durch Selbst- und Fremdbeurteilung die erreichten Fortschritte deutlich macht, kann diesem Eindruck entgegenwirken.

Zudem klagen sie über zu wenig freies Sprechen – kompetenzorientierter Unterricht verlangt, nicht nur die bislang die Leistungsüberprüfung dominierenden schriftlichen Kompetenzen zu schulen. Stattdessen solle alle fünf Fertigkeitsbereiche isoliert und kombiniert, insbesondere das im schulischen Fremdsprachenunterricht bislang tendenziell eher vernachlässigte Hören und Sprechen sowie die neu hinzugekommene Sprachmittlung systematisch entwickelt werden. Kompetenzorientierung bietet somit die Chance, den tatsächlichen Gebrauch der Fremdsprache zu erreichen.

Jedoch muss der von der Fremdsprachendidaktik geforderte weite Kompetenzbegriff (vgl. Deutsche Gesellschaft für Fremdsprachenforschung, 2008) noch konkretisiert werden, verlangt er doch, nicht nur die funktional-pragmatischen Kompetenzen zu fördern, sondern ebenfalls die anderen Kompetenzen und Bildungsziele des Faches, allen voran das Leitziel interkulturelle Kompetenz. In diesem Zusammenhang ist zum einen deutlich zwischen Lern-, Diagnose- und Testaufgaben zu unterscheiden (vgl. Kapitel 1.4). Zum anderen ist zu entscheiden, welche Zielsetzungen des Französischunterrichts auf welche Weise überprüft werden können und sollen. Das bisherige Nebeneinander verschiedener Formen und die von den Ländern „verordneten" zentralen Tests führen unter Lehrkräften derzeit zu großem Unmut.

Es wurde bereits mehrfach angedeutet, dass Französisch als 2. oder 3. Fremdsprache anders unterrichtet werden muss als als 1. Fremdsprache. Die Einbindung in ein Gesamtsprachen-Curriculum (Hufeisen & Lutjeharms, 2005) könnte ebenfalls dazu beitragen, die Position des Faches und seinen Beitrag zum Erwerb fremdsprachlicher Kompetenzen genauer zu bestimmen. Nicht vergessen werden darf hierbei die systematische Berücksichtigung der Herkunftssprachen der Schülerinnen und Schüler sowie ihrer Erfahrungen und Vorstellungen vom Fremdsprachenlernen. Wie Rück (2009) zeigen konnte, liegt hier auch für Französisch als 2. Fremdsprache noch ein großes Potential brach, das möglicherweise neue Schülergruppen anziehen würde.

Wie sich all diese erst seit kurzem wirksamen bzw. noch notwendigen Veränderungen langfristig auf die Entwicklung des Schulfaches Französisch auswirken werden, ist noch nicht absehbar. Ebenso wichtig dürfte für das Französische, wie für alle 2. und 3. Fremdsprachen, jedoch die zukünftige Bildungspolitik sein: Wie verändert sich der Anteil der Gymnasien im Vergleich zu den geplanten schulartübergreifenden Formen in der Sek. I? Welche Regelungen werden dort für die Fortführung von Französisch als 1. Fremdsprache getroffen? Welche für den Einsatzzeitpunkt und die Dauer der 2./3. Fremdsprache? Welches werden die Eintrittsbedingungen in die gymnasiale Oberstufe sein? Wird es dort weiter die Möglichkeit geben, eine Fremdsprache neu zu beginnen? Wie werden die Stundentafeln in Klasse 11 und 12 gestaltet, was wird aus den bisherigen Grund- und Leistungskursen? Wird Latein weiterhin Privilegien genießen, insb. in Bayern (vgl. Neveling, 2006)? Und nicht zuletzt: Wie groß ist die Bereitschaft der Bundesländer, dem vielfach geäußerten Wunsch nach mehr bilingualem Unterricht zu entsprechen, auch durch konzertierte Maßnahmen zur Aus-, Fort- und Weiterbildung von Lehrkräften?

Prinzipiell verfügt das Schulfach Französisch über gute Voraussetzungen, weiterhin die mit Abstand zweite und zweitwichtigste Fremdsprache in deutschen Schulen zu bleiben – wenn noch mehr Lehrkräfte die Weiterentwicklung des Faches als Herausforderung begreifen und wenn die Bildungspolitik sie dabei stärker als bisher unterstützt.

Literatur

Bausch, K.-R. & Burwitz-Melzer, E. & Königs, F. G. & Krumm, H-J. (Hrsg.). (2005). *Bildungsstandards für den Fremdsprachenunterricht auf dem Prüfstand*. Arbeitspapiere der 25. Frühjahrskonferenz zur Erforschung des Fremdsprachenunterrichts. Tübingen: Narr.

Bausch, K-.R., Christ, H., Königs, F. G. & Krumm, H.-J. (2003). *Der Gemeinsame europäische Referenzrahmen für Sprachen in der Diskussion*. Arbeitspapiere der 22. Frühjahrskonferenz zur Erforschung des Fremdsprachenunterrichts. Tübingen: Narr.

Bittner, C. (2003). Der Teilnehmerschwund im Französischunterricht – Eine unabwendbare Entwicklung? Eine empirische Studie am Beispiel der gymnasialen Oberstufe. *Französisch heute, 34*, 338–353.

Bonin, J. (2009). Jungenförderung im Französischunterricht? *Französisch heute, 40* (1), 15–24.

Burwitz-Melzer, E. & Quetz, J. (2006). Trügerische Sicherheit: Referenzniveaus als Passepartout für den Fremdsprachenunterricht? In J.-P. Timm (Hrsg.), *Fremdsprachenlernen und Fremdsprachenforschung: Kompetenzen, Standards, Lernformen, Evaluation* (S. 355–372). Tübingen: Narr.

Caspari, D. (2001). „Für die allermeisten Schüler ist Frankreich ein Land wie China": Welche Schwierigkeiten haben Französischlehrer/innen und wie begegnen sie ihnen? (Einige Fallbeispiele). In D. Abendroth-Timmer & G. Bach (Hrsg), *Mehrsprachiges Europa. Festschrift für Michael Wendt zum 60. Geburtstag* (S. 233–246). Tübingen: Narr.

Caspari, D. (2008). Zur Situation des Französischunterrichts. In B. Tesch, E. Leupold & O. Köller (Hrsg.), *Bildungsstandards Französisch: konkret. Sekundarstufe I: Grundlagen, Aufgabenbeispiele und Unterrichtsanregungen* (S. 18–34). Berlin: Cornelsen Scriptor.

Caspari, D. (2009). Kompetenzorientierter Französischunterricht – zentrale Prinzipien und ihre Konsequenzen für die Planung von Unterricht. *Französisch heute, 40* (2), 73–78.

Caspari, D., Grotjahn, R. & Kleppin, K. (2008). Kompetenzorientierung und Aufgaben. In B. Tesch, E. Leupold & O. Köller (Hrsg.), *Bildungsstandards Französisch: konkret. Sekundarstufe I: Grundlagen, Aufgabenbeispiele und Unterrichtsanregungen* (S. 85–87). Berlin: Cornelsen Scriptor.

Caspari, D. & Kleppin, K. (2008). Lernaufgaben: Kriterien und Beispiele. In B. Tesch, E. Leupold & O. Köller (Hrsg.), *Bildungsstandards Französisch: konkret. Sekundarstufe I: Grundlagen, Aufgabenbeispiele und Unterrichtsanregungen* (S. 88–148). Berlin: Cornelsen Scriptor.

Caspari, D. & Rössler, A. (2008). Die Zukunft des Fremdsprachenunterrichts: Französisch gegen Spanisch? Anmerkungen aus der Sicht der Mehrsprachigkeitsdidaktik. *Zeitschrift für Fremdsprachenforschung, 19* (1), 61–82.

Deutsche Gesellschaft für Fremdsprachenforschung (2008). *Positionspapier von Vorstand und Beirat. Kompetenzorientierung, Bildungsstandards und fremdsprachliches Lernen – Herausforderungen an die Fremdsprachenforschung*. (Koordination A. Hu; Mitarbeit D. Caspari, A. Grünewald, A. Hu, L. Küster, G. Nold, H. J. Vollmer, W. Zydatiß). Verfügbar unter: www.dgff.de/fileadmin/user_upload/dokumente/Sonstiges/Kompetenz papier_DGFF.pdf [26.10.09].

Dienes, K. & Mendez, C. (2007). Sprechen lernen mit Lehrwerken? Eine vergleichende Analyse von À Plus! und Découvertes. *Praxis Fremdsprachenunterricht, 4* (2), 43–48.

Düwell, H. (2002). Motivation, Emotion und Motivierung im Kontext des Lehrens und Lernens fremder Sprachen. *Französisch heute, 33* (2), 166–181.

Ellis, R. (2004). *Task-based language learning and teaching*. Oxford: Oxford University Press.

Europarat (Hrsg.). (2001). *Gemeinsamer Europäischer Referenzrahmen für Sprachen: lehren, lernen, bewerten*. München: Langenscheidt.

Hallet, W. & Müller-Hartmann, A. (2006). For better or for worse? Bildungsstandards Englisch im Überblick. *Der Fremdsprachliche Unterricht Englisch 40* (81), 2–9.

Holder, M. C. (2005). *Fähigkeitsselbstkonzept und Leistungsmotivations im Fremdsprachenunterricht*. Bern: Peter Lang.

Hu, A. & Leupold, E. (2008). Kompetenzorientierung und Französischunterricht. In B. Tesch, E. Leupold & O. Köller (Hrsg.), *Bildungsstandards Französisch: konkret. Sekundarstufe I: Grundlagen, Aufgabenbeispiele und Unterrichtsanregungen* (S. 51–74). Berlin: Cornelsen Scriptor.

Hufeisen, B. & Lutjeharms, M. (Hrsg.) (2005). *Gesamtsprachencurriculum, Integrierte Sprachendidaktik, Common Curriculum. Theoretische Überlegungen und Beispiele der Umsetzung*. Tübingen: Narr.

KMK (2003). Beschlüsse der Kultusministerkonferenz. *Bildungsstandards für die erste Fremdsprache (Englisch/Französisch) für den Mittleren Schulabschluss*. Beschluss vom 04.12.2003. Verfügbar unter: www.kmk.org/dokumentation/beschluesse-der-kmk/beschluesse-aus-dem-bereich-des-allgemeinbildenden-schulwesens.html [26.10.09].

Küster, L. (2006). Auf dem Verordnungswege. Zu Risiken und Nebenwirkungen der Bildungsstandards für die erste Fremdsprache. Dcr *Fremdsprachliche Unterricht Englisch, 40* (81), 18–21.

Küster, L. (2007). Schülermotivation und Unterrichtsalltag im Fach Französisch: Ergebnisse einer schriftlichen Befragung an Berliner Gymnasien. *Französisch heute, 38* (3), 210–226.

Legutke, M. K. & Thomas, H. (1993). *Process and experience in the language classroom*. 2. Auflage. London/New York: Longman.

Leupold, E. (2007). Bildungsstandards Französisch: Chance und Herausforderung für die Fachdidaktik und den Französischunterricht. *Zeitschrift für Romanische Sprachen und ihre Didaktik, 1* (1), 11–24.

Meißner, F.-J. (1999). Lernerkontingente des Französischunterrichts in der Sekundarstufe II: 1989 und zehn Jahre danach. *Französisch heute, 30* (3), 346–351.

Meißner, F.-J., Beckmann, C. & Schröder-Sura, A. (Hrsg.) (2008). *Mehrsprachigkeit fördern, Vielfalt und Reichtum Europas in der Schule nutzen (MES). Zwei deutsche Stichproben einer internationalen Studie in den Klassen 5 und 9 zu Sprachen und Fremdsprachenunterricht*. Tübingen: Narr.

Müller-Hartmann, A. & Schocker-v. Ditfurth, M. (Hrsg.) (2005). *Aufgabenorientierung im Fremdsprachenunterricht. Task-Based Language Learning and Teaching*. Tübingen: Narr.

Neveling, C. (2006). Leichter Französisch durch Latein? *Französisch heute, 37* (1), 36–46.

Nieweler, A. (Hrsg.) (2006). *Fachdidaktik Französisch: Tradition, Innovation, Praxis*. Stuttgart: Klett-Kallmeyer.

Nunan, D. (2004). *Task-Based Language Teaching*. Cambridge: Cambridge University Press.

Reinfried, M. (2002a). Der Unterricht des Französischen in Deutschland. In I. Kolboom, T. Kotschi & E. Reichel (Hrsg.), *Handbuch Französisch: Sprache, Literatur, Kultur, Gesellschaft* (S. 143–154). Berlin: Erich Schmidt Verlag.

Reinfried, M. (2002b). Motivationsförderung im Französischunterricht. *Französisch heute, 33* (2), 182–197.

Rück, N. (2009). *Auffassungen von Fremdsprachenlernen monolingualer und plurilingualer Schülerinnen und Schüler*. Kassel: Kassel University Press.

Schumann, A. (2004). Zur Förderung der Motivation im Französischunterricht durch Inhaltsorientierung. In W. Börner & K. Vogel (Hrsg.), *Emotion und Kognition im Fremdsprachenunterricht* (S. 263–273). Tübingen: Narr.

Statistisches Bundesamt (2007/08). *Bildung und Kultur. Allgemeinbildende Schulen. Fachserie 11 Reihe 1.* Verfügbar unter: www.ec.destatis.de/ [26.10.09].

Tesch, B. (2010). *Kompetenzorientierte Lernaufgaben im Fremdsprachenunterricht. Konzeptionelle Grundlagen und eine rekonstruktive Studie zur Unterrichtspraxis.* Frankfurt am Main: Peter Lang.

Tesch, B., Leupold, E. & Köller, O. (Hrsg.). (2008). *Bildungsstandards Französisch: konkret. Sekundarstufe I: Grundlagen, Aufgabenbeispiele und Unterrichtsanregungen.* Berlin: Cornelsen Scriptor.

Wernsing, A. V. (2000). Warum Französisch auf der roten Liste steht. *Französisch heute, 31* (2), 194–203.

Eynar Leupold

1.2 Länderübergreifende Bildungsstandards Französisch im Kontext von Bildungspolitik, Fachdidaktik und Französischunterricht

1.2.1 Einführung

Es sind immer wieder Schlüsselwörter, die im Zusammenhang mit dem Lehren und Lernen in der Schule insgesamt und mit Bezug auf einzelne Fächer Diskussionen bestimmen, Emotionen auslösen und persönliche Betroffenheit erkennen lassen. Solche Reaktionen konnte man zum Beispiel lange Zeit bei dem Begriff „Gesamtschule" erkennen. Der Begriff „Mengenlehre" war im Fach Mathematik über Jahre hinweg Kristallisationspunkt für lebhafte Auseinandersetzungen, und für den Sprachunterricht – ungeachtet aller methodischen Veränderungen – bleibt „Grammatik", wenn schon nicht ein Unwort, so doch ein Reizwort, das bei Lehrerinnen und Lehrern, Eltern sowie betroffenen Schülerinnen und Schülern eine breite Palette von Gefühlen auslöst.[1] Es gibt Anlass, das Wort „Bildungsstandard" schon jetzt in die Kette dieser Schlüsselwörter aufzunehmen.

Seit dem Erscheinen der ersten länderübergreifenden Bildungsstandards in den Jahren 2003 und 2004 haben die Dokumente selbst und die zugrunde liegenden bildungspolitischen Entscheidungen in Deutschland vielfältige Reaktionen hervorgerufen. Die Bildungsstandards wurden seit ihrer Veröffentlichung und bis in die Gegenwart hinein nicht nur zum Gegenstand von Publikationen, Kongressen und Informationsveranstaltungen für die interessierte Fachöffentlichkeit, sondern sie gelangten aufgrund der Dissemination in den Medien auch ins Bewusstsein einer breiten Öffentlichkeit.

Wenn man sich heute, also mehr als fünf Jahre nach dem Erscheinen, darauf einlässt, Ausführungen zu den Bildungsstandards zu machen, kann dies in zweifacher Weise nicht mehr voraussetzungslos geschehen. Als Autor gilt es, sich die eigene, über die Jahre erfolgte differenzierte Meinungsbildung zu vergegenwärtigen, und mit Blick auf die potentiellen Leser aus dem Umfeld von Fremdsprachenunterricht und Fremdsprachendidaktik liegt es nahe, angesichts der breiten Diskussion der vergangenen Jahre ein Grundwissen zum Thema „Bildungsstandards" in Rechnung zu stellen.

Der Devise des französischen Lyrikers Paul Valéry „Les événements ne sont que l'écume des choses, ce qui m'intéresse, c'est la mer"[2] folgend, ist es in den nachfolgenden Ausführungen weniger die Absicht, einmal mehr punktuell kritische Äußerungen zu den KMK-Bildungsstandards aufzugreifen und zu vertiefen. Das Anliegen des vorliegenden Beitrags besteht vielmehr darin, die länderübergreifenden Bildungsstandards als Element und zugleich Auslöser (fach)didaktischer Entwicklungslinien von Schule und Fremdsprachenunterricht auszuweisen. Dementsprechend wird in einem ersten Abschnitt versucht, in einer Reminiszenz an die 70er Jahre die Genese der Bildungsstandards sowie die breite und zugleich

---

1   Nachfolgend verwende ich aus Gründen der Leseerleichterung bei Personenbezeichnungen ausschließlich die maskuline Form.
2   Valéry, P. (1931). *Regards sur le monde actuel*. Paris: Stock.

kritische Rezeption zu erklären. Anschließend wird in einem zweiten Abschnitt die Funktion länderübergreifender Bildungsstandards als ein Element eines Bildungsmonitoring dargestellt, das auch Forschungsarbeiten zur Entwicklung von Schule und Unterricht ausgelöst hat. Ausführungen zur Bedeutung der länderübergreifenden Bildungsstandards für die erste Fremdsprache Französisch für den Hauptschulabschluss (KMK, 2004) sowie für den Mittleren Schulabschluss (KMK, 2003) und eine Diskussion ausgewählter Einzelaspekte der Bildungsstandards bilden den dritten Abschnitt. Veränderungen, die sich für den Französischunterricht aus den Bildungsstandards ergeben, werden im vierten Teil dargestellt. Ein Fazit sowie ein Ausblick auf konkrete inhaltliche Ansätze einer vertieften Zusammenarbeit zwischen der Fremdsprachendidaktik und der empirischen Bildungsforschung schließen den Beitrag.

1.2.2 PISA und die KMK-Standards: bekannte Ursache aber neues Interesse

Es gibt keinen Zweifel daran, dass die enttäuschenden Ergebnisse aus der OECD-Studie PISA 2000 (Deutsches PISA-Konsortium, 2001) einen Entscheidungs- und Handlungsdruck auf Seiten der Bildungspolitik ausgelöst haben. Aber es sind zusätzliche Faktoren, die zu einer so massiven Reaktion durch die Bildungspolitiker zu Beginn des 21. Jahrhunderts geführt haben. Denn die Misere des Bildungswesens war seit längerem bekannt, wie die folgende Anzeige aus der Zeitschrift *Die Neueren Sprachen* vom September 1973 zeigt.[3]

Die Bildungspolitik der Bundesrepublik im Examen! **neu**

Bildungswesen: mangelhaft
BRD-Bildungspolitik im OECD-Länderexamen.

Eine Veröffentlichung der OECD. Deutsch herausgegeben und eingeleitet von Klaus Hüfner. Vorwort von Hildegard Hamm-Brücher.
149 S., mehrere Grafiken und Tabellen, DM 9,80   (MD-Nr. 7920)

Die gesellschaftliche Entwicklung und die Entwicklung des Bildungssystems in der Bundesrepublik klaffen auseinander. Eine Bildungsreform, die gesellschaftspolitisch ausgerichtet wäre, ist bei uns bisher nur in Ansätzen da.

In dieser Situation versucht ein internationales Experten- und Prüfergremium eine kritische Zwischenbilanz dessen, was in unserem Land in Sachen Bildungswesen geleistet und versäumt worden ist. Zugleich mißt diese Bilanz Geleistetes und Versäumtes an der Entwicklung und dem Fortschritt in den anderen westlichen Industriestaaten.

Und das Resultat? Ein bildungspolitisches Dokument ersten Ranges — mit dem Prädikat „Bildungswesen: mangelhaft"!

Wer immer sich also mit dem bundesrepublikanischen Bildungssystem auseinandersetzen will, wer sich engagiert, dieses System weiter zu entwickeln, der findet hier eine sachkundige Einleitung, eine Zeittafel mit den entscheidenden Daten, ein informatives Literaturverzeichnis sowie last not least den kompletten Bericht der OECD. Und dazu sagte bereits die FAZ: „Kein Lorbeerkranz für die deutschen Schule".

---

3 Die Neueren Sprachen (1973, 9, S. 518).

Der damalige Befund ähnelt sehr dem Urteil, das zu den Leistungen der deutschen Schüler im Jahr 2000 bzw. 2004 gefällt wurde. Allerdings zeigt eine Zeitungsüberschrift wie „Integration? Fehlanzeige! Ausländische Kinder der ersten Generation schneiden bei der Pisa-Studie in Deutschland besonders schlecht ab" (Kistler in der Badischen Zeitung vom 7. Dez. 2004), dass in die Diskussion zur Schul- und Unterrichtsqualität mit der Problematik des Leistungsgefälles zwischen deutschen und ausländischen Schülern eine weitere Dimension eingeführt wurde, die vor 30 Jahren offensichtlich weniger virulent war oder als weniger dramatisch angesehen wurde.

Was schließlich die Kritik an dem mit den Bildungsstandards verbundenen Prozess der Standardisierung Anfang des neuen Jahrtausends betrifft, die in dem Untertitel des Beihefts der Zeitschrift *Die Deutsche Schule* (2004) mit der Formulierung „Zur Kritik der ‚Instandardsetzung' des deutschen Bildungswesens" einen bissigen Ausdruck fand, so wird auch hier deutlich, dass ein neues Bewusstsein um sich gegriffen hatte. Denn eine „Standardisierung" gab es seit die Kultusministerkonferenz 1972 das Signal für Einheitliche Prüfungsanforderungen in der Abiturprüfung (EPA) gegeben hatte. Diese Dokumente können gleichsam als Vorläufer der Bildungsstandards zu Beginn des neuen Jahrtausends angesehen werden, ohne dass die damalige Entscheidung eine vergleichbar heftige Reaktion hervorgerufen hätte. Es sind also andere Gegebenheiten, die die Reaktionen in Politik, Öffentlichkeit und Fachdidaktik hervorgerufen haben.

1.2.2.1 Das Zusammenspiel von Bildungsforschung und Bildungspolitik

Tillmann (2008) hat die wissenschaftstheoretische Entwicklung von der „philosophierenden Pädagogik" (Tillmann, 2008, S. 32) der 70er Jahre zu der empirischen Bildungsforschung der Gegenwart nachgezeichnet. Die Arbeit in der Erziehungswissenschaft sei „analysierend, reflektierend, kritisch einordnend (…) primär auf Aufklärung und Erkenntniszuwachs angelegt" (ebd.). Die Auftragsvergabe der Politik an Instituten der Bildungsforschung zur Durchführung von leistungsvergleichenden Studien seit Ende der 90er Jahre hat – so Tillmann – erstens zu einer neuen Zusammenarbeit von Erziehungswissenschaft und Bildungsforschung geführt. Zweitens aber haben „die Ergebnisse der Bildungsforschung (…) eine eigene politische Kraft entwickelt, sie sind relevanter Teil des öffentlichen Diskurses geworden" (ebd., S. 39).

Die öffentliche Wahrnehmung und Diskussion bildungspolitischer Fragestellungen versetzt die Politik in einen Handlungszwang, der umso stärker wird, je näher Wahlen auf Länder- oder Bundesebene anstehen. Die Bildungsforscher selbst werden zu Akteuren, die mit der Veröffentlichung ihrer Daten und den darauf aufbauenden Interpretationen Politiker zu Stellungnahmen und Entscheidungen zwingen.

In dieser Verzahnung von Bildungspolitik, Bildungswissenschaft und öffentlichem Interesse kann sicherlich ein Grund für ein verändertes Bewusstsein sowie für die bildungspolitischen Entscheidungen Anfang dieses Jahrtausends im Vergleich zu der Situation Anfang der 70er Jahre gesehen werden.

1.2.2.2 Die Rolle der Fremdsprachendidaktik

Mit der Veröffentlichung des *Gemeinsamen Europäischen Referenzrahmens für Sprachen: lehren, lernen, evaluieren* (Europarat, 2001) sowie der Konzeption der KMK-Standards fallen zwei den Fremdsprachenunterricht wesentlich verändernde Entwicklungen in eine Zeit, in der der *Fachverband Moderne Fremdsprachen* (FMF) mit seiner Umstrukturierung zu einer nationalen Dachorganisation aller Fremdsprachenverbände so sehr mit sich selbst beschäftigt war, dass er als Gesprächspartner für die Bildungspolitik sowie als kritischer Begleiter der Veränderungen gelähmt war. Die Veröffentlichungen der *Frühjahrskonferenz zur Erforschung des Fremdsprachenunterrichts* zu den Themenfeldern *Gemeinsamer Europäischer Referenzrahmen* (2003), *Bildungsstandards* (2005) und *Aufgabenorientierung* (2006) können nicht darüber hinwegtäuschen, dass es eine klare Stellungnahme aus fachdidaktischer Perspektive zu den Bildungsstandards nicht gegeben hat.

Vorstand und Beirat der Deutschen Gesellschaft für Fremdsprachenforschung haben erst im Oktober 2008 ein umfangreiches Positionspapier mit dem Titel *Kompetenzorientierung, Bildungsstandards und fremdsprachliches Lernen – Herausforderungen an die Fremdsprachenforschung* veröffentlicht und zu den Bildungsstandards kritisch Stellung bezogen.

Angesichts der umfangreichen fachwissenschaftlichen Publikationen zu den Bildungsstandards bleibt das inhaltliche Vakuum durch den größten deutschen Verband nicht nur deshalb ein Problem, weil er als Ansprechpartner der Bildungspolitik und als Orientierungsmarke für die Mitglieder nicht identifizierbar ist, sondern auch weil seine Mitwirkung als Repräsentant der Fachdidaktik an der Weiterentwicklung der Bildungsstandards zusammen mit den Bildungsforschern ungeklärt ist. Für dieses Aufgabenfeld stehen beispielhaft die folgenden drei Bereiche.

Erstens wird in der Expertise *Zur Entwicklung nationaler Bildungsstandards* (2003) die Forderung nach der Entwicklung von Kompetenzmodellen an die Zusammenarbeit von Pädagogik, Psychologie und Fachdidaktik geknüpft (Bundesministerium für Bildung und Forschung, 2003, S. 22).

Zweitens haben Klieme und Rakoczy (2008) in einem Artikel diese Anforderungen an die Fachdidaktik wieder aufgenommen, darüber hinaus weitere Aufgaben im Rahmen der gegenwärtigen Diskussion um Bildungsstandards formuliert. Ihres Erachtens wird die Fachdidaktik gebraucht, um „ergänzende Kriterien des Unterrichts, vor allem im motivationalen und affektiven Bereich, weiterzuentwickeln" und um „Unterrichtsmerkmale fachlich und fachdidaktisch auszudifferenzieren" (Klieme & Rakoczy, 2008, S. 235). Die Autoren illustrieren diesen Gedanken mit dem Hinweis darauf, dass z.B. ein Konzept wie „kognitive Aktivierung" fachspezifisch zu beschreiben sei. Schließlich werden als weitere Aufgabenbereiche eine fachspezifische Definition der Lernstrategien der Schülerinnen und Schüler, die Handlungskompetenz der Lehrkräfte sowie das Unterstützungsverhalten der Eltern genannt.

Auch der erste Direktor des *Instituts zur Qualitätsentwicklung im Bildungswesen*, Olaf Köller, rät jedem Fach, „Bildungsstandards fachdidaktisch und pädagogisch-psychologisch zu verorten" (Köller, 2008, S. 171).

Diese Überlegungen unterstreichen nicht nur die Bedeutung der fachdidaktischen Perspektive im Zusammenhang mit den gegenwärtig ablaufenden Veränderungsprozessen im Bildungswesen, sondern sie können auch gewertet werden als Ausdruck des Interesses der der empirischen Bildungsforschung verpflichteten Wissenschaftler, den fachlichen Dialog zur Fachdidaktik aufzunehmen bzw. zu stärken.

Nach Tenorth (2008) kann „keine Fachdidaktik (…) mehr der Frage ausweichen, welchem Kompetenzmodell ihre Arbeit folgt und welchen spezifischen Beitrag zur Allgemeinbildung sie erbringt (…), ob denn ihre hehren Ziele und Vorgaben auch realisierbar sind, und auch nicht, ob sie mit Bewusstsein für den Schwierigkeitsgrad Aufgaben formulieren oder wie sie in der Praxis fachlicher Arbeit Differenzierung unterstützen kann" (Tenorth, 2008, S. 160). Diese Feststellung ist sicherlich zutreffend, sie zeigt aber zugleich, wie wichtig es für renommierte Fremdsprachendidaktiker wäre, die Perpetuierung längst bekannter und oft wiederholter Einwände gegen die Bildungsstandards (vgl. Abschnitt 1.2.4.3) einzustellen, sich den aus den veränderten Strukturen erwachsenen fachdidaktischen Aufgaben und Herausforderungen zu stellen und den Weg eines konstruktiven Dialogs mit der empirischen Bildungsforschung einzuschlagen.

1.2.3 Bildungsstandards als Teil eines umfassenden Bildungsmonitoring

Bernd Tesch, der derzeit am IQB in Berlin die Entwicklung der Implementation der Bildungsstandards für das Fach Französisch verantwortlich leitet, hat in einem lesenswerten Artikel in der Zeitschrift *Praxis Fremdsprachenunterricht* unterstrichen, dass die Bildungsstandards Teil eines von der Kultusministerkonferenz im Jahr 2006 beschlossenen Prozesses sind, der mit dem Begriff „Bildungsmonitoring" bezeichnet wird. Was ist damit gemeint? Es geht der Politik darum, im Rahmen einer Gesamtstrategie „Prozesse der Qualitätsentwicklung und Standardisierung auf allen Ebenen, von der einzelnen Schule bis zum gesamten Bildungssystem, systematisch umzusetzen und miteinander zu verbinden. Insbesondere muss sichergestellt sein, dass Informationen über die Qualität des Bildungssystems so weit wie möglich auch für die Entwicklung jeder einzelnen Schule genutzt werden können" (KMK, 2006, S. 6).

Der Begriff Bildungsmonitoring bezeichnet in dem Zusammenhang den Prozess des Erhebens von Indikatoren, oft ist auch von „belastbaren Daten" die Rede, die einen Einblick in den Zustand des Bildungswesens gibt. Datenerhebungen im Sinne eines *large-scale assessment* auf der Grundlage der länderübergreifenden Bildungsstandards bilden eine Instanz, und es ist wichtig zu verdeutlichen, dass die Entwicklung der Bildungsstandards konzeptionell eingebettet ist in ein umfassendes System von Prozessen der Testentwicklung und der Datenerhebung. Die weiteren Instanzen innerhalb der Gesamtstrategie „Bildungsmonitoring" sind

- Teilnahme an internationalen Schulleistungsuntersuchungen
- Durchführung von Vergleichsarbeiten[4] (VERA) zur Überprüfung der Leistungsfähigkeit von Schulen
- Bildungsberichterstattung in Form eines nationalen Bildungsberichts bzw. länderspezifischer Bildungsberichte.

In Kenntnis dieses Zusammenhangs ist es erstaunlich, dass z.B. die Veröffentlichung der nationalen Bildungsberichte 2006 und 2008 kaum Reaktionen auf Seiten der Fachdidaktik hervorgerufen haben und dass kritische Äußerungen sich ausschließlich auf die Bildungsstandards selbst, nicht aber auf die Bedeutung dieser Dokumente als „Mitspieler" eines umfassenden Bildungsmonitoring beziehen.

Unverkennbar hat aber hat die bildungspolitische Entscheidung zugunsten eines Bildungsmonitoring zu einem veränderten Blick auf die schulische Arbeit geführt. Schule und Unterricht – auch der Französischunterricht – werden in ihren Strukturen und ihren Ergebnissen in einer vorher nicht gekannten Art und Weise Evaluationsprozessen unterzogen. Die Broschüre der Kultusministerkonferenz macht klare Aussagen zur zeitlichen Rhythmisierung der Datenerhebungen und der Berichterstattungen. Die wichtige Frage aber ist, ob diese überhaupt und wenn „ja", in welcher Weise diese – wie es in der Veröffentlichung der KMK zur Gesamtstrategie (KMK, 2006, S. 6) heißt – „für die Entwicklung jeder einzelnen Schule genutzt werden können."

Es ist aus dem Blickwinkel der gegenwärtigen Umbruchsituation zur schulischen Bildung sicher nicht unangebracht, in diesem Punkt Skepsis anzumelden und zugleich Handlungsinitiativen auf unterschiedlichen Ebenen zu fordern, wie die folgenden Beispiele zeigen.

Ein Element des Bildungsmonitoring sind Bildungsberichterstattungen auf nationaler und auf Länderebene. Zwischenzeitlich liegen entsprechende Dokumente vor. Aber an welcher Schule wurde das etwa 350-seitige Dokument mit dem Titel *Bildung in Deutschland 2008* (Konsortium Bildungsberichterstattung, 2008) zum Gegenstand einer Schul- oder Fachkonferenz gemacht? Dabei bietet das Dokument, das sich im Untertitel ausweist als *Ein indikatorengestützter Bericht mit einer Analyse zu Übergängen im Anschluss an den Sekundarbereich I* zahlreiche interessante, datengestützte Einsichten, die es verdienen, diskutiert zu werden, um daraus Einsichten für die Schulentwicklung zu gewinnen.

Ein weiteres Bedenken soll nicht kommentarlos übergangen werden. Welche Lehrerin, welcher Lehrer wird die quantitativen Ergebnisse aus Längsschnittstudien oder Vergleichsarbeiten – gerade wenn es sich um belastbare Daten handelt – verstehen und mit Blick auf die eigene Schulrealität interpretieren können? Zwei neuere Studien, nämlich die von Imhof (2005) und Kuper & Hartung (2007) geben Einblick in die Rezeption der Ergebnisse von Lernstandserhebungen durch Lehrerinnen und Lehrer. Sie zeigen einerseits, dass die Kolleginnen und Kollegen sich für die Ergebnisse interessieren und durchaus bereit sind, mit ihren Lerngruppen an Lernstandserhebungen teilzunehmen. Andererseits aber wird aus den Untersuchungen auch deutlich, dass Vorbehalte hinsichtlich einer Notwendigkeit der Veränderung des eigenen Unterrichts aufgrund der durch die Lernstandserhebungen gezeigten Daten bestehen.

---

4 Synonym wird u.a. der Begriff „Kompetenzarbeiten" verwendet.

In dem Zusammenhang ist der Hinweis bedenkenswert, dass „Informationen darüber, was guten Unterricht ausmacht, zwar eine notwendige, aber keine hinreichende Bedingung dafür sind, dieses Wissen in erfolgreiche Handlungen zu übersetzen" (Helmke, Helmke & Schrader, 2007, S. 536). Das Plädoyer der Autoren geht deshalb in Richtung einer Rezeptions- und Transferforschung, bei der „die Frage der Gestaltung von Ergebnisrückmeldungen (…), deren Effekt auf das Verständnis und die Ableitung von Konsequenzen (…) und schließlich [deren] Ertrag für die Professionalisierung und die Unterrichtsentwicklung" (ebd., S. 536f.) im Mittelpunkt stehen.

Diese Beispiele zeigen einen dringenden Bedarf hinsichtlich einer begleitenden Lehrerinnen- und Lehrerfortbildung auf Länderebene, die ein produktives Arbeitsfeld der Zusammenarbeit von Fachdidaktik und Bildungswissenschaft sein kann.

1.2.4 Bildungsstandards: Entwicklung, Strukturmerkmale und Kritik

1.2.4.1 Entwicklung

Schon vor der Veröffentlichung der Ergebnisse von PISA 2000 war u.a. das schwache Abschneiden deutscher Schüler bei der Dritten Internationalen Mathematik- und Naturwissenschaftsstudie (TIMMS) Auslöser für eine kritische Bestandsaufnahme des Zustands des deutschen Bildungswesens.[5] Die Diskussionen im „Forum Bildung" in den Jahren 1999 bis 2002 führten zu zahlreichen Empfehlungen, unter anderem zu der grundsätzlichen Empfehlung, dass jegliche Reform mit einem „Top-down"-Konzept zu verbinden sei.

Die Plenarsitzung der KMK im Mai 2002 endete mit dem Entschluss, Bildungsstandards für ausgewählte Fächer und Stufen zu entwickeln. Im Jahr 2003 wurde vom Bildungsministerium eine Expertise in Auftrag gegeben, die Grundsätze der Struktur der Bildungsstandards darlegt und die ihre Bedeutung für den Prozess der Qualitätssicherung beschreibt. Dieses unter Federführung von Professor Klieme von einem Expertengremium erarbeitete Dokument mit dem Titel *Zur Entwicklung nationaler Bildungsstandards* (Bundesministerium für Bildung und Forschung, 2003) bildete die Grundlage für die Erarbeitung der vorliegenden Bildungsstandards, an der Bildungsforscher, Fachdidaktiker und Schulpraktiker beteiligt waren.

Eine weitere wichtige Entscheidung ist die Gründung des *Instituts zur Qualitätsentwicklung im Bildungswesen* (IQB) an der Humboldt-Universität zu Berlin als eine wissenschaftliche Einrichtung der Länder der Bundesrepublik Deutschland, das mit der Normierung, Illustration und Weiterentwicklung der Bildungsstandards beauftragt wurde.

Bildungsstandards wurden bisher für die Fächer Deutsch (GS/SEKI), Mathematik (GS/SEKI), die Sprachen Englisch und Französisch als erste Fremdsprache sowie für die naturwissenschaftlichen Fächer Biologie, Chemie und Physik für die Sekundarstufe I entwickelt. Die Bildungsstandards, die für die Anforderungen an

---

5   Eine detaillierte Darstellung der Entwicklung ist zu finden in der Veröffentlichung des Sekretariats der Ständigen Konferenz der Kultusminister (2005) sowie bei Oelkers & Reusser (2008).

die Schülerinnen und Schüler am Ende der Sekundarstufe I gelten, liegen jeweils Ausgaben für den Hauptschulabschluss und den Mittleren Schulabschluss vor.

Für die Aufgaben im Zusammenhang mit der Implementierung der Bildungsstandards im Fach Französisch wurden im Jahr 2005 durch das IQB die personellen Voraussetzungen durch folgende Entscheidungen getroffen. Es wurden eine wissenschaftliche Begleitgruppe mit Fachdidaktikern aus dem Hochschulbereich sowie vier regionale Arbeitsgruppen mit Kolleginnen und Kollegen aus den Schulen und Studienseminaren gegründet. Beide Gruppen hatten den Auftrag, in einem ersten Schritt Lernaufgaben[6] und nachfolgend Testaufgaben für die Überprüfung der Bildungsstandards Französisch zu erarbeiten. Für die Erstellung der Testaufgaben erfolgte eine Kooperation mit dem *Centre International d'Etudes Pédagogiques* (CIEP) in Sèvres, das auch als Schulungszentrum für die Vermittlung der Expertise zur Testaufgabenentwicklung für den Kreis der Mitglieder der Arbeitsgruppen fungierte (vgl. Kapitel 2.1).

1.2.4.2 Strukturmerkmale

„Bildungsstandards benennen präzise und verständlich die wesentlichen Ziele pädagogischer Arbeit, ausgedrückt als erwünschte Lernergebnisse bzw. Kompetenzen der Schülerinnen und Schüler zu bestimmten Zeitpunkten ihrer Bildungsbiographie" (IQB, o.J., S. 10).

Für Lehrerinnen und Lehrer, für die bisher in ihrer Unterrichtspraxis nur administrative Vorgaben in Form von Lehrplänen die Orientierung bildeten, lässt diese Definition terminologisch und inhaltlich Veränderungen erkennen. Erstens wird das Erreichen der Ziele des Unterrichts am Lernergebnis gemessen. Zweitens geht die traditionelle begriffliche Unterscheidung in Fähigkeiten und Fertigkeiten auf in dem Kompetenzbegriff. Und drittens verbindet sich mit Bildungsstandards der Gedanke an eine umfassende Leistungsfeststellung der Lerner am Ende eines Lehrgangs. Damit sind die Grundsätze der Outputorientierung und der Kompetenzorientierung, für die die Bildungsstandards stehen, umschrieben.

Die – wie es in der Definition heißt – präzise und verständliche Angabe der erwarteten Kompetenzen erfolgt unter Ausweis von Kompetenzbereichen, die in der folgenden Übersicht (vgl. Tabelle 1) für die erste Fremdsprache sichtbar werden.

---

6   Die Ergebnisse der Arbeit zu den Lernaufgaben sind dokumentiert in Tesch, Leupold & Köller (2008).

Tabelle 1: Kompetenzbereiche in den Bildungsstandards für die erste Fremdsprache (Englisch/Französisch) für den Mittleren Schulabschluss (KMK, 2003)

Kompetenzbereiche in den Bildungsstandards der KMK	
Funktionale Kommunikative Kompetenzen	
Kommunikative Fertigkeiten	Verfügung über die sprachlichen Mittel

Leseverstehen
Hör- und Hör-Seh-Verstehen
Sprechen
    An Gesprächen teilnehmen
    Zusammenhängendes Sprechen
Schreiben
Sprachmittlung
	Wortschatz
	Grammatik
	Aussprache und Intonation
	Orthographie

Interkulturelle Kompetenzen	
Soziokulturelles Orientierungswissen Verständnisvoller Umgang mit kultureller Differenz Praktische Bewältigung interkultureller Begegnungssituationen	
Methodische Kompetenzen	
Textrezeption (Leseverstehen und Hörverstehen) Interaktion Textproduktion (Sprechen und Schreiben) Lernstrategien Präsentation und Mediennutzung Lernbewusstheit und Lernorganisation	

Die Formulierung der erwarteten Ergebnisse am Ende des jeweiligen Lehrgangs, also für den Hauptschulabschluss bzw. den Mittleren Schulabschluss erfolgt in Bezugnahme auf die Niveaustufen des *Gemeinsamen Europäischen Referenzrahmens für Sprachen: lehren, lernen, evaluieren* (Europarat, 2001). Die Erwartung an die Kompetenz der Lerner findet so ihren Ausdruck in der allgemeinen Setzung der Niveaustufe A2 für den Hauptschulabschluss sowie B1 für den Mittleren Schulabschluss.[7] Die Standardsetzung erfolgt in Form von Regelstandards. Damit werden Standards bezeichnet, die ein mittleres Anforderungsniveau ausweisen, das im Durchschnitt von den Lernern erreicht werden soll.

1.2.4.3 Diskussionspunkte zu den Bildungsstandards in der Fachöffentlichkeit

Der „Paradigmenwechsel in der Bildungspolitik im Sinne von ‚Outcome-Orientierung' Rechenschaftslegung und Systemmonitoring" (Sekretariat der Ständigen Konferenz der Kultusminister der Länder der Bundesrepublik Deutschland, 2005, S. 6), für den die Bildungsstandards stehen, hat zu teilweise vehementen Diskussionen in der *scientific community* geführt (Schlömerkemper, 2004; Bausch, Bur-

---

[7] Für die Sprachen Englisch und Französisch sowie für einzelne Kompetenzen werden innerhalb dieser Niveaustufen noch Differenzierungen vorgenommen.

witz-Melzer, Königs & Krumm, 2005; Frederking, 2008; Lüger & Rössler, 2008). Nachfolgend sollen zentrale Aspekte der Diskussion aus den vergangenen Jahren bis heute aufgegriffen und diskutiert werden.

(1) Ökonomisierung

Für Barkowski (2005) und Breidbach (2008) bilden die Bildungsstandards klare Wegmarken für eine Ökonomisierung der Bildung. Barkowski kommt in einer gesellschafts- und bildungspolitischen Analyse zu dem Schluss, dass die Bildungsoffensive in Deutschland „weitgehend ökonomistisch motiviert und dominiert [sei]" (Barkowski, 2005, S. 18). Breidbach (2008) sieht in den Bildungsstandards ein „technisches Instrument zur Bestimmung von Unterrichts-Produktivität als dem Verhältnis von Mitteleinsatz zu Ergebnis" (ebd., S. 118). Er stellt die These auf, dass bei der Standardsetzung Interessen ausschlaggebend sind, die „vorrangig an einer marktrationalen Neufassung des Verhältnisses von Staat und privater Sphäre orientiert sind" (ebd., S. 129).

Diese politisch motivierten Interpretationen des Standardisierungsprozesses in Deutschland erscheinen deshalb einseitig, weil man in Kenntnis der Unterrichtspraxis den durch die Bildungsstandards ausgelösten Standardisierungsprozess angesichts einer seit Jahrzehnten zu beobachtenden Perforierung des Unterrichts – Hoffmann (1999, S. 163) bezeichnet in dem Zusammenhang Unterricht als ein „unübersichtliches Geflecht" – geradezu als wichtiges, profilgebendes Element begrüßen kann.

Die folgende Einschätzung der Bedeutung von Bildungsstandards markiert gleichsam einen Gegenpol, und sie mag auf andere Weise einseitig erscheinen. Sabine Anselm (2008, S. 70) schreibt unter dem Titel „Bildungsstandards – Standardbildung": „Durch Transparenz und Vergleichbarkeit tragen Standards ebenso zur Demokratisierung des Bildungswesens bei, wie sie auch dafür Sorge tragen, dass sich die der Differenzierung folgende Mobilität in modernen Gesellschaften nicht negativ auf die Beteiligten auswirkt. Somit konkretisieren sie den Grundgedanken partizipativer Gerechtigkeit als eines wichtigen Integrationskriteriums westlich-liberaler Gesellschaften." Mit dieser Stellungnahme wird der Blick auf positive gesellschaftliche Aspekte der Bildungsstandards gelenkt.

Der kurze Exkurs hat deutlich gemacht, dass die KMK-Bildungsstandards vielerorts Unsicherheiten, Ängste und Vorbehalte ausgelöst haben, die bis zu dem Vorwurf der Ökonomisierung des Bildungswesens reichen. Um diese Ängste und negativen Urteile zu überwinden, ist es einerseits sicherlich wichtig, die Kommunikation mit den direkt oder indirekt betroffenen Personen zu verstärken und Transparenz in Ergebnisse, Verfahren und offene Fragen herzustellen. Andererseits wird erst der Umgang mit den aus der Anwendung der Bildungsstandards gewonnenen Daten durch die Bildungspolitik Erkenntnisse darüber zulassen, ob die eingangs zitierten Befürchtungen berechtigt sind.

(2) Bildungsbegriff

Für Zydatiß „gehört schon ein erhebliches Maß an Chuzpe dazu, die (in seinen Augen, E.L.) rein sprachpraktisch definierten Abschlussprofile der KMK (2003, 2004) als ‚Bildungsstandards' zu bezeichnen" (Zydatiß, 2008, S. 18). Nach Christ (2005, S. 83) werden in den Bildungsstandards „diskrete Fähigkeiten, Fertigkeiten und Kompetenzen genannt, die eine ‚gebildete Persönlichkeit' ausmachen, aber es fehlt eine kohärente Aussage zum Begriff Bildung". Diese Stellungnahmen suggerieren eine Vernachlässigung eines schulischen Bildungskonzepts, und sie berücksichtigen nicht in angemessener Weise den Einfluss- und Funktionsbereich der Bildungsstandards. In den vom Sekretariat der KMK (2003) veröffentlichten Erläuterungen zur Konzeption und Entwicklung der Bildungsstandards wird nicht nur explizit darauf verwiesen, dass „Schulqualität (…) selbstverständlich mehr als das Messen von Schülerleistungen anhand von Standards [ist] und dass „der Auftrag der schulischen Bildung (…) weit über die funktionalen Ansprüche von Bildungsstandards hinaus [geht]" (ebd., S. 6).

Hinzuzufügen ist, dass z.B. die Berichte zur Bildung in Deutschland 2006 und 2008 deutlich auf ein zugrunde liegendes Verständnis von Bildung verweisen und dass die Frage nach einem Bildungskonzept für die Gegenwart vermutlich gerade auch in Anbetracht der Entwicklung von Bildungsstandards mit großer Intensität gestellt wurde und in Publikationen (Plöger, 2004; Baumert, 2008; v. Hentig, 2008; Tenorth, 2009) eine Antwort gefunden hat, die für das Fach Französisch in ihrer Gültigkeit zu überprüfen ist, wie das folgende Beispiel zeigt.

Baumert (2008, S. 18) versteht Bildung als „einen nicht abschließbaren Selbstformungsprozess." Dieser Prozess erfolgt in einem privaten, sozialen und politischen Kontext. Bildung, verstanden als Selbstformungsprozess, ist für ihn gebunden an folgende Basiskompetenzen (ebd., S. 17):
- eine muttersprachliche Kompetenz
- eine mathematische Modellierungskompetenz
- eine Fremdsprachenkompetenz
- die Beherrschung informationstechnischer Verfahren zur Wissenserschließung sowie
- eine Kompetenz zur Selbstregulation des Wissenserwerbs.

Bildung als Prozess meint – so Baumert – „die reflexive Beschäftigung mit unterschiedlichen Modi der Weltbegegnung und der Weltaneignung" (ebd., S. 18). Dieser Ansatz bietet eine geeignete Grundlage, um Französischunterricht neu zu denken – gerade auch wegen oder trotz der Bildungsstandards. Es geht darum, das Fach in seinem Bildungsanspruch klar zu positionieren und aus diesem Verständnis heraus, die in den Bildungsstandards ausgewiesenen drei Kompetenzbereiche – funktionale kommunikative, interkulturelle und methodische Kompetenzen – zu konkretisieren.

Besonders im Bereich der kommunikativen Kompetenzen bieten sich für den Französischunterricht zahlreiche Gelegenheiten in der Ausbildung. Da Frankreich Nachbarland und die Zahl der Schülerautauschbegegnungen erfreulich hoch ist, berichten Kolleginnen und Kollegen immer wieder, wie positiv sich der Besuch des Zielsprachenlandes auf die Motivation auswirkt. Der konsequenten Einbeziehung des Internets in den Unterricht kommt in dem Zusammenhang eine positiv ergänzende Funktion insofern zu, als über dessen Nutzung der Kontakt über das punktuelle persönliche Zusammentreffen verlängert werden kann. Wenn kulturelle Gegebenheiten des Zielsprachenlandes die Orientierung für den Unterricht abgeben, dann weist „Begegnung" über das physische Zusammentreffen mit französischen Jugendlichen hinaus. „Begegnung" meint die konsequente Ausrichtung des Französischunterrichts an Inhaltsbereichen, die traditionell in anderen Fächern verankert sind, wie die Musik, die Malerei, die Geographie oder die Geschichte. Der notwendige themenspezifische Zugang ermöglicht eine Ausbildung der Lernkompetenz, der Bereich des interkulturellen Lernens wird konkret und schließlich erfolgt die Ausbildung der funktionalen kommunikativen Kompetenzen in unmittelbarer Verknüpfung mit dem Inhalt, und Wortschatz- und Grammatikarbeit werden auf eine dienende Funktion zurückgeführt.

(3) Output-Steuerung

Vor dem Hintergrund der im vorigen Abschnitt gemachten Argumentation ist die Äußerung Bredellas (2008), der die Outputorientierung als verfehlten Ansatz betrachtet mit der Begründung „Outputorientierung verfehlt Bildung, weil sie übersieht, dass der Mensch ein Wesen ist, das sein Verhalten und das der anderen interpretiert und bewertet" (Bredella, 2008, S. 313), als singuläre Stellungnahme zu werten. Sie berücksichtigt offensichtlich nicht die durch die Bildungsstandards ausgelöste umfangreiche Diskussion zu einem durch die Standards nicht in Frage gestellten individuellen Bildungskonzept, und sie lässt offensichtlich auch die bewusst gesetzte Einschränkung der Funktion von Bildungsstandards, die sich nur auf „Kernbereiche eines bestimmten Faches" (Sekretariat der Ständigen Konferenz der Kultusminister der Länder der Bundesrepublik Deutschland, 2005, S. 7) beziehen, unberücksichtigt.

Zweifel an dem radikalen Paradigmenwechsel von der Input- zur Outputorientierung berühren einen anderen Aspekt. Es wäre bedenklich, wenn die damit einhergehende radikale Abwendung von Input-Faktoren wie Lehrplänen, Lehrerausbildungsordnungen, Lehrwerkentwicklung dazu führte, dass die Forschungsanstrengungen in diesen Feldern vernachlässigt würden. Diese Befürchtung besteht weniger im Bereich der universitären Lehrer(aus)bildung, wo durch die Bachelor/Master-Umstellung auch die Frage nach Standards in der Lehrerbildung (Arnold, 2007; Terhart, 2007) gestellt wurde. Aber zum Beispiel gerade die Lehrwerkentwicklung bedarf innovativer Ansätze auf der Grundlage solider Forschungsarbeiten.

So verlangt die angestrebte Qualitätssicherung des Bildungswesens und der einzelnen Fächer gerade eine doppelte Anstrengung, indem sowohl die Inputfaktoren auf der einen Seite als auch die Evaluation als entscheidender Outputfaktor einer bildungspolitischen Aufmerksamkeit und forschungsgeleiteten Interesses bedürfen.

(4) Kompetenzen anstelle von Inhalten

Bildungsstandards definieren die Anforderungsniveaus über die Beschreibung von Kompetenzen und verzichten auf die Nennung von Inhalten, an denen die Kompetenzen auszubilden sind. Aufgabenbeispiele übernehmen auch die Funktion der Illustration des Zusammenhangs zwischen Kompetenzen und Inhalten. Diese strategische Entscheidung hat die Kritik einiger Fachdidaktiker hervorgerufen (u.a. Lüger & Rössler, 2008).

Allerdings stehen die länderübergreifenden Bildungsstandards als administrative Vorgaben nicht allein, sondern sie sind nur im Zusammenhang mit den länderübergreifenden Rahmenplänen, Kernlehrplänen oder Bildungsplänen zu sehen, die ihrerseits vielfach neben dem Ausweis von Kompetenzen auch Inhalte ausweisen.

Es ist in Kenntnis der Arbeit in den Arbeitsgruppen auch darauf zu verweisen, dass vor allem in den mit Praktikern aus den Studienseminaren und Lehrerinnen und Lehrern aus der Praxis besetzten Regionalgruppen zur Erarbeitung von Lern- und Testaufgaben für Französisch am IQB die Inhaltsdimension immer eine große Rolle gespielt hat und noch spielt. Diese Erfahrung gibt Anlass zu der Vermutung, dass Inhalte und die Frage nach ihrer Auswahl – auch wenn sie nicht explizit in den Bildungsstandards erscheint – in der Phase der Aufgabenentwicklung immer Berücksichtigung finden wird.

Einen wichtigen Aspekt im Zusammenhang mit der Verwendung des Kompetenzbegriffs betrifft die Frage, inwieweit es überhaupt sinnvoll und möglich ist, das Spektrum der in den Standards ausgewiesenen Kompetenzen zu messen (Frederking, 2008). Die Diskussion in den vergangen Jahren hat einerseits gezeigt, dass es in der Tat bei dem gegenwärtigen Forschungsstand Probleme bei der Evaluation der „schwer messbaren Kompetenzen", z.B. im Kompetenzbereich der interkulturellen Kompetenzen, gibt. Köller hat in Bezugnahme auf die Diskussion zu den interkulturellen Kompetenzen deutlich gemacht, dass es notwendig ist, eine latente Variable wie *Interkulturelle Kompetenz* zu operationalisieren, also in Indikatoren aufzufalten, die als manifeste Variablen dann gemessen werden können. Hier ist die fachdidaktische Zuarbeit gefordert.

Wie auch Maag-Merki (2004) beispielhaft für Messung der „Lernkompetenzen" zeigt, wird es darauf ankommen, gedanklich neue Untersuchungsansätze anzugehen und dieses Feld forschungsmäßig weiter zu bearbeiten, um zu befriedigenden Lösungen zu kommen.[8]

(5) Umgang mit Literatur

Ein wesentlicher Kritikpunkt der Bildungsstandards bezieht sich auf eine vermeintliche Vernachlässigung literarischer Texte. Rössler konstatiert eine „Tendenz, literarische Texte im Besonderen und fiktionale Welten im Allgemeinen (…) zur Disposition zu stellen" (Rössler, 2008, S. 52). Nach Zydatiß wird „in den KMK-Standards die ästhetisch-imaginative Funktion der Sprachverwendung [völlig ausgeblendet], womit dann auch [zumindest implizit] ein Urteil über den Beitrag des

---

8 Vgl. dazu die Beiträge in Hu & Byram (2009).

Umgangs mit Literatur zur fremdsprachlichen Kompetenzentwicklung und zur Entfaltung der individuellen Schülerpersönlichkeit gesprochen sein dürfte" (Zydatiß, 2008, S. 18).

Diese Urteile erscheinen aus folgenden Gründen zumindest überzogen. Erstens beziehen sich die Bildungsstandards „auf den Kernbereich des jeweiligen Fachs" (Sekretariat der Ständigen Konferenz der Kultusminister der Länder der Bundesrepublik Deutschland, 2005, S. 6). Unbestritten ist die Bedeutung literarischer Texte, angefangen beim *album* bis hin zum *roman* für die Entwicklung der Persönlichkeitskompetenz. Zu fragen ist aber auch, ob sie gleichermaßen in einem auf jeder Stufe des Französischunterrichts als unverzichtbarer Ausgangspunkt für die sprachliche Kompetenzentwicklung anzusehen sind.

Zweitens weisen die Bildungsstandards erwartete Leistungen in den Kompetenzen der drei Kompetenzbereiche aus (vgl. Tabelle 1, S. 33). Zu den Textsorten, an denen die Kompetenzen ausgebildet werden, ob es sich um didaktisierte Lehrwerktexte, Sachtexte oder literarische Texte handelt, machen die Bildungsstandards keine systematischen Angaben. Diese Hinweise bleiben den länderspezifischen Vorgaben in Form von Kernlehrplänen, Bildungsplänen oder Rahmenplänen sowie der individuellen Entscheidung der Lehrkraft vorbehalten.

Drittens sind weder Vergleichsarbeiten noch Lernstandserhebungen unter Bezugnahme auf Bildungsstandards ein Element zur Individualdiagnose, sondern sie bilden normative Vorgaben für die Steuerung des Bildungssystems. Aus dieser Bestimmung heraus ist es zweifelhaft, in den Bildungsstandards ein Element sehen zu wollen, das die Selbstentfaltung der Lernerpersönlichkeit behindert.

(6) Regelstandard vs. Mindeststandard

In der Expertise zur Entwicklung der Bildungsstandards wird die Frage nach der Form der Standards, also Mindeststandard vs. Regelstandard, erörtert (vgl. Bundesministerium für Bildung und Forschung, 2003, S. 27f.) Das Plädoyer geht eindeutig zugunsten von Mindeststandards, also Standards, die für alle Lerner erreichbar sind.

Gleichwohl weisen die Bildungsstandards so genannte Regelstandards aus, was gegenwärtig deshalb plausibel erscheint, weil die Niveausetzungen (A2 und B1) bislang keine empirische Verifizierung erfahren haben. Die durch das IQB erhobenen Daten aus der Phase der Normierung der Aufgaben in Verbindung mit einem Standard-Setting dienen der Ermittlung eines solchen Kompetenzmodells. Das Modell, welches jeweils für die kommunikativen Kompetenzen getrennt vorliegt, bietet eine empirisch gewonnene, valide Bestimmung der Niveaustufen und kann erst die Grundlage abgeben, um dann Mindest-, Regel und Maximalstandards normativ zu bestimmen (vgl. Kapitel 3.2).

(7) Teaching to the test

Vielfach wird von Fachdidaktikerinnen und Fachdidaktikern die Befürchtung geäußert, dass die Bildungsstandards und die mit ihnen verbundenen Textformate die Lehrerinnen und Lehrer zu einer didaktisch-methodischen Engführung ihres Unterrichts hin auf die Testaufgaben führen könnte (vgl. Meißner, 2005).

Diese Befürchtung erscheint zwar nicht gänzlich unbegründet, aber doch eher unwahrscheinlich. Sicher wird es in Zukunft notwendig sein, die Schülerinnen und Schüler mit den Testformaten vertraut zu machen.[9] Eine Ausrichtung des Unterrichts auf die Bildungsstandards ist aber nicht zu erwarten. Die professionelle Expertise der Lehrer auf der einen Seite, ihr sich ständig erweiterndes Wissen um die Funktion und den Stellenwert von Bildungsstandards auf der anderen, sowie ihre Erfahrung zum Einsatz vielfältiger, motivierender Inhalte des Französischunterrichts geben berechtigten Anlass zu der Annahme, dass der Sprachunterricht durch die Bildungsstandards nicht zu einer „Käfigröhre" wird, die die Schüler direkt in die Manege der Bildungsstandards führt.

1.2.5 Konsequenzen für den Französischunterricht

Die Entwicklung von Bildungsstandards für insgesamt sieben Fächer hat zu einer Hierarchisierung zwischen zwei Fächergruppen geführt: Fächern, die durch die Bildungsstandards besondere Beachtung erfuhren, und solchen, die sich plötzlich in einer zweiten als nachrangig empfundenen Gruppe wiederfanden.

Die bildungspolitische Entscheidung, auch für das Fach Französisch Bildungsstandards zu erarbeiten, spielt für das Selbstverständnis des Faches und sein Ansehen in der Öffentlichkeit eine nicht zu unterschätzende Rolle. Wenn man verfolgt, wie die Fachdidaktiken einzelner Fächer außerhalb der Kernfächer, also z.B. Technik, Religion, Geschichte bemüht sind, durch eigene Initiativen Bildungsstandards zu entwickeln[10], weil sie den Trend zur Qualitätssicherung und Kompetenzorientierung nicht an sich vorbei ziehen lassen wollen, dann gilt auch für die Lehrerinnen und Lehrer des Faches Französisch die durch die Bildungsstandards geschaffene Realität als „Chance für eine nachhaltige Veränderung und auch Reform der Schule insgesamt, des Unterrichts in den modernen Fremdsprachen im Besonderen" (Königs, 2005, S. 145) zu sehen.

Die Veränderungen, denen sich Unterrichtende des Französischunterrichts allerdings stellen müssen, betreffen die folgenden Handlungsfelder.
- Die von Fauser & Schratz (2008) aus dem nationalen Wettbewerb zur besten Schule gewonnen Erkenntnisse zeigen u.a., dass gute Schulen zwischen Situationen, in denen gelernt und Lernen gefördert werden soll, und solchen, in denen es darum geht, Leistungen zu messen, deutlich trennen. Gute Schulen ergänzen und ersetzen Fremdbeurteilung durch Selbstbeurteilung und bieten im Unterricht viele Anlässe, die eigene Arbeit ohne den Druck folgenreicher Bewertungsprozesse zu präsentieren und Anerkennung zu finden (ebd., S. 155).

---

9   Zu einem Vorschlag aus zum Fach Mathematik vgl. van den Heuvel-Panhuizen (2007).
10 Vgl. dazu die Beiträge im Thementeil „Bildungsstandards außerhalb der „Kernfächer" in der *Zeitschrift für Pädagogik, 54* (2) aus dem Jahr 2008.

Im Lichte der Entwicklung der Bildungsstandards machen diese Befunde deutlich, dass eine neue Sensibilität für die Schaffung von Lernräumen im Unterricht entstanden ist, in denen das Lernen der Schülerinnen und Schüler gerade nicht von Hinweisen auf Kontroll-, Vergleichs-, und Testinstanzen begleitet wird.

- Die Verlagerung der Perspektive von Fähigkeiten und Fertigkeiten hin zum Kompetenzbegriff, der Wissen und Können vereint (Lersch, 2007), führt zu einem veränderten Planungsverhalten im Französischunterricht. Wie in Leupold (2008) gezeigt, muss Unterricht „rückwärts" gedacht und geplant werden. Die Planung einer Unterrichtseinheit setzt an bei der Wahrnehmung und Reflexion der Kompetenzbereiche. Anschließend werden die mit Aufgaben auszubildenden Kompetenzen bestimmt. Auf dieser Grundlage wird die Einzelstunde in ihrer Bedeutung für die zu erreichende(n) Endkompetenz(en) geplant.
- Schon in der Expertise zu den Bildungsstandards wird gefordert, dass „Schülerinnen und Schüler durch sprachlich und kognitiv anspruchsvolle Aufgaben auf Anforderungen ihrer persönlichen Lebensgestaltung, ihres weiteren Bildungswegs und ihrer späteren beruflichen Tätigkeit vorbereitet werden" (Bundesministerium für Bildung und Forschung, 2003, S. 9). Die Lernaufgabenentwicklung im Umfeld der Bildungsstanddiskussion hat bereits zu zahlreichen innovativen Vorschlägen geführt, die den Französischunterricht positiv verändern können (Müssigmann & Philipp, 2004; Bächle, 2007; Caspari, 2008; Leupold, 2009).

1.2.6 Fazit und Ausblick

Im Verlauf der Ausführungen wurden die Bildungsstandards in ihren konzeptionellen Grundlagen sowie ihrer Bedeutung für und ihren Auswirkungen auf den Fremdsprachenunterricht aus fachdidaktischer Sicht beschrieben. Es bleiben angesichts der Umwälzung die die bildungspolitischen Entscheidungen für das Bildungssystem insgesamt verursachte, offene Fragen, auf die Antworten gefunden werden müssen, wenn sich die Erwartungen auf eine Qualitätsverbesserung des Unterrichts erfüllen sollen.[11]

Besondere Bedeutung kommt erstens der Antwort auf die Frage nach einem Rückmeldeverfahren zu, das sicherstellt, Ergebnisdaten aus den unterschiedlichen Bereichen des Bildungsmonitoring zeitnah und verständlich an die Schulen weiterzugeben, damit hier eine Weiterentwicklung vonstatten gehen kann. Zweitens werden Arbeiten zur Evaluation der Teilkompetenzen in den Kompetenzbereichen „Interkulturelle Kompetenzen" und „Methodische Kompetenzen" zügig in Angriff genommen werden müssen, um die irrtümliche Ansicht, Bildungsstandards würden sich nur auf die funktionalen kommunikativen Kompetenzen beziehen, zu korrigieren.[12]

---

11 Vgl. auch die in Tesch 2007 ausgeführten „Bedingungen gelingender Implementation" der Bildungsstandards.
12 Ein eklatantes Beispiel dafür ist die Aussage von Bonnet (2009, S. 1): „Im Fahrwasser der Implementierung der Bildungsstandards und durch teilweise außerordentlich zweifelhafte Vergleichsarbeiten droht dem Fremdsprachenunterricht vielerorts eine Verengung auf die *four skills.*"

Und schließlich ist es eine Herausforderung, die Grundlagen und Ergebnisse bildungspolitischer Veränderungen durch die Schaffung eines Netzes von regionalen und länderübergreifenden Lehrerinnen- und Lehrerfortbildungsveranstaltungen nach „unten" , d.h. an die betroffenen Lehrkräfte weiterzugeben.

Inez de Florio-Hansen (2008, S. 63f.) hat die positiven Wirkungen der Bildungsstandards für den Fremdsprachenunterricht in fünf Punkten wie folgt beschrieben:

- Die Verbindlichkeit für die gesamte Bundesrepublik Deutschland beschneidet Auswüchse des föderalen Partikularismus.
- Die normativen Leistungsanforderungen werden eher begutachtet als die Lehrpläne, die von sehr vielen Lehrkräften nicht wahrgenommen werden.
- Es erfolgt eine wünschenswerte Angleichung der regionalen Lehrpläne und somit auf längere Sicht eine Annäherung der Ausprägungen des Fremdsprachenunterrichts.
- Die Leistungen werden national vergleichbarer und international transparenter.
- Da die KMK-Standards sich aus gutem Grund auf die Beschreibung gestufter Kompetenzstufen beschränken und – von Aufgabenbeispielen abgesehen – keine Vorgaben zu Inhalten und Themen machen, haben Schulen, Lehrkräfte und Lernende einen großen Spielraum bei der Erreichung der Zielvorgaben.

Diesen wichtigen positiven Wirkungen stehen – wie gezeigt – eine eher reservierte Rezeption der Standardentwicklung einiger Fachdidaktiker gegenüber. Insgesamt aber macht die Diskussion deutlich, dass es notwendig ist, Schritte zu unternehmen, um den Dialog zwischen der empirischen Schulforschung bzw. Bildungsforschung und der Fremdsprachendidaktik zu intensivieren.

Manche Kooperationsfelder ergeben sich aus den vorherigen Ausführungen. Darüber hinaus kann es sinnvoll sein, die Diskussion zur Bedeutung der Bildungsstandards auszuweiten und sie – über das übergreifende Konzept des Bildungsmonitoring hinaus – im Kontext eines fachdidaktischen Forschungsansatzes für das Fach Französisch fortzusetzen, der zu Beginn der 90er Jahre seinen Ausgangspunkt hatte. Dieser Ansatz eines *Fremdsprachen-Audit*, der wie Raasch für die Bundesrepublik feststellte „(noch) nicht ‚gegriffen' hat" (Raasch, 2005, S. 289) erscheint immer noch aktuell, um die „Top-down"-Strategie der Bildungsstandards durch eine Bedarfsanalyse „bottom-up" zu ergänzen. Das *Fremdsprachen-Audit* zielt darauf ab, auf dem Wege einer Bedarfs- und Bedürfnisanalyse den Fremdsprachenunterricht schärfer zu profilieren (Europäische Kommission, 1994; Raasch, 1997; Raasch, 2005).

Dieses Konzept umfasst die Schritte:
- vorhandene Sprachkompetenzen zu ermitteln,
- aktuelle und künftige Bedarfe/ Bedürfnisse festzustellen,
- die Ergebnisse beider Analysen zu vergleichen und auszuwerten
- und unter Berücksichtigung der Ergebnisse Folgerungen für die Sprachlernangebote zu ziehen.

Die forschungsmäßige Überarbeitung und Fortführung dieses Ansatzes könnte sowohl eine interessante Perspektive für die Kooperation zwischen der Bildungswissenschaft und der Fachdidaktik darstellen, als auch als lernerorientierter Zugang eine sinnvolle Ergänzung zu dem durch die Bildungsstandards propagierten systemorientierten Ansatz der Qualitätssicherung des Unterrichts sein, indem der Bedarf der Abnehmer und die Bedürfnisse der Lerner in Rechnung gestellt werden. Dieser zuletzt genannte Gesichtspunkt schlägt die Brücke zu den Bildungsstandards, da sie „fachliche und fachübergreifende Basisqualifikationen [formulieren], die für die weitere schulische und berufliche Ausbildung von Bedeutung sind und die ein anschlussfähiges Lernen ermöglichen" (Sekretariat der Ständigen Konferenz der Kultusminister der Länder der Bundesrepublik Deutschland, 2005, S. 7).

Insgesamt kann man feststellen, dass in der Entwicklung der Bildungsstandards für den Französischunterricht eine Chance liegt, sein Profil auf dem Wege einer nachweisbar qualitativen Verbesserung der Lehr- und Lernvoraussetzungen sowie einer Konkretisierung der Zieldimension positiv zu verändern und damit gleichzeitig die Bedeutung seines Beitrags für ein kompetenzbasiertes Bildungskonzept zu verdeutlichen, in dessen Mittelpunkt der Lerner und seine Begegnung mit der Welt stehen.

Literatur

Anselm, S. (2008). Bildungsstandards – Standardbildung. Grenz-Werte der universitären und schulischen Bildung. In I. Paul, W. Thielmann & F. Tangermann (Hrsg.), *Standard: Bildung. Blinde Flecken in der deutschen Bildungsdiskussion* (S. 69–87). Göttingen: Vandenhoeck & Ruprecht.

Arnold, K.-H. (2007). Standards für das Lehren und Lernen des Lehrens: Begründung, Operationalisierung und Evaluation von Standards für die Lehrerbildung. In K. Möller. P. Hanke, C. Beinbrech, A. K. Hein, T. Kleickmann & R. Schages (Hrsg.), *Qualität von Grundschulunterricht: entwickeln, erfassen und bewerten* (S. 67–82). Wiesbaden: VS-Verlag.

Bächle, H. (2007). Ecoutez! Standardorientierte Schulung und Überprüfung des Hörverstehens. *Der fremdsprachliche Unterricht Französisch, 88*, 14–23.

Barkowski, H. (2005). Standardisierung – Evaluation – Selektion: Meilensteine einer ökonomistisch motivierten Ausbildungsoffensive und ihre Umsetzung im Bereich schulorientierter Reformierungspläne. In K.-R. Bausch & E. Burwitz-Melzer & F. G. Königs & H.-J. Krumm (Hrsg.), *Bildungsstandards für den Fremdsprachenunterricht auf dem Prüfstand* (S. 17–25). Tübingen: Narr.

Baumert, J. (2008). Was soll man unter Bildung verstehen? *Die Deutsche Schule, 100* (1), 16–21.

Bausch, K.-R. & Burwitz-Melzer, E. & Königs, F. G. & Krumm, H-J. (Hrsg.). (2005). *Bildungsstandards für den Fremdsprachenunterricht auf dem Prüfstand*. Arbeitspapiere der 25. Frühjahrskonferenz zur Erforschung des Fremdsprachenunterrichts. Tübingen: Narr.

Bonnet, A. (2009). Editorial. *Der fremdsprachliche Unterricht Englisch, 99*, 1.

Bredella, L. (2008). Qualität durch Bildungsstandards: contra. *Fremdsprachen Lehren und Lernen, 37,* 218.

Breidbach, S. (2008). Fremdsprachliche Kompetenzen jenseits der Standardisierbarkeit. Warum mit den ‚Bildungsstandards' die Probleme für eine bildungsorientierte Fremdsprachendidaktik erst anfangen. In H.-H. Lüger & A. Rössler (Hrsg.), *Wozu Bildungsstandards? Zwischen Input- und Outputorientierung in der Fremdsprachenvermittlung* (S. 117–133). Landau: Verlag Empirische Pädagogik.

Bundesministerium für Bildung und Forschung (Hrsg.). (2003). *Zur Entwicklung nationaler Bildungsstandards. Eine Expertise*. BMBF: Berlin.

Caspari, D. (2008). Kompetenzorientierung und seine Konsequenzen für den Unterricht. In *Tagungsbericht des Carolus-Magnus-Kreises Hameln zum Thema „Neue Kerncurricula/Lehrpläne/europäische Bildungsstandards und deren Umsetzung im Fremdsprachen-unterricht Französisch"* (S. 21–27). Verfügbar unter: www.carolus-magnus kreis.de/media/dokumente/atl_hameln_ 2008.pdf [15.07.09].

Christ, H. (2005). Bildungsstandards für eine neue Evaluationskultur? In K.-R. Bausch, E. Burwitz-Melzer, F. G. Königs & H.-J. Krumm (Hrsg.), *Bildungsstandards für den Fremdsprachenunterricht auf dem Prüfstand* (S. 78–87). Tübingen: Narr.

De Florio-Hansen, I. (2008). Wer hat Angst vor Bildungsstandards? Überlegungen zur Kompetenz-, Aufgaben- und Inhaltsorientierung im Fremdsprachenunterricht". In H.-H. Lüger, A. Rössler, (Hrsg.), *Wozu Bildungsstandards? Zwischen Input- und Outputorientierung in der Fremdsprachenvermittlung*. (S. 59–86). Landau: Verlag Empirische Pädagogik.

Deutsche Gesellschaft für Fremdsprachenforschung (2008). *Positionspapier von Vorstand und Berat. Kompetenzorientierung, Bildungsstandards und fremdsprachliches Lernen – Herausforderungen an die Fremdsprachenforschung*. (Koordination A. Hu; Mitarbeit D. Caspari, A. Grünewald, A. Hu, L. Küster, G. Nold, H. J. Vollmer, W. Zydatiß). Verfügbar unter: www.dgff.de/fileadmin/user_upload/dokumente/Sonstiges/Kompetenzpapier_ DGFF.pdf [23.10.09].

Deutsches PISA Konsortium (Hrsg.). (2001). *PISA 2000. Basiskomponenten von Schülerinnen und Schülern im internationalen Vergleich*. Opladen: Leske & Budrich.

Europäische Kommission (Hrsg.). (1994). *Fremdsprachen-Audits und Bedarfsanalysen*. Luxembourg: Amt für amtliche Veröffentlichungen der Europäischen Gemeinschaften.

Europarat (Hrsg.). (2001). *Gemeinsamer Europäischer Referenzrahmen für Sprachen: lehren, lernen, bewerten*. München: Langenscheidt.

Fauser, P. & Schratzm M. (2008). Was kann man von guten Schulen lernen? *Die Deutsche Schule, 100* (2), 151–166.

Frederking, V. (Hrsg.). (2008). *Schwer messbare Kompetenzen. Herausforderungen für die Fachdidaktik*. Hohengehren: Schneider.

Helmke, A. & Helmke, T. & Schrader F.-W. (2007). Qualität von Unterricht: Aktuelle Tendenzen und Herausforderungen im Hinblick auf die Evaluation und Entwicklung von Schule und Unterricht. *Pädagogische Rundschau, 5*, 527–543.

Hentig, H. v. (2008). Was soll man unter Bildung verstehen? *Die Deutsche Schule, 100* (1), 10–15.

Hoffmann, E. (1999). Der moderne Lehrer. *Lernwelten, 1*, 163–164.

Hu, A. & Byram, M. (Hrsg.). (2009). *Interkulturelle Kompetenz und fremdsprachliches Lernen. Modelle, Empirie, Evaluation: Intercultural competence and foreign language learning: models, empiricism, assessment*. Tübingen: Narr.

Imhof, M. (2005). Zur Rezeption der PISA-Studie durch Lehrer und Lehrerinnen. Meinungen und Einstellungen. *Unterrichtswissenschaft, 33* (3), 255–271.

Institut zur Qualitätsentwicklung im Bildungswesen (o.J.). *Perspektiven und Visionen. Die Normierung und Präzisierung der nationalen Bildungsstandards in den Ländern der Bundesrepublik Deutschland. Das IQB stellt sich vor*.

Kistler, P. (2004). Integration? Fehlanzeige. Ausländische Kinder der ersten Generation schneiden bei der Pisa-Studie in Deutschland besonders schlecht ab. *Badische Zeitung. 7. Dezember 2004*, 6.

KMK (2003). Beschlüsse der Kultusministerkonferenz. *Bildungsstandards für die erste Fremdsprache (Englisch/Französisch) für den Mittleren Schulabschluss*. Beschluss vom 04.12.2003. Verfügbar unter: www.kmk.org/dokumentation/beschluesse-der-kmk/beschluesse-aus-dem-bereich-des-allgemeinbildenden-schulwesens.html [10.06.09].

KMK (2004). Beschlüsse der Kultusministerkonferenz. *Bildungsstandards für die erste Fremdsprache (Englisch/Französisch) für den Hauptschulabschluss.* Beschluss vom 15.10.2004. Verfügbar unter: www.kmk.org/dokumentation/beschluesse-der-kmk/ beschluesse-aus-dem-bereich-des-allgemeinbildenden-schulwesens.html [10.06.09].
KMK (2006). *Gesamtstrategie der Kultusministerkonferenz zum Bildungsmonitoring.* München: Wolters Kluwer Deutschland.
Klieme, E. & Rakoczy, K. (2008). Empirische Unterrichtsforschung und Fachdidaktik. *Zeitschrift für Pädagogik, 54* (2), 222–237.
Köller, O. (2008). Bildungsstandards – Verfahren und Kriterien bei der Entwicklung von Messinstrumenten. *Zeitschrift für Pädagogik, 54* (2), 163–173.
Königs, F. G. (2005). Bildungsstandards und Fremdsprachenunterricht – eine Rechnung mit (noch) vielen Unbekannten. In K.-R. Bausch, E. Burwitz-Melzer, F. G. Königs & H. J. Krumm (Hrsg). *Bildungsstandards für den Fremdsprachenunterricht auf dem Prüfstand* (S. 142–150). Tübingen: Narr.
Konsortium Bildungsberichterstattung im Auftrag der. Kultusministerkonferenz und des Bundesministeriums für Bildung und Forschung (Hrsg.). (2008*). Bildung in Deutschland. Ein indikatorengestützter Bericht mit einer Analyse zu Übergängen im Anschluss an den Sekundarbereich I.* Bielefeld: Bertelsmann.
Kuper, H. & Hartung, V. (2007). Überzeugungen zur Verwendung des Wissens aus Lernstandserhebungen. *Zeitschrift für Erziehungswissenschaft, 19* (2), 214–229.
Lersch, R. (2007). Unterricht und Kompetenzerwerb. In 30 Schritten von der Theoriezur Praxis kompetenzfördernden Unterrichts. *Die Deutsche Schule, 99* (4), 434–446.
Leupold, E. (Hrsg.). (2008). Lernaufgaben konkret [Themenheft]. *Der fremdsprachliche Unterricht-Französisch, 96.*
Leupold, E. (2009). Innovation und Innovationsprozesse im Fremdsprachenunterricht: Comment sortir des sentiers battus? In: M. Reinfried & N. Rück (Hrsg.), *Innovative Entwicklungen beim Lernen und Lehren von Fremdsprachen* (im Druck). Tübingen: Narr.
Lüger, H.-H. & Rössler, A. (Hrsg.). (2008). *Wozu Bildungsstandards? Zwischen Input- und Outputorientierung in der Fremdsprachenvermittlung.* Landau: Verlag Empirische Pädagogik.
Maag Merki, K. (2004). Lernkompetenzen als Bildungsstandards – eine Diskussion der Umsetzungsmöglichkeiten. *Zeitschrift für Erziehungswissenschaft, 15* (7), 537–550.
Meißner, F.-J. (2005). Standards – Fremdsprachenbildung zwischen Ist und Soll. In K.-R. Bausch, E. Burwitz-Melzer, F. G. Königs & H-J. Krumm (Hrsg.), *Bildungsstandards für den Fremdsprachenunterricht auf dem Prüfstand* (S. 190–198). Tübingen: Narr.
Müssigmann, C. & Philip, E. (2004). Aus der Praxis. Aufgabenentwicklung Französisch im Rahmen der Bildungsstandards. *Französisch heute, 37* (3), 284–298.
Oelkers, J. & Reusser, K. (2008). *Developing quality – Safegarding standards – Handling differenciation.* Berlin: BMBF.
Plöger, W. (2004). Bildungsstandards in bildungstheoretischer Sicht. In J. Schlömerkemper, (Hrsg.), *Bildung und Standards. Zur Kritik der ‚Instandardsetzung' des deutschen Bildungswesens* (S. 11–25). Die Deutsche Schule, 8. Beiheft.
Raasch, A. (1994). Fremdsprachen-Audits. *Zielsprache Französisch, 26,* 18–22.
Raasch, A. (2005). Damit uns das Hören nicht vergeht… Oder: Auch ein Audit ist nicht mehr, was es einmal war. In E. C. van Leewen (Hrsg.), *Sprachenlernen als Investition in die Zukunft. Wirkungskreise eines Sprachlernzentrums. Festschrift für Heinrich P. Kelz zum 65. Geburtstag* (S. 289–304). Tübingen: Narr.
Rössler, A. (2008). Standards ohne Stoff? Anmerkungen zum Verschwinden bildungsrelevanter Inhalte aus den curricularen Vorgaben für den Französisch- und Spanischunterricht. In H.-H. Lüger & A. Rössler (Hrsg.), *Wozu Bildungsstandards? Zwischen Input- und Outputorientierung in der Fremdsprachenvermittlung* (S. 35–58). Landau: Verlag Empirische Pädagogik.

Schlömerkemper, J. (Hrsg.). (2004). *Bildung und Standards. Zur Kritik der ‚Instandardsetzung' des deutschen Bildungswesens*. Die Deutsche Schule, 8. Beiheft.
Sekretariat der Ständigen Konferenz der Kultusminister der Länder der Bundesrepublik Deutschland (2005). *Bildungsstandards der Kultusministerkonferenz. Erläuterungen zur Konzeption und Entwicklung*. München, Neuwied: Luchterhand.
Tenorth, H. E. (2008). Bildungsstandards außerhalb der « Kernfächer ». Herausforderungen für den Unterricht und die fachdidaktische Forschung. Zur Einleitung in den Thementeil. *Zeitschrift für Pädagogik, 54* (2), 150–162.
Tenorth, H. E. (2009). Knigge, Rias, Zollverein – Über den aktuellen Sinn allgemeiner Bildung. *Die Deutsche Schule, 1000* (2), 181–193.
Terhart, E. (2007). Standards in der Lehrerbildung – eine Einführung. *Unterrichtswissenschaft, 35* (1), 2–14.
Tesch, B. (2007). Bildungsstandards: Die Kastanien im Feuer. Bedingungen gelingender Implementation. *Der fremdsprachliche Unterricht Französisch, 88*, 8–13.
Tesch, B. & Leupold, E. & Köller, O. (Hrsg.). (2008). *Bildungsstandards Französisch: konkret. Sekundarstufe I: Grundlagen, Aufgabenbeispiele und Unterrichtsanregungen*. Berlin: Cornelsen Scriptor.
Tillmann, K.-J. (2008). Erziehungswissenschaft und Bildungspolitik – von den 1970er Jahren bis zur PISA-Zeit. *Die Deutsche Schule, 100* (1), 31–42.
Valéry, P. (1931). *Regards sur le monde actuel*. Paris: Stock.
Van den Heuvel-Panhuizen, M. (2007). Teaching to the test: or: Do assessment items have didactical potential? Two mini-experiments. In K. Möller, P. Hanke, C. Beinbrech, A. K. Hein, T. Kleickmann & R. Schages (Hrsg.), *Qualität von Grundschulunterricht: entwickeln, erfassen und bewerten* (S. 87–90). Wiesbaden: VS-Verlag.
Zydatiß, W. (2008). SMS and KMK: Standards mit Substanz! Kulturelle Inhalte, Mediation zwischen Sprachsystem und Sprachhandeln, Kritikfähigkeit – auch im Fremdsprachen-unterricht. In H.-H. Lüger & A. Rössler (Hrsg.), *Wozu Bildungsstandards? Zwischen Input- und Outputorientierung in der Fremdsprachenvermittlung* (S. 13–34). Landau: Verlag Empirische Pädagogik.

Daniela Caspari, Rüdiger Grotjahn & Karin Kleppin

1.3 Testaufgaben und Lernaufgaben[1]

In diesem Kapitel werden nach einer allgemeinen Einführung in die Funktionen von Aufgaben im Fremdsprachenunterricht insbesondere Lern- und Testaufgaben dargestellt. Es werden zunächst Funktionen und Gütekriterien für beide Aufgabentypen getrennt erläutert. Dabei wird bereits deutlich, dass die beiden Aufgabentypen sich nicht trennscharf den Funktionen „Kompetenzaufbau" und „Kompetenzüberprüfung" zuordnen lassen: Zwischen den eindeutig einer Funktion zuordbaren Aufgaben ergibt sich vielmehr ein Kontinuum. Auch ist es grundsätzlich möglich, Lern- und Testaufgaben als Diagnoseaufgaben einzusetzen sowie Test- als Lern- und Lern- als Testaufgaben.

1.3.1 Aufgaben im Fremdsprachenunterricht

Aufgaben können im Fremdsprachenunterricht eine Reihe von intendierten Funktionen haben. Sie können zum einen z.B. als Lernaufgaben konzipiert sein, d.h. sie sollen in erster Linie der Entwicklung fremdsprachlicher Kompetenzen dienen. Sie können zum anderen aber auch die Funktion haben, Art und Umfang fremdsprachlicher Kompetenzen bei den Lernenden festzustellen (Test- und Diagnoseaufgaben).

Im Zuge des Einsatzes einer Aufgabe im Unterricht kann allerdings die ursprünglich intendierte Funktion – etwa des Aufgabenerstellers – Modifikationen erfahren oder sogar durch eine andere Funktion ersetzt werden. So kann z.B. ein Lehrer[2] eine zur Entwicklung von Sprechfähigkeit intendierte Aufgabe – wie etwa ein Rollenspiel – dazu verwenden, Sprechkompetenzen zu überprüfen. Damit verändert sich der Fokus von der Entwicklung von Kompetenzen hin zu deren Evaluation.

Auch die Sicht des Lerners, der die Aufgabe bearbeitet bzw. löst, muss nicht notwendigerweise mit der Vorstellung des Erstellers und/oder Lehrers von der Funktion der Aufgabe übereinstimmen. So kann z.B. ein allein mit dem Ziel der Kompetenzförderung konzipiertes und eingesetztes Rollenspiel vom Lerner primär als Evaluationsaufgabe interpretiert werden. Er wird daher möglicherweise wenig risikobewusst und wenig kreativ an die Aufgabe herangehen, um vermeintlichen Evaluationskriterien zu genügen. Wir müssen also die durch den Aufgabenersteller und/oder Lehrer intendierte Funktion von der lernerseitig perzipierten bzw. interpretierten Funktion unterscheiden (vgl. hierzu Breen, 1987, der zwischen *task-as-workplan* und dessen Interpretation durch den Lerner in Form eines *task-in-process* differenziert). Dies heißt zugleich, dass der Lerner nicht nur als „task executioner" sondern vielmehr als „task interpreter" gesehen wird, wobei die individuelle Inter-

---

1 Der vorliegende Beitrag beruht zum Teil auf Caspari & Kleppin (2008) und Grotjahn (2008).
2 Im Folgenden werden Bezeichnungen wie Lehrer, Schüler etc. im generischen Sinne verwendet.

pretation einer Aufgabe von einer Vielzahl von kognitiven, emotionalen und interaktionalen Faktoren abhängt (vgl. Seedhouse, 2005; Eckerth, 2008).

Wie bereits angedeutet, werden Aufgaben, die auf den Aufbau neuer bzw. auf die Weiterentwicklung bereits vorhandener Kompetenzen abzielen, häufig als *Lernaufgaben* bezeichnet und von Test- und Prüfungsaufgaben[3] abgegrenzt (zur Rolle von Aufgaben beim Erwerben und Überprüfen fremdsprachlicher Kompetenzen vgl. Bygate, Skehan & Swain, 2001; Ellis, 2003; Skehan, 2003; Müller-Hartmann & Schocker-v. Ditfurth, 2005; Bausch, Burwitz-Melzer, Königs & Krumm, 2006; Van den Branden, 2006; Van den Branden & Verhelst, 2006; García Mayo, 2007; Willis & Willis, 2007; Caspari & Kleppin, 2008; Caspari, Grotjahn & Kleppin, 2008; Eckerth & Siekmann, 2008; Grotjahn, 2008).[4] In diesem Zusammenhang sind nicht nur funktionale sprachliche Teilkompetenzen (z.B. Leseverstehen oder Sprechen) und sprachliche Mittel, sondern auch methodische und interkulturelle Kompetenzen gemeint. Lernaufgaben enthalten oft Übungen, die auf das einübende bzw. wiederholende Training einzelner grammatischer oder lexikalischer Phänomene und deren Automatisierung ausgerichtet sind oder dazu genutzt werden, neu erworbene und/oder schon entwickelte Kompetenzen zu festigen und zu automatisieren (vgl. auch Carstens, 2005; Siebold, 2007). Lernaufgaben können darüber hinaus mit einem weitergehenden Bildungsauftrag verbunden sein, indem sie z.B. Bewusstheit für die ästhetisch-literarische und die kreativ-spielerische Dimension von Sprache wecken.

Im Gegensatz dazu zielen *Testaufgaben* auf die Überprüfung von Kompetenzen. Sprachliche Kompetenzen sind insbesondere im europäischen Kontext inzwischen zumeist unter Bezug auf die Niveaustufen des Gemeinsamen europäischen Referenzrahmens für Sprachen (GER) beschrieben (vgl. Europarat, 2001). Andere Kompetenzen, wie etwa methodische und interkulturelle, sind zwar prinzipiell hinreichend genau beschreibbar und zumindest in Teilaspekten auch skalierbar. Sie korrelieren allerdings nur sehr eingeschränkt mit den sprachlichen Kompetenzstufen des GER, da methodische und interkulturelle Kompetenzen auch schon bei Lernern, die sich auf einer relativ niedrigen sprachlichen Niveaustufe befinden, deutlich ausgeprägt sein können: Jemand kann z.B. für ihn äußerst effektive Lernstrategien einsetzen, obgleich er sich kommunikativ erst auf der Niveaustufe A1 befindet.

Test- und Prüfungsaufgaben können im schulischen Kontext unterschiedliche Funktionen aufweisen. Sie können z.B. der Diagnose und Rückmeldung sowie Förderung dienen, die Grundlage von Auslese- und Zulassungsentscheidungen sein und darüber hinaus erzieherische und disziplinierende Funktionen übernehmen. Zudem können sie dazu führen, dass Lernende gezielt bestimmte Teilkompetenzen

---

3   Wir unterscheiden im Folgenden nicht zwischen Test und Prüfung. Für eine mögliche Differenzierung im schulischen Kontext vgl. Junghanns & Schinschke (2009, S. 15).
4   Weitere in diesem Kontext verwendete Termini sind z.B.: didaktische Aufgaben (Benner, 2007), *pedagogical tasks* (Spence-Brown, 2009), *assessment tasks* (Spence-Brown, 2009), Kompetenzaufgaben (Meißner, 2006; Vollmer, 2006, 2008) und Überprüfungsaufgaben (Zydatiß, 2007). Für Kompetenzaufgaben im Sinne von Vollmer gilt, dass diese sowohl für die Entwicklung als auch für die Überprüfung von Kompetenzen genutzt werden können. Caspari et al. (2008, S. 169) nennen folgende Qualitätsmerkmale von Kompetenzaufgaben: Validität, Ausweis der Zuverlässigkeit und Objektivität der Auswertung, Angabe von Bewertungskriterien und Prozedere der Beurteilung.

einüben sowie mehr Zeit und Mühe auf den Ausbau ihrer Kompetenzen verwenden.

Im Kontext der Arbeit des IQB und den Bildungsstandards Französisch dienen Testaufgaben vor allem dazu, bildungspolitische Vorgaben in der schulischen Realität zu überprüfen (sog. Bildungsmonitoring). So sollen Erkenntnisse darüber gewonnen werden, welches Niveau repräsentative Gruppen von Lernern zu einem bestimmten Zeitpunkt ihrer Schullaufbahn in einem bestimmten Kompetenzbereich tatsächlich erreicht haben und inwieweit das tatsächlich erreichte Niveau einem vorher festgelegten, angezielten Niveau entspricht (vgl. auch Rupp, Vock, Harsch & Köller, 2008; Harsch, 2009; Tesch, 2009). Dieser Einsatz unterliegt anderen Bedingungen als der Einsatz von Tests z.B. im Rahmen einer informellen unterrichtsnahen Diagnostik (vgl. auch Junghanns & Schinschke, 2009).

Außerdem zielt der Einsatz von Testaufgaben im Rahmen des Bildungsmonitoring nicht auf eine Individualdiagnostik, sondern auf einen Vergleich größerer Einheiten wie Schulen oder auch Bundesländer. Da das Bildungsmonitoring jedoch kriteriumsorientiert erfolgt, können Lehrende – auch dann, wenn ihre Klasse selbst nicht am Test teilgenommen hat – diese mit den Deskriptoren der Kompetenzniveaus vergleichen und die Klasse zumindest approximativ auf der Kompetenzskala verorten (vgl. Harsch, 2009, S. 13). In einem begrenzten Ausmaß sind zudem z.B. im Rahmen landesweiter Lernstandserhebungen auch Einsichten auf Individualebene denkbar. Werden z.B. Aufgaben, wie bei VERA-8, detailliert didaktisch kommentiert, können sie der einzelnen Lehrkraft diagnostisches Feedback geben und ihr aufzeigen, wo die Stärken und Schwächen einzelner Schüler sowie der Gesamtklasse im Vergleich zu anderen Klassen liegen, wobei Aussagen zu einzelnen Schülern allerdings mit einem deutlich größeren Messfehler behaftet sind. Auf der Basis dieser und weiterer diagnostischer Informationen können dann gegebenenfalls Maßnahmen zur konkreten Lernförderung abgeleitet werden (vgl. Dobbelstein & Peek, 2008; Pallak, 2008; Harsch, 2009; Hyatt & Siebold, 2009).

Außerdem können Tests, auch wenn sie standardisiert sind, eine positive Rückwirkung auf den Unterricht haben und einen Beitrag zur Unterrichtsentwicklung leisten, vor allem dann, wenn sie Kompetenzen testen, die zum Teil noch zu Unrecht vernachlässigt werden wie etwa Sprachmittlung und das selektive oder globale Hörverstehen. Denn das, was getestet wird, wird in der Regel auch im Unterrichtsprozess beachtet (vgl. auch Grotjahn, 2009). So ist z.B. das Hörverstehen, früher eher das Aschenputtel des Fremdsprachenunterrichts, mittlerweile in die Prüfungsformate der meisten Bundesländer aufgenommen worden (vgl. Tesch, 2009, S. 45). Auch wegen potentieller Rückwirkungseffekte müssen Lernaufgaben und Test- bzw. Prüfungsaufgaben bei der Implementierung und Evaluation der Bildungsstandards im Zusammenhang gesehen werden. Im Folgenden werden wir genauer auf Lernaufgaben und Testaufgaben eingehen.

1.3.2 Funktionen und Qualitätsmerkmale von Lernaufgaben

1.3.2.1 Funktionen von Lernaufgaben

Lernaufgaben, und zwar insbesondere die kompetenzorientierten Lernaufgaben des IQB (vgl. Caspari & Kleppin, 2008; Tesch, 2009), zielen innerhalb des funktional-kommunikativen Kompetenzbereiches auf die bewusste Förderung sowohl *isolierter* Kompetenzen, wie z.B. Hörverstehen, als auch *integrierter* Kompetenzen, wie z.B. interaktives Sprechen, Hör-Seh-Verstehen oder Sprachmittlung, bei denen mehrere Teilkompetenzen zu verbinden sind, um die Aufgabe zu lösen.

Durch die Aufgabenstellung kann die primäre Aufmerksamkeit u.a. auf die persönliche Auseinandersetzung mit den angesprochenen Inhalten, auf die Ausbildung methodischer Kompetenzen oder auf die Ausbildung kommunikativer Kompetenzen und natürlich auch auf den Erwerb sprachlicher Mittel gelenkt werden. Mit der Aneignung sprachlicher Mittel ist der Lernprozess allerdings nicht abgeschlossen. Die Aneignung hat vielmehr eine dienende Funktion, da das eigentliche Ziel stets sein muss, über sprachliche Mittel funktional kommunikativ verfügen zu können (vgl. z.B. die von Carstens, 2005, vorgesehenen, auf den gezielten Erwerb sprachlicher Mittel ausgerichteten „Übungsschleifen" innerhalb der Bearbeitung von Lernaufgaben).

Beim Einsatz der Lernaufgaben für den Aufbau und die Weiterentwicklung produktiver Kompetenzen können die Dimensionen Flüssigkeit, Korrektheit, Komplexität oder sprachliche und situative Angemessenheit der Realisierung unterschiedlich gewichtet und berücksichtigt werden. Es versteht sich von selbst, dass z.B. Lerner auf der Niveaustufe B1 nicht gleichzeitig völlig korrekt und inhaltlich sowie formal komplex sprechen können. Dies ist bei der Formulierung der Anforderungen an die Lerner zu berücksichtigen. Wenn also z.B. bei einer mündlichen Produktion Flüssigkeit und Komplexität im Vordergrund stehen, dann müssen zumindest bei nicht sehr weit fortgeschrittenen Lernern die Anforderungen an möglichst korrektes Sprechen herabgesetzt werden. Wenn hingegen eine möglichst korrekte Realisierung angestrebt wird, dann ist ein langsameres Sprechen zu erwarten bzw. eine Reduktion der inhaltlichen Komplexität (vgl. für mögliche Zusammenhänge zwischen Korrektheit, Flüssigkeit und Komplexität z.B. O'Sullivan, 2008, S. 31ff.; Skehan, 2001, 2003). Diese unterschiedliche Schwerpunktsetzung sollte auch den Lernern bewusst gemacht werden.

Kompetenzorientierte Lernaufgaben zielen über die Ausbildung funktional-kommunikativer Kompetenzen hinaus. Dies ist insbesondere im Bereich des interkulturellen Lernens der Fall, der sowohl innerhalb der einzelnen sprachlichen Kompetenzbereiche eine Rolle spielt als auch einer eigenständigen Fokussierung bedarf. Dabei geht es vor allem um die Entwicklung interkultureller Sensibilität, den Erwerb soziokulturellen Orientierungswissens, das Hinarbeiten auf einen verständnisvollen Umgang mit kultureller Differenz und die, auch sprachliche, Vorbereitung auf die praktische Bewältigung interkultureller Begegnungssituationen.

Französischunterricht hat darüber hinaus die Aufgabe, Gelegenheiten zur systematischen Ausbildung methodischer Kompetenzen zu schaffen, die zu den in jedem Unterrichtsfach auszubildenden Schlüsselkompetenzen gerechnet werden können. Bei den in den Bildungsstandards aufgeführten so genannten methodischen

Kompetenzen wird – in ihrer Systematik allerdings nicht sehr überzeugend – u.a. zwischen unterschiedlichen Bereichen differenziert. Dazu zählen z.B. die Anwendung verschiedener Hör- und Lesetechniken, Techniken der Anbahnung und Aufrechterhaltung von Gesprächen, Techniken der Planung und Überarbeitung. Außerdem werden Arbeitstechniken, Präsentationstechniken sowie Methoden der Lernorganisation und Lernbewusstheit unterschieden. Dabei dient z.B. die Mitarbeit bei gemeinsamen Vorhaben, das Übernehmen von Aufgaben, das Einbringen eigener Ideen und Kompetenzen, das Zurücknehmen der eigenen Person zugunsten der Sache bzw. anderer Personen, das Lösen von Konflikten, der angemessene Umgang mit sprachlicher und kultureller Differenz oder die Fähigkeit zur situations- und partnerbezogenen Kommunikation in der Fremdsprache der Ausbildung sozialer und interkultureller Kompetenzen.

Auch die Fähigkeit, das schon Erreichte zu erkennen und die eigene Leistung somit auch wertschätzen zu können, sollte schon allein wegen der motivationalen Auswirkung nicht vernachlässigt werden. Dies kann etwa bei der Kontrolle des Sprachlernprozesses durch das Führen einer individuellen Fehlerstatistik, eines Lerntagebuchs oder eines Portfolios oder andere Formen selbstevaluativer Tätigkeit unterstützt werden und bildet einen wichtigen Beitrag zur Sprachlern- und Selbstkompetenz (vgl. Kleppin, 2008).

Bereits in der Mittelstufe gehört es ebenfalls zu den Aufgaben des Französischunterrichts, Bewusstheit für die ästhetisch-literarische und die kreativ-spielerische Dimension von Sprache zu wecken. Dies kann sowohl über entsprechende Texte als auch über entsprechende Aufgabenstellungen geschehen.

Lernaufgaben können – wie oben schon erwähnt – in der Regel *mehrere Ziele und verschiedene Funktionen* miteinander verbinden. Den Schülern sollte jeweils bewusst sein, welche Ziele und Funktionen bei einer bestimmten Aufgabe im Vordergrund stehen. Dabei kann es allerdings durchaus sein und ist manchmal sogar wünschenswert, dass sich der Fokus während der Durchführung verändert. Eine Modifikation kann sowohl auf Lehrer- wie auch auf Lernerseite erfolgen. Sie kann intendiert sein oder sich ungeplant ergeben.

Zusammenfassend lassen sich insbesondere folgende Funktionen kompetenzorientierter Lernaufgaben unterscheiden:

- Lernaufgaben können eine *primär kompetenzfördernde Funktion* haben. Diese kann unterschiedliche Kompetenzbereiche und isolierte oder integrierte bzw. kombinierte kommunikative Teilkompetenzen betreffen. Der Fokus kann darüber hinaus u.a. im Bereich der interkulturellen Kompetenz und im Bereich der Methodenkompetenz liegen.
- Lernaufgaben können eine *primär vorbereitende Funktion* für Folgeaufgaben übernehmen, z.B. wenn der Fokus auf weiterführenden inhaltlichen Aspekten liegt. Eine Internetrecherche kann z.B. dazu genutzt werden, eine Poster-Präsentation vorzubereiten, mit der die Schüler sich gegenseitig über ein bestimmtes Thema informieren.
- Lernaufgaben können eine *primär motivationale Funktion* haben. Eine Aufgabe kann zwar nicht per se motivieren: Was den einen Schüler besonders motiviert, kann auf den anderen demotivierend wirken. Dies gilt für inhaltliche Aspekte, aber auch z.B. bei der Nutzung von Medien und dem Internet. Allerdings kann die Beachtung der weiter unten aufgeführten Prinzipien den motivationalen Gehalt von Lernaufgaben positiv beeinflussen. Dies kann etwa auch dann der

Fall sein, wenn das erfolgreiche Lösen einer Aufgabe für die weitere inhaltliche Arbeit genutzt wird oder die einem Text mit Hilfe detaillierten Leseverstehens entnommenen Informationen den Lernern die notwendigen Hintergrundinformationen oder Bausteine für ein Rollenspiel bieten.

- Lernaufgaben können eine *primär diagnostische Funktion* haben, wenn sie z.B. vor einer Unterrichtsreihe, in der eine bestimmte sprachliche oder methodische Kompetenz im Mittelpunkt steht, zur Ermittlung des Kompetenzniveaus einer Lerngruppe oder einzelner Schüler eingesetzt werden (vgl. auch Abschnitt 1.3.6). Entsprechende Aufgaben sind dann allerdings nicht psychometrisch vorgetestet.
- Lernaufgaben können eine *primär prüfungs- und testvorbereitende Funktion* aufweisen, wenn die Aufmerksamkeit der Schüler auf das verwendete Aufgabenformat gelenkt und besprochen wird, wie dieses am günstigsten bearbeitet werden kann (Erwerb von Teststrategien). Auch die Besprechung der Evaluationskriterien gehört zur prüfungs- und testvorbereitenden Funktion.
- Bei Lernaufgaben kann die *evaluative Funktion* im Vordergrund stehen. Wenn die Aufgabe z.B. einen Lösungsschlüssel bereithält, kann dieser zur Selbstevaluation genutzt werden. Wenn im Rahmen einer Aufgabe eine Kriterienliste zur Beurteilung der Leistungen angeboten wird, kann diese zur Selbst- oder Partnerevaluation oder, als Teil einer mündlichen Prüfung oder einer Klassenarbeit, zur Fremdevaluation verwandt werden. In dieser Funktion nähern sich Lernaufgaben der Funktion von Test- bzw. Diagnoseaufgaben an.

1.3.2.2 Qualitätsmerkmale von Lernaufgaben

Ausgehend von den genannten Funktionen sollten bei der Entwicklung, Auswahl oder auch Veränderung und Anpassung von Lernaufgaben Prinzipien berücksichtigt werden, die im Folgenden kurz dargestellt werden. Diese Prinzipien sind aus einer lerntheoretischen Vorstellung abgeleitet, die den Lerner als Individuum mit je individuellen Dispositionen, Vorkenntnissen, Vorlieben und Interessen ernst nimmt und ihn im und durch den Unterricht, auch unter bewusster Nutzung kooperativer Lernformen, zu zunehmend autonomen Lernprozessen zu befähigen sucht. Der Entwicklung von Lernaufgaben für Französisch am IQB liegt dieses Konzept aufgabenorientierten Unterrichts (im Sinne des *task-based-learning*) zugrunde (vgl. die Aufgabenbeispiele in Tesch et al., 2008)[5]. Die Aufgaben wurden im Unterricht erprobt und anschließend überarbeitet, so dass die zugrunde liegenden Prinzipien überprüft und in der Folge teilweise ergänzt und modifiziert wurden.

Lernaufgaben zeichnen sich u.a. durch folgende Qualitätsmerkmale aus:
- Lernaufgaben sprechen die Schülerinnen und Schüler nicht nur als Sprachenlerner, sondern als Individuen, als ganzheitliche und soziale Wesen an. Dies bedeutet u.a., dass das Vorwissen und die Vorerfahrungen der Lerner in die Bearbeitung der Aufgabe einfließen. Bei Französisch als erster Fremdsprache können z.B. die Muttersprachen und unterschiedlichen sprachlichen Varietäten der Lerner als Transferbasis oder zur bewussten Kontrastierung genutzt werden.

---

5 Veröffentlichung aller Lernaufgaben verfügbar unter www.iqb.hu-berlin.de/bista/aufbsp/frz [22.06.09].

Es kann auf Vorerfahrungen mit französischen Lehn- oder Fremdwörtern in der deutschen Sprache zurückgegriffen werden. Es kann inhaltliches und Weltwissen z.B. dafür genutzt werden, Lese- oder Hörverstehen vorzuentlasten, indem z.B. vorbereitende Assoziogramme erstellt werden. Lernstrategien aus anderen Fächern können bewusst gemacht und dahingehend hinterfragt werden, ob sie auch dem Fremdsprachenlernen dienlich sind und vieles mehr.

- Das Ansprechen der Schüler als Individuen heißt gleichermaßen, dass nicht nur kognitive, sondern auch kreative und emotionale Prozesse ausgelöst werden. Es bedeutet auch, dass die Vorgehensweise bei der Bearbeitung und das Ergebnis je nach Schüler bzw. Schülergruppe unterschiedlich ausfallen können.
- Lernaufgaben haben ein hohes Potenzial für individuelle Lernprozesse. Damit diese wirken können, ist den Schülern die Gestaltung des Unterrichts transparent zu machen und ihnen ein Mitspracherecht über Inhalte und Methoden einzuräumen (Autonomieförderung).
- Lernaufgaben sind (aus dem vermuteten Blickwinkel der Schüler) nicht primär sprach- bzw. spracherwerbsorientiert, sondern kommunikations- und inhaltsorientiert. Die Spracharbeit hat im Wesentlichen eine dienende Funktion.
- Spracharbeit kann allerdings auch zum Inhalt und zum Thema einer Aufgabe gemacht werden, etwa wenn einzelne Schüler die Aufgabe haben, während eines Klassengesprächs z.B. sprachlich besonders gelungene oder auch besonders wichtige Formulierungen ihrer Mitschüler zu notieren und anschließend überlegt wird, in welchen Kontexten man diese Formulierungen sonst noch verwenden kann. Außerdem kann in einer Großgruppe, aber auch in Kleingruppen, thematisiert werden, ob Schüler Wortschatzstrategien einsetzen, die bei ihnen besonders gut funktionieren. Sie können sich ebenfalls darüber austauschen, durch welche Strategien sie ihre Sprachproduktion etwa in Bezug auf Flüssigkeit (z.B. durch den Einsatz von Dialoggeländern) oder Korrektheit (z.B. indem man beim Schreiben auf einen bestimmten Fehlertyp achtet) verbessern.
- Lernaufgaben beschäftigen sich überwiegend mit Themen aus der französischsprachigen Alltagswelt, die für Jugendliche an deutschen Schulen relevant sind. Sie behandeln ebenfalls Themen, die zum Erwerb interkultureller Kompetenzen wichtig sind (u.a. für die Zielkultur wichtige landeskundliche Themen). Dabei gilt: Die für die Lernaufgaben verwendeten Texte sind authentisch, in der Regel aktuell und sprachlich für heutiges Französisch konstitutiv. Im Idealfall werden die Lernaufgaben von den Jugendlichen als sinnvoll, bedeutsam und herausfordernd erachtet.
- Lernaufgaben stoßen authentische Sprachverwendung an, d.h., sie verlangen Formen der Kommunikation, die auch in der realen Welt vorkommen können. Anders als bei sprachbezogenen Übungen, bei denen der Erwerb oder das Einüben bestimmter sprachlicher Phänomene im Mittelpunkt steht, müssen die Schüler zur Bearbeitung der Lernaufgaben kommunikativ handeln. In der Regel erachten Schüler diese kommunikativen Formen als relevant, selbst wenn es sich nicht um authentische Sprachverwendung im strengen Sinne handelt. Dies gilt auch in Bezug auf Lernaufgaben, die sprachliches Handeln in einer eindeutig fiktiven Situation verlangen, sofern den Schülern die Bearbeitung der Aufgabe Spaß macht.
- Lernaufgaben sind immer auch ergebnisorientiert. Es können Produkte wie z.B. Poster erstellt werden, die den anderen Schülern in der Gruppe präsentiert und

erklärt werden. Auch das Erstellen einer ästhetisch ansprechenden, originellen, persönlichen und kreativen Geschichte, eines Gedichts oder einer gemeinsamen Internetseite ist möglich.
- Lernaufgaben sind so konstruiert, dass die Schüler sie ihren Lernvoraussetzungen (Leistungsniveau, Lernstil, Interessen,...) gemäß bearbeiten können (Prinzip der Passung und Realisierbarkeit). Lehrer müssen sich bei der Auswahl und Anpassung der Lernaufgaben also stets die Frage stellen: Können meine Schüler diese Aufgabe überhaupt bearbeiten, wenn sie Anstrengung investieren? Oder auch: Ist die Aufgabe möglicherweise zu leicht und wird dadurch langweilig für die Schüler?
- Lernaufgaben können auch zur Evaluation eingesetzt werden – mit dem Ziel, den Schülern eine Rückmeldung über den Erfolg ihrer Arbeit zu geben. Dementsprechend sind für Schüler transparente Erfolgskriterien anzugeben (vgl. dazu auch die Ausführungen zu den Testaufgaben). Viele Lernaufgaben sind selbstevaluativ in Bezug auf den Lernprozess und das Ergebnis. Die Schüler erkennen z.B. bei einer Präsentation am Verstehen und Interesse ihrer Klassenkameraden, dass sie die Aufgabe erfolgreich bearbeitet haben. Im besten Falle erkennen sie darüber hinaus, was sie nach der Bearbeitung der Aufgabe besser oder mehr „können" als zuvor.
- Lernaufgaben bieten vielfältige Möglichkeiten des Einsatzes und der Abwandlung (z.B. für verschiedene Niveaus, verschiedene Interessen, unterschiedliche Sozial- und Aktionsformen). Damit bieten sie Gelegenheit zur Differenzierung bzw. Individualisierung. Viele Lernaufgaben können auch auf andere Kontexte übertragen werden. Sie bieten somit Ideen für „Aufgabenformate oder Aufgabengerüste", die immer wieder anders gefüllt werden können. Dies gilt für mittlerweile bekannte Aufgabenformate wie etwa das Lernen an Stationen oder für Laufdiktate. Aufgabengerüste existieren aber auch für weniger bekannte internet-basierte Lernformen, wie z.B. für Web-Quests, für Aufgaben im Bereich von Austauschprojekten oder für spezifische Tandemaufgaben im Kontext von Lernpartnerschaften.

Alle genannten Prinzipien und Merkmale kompetenzorientierter Lernaufgaben stehen in engem Zusammenhang mit der Förderung und Aufrechterhaltung der Lernermotivation. Um die von den Bildungsstandards vorgegebenen Kompetenzen zu erreichen, reicht es allerdings nicht, im Unterricht Lernaufgaben aus vorgefertigten Materialien zu übernehmen und wie dort möglicherweise vorgeschlagen einzusetzen. Vielmehr sind der adressatenorientierte Einsatz und das begleitende Lehrerverhalten von entscheidender Bedeutung. Selbst eine Aufgabe, die unter Berücksichtigung der obigen Prinzipien entwickelt wurde, kann erst dann ihre Wirkung entfalten, wenn Lerner die entsprechenden Aktivitäten selbst durchführen, ihren Nutzen für die eigenen Lernfortschritte einschätzen können, das eigene Lern(er)verhalten reflektieren und „selbst"bewusst vorgehen. Eine wichtige Voraussetzung dafür ist, dass die Lehrenden die Zielsetzungen, die methodischen Entscheidungen, die Evaluationsverfahren etc. transparent machen und mit den Schülern zusammen gegebenenfalls Alternativen entwickeln. Auch Lehrende müssen sich daher stets solche Fragen stellen wie:
- Unterstütze ich die Schüler durch mein Handeln dabei, in dem angezielten Kompetenzbereich tatsächlich Fortschritte zu machen? Gebe ich den Schülern

genügend Zeit und Freiraum zum Bearbeiten der Aufgabe? Ist z.B. meine Rückmeldung auf „freies Sprechen" ermutigend und sprachfördernd oder löst sie eher Vermeidungsverhalten aus?
- Wie unterstütze ich die Lerner beim Erwerb methodischer Kompetenzen? Mache ich mein methodisches Vorgehen transparent, so dass Lerner z.B. adäquate Kontrollüberzeugungen und Selbstwirksamkeitserwartungen in Bezug auf ihr eigenes Lernen entwickeln können?
- Gestalte ich meinen Unterricht so, dass mich vor allem interessiert, was meine Schüler danach besser können, und nicht, ob das Vorgesehene „abgearbeitet" wurde?

Die Erstellung und der Einsatz von „guten" Aufgaben ist kein „Selbstläufer", sie können kompetenzorientierten Unterricht lediglich unterstützen. Die aus unserer Sicht zentrale Herausforderung besteht darin, den im Konzept der Kompetenzorientierung enthaltenen Paradigmenwechsel zu realisieren: „Guter" Unterricht zeichnet sich nicht (mehr) dadurch aus, einen aus Sicht des Lehrers oder eventueller Beobachter gelungenen und zeitlich festgelegten Verlauf einzuhalten. Er zeichnet sich vielmehr dadurch aus, dass die Lerner ihren Kompetenzzuwachs in den verschiedenen Bereichen erleben und erkennen und mit Unterstützung der Lehrpersonen gezielt „ansteuern".

1.3.3 Funktionen und Qualitätsmerkmale von Testaufgaben

1.3.3.1 Funktionen von Testaufgaben

Genuine Testaufgaben dienen in erster Linie der Überprüfung von sprachlichen Kompetenzen. Generell kann eine Überprüfung z.B. lernprozessbegleitend (formative Evaluation) oder auch am Ende eines Lernabschnittes erfolgen (summative Evaluation).[6]

Testaufgaben können eine Reihe von unterschiedlichen Funktionen haben (vgl. auch Grotjahn, 2008; Nieweler, 2006):
- Sie können der *Diagnose* dienen und den Lehrenden wie den Lernenden Informationen über den aktuellen Leistungsstand der Lerngruppe und jedes einzelnen Lerners liefern (vgl. zum Begriff der Diagnose Abschnitt 1.3.6). Außerdem können sie der Lehrkraft Hinweise zur Effektivität des vorangegangenen Unterrichts geben und ihr helfen, Leistungs- bzw. Lerndefizite sowie Lernfortschritte aufzudecken.
- Die diagnostischen Informationen bieten die Basis für die *Rückmeldefunktion* von Testaufgaben. Die Rückmeldung kann sich sowohl an die Lerner selbst als auch an Eltern oder andere Lehrerkollegen richten, für die Informationen über den Leistungsstand relevant sind.

---

6 Vgl. auch die Unterscheidung zwischen „assessment as learning", „assessment for learning" und „assessment of learning" (WNCP, 2006). Einen aktuellen Überblick über die Funktion von Testaufgaben im unterrichtlichen Kontext geben Leung (2004), Rea-Dickins (2008) und Dlaska & Krekeler (2009).

- Eine auch für Schüler transparente Rückmeldung zur Leistung, aber auch zu Kriterien der Leistungsbewertung kann Schüler darin unterstützen, ihre Kompetenzen einzuschätzen und gezielt weiterzuentwickeln (*Autonomisierungsfunktion*).
- Über Leistungsbewertungen (gute bzw. schlechte Noten) möchte man Schüler zu mehr Lernanstrengungen anregen. Auch eine diagnostische Informationen nutzende (Selbst)Einschätzung der Kompetenzen kann eine *Motivationsfunktion* haben, insbesondere wenn Schüler damit nicht nur auf ein weit entferntes Endziel hinsteuern, sondern realisierbare Ziele vor Augen haben. Dies könnte u.a. ein Zertifikat auf einer in einer relativ kurzen Zeit zu erreichenden Kompetenzstufe sein (z.B. DELF).
- Die Diagnose von Leistungsständen kann die Grundlage einer speziell auf die Lerngruppe zugeschnittenen Unterrichtsplanung und einer gezielten Förderung spezifischer Schüler oder Schülergruppen sein (*Förderfunktion*).
- Tests haben außerdem die Funktion, Zugänge zu weiterer Bildung (Versetzung in die nächst höhere Klasse, Hochschulzugang, Eintritt in eine qualifizierte Berufsausbildung, usw.) zu ermöglichen bzw. zu verhindern (*Berechtigungs- und Selektionsfunktion*). Bei Tests mit dieser Funktion handelt es sich in der Regel um formelle Tests wie etwa das DALF oder um Verfahren wie das Abitur.
- Schließlich bilden Leistungsbeurteilungen eine wichtige Grundlage bildungspolitischer Entscheidungen sowohl auf der Ebene des Staates als auch eines einzelnen Bundeslandes (z.B. im Hinblick auf curriculare Veränderungen). Es handelt sich hier um eine *Legitimationsfunktion*.

Für die Entwicklung der französischen Testaufgaben des IQB[7] gelten folgende Prinzipien, die einerseits testwissenschaftlich abgeleitet sind (z.B. die unten genannten Gütekriterien) und die andererseits Vorstellungen von „gutem" Unterricht widerspiegeln, wie sie auch im Hinblick auf Lernaufgaben beschrieben wurden (vgl. auch Grotjahn, 2008; Grotjahn & Kleppin, 2008):
- Die Beschreibung von Kompetenzen erfolgt mit Hilfe der Niveauskalen des GER sowie der Bildungsstandards und damit auch auf der Basis vorwiegend positiver Kann-Beschreibungen an Stelle von Defizitfeststellungen z.B. in Form von Fehlerquotienten. Die Testaufgaben zielen auf Teilkompetenzen, d.h. Leseverstehen, Hörverstehen, Schreiben und Sprechen, sie werden so weit wie möglich unabhängig voneinander gemessen.
- Die Bewertung erfolgt kriteriumsorientiert, d.h., die Testaufgaben erlauben anhand von klar definierten Kriterien (für Schreibaufgaben z.B. Inhalt, Angemessenheit in Bezug auf Textsorte, Adressat, Situation, Organisation des Textes über Kohärenz und Kohäsion, Breite des Wortschatzes, grammatikalische Korrektheit, Orthographie, Gesamteindruck) eine Einschätzung der

---

7 Diese Prinzipien gelten nicht nur im Kontext der Überprüfung und Implementierung der Bildungsstandards, sondern auch in Bezug auf die Entwicklung von Testaufgaben für die Vergleichsarbeiten in Klasse 8 (VERA-8). Aufgabenbeispiele für Französisch finden sich in Tesch (2009) sowie im Anhang dieses Bandes; für Englisch in Harsch (2009). Weitere Aufgabenbeispiele (VERA-8) einschließlich didaktischer Kommentare sind verfügbar unter: www.iqb.hu-berlin.de/bista/aufbsp/vera8_2009 [22.07.09].

Leistung. Dem kommunikativen Erfolg wird damit ein großer Stellenwert zugebilligt.
- Die Bewertung orientiert sich an den Gütekriterien (vgl. hierzu den nächsten Abschnitt).

1.3.3.2 Qualitätsmerkmale von Testaufgaben

Testaufgaben sind Messinstrumente, die dabei helfen sollen, begründete Aussagen über lernerseitige Kompetenzen zu formulieren. Ein zentrales Qualitätsmerkmal von Tests und Testaufgaben ist die Beachtung der sogenannten Testgütekriterien, wobei diese je nach Zielsetzung des Tests eine unterschiedliche Relevanz haben können (vgl. zum Folgenden Grotjahn, 2008, 2009, 2010). Es werden zumeist folgende Hauptgütekriterien genannt: Objektivität, Reliabilität und Validität. Daneben finden sich als weitere Kriterien z.B. Nützlichkeit, Fairness, Ökonomie, Praktikabilität, Schwierigkeit, Trennschärfe, stochastische Unabhängigkeit, Normierung, Standardisierung, Rückwirkung auf den Unterricht, Authentizität, Transparenz und Handlungsorientierung (vgl. z.B. Lienert & Raatz, 1994, S. 7–14; American Educational Research Association, American Psychological Association & National Council on Measurement in Education, 1999; Europarat, 2001, Kapitel 9; Downing & Haladyna, 2006; Ingenkamp & Lissman, 2008, S. 51–62; Moosbrugger, 2007). Die Mehrzahl der genannten Gütekriterien wird im Weiteren kurz beschrieben. Darauf aufbauend werden wir exemplarisch u.a. auf die Frage eingehen, inwieweit bestimmte Gütekriterien im Hinblick auf eine Unterscheidung zwischen Lernaufgaben und Testaufgaben relevant sind.

Objektivität

Das Gütekriterium der *Objektivität* bezieht sich insbesondere darauf, inwieweit die Ergebnisse einer Testaufgabe bzw. die aus den Ergebnissen gezogenen Schlussfolgerungen unabhängig von der Art der Testdurchführung und der Auswertung sind. Wenig objektive Tests werden zuweilen auch als *subjektiv* charakterisiert. Eine zentrale Voraussetzung für eine zufriedenstellende Objektivität ist die *Standardisierung* (vereinheitlichende Festlegung) des Testformats, der Durchführung, der Auswertung und der Interpretation eines Tests. Eine hohe Objektivität ist daher im Fall von *offenen* Aufgabenformaten, wie z.B. ein flexibles mündliches Prüfungsgespräch, weit schwerer zu erreichen als im Fall von *geschlossenen* Formaten, wie z.B. Mehrfachwahlaufgaben.

Reliabilität

Das Merkmal der *Reliabilität* (Zuverlässigkeit) kann sich u.a. auf Eigenschaften von Tests und Aufgaben sowie auf Merkmale von Beurteilern und Beurteilungsskalen beziehen. Bezogen auf Tests und Aufgaben bezeichnet die Reliabilität u.a. das Ausmaß, mit dem die Aufgaben (Items) eines Tests die Kandidaten in Bezug auf die zu messende Eigenschaft, wie z.B. Leseverstehen oder Hörverstehen, in eine ähnliche Rangreihe bringen (Reliabilität im Sinne von Itemkonsistenz; vgl. Bühner, 2006, S. 131ff.).

Ein weiterer Aspekt der Reliabilität bezieht sich auf die Konsistenz der Ergebnisse im Fall einer Messwiederholung (Retestreliabilität). Lassen sich die Ergebnisse eines Tests oder auch eines (komplexen) Items zu einem späteren Zeitpunkt nur sehr ungenau reproduzieren, d.h., erhält man deutlich abweichende Ergebnisse, ist dies ein Hinweis auf eine unbefriedigende Messgenauigkeit des Tests bzw. Items – allerdings nur unter der Voraussetzung, dass sich die zu messende Eigenschaft, z.B. durch zwischenzeitlichen Unterricht, nicht verändert hat.

Neben der Retestreliabilität ist u.a. der so genannte Reliabilitätsindex (Produkt aus Itemtrennschärfe und Itemstreuung) ein Maß für die Messgenauigkeit eines einzelnen Items (vgl. Lienert & Raatz, 1994, S. 111). Aufgaben, die wenig oder gar nicht zur Reliabilität eines Tests beitragen, werden in der Regel im Zuge der Aufgabenanalyse ausgesondert.

Auch die Ratewahrscheinlichkeit spielt in Bezug auf die Messgenauigkeit einer einzelnen Aufgabe und damit auch in Bezug auf die Gesamtreliabilität eines Tests eine wichtige Rolle. So haben z.B. die in vielen Tests u.a. zur Messung des Hörverstehens eingesetzten Ja-Nein-Aufgaben eine deutliche höhere Ratewahrscheinlichkeit als z.B. Vierfachwahlaufgaben und tragen deshalb auch weniger zur Testreliabilität bei.

Weiterhin ist im Fall von offenen Aufgabenformaten, wie komplexen Schreibaufgaben oder mündlichen Gesprächen, das Vorliegen von detaillierten, empirisch überprüften Bewertungsschemata eine notwendige Voraussetzung für eine zufriedenstellende Aufgabenreliabilität.

Validität

Die *Validität* (Gültigkeit) gilt als wichtigstes Gütekriterium eines Tests. Sie bezieht sich auf das Ausmaß, in dem eine Aufgabe[8] sowie Testergebnisse das erfassen, was sie erfassen sollen bzw. auf den Grad der Gültigkeit der mit Hilfe der Testergebnisse getroffenen Entscheidungen. Es können verschiedene Aspekte der Validität unterschieden werden. Die *Inhaltsvalidität* gibt das Ausmaß an, in dem die Testaufgaben geeignet sind, z.B. bestimmte Aspekte eines Lernstoffs oder auch bestimmte Verhaltensweisen zu erfassen. Ein Spezialfall der Inhaltsvalidität ist die *curriculare Validität*, d.h. die Gültigkeit der Aufgaben in Bezug auf einen bestimmten Lehrplan (vgl. zur Inhaltsvalidität jedoch Lissitz & Samuelsen, 2007, einschließlich der abgedruckten Kommentare).

Bei der Bestimmung der so genannten *Konstruktvalidität* wird speziell gefragt, inwieweit das direkt beobachtbare Verhalten der Testpersonen auf bestimmte zugrunde liegende, nicht direkt beobachtbare Fähigkeiten (theoretische Konstrukte) zurückgeführt werden kann. Um von den Reaktionen der Lerner auf ihre zugrunde liegenden Fähigkeiten (Kompetenzen) schließen zu können, bedarf es theoretischer Modelle sowohl der zu messenden Kompetenzen als auch der Anforderungscharakteristiken der zur Messung benutzten Testaufgaben (vgl. auch Jude & Klieme, 2007).

---

8   Wir vernachlässigen in diesem Zusammenhang den Sachverhalt, dass in der Regel eine einzelne Aufgabe (Item) kein aussagekräftiges Bild (sprachlicher) Kompetenzen liefern kann und dass deshalb Kompetenzmessungen üblicherweise anhand einer größeren Zahl von Aufgaben (z.B. in Form eines Summenscores) erfolgen.

Bei der Beurteilung der Konstruktvalidität eines Tests sind u.a. folgende Quellen möglicher Invalidität zu berücksichtigen: a) Unterrepräsentation des zu messenden Konstrukts; b) konstruktirrelevante Testvarianz.

Im Fall einer *Unterrepräsentation des Konstrukts* ist der Test zu eng gefasst und lässt wichtige Dimensionen des Konstrukts unberücksichtigt. Ein Extrembeispiel ist das Testen kommunikativer Kompetenz mit Hilfe eines reinen Wissenstests im Papier-und-Bleistift-Format (siehe auch nachfolgend die Ausführungen zur Authentizität von Testaufgaben).

Konstruktirrelevante Varianz liegt vor, wenn bestimmte Merkmale, die nichts mit der zu messenden Fähigkeit zu tun haben (z.B. bestimmtes Hintergrundwissen), eine Aufgabe für bestimmte Personen (Gruppen) im Sinne eines so genannten *Bias* (d.h. einer Verzerrung der Ergebnisse) systematisch leichter oder schwerer machen.

Weitere gerade auch im Hinblick auf die schulische Praxis wichtige Fälle potentiell konstruktirrelevanter Varianz und damit zugleich potentieller Einschränkungen im Hinblick auf die Konstruktvalidität sind die Messung von Lese- oder Hörverstehenskompetenz mit Hilfe umfangreicher schriftlicher Produktionen oder auch die Messung von Schreibkompetenz anhand von Aufgaben, die zunächst das Verstehen eines längeren, anspruchsvollen schriftlichen und/oder mündlichen Textes verlangen. Bei solchen integrativen Aufgaben, die als Lernaufgaben natürlich durchaus sinnvoll sind, ist eine valide Aussage über isolierte Teilkompetenzen (hier: Lesen, Hören, Schreiben) nicht möglich, da das Messergebnis beim Lese- oder Hörverstehen auch von der Schreibkompetenz und bei der Schreibkompetenz wiederum von der Lesekompetenz abhängt (vgl. auch Harsch, 2009, S. 12 sowie in Bezug auf mögliche Gegenargumente die Hinweise zu den integrierten Aufgabenformaten im neuen TOEFL iBT in Abschnitt 1.3.4 unten).

Ein wichtiger Aspekt der Validität, der auch als *konsequentielle Validität* bezeichnet wird, betrifft die sich aus dem Einsatz von Testaufgaben ergebenden Konsequenzen z.B. in Form von negativen oder auch positiven *Rückwirkungen* auf den Unterricht (vgl. nachfolgend den Rückwirkungseffekt).

Ein weiterer Aspekt der Validität betrifft die Gültigkeit, die ein bestimmtes Verfahren in den Augen der Getesteten und der Testabnehmer hat. Diese so genannte *Augenscheinvalidität* (engl.: *face validity*) ist nicht unwichtig für die Akzeptanz einer Testaufgabe. So haben neue Aufgabenformate zunächst häufig eine geringe Augenscheinvalidität für die Testnutzer. Dies kann u.a. dazu führen, dass die Lerner die Aufgabe nicht hinreichend ernst nehmen und deshalb nicht ihre optimale Leistung zeigen.

Authentizität

Ein weiteres vor allem im Sprachtestbereich genanntes Gütekriterium bezieht sich auf die *Authentizität* der Testaufgaben – unter Einschluss der Vorgaben (z.B. der Texte in einem Leseverstehenstest) und der Testsituation. Mit „authentisch" kann in diesem Zusammenhang u.a. gemeint sein, dass es sich um genuine, nicht spezifisch für Testzwecke produzierte Aufgaben und Materialien handelt. Weiterhin kann sich „authentisch" auf den Grad der Übereinstimmung zwischen den Merkmalen einer gegebenen Testaufgabe und den Merkmalen der jeweiligen zielsprachlichen Verwendungssituation beziehen (*situationelle Validität*). Ein anderer zuweilen genannter Aspekt ist der Grad der Übereinstimmung in den kognitiven Prozessen bei der Lösung der Testaufgaben und dem Gebrauch der Zielsprache außerhalb der Testsituation. Situationell und kognitiv authentische Aufgaben erlauben Generalisierungen im Hinblick auf die Fähigkeit zur Lösung analoger zielsprachlicher Probleme außerhalb der Testsituation.

Weiterhin bestimmt die Authentizität einer Testaufgabe auch die Wahrnehmung der Aufgabe durch die Testbenutzer – z.B. wird die Aufgabe im Sinne der Augenscheinvalidität als relevant angesehen. Dies kann wiederum einen positiven Einfluss auf die allgemeine Akzeptanz eines Tests haben.

Rückwirkungseffekt

Der *Rückwirkungseffekt* (*impact*; *washback/backwash*) eines Tests ist ein weiteres wichtiges Gütekriterium, das schon im Zusammenhang mit der Validität angesprochen worden ist. Hierunter wird der Einfluss des Tests sowohl auf den einzelnen Kandidaten als auch z.B. auf das jeweilige Erziehungssystem verstanden – u.a. in Form einer Ausrichtung des Unterrichts auf Testinhalte und Aufgabenformate. Die Rückwirkung muss jedoch nicht notwendigerweise negativ sein. So gibt es eine Reihe von Belegen (vgl. z.B. van der Werff & Gerbes, 2006), dass die Einführung von standardisierten Tests durchaus auch zu einer positiven Veränderung des Fremdsprachenunterrichts führen kann. Der potentielle Rückwirkungseffekt wurde soweit möglich auch bei der Entwicklung der Testaufgaben des IQB berücksichtigt.

Schwierigkeit

Die empirische *Schwierigkeit* (in der klassischen Testtheorie, KTT, operationalisiert als die Häufigkeit korrekter Lösungen) spielt eine wichtige Rolle bei der Bewertung der Qualität einer Aufgabe. Sehr schwierige oder auch sehr leichte Items tragen insgesamt nur sehr wenig zur Differenzierung zwischen den Testteilnehmern bei und werden deshalb zumeist im Rahmen der Aufgabenanalysen ausgesondert. Dies gilt allerdings nicht notwendigerweise im Fall von kriteriumsorientierten Testkonzeptionen (vgl. z.B. Brown & Hudson, 2002; Hudson, 2005) oder auch nicht, wenn das Ziel eine genaue individuelle Diagnose im Kompetenzbereich ist. Das Kriterium einer adäquaten empirischen Aufgabenschwierigkeit hat im Fall von Lernaufgaben eine partielle Entsprechung im Kriterium der Passung.

Trennschärfe

Ein wichtiges Gütekriterium für die Aufgaben (Items) eines Tests ist die *Trennschärfe*, die wiederum im Zusammenhang mit der Schwierigkeit einer Aufgabe zu sehen ist. Der Trennschärfeindex gibt an, wie gut eine Testaufgabe (ein Item) zwischen den Testkandidaten mit hohen und niedrigen Gesamtpunktwerten differenziert. Die Ermittlung der Trennschärfe setzt eine empirische Pilotierung der Aufgaben voraus. Aufgaben mit unzureichender Trennschärfe werden üblicherweise ausgesondert.

Stochastische Unabhängigkeit der Aufgaben

Ein seltener genanntes, aber ebenfalls sehr wichtiges Qualitätsmerkmal von Testaufgaben (bzw. Items) ist die *wechselseitige stochastische Unabhängigkeit* der Aufgaben. Damit ist u.a. gemeint, dass die Wahrscheinlichkeit der Lösung einer Aufgabe, wie z.B. einer Mehrfachwahlaufgabe in einem Leseverstehenstest, möglichst unabhängig von der Wahrscheinlichkeit der Lösung anderer Aufgaben im gleichen Test sein sollte (vgl. auch Abschnitt 1.3.4).

Transparenz

Weiterhin wird zunehmend das Gütekriterium der *Transparenz*, das bereits bei der Darstellung von Qualitätsmerkmalen von Lernaufgaben angesprochen worden ist, auch als Qualitätsmerkmal von Tests und Testaufgaben hervorgehoben. Im vorliegenden Zusammenhang bedeutet Transparenz zum einen, dass z.B. die Leistungserwartungen den Testkandidaten in expliziter und verständlicher Formulierung zugänglich gemacht werden. Zum anderen bedeutet Transparenz, dass die durch einen Test gelieferten Informationen für den Benutzer möglichst klar und explizit formuliert werden, z.B. in Form einer kriteriumsorientierten Bewertung anhand von (positiven) Kompetenzstufenbeschreibungen.

Handlungsorientierung

Insbesondere unter Bezugnahme auf den GER wird als ein Charakteristikum moderner kommunikativer Sprachtestaufgaben das Kriterium der Handlungsorientierung genannt. Damit ist u.a. eine Orientierung an realen Sprachverwendungssituationen gemeint sowie auch die Berücksichtigung strategischer Kompetenz z.B. in Form von spezifischen Diskurs- und Kompensationsstrategien. Die Lerner sollen u.a. demonstrieren, dass sie die sprachlichen Mittel situations- und adressatenangemessen verwenden und Defizite im Bereich der sprachlichen Mittel kompensieren können. In Bezug auf die Testformate bedeutet Handlungsorientierung häufig eine geringere Tendenz zur Standardisierung insbesondere in Form einer stärkeren Öffnung der Aufgabenstellungen. Damit weisen handlungsorientierte Testaufgaben wesentliche Merkmale auf, die zumeist auch für Lernaufgaben als konstitutiv angesehen werden.

1.3.4 Weitere Unterschiede und Gemeinsamkeiten zwischen Lern- und Testaufgaben

Zusätzlich zu den bereits genannten Aspekten unterscheiden sich Testaufgaben von Lernaufgaben, insbesondere was die Aufgaben des IQB angeht (vgl. Tesch, Leupold & Köller, 2008), u.a. in folgender Hinsicht:
- Lernaufgaben zielen meist auf die Entwicklung von integrierten Kompetenzen. So wird man kaum Aufgaben zum Sprechen entwickeln, die nicht gleichzeitig Hörverstehen voraussetzen. Selbst im Fall des monologischen Sprechens bei Präsentationen und Ähnlichem findet ja zumeist eine Interaktion mit einem Publikum (meist der Lerngruppe) statt, so dass der Sprecher auch selbst wieder zum Hörer wird. Testaufgaben, auch die des IQB, messen hingegen zumeist

isolierte Kompetenzen, um spezifische Informationen zu Teilkompetenzen zu erhalten. Dies muss allerdings nicht grundsätzlich gelten. So gibt es z.B. beim „neuen" TOEFL iBT[9] u.a. aus Gründen der Authentizität und der möglichen positiven Rückwirkung auf das Sprachenlernen integrative Testaufgaben, deren Bearbeitung mehrere Teilkompetenzen erfordert (z.B. Lesen, Hören und Schreiben).
- Lernaufgaben sind so ausgelegt, dass sie durch die Schüler in unterschiedlicher Weise realisiert werden können. Formelle Testaufgaben hingegen müssen, um Vergleichbarkeit zu gewährleisten, in der Regel strikten Vorgaben in Bezug auf Zielsetzungen, Inhalt, Textsorte, Umfang, Einsatzbedingungen und Kriterien für Auswertung und Bewertung folgen. Ziel ist eine möglichst weitgehende Erfüllung insbesondere der Hauptgütekriterien Objektivität, Reliabilität und Validität.

Man kann sich nun fragen, inwieweit die Testgütekriterien auch auf Lernaufgaben angewendet werden können. Die meisten Testgütekriterien lassen sich, gegebenenfalls mit Anpassungen, sicherlich zumindest partiell auch auf Lernaufgaben beziehen. So kann man z.B. sowohl in Bezug auf Testaufgaben als auch auf Lernaufgaben fordern, dass diese möglichst authentisch sein sollten. Allerdings wird man bei formellen Tests der Aufgabenauthentizität einen geringeren Stellenwert zumessen als z.B. der Reliabilität und der Konstruktvalidität.

Auch bei der Konstruktvalidität kann man bei einer Anwendung auf Lernaufgaben zu durchaus analogen Schlüssen kommen. Genauso wie man sich bei Testaufgaben fragen muss, inwieweit sie das Konstrukt repräsentieren, das getestet werden soll, sollte man sich auch bei Lernaufgaben fragen, ob tatsächlich die Kompetenzen mit einer Aufgabe entwickelt werden (können), die bei der Entwicklung und dem Einsatz der Aufgabe intendiert wurden. Entsprechend könnte man auch danach fragen, ob das durch eine Lernaufgabe angezielte Konstrukt durch die Aufgabe möglicherweise unzureichend repräsentiert ist (Konstruktunterrepräsentation) oder ob bei der Bearbeitung nicht-intendierte Prozesse eine verzerrende Rolle spielen (konstruktirrelevante Varianz). Im Rahmen offener Unterrichtskonzepte kann allerdings auch eine Lernaufgabe, die vom Lerner anders als intendiert bearbeitet wird, einen durchaus wichtigen Stellenwert haben. Auch die Testgütekriterien der konsequentiellen Validität und die Augenscheinvalidität lassen sich u.E. zumindest partiell auf Lernaufgaben übertragen.

In vielen Fällen wird man allerdings bei einer Übertragung der testtheoretischen Gütekriterien auf Lernaufgaben zu eher gegensätzlichen Schlussfolgerungen kommen. So ist etwa im Fall von Testaufgaben die wechselseitige stochastische Unabhängigkeit der Items deshalb notwendig, damit die Lösung eines Items unabhängig von der Lösung der anderen Items als Indikator für die Kompetenz des Lerners interpretiert werden kann. Bei Lernaufgaben ist hingegen häufig gerade die Lösung eines Aufgabenteils Voraussetzung für die erfolgreiche Bearbeitung eines weiteren Teils.

Ähnlich wird man auch eine hohe Durchführungs- und Auswertungsobjektivität sowie eine hohe Reliabilität – im Sinne einer Konstanz der Ergebnisse bei ähnlichen Aufgaben oder auch beim mehrfachen Einsatz der gleichen Aufgabe – zu-

---

9 Verfügbar unter: www.de.toefl.eu/ [22.06.09].

mindest im Rahmen offener Unterrichtskonzepte zumeist eher als negativ betrachten.

Insgesamt gesehen sollte natürlich generell das Training von Testaufgaben nicht im Mittelpunkt des Unterrichts stehen. Vielmehr sollte danach getrachtet werden, in Kompetenzentwicklungssituationen das Potential von Testaufgaben als Lernaufgaben zu nutzen.

1.3.5 Lernaufgaben als Testaufgaben – Testaufgaben als Lernaufgaben

Als Testaufgaben konzipierte und intendierte Aufgaben können bei entsprechendem Einsatz auch als Lernaufgaben realisiert werden und eine lernfördernde Funktion haben. Umgekehrt können viele zur Kompetenzentwicklung konzipierte Aufgaben auch als Testaufgaben eingesetzt werden (vgl. hierzu auch Spence-Brown, 2009). Zudem ist zu berücksichtigen, dass ein und dieselbe Aufgabe von den Lernern im Zuge eines (sozialen) Konstruktionsprozesses als Lernaufgabe, Testaufgabe oder auch als eine Hybridform gesehen werden kann.

Aufgaben können unterschiedlich verwendet werden. So kann z.B. ein C-Test einerseits als Einstufungstest zur Bildung homogener Leistungsgruppen genutzt werden. Anderseits kann er als Lernaufgabe eingesetzt werden, um z.B. den Lesestil „globales Lesen" anzuregen. Eine solche Aufgabe zielt dann z.B. darauf ab, dass Lerner damit tolerant umgehen können, nicht linear alles sofort zu verstehen, sondern vielmehr Ratetechniken einzusetzen. Hingegen wird z.B. ein Rollenspiel, das im schulischen Kontext zumeist die Funktion einer Lernaufgabe hat, mittlerweile in immer mehr mündlichen Tests eingesetzt.

Darüber hinaus kann eine Testaufgabe auch zur gezielten Weiterentwicklung von unterschiedlichen Kompetenzbereichen genutzt werden. Zwar ist davon auszugehen, dass z.B. Rückmeldungen zu Prüfungen immer mit der lehrerseitigen Hoffnung verbunden sind, dass sie Auswirkungen auf das weitere Lernverhalten haben, doch können Testaufgaben auch Ausgangspunkt für gezielte Lernaktivitäten sein: Testaufgaben können z.B. als Basis für (Gruppen-)Gespräche über Kompetenzen fungieren. Hierbei geht es vor allem darum, dass Lerner erkennen, welche Kompetenzen sie bei einer vorliegenden Testaufgabe bereits gezeigt haben und welche Testbearbeitungsprozesse dafür abgelaufen bzw. nötig sind. Dies kann sowohl während der Aufgabe selbst z.B. in Form eines lauten Kommentierens in Zweiergruppen ablaufen oder auch in Form eines nachträglichen Reflektierens über die eigenen Prozesse. Ziel ist, dass Lerner darüber nachdenken, wie sie tatsächlich bei Testaufgaben vorgehen, welche Kompetenzen, Strategien (vgl. u.a. Cohen, 2006; Kleppin & Reich, 2009) und sprachlichen Mittel für die Lösung notwendig sind, was sie eventuell noch üben können, worauf sie sich besonders vorbereiten können oder worauf sie bei der Lösung von Testaufgaben noch achten können bzw. sollten. Ausgehend von Reflexionen über Testbearbeitungsprozesse können Lerner dabei unterstützt werden, Testexpertise zu entwickeln.

Ein weiteres mögliches Beispiel für die Verwendung von Testaufgaben als Lernaufgaben sind so genannte Peer-Prüfungen. Sie können zur Vorbereitung von formellen und informellen mündlichen Testsituationen genutzt werden, als Grundlage für die Beobachtung von Verhalten in Tests und für weiterführende Reflektionen. Fragestellungen für Lerner können z.B. sein: Wie gehe ich eigentlich vor? Was gelingt mir schon ganz gut? Was kann ich verbessern? Lerner können sich gegenseitig beobachten, Verhalten bewusst machen, Empfehlungen aussprechen, etc.

Ob eine Aufgabe als Lern- oder Testaufgabe verwendet wird, hängt somit oft weniger von der Konstruktion der Aufgabe als vom Kontext ihres Einsatzes ab. Wichtig ist vor allem, dass Lehrende und Lernende sich über die Zielsetzung des jeweiligen Einsatzes der Aufgabe verständigen.

1.3.6 Lern- und Testaufgaben als Diagnoseaufgaben

Wie bereits erwähnt, können Lern- und Testaufgaben auch zur Diagnose verwendet werden. Wir gehen im Rahmen dieses Beitrags von einem eher engen Diagnosebegriff[10] aus und sehen die Funktion unterrichtlicher Diagnostik vor allem darin, spezifische Informationen über das Kompetenzniveau einzelner Schüler und/oder einer Lerngruppe zu gewinnen – mit dem Ziel der Rückmeldung (insbesondere an Lerner und Lehrende) und der gezielten Förderung. Die Diagnose kann vor Beginn einer geplanten Unterrichtssequenz (Lernausgangsdiagnose), prozessbegleitend während des Lernens (Lernprozessdiagnose) oder am Ende eines Lernprozesses (Lernergebnisdiagnose) durchgeführt werden. Im Gegensatz zu Junghanns & Schinschke (2009, S. 16) beschränken wir die Funktion unterrichtlicher Diagnose damit nicht auf eine Erfassung und Rückmeldung der Lernausgangslage individueller Schüler (vgl. auch www.isq-bb.de/Lernausgangslagen.40.0.html; Ministerium für Bildung, Jugend und Sport Land Brandenburg et al., 2008). Außerdem schließen wir auch eine gruppenbezogene oder standardbezogene Bezugsnorm sowie eine Bewertung der Leistung z.B. in Form von Noten nicht prinzipiell aus (vgl. zu weiteren Aspekten und unterschiedlichen Positionen auch Alderson, 2005; Becker, Horstkemper, Risse, Stäudel, Werning & Winter, 2006; Kliemann, 2008; Junghanns & Schinschke, 2009; Tesch, 2009). Eine mit Konsequenzen verbundene Bewertung kann allerdings dem Diagnosegedanken entgegen stehen, da sie zu einer der intendierten Funktion widersprechenden Bearbeitung der Aufgabe führen kann, indem z.B. Fehlervermeidungsstrategien verwendet werden oder Inhalte vorher auswendig gelernt werden (vgl. auch Spence-Brown, 2009).

Diagnoseaufgaben werden zum einen an Scharnierstellen im Schulsystem eingesetzt. So dienen sie z.B. nach dem Übergang auf eine weiterführende Schule oder Schulstufe sowie nach einem Lehrerwechsel dazu, den Lehrpersonen präzise Rückmeldung über den allgemeinen Lernstand der Gesamtgruppe, zu einzelnen

---

10 Ein weiter Begriff von Diagnose liegt z.B. Handbüchern zur Pädagogischen Diagnostik (vgl. z.B. Ingenkamp & Lissmann, 2008, S. 13f.) und Psychologischen Diagnostik (Petermann & Eid, 2006; Krohne & Hock, 2007) zugrunde. Eine unterrichtliche Diagnose kann mit oder ohne formelle Messinstrumente wie z.B. Tests erfolgen (z.B. anhand von Beobachtungen) oder auch mit Hilfe von Dokumentationsverfahren wie Portfolios. Folgt man dieser Auffassung, dann ist der Begriff der Diagnoseaufgabe prinzipiell weiter als der Begriff der Testaufgabe. Auch formelle Sprachtests können mit dem Ziel der Diagnose und Rückmeldung an die Lerner konzipiert sein. Dies ist beim DIALANG-Testsystem der Fall (vgl. www.dialang.org sowie auch Alderson, 2005), wo die Rückmeldung in Bezug auf die Kompetenzstufen des GER erfolgt (vgl. auch Harsch, 2009, S. 14).

Kompetenzbereichen und/oder zu einzelnen Lernern zu geben. Dadurch können sie dazu beitragen, vorher bekannte Noten oder vermutete Einschätzungen zu korrigieren. Zum anderen werden sie als Grundlage für die Festlegung von Kompetenzzielen und für die auf die Lerngruppe oder einzelne Schüler abgestimmte Planung von Lernprozessen verwendet, etwa zu Beginn eines Schuljahres, vor Beginn einer Unterrichtssequenz zur Schulung einer bestimmten Kompetenz oder zur Erstellung eines Lernprogramms für einzelne Schüler oder Schülergruppen. Den Lehrern und Lernern liefern sie damit eine Rückmeldung über den Leistungsstand in den bearbeiteten Kompetenzbereichen.

Weiterhin erlauben Diagnosen, vor allem wenn sie nicht von der Lehrperson, sondern von dem bzw. den Lernenden selbst ausgewertet werden (Selbst- bzw. Peer-Evaluation), Diagnose- und Selbsteinschätzungsfertigkeiten zu trainieren. Durch eine weiterführende Reflexion kann zudem der Erwerb von Sprachbewusstheit und Sprachlernbewusstheit trainiert werden („Wie bin ich zu dem Ergebnis gekommen? Wie könnte ich es verbessern?").

Zumeist haben Diagnoseaufgaben die Form von Testaufgaben. Wichtig ist, dass der Lehrperson und/oder den Lernern Evaluationskriterien zur Verfügung gestellt werden. Diagnostische Informationen können aber auch bei der Bearbeitung von komplexen Lernaufgaben gewonnen werden und sich auf integrative Kompetenzen beziehen. In dieser Funktion können Lernaufgaben als Diagnoseaufgaben eine wichtige Ergänzung von Testaufgaben darstellen, die eher isolierte Kompetenzen zu erfassen suchen. Für die Lerner ist es dabei wichtig, dass sie vor allem eine Rückmeldung in Bezug auf ihren kommunikativen Erfolg erhalten („In welchen Situationen komme ich zurecht?").

1.3.7 Fazit

In diesem Beitrag haben wir versucht, den Begriff „Aufgaben im Fremdsprachenunterricht" mit Blick auf die unterschiedlichen Funktionen, die Aufgaben übernehmen können, zu schärfen. Dazu war es zunächst notwendig, Aufgaben, die der Kompetenzentwicklung dienen sollen, von Aufgaben abzugrenzen, die für eine Kompetenzüberprüfung gedacht sind. Anschließend haben wir aufgezeigt, dass das Konzept „Lern- und Testaufgaben" sich nicht auf den Gegensatz von Kompetenzentwicklung und Kompetenzüberprüfung reduzieren lässt, sondern eher ein bipolares Kontinuum darstellt. Allerdings existieren Aufgabenformate, die eher einem der beiden Pole zuzuordnen sind; zudem sind alternative Funktionszuweisungen sowohl auf Lehrer- wie auch auf Lernerseite möglich. Dies kann zum Teil auch von den unterschiedlichen Perzeptionen der Betroffenen abhängen. Auch aus diesem Grund erscheint es uns besonders wichtig, dass die jeweils intendierte Funktion von Aufgaben grundsätzlich transparent gemacht wird.

Literatur

Alderson, J. C. (2005). *Diagnosing foreign language proficiency: The interface between learning and assessment.* London: Continuum.

American Educational Research Association, American Psychological Association & National Council on Measurement in Education. (1999). *Standards for educational and psychological testing.* Washington, DC: American Educational Research Association.

Bausch, K.-R., Burwitz-Melzer, E., Königs, F. G. & Krumm, H.-J. (Hrsg.). (2006). *Aufgabenorientierung als Aufgabe: Arbeitspapiere der 26. Frühjahrskonferenz zur Erforschung des Fremdsprachenunterrichts.* Tübingen: Narr.

Becker, G., Horstkemper, M., Risse, E., Stäudel, L., Werning, R. & Winter, F. (Hrsg.). (2006). Diagnostizieren und Fördern: Stärken entdecken – Können entwickeln. *Friedrich Jahresheft, 24.*

Benner, D. (2007). Unterricht – Wissen – Kompetenz: Zur Differenz zwischen didaktischen Aufgaben und Testaufgaben. In D. Benner (Hrsg.), *Bildungsstandards: Instrumente zur Qualitätssicherung im Bildungswesen. Chancen und Grenzen – Beispiele und Perspektiven* (S. 123–138). Paderborn: Schöningh.

Breen, M. P. (1987). Learner contributions to task design. In C. N. Candlin & D. F. Murphy (Eds.), *Language learning tasks* (pp. 23–46). Englewood Cliffs, NJ: Prentice Hall International.

Brown, J. D. & Hudson, T. (2002). *Criterion-referenced language testing.* Cambridge: Cambridge University Press.

Bühner, M. (2006). *Einführung in die Test- und Fragebogenkonstruktion* (2., aktual. und erw. Aufl.). München: Pearson Studium.

Bygate, M., Skehan, P. & Swain, M. (Eds.). (2001). *Researching pedagogic tasks: Second language learning, teaching and testing.* London: Longman.

Carstens, R. (2005). Engaging learners in meaning-focused language use. *Praxis Fremdsprachenunterricht, 2* (4), 7–12.

Caspari, D., Grotjahn, R. & Kleppin, K. (2008). Kompetenzorientierung und Aufgaben. In B. Tesch, E. Leupold & O. Köller (Hrsg.), *Bildungsstandards Französisch: konkret. Sekundarstufe I: Grundlagen, Aufgabenbeispiele und Unterrichtsanregungen* (S. 85–87). Berlin: Cornelsen Scriptor.

Caspari, D., Grünewald, A., Hu, A., Küster, L., Nold, G., Vollmer, H. J. & Zydatiß, W. (2008). Kompetenzorientierung, Bildungsstandards und fremdsprachliches Lernen – Herausforderungen an die Fremdsprachenforschung. Positionspapier von Vorstand und Beirat der DGFF, Oktober 2008. *Zeitschrift für Fremdsprachenforschung, 19* (2), 163–186. Auch verfügbar unter: http://www.dgff.de/fileadmin/user_upload/dokumente/Sonstiges/Kompetenzpapier_DGFF.pdf [25.11.09]

Caspari, D. & Kleppin, K. (2008). Lernaufgaben: Kriterien und Beispiele. In B. Tesch, E. Leupold & O. Köller (Hrsg.), *Bildungsstandards Französisch: konkret. Sekundarstufe I: Grundlagen, Aufgabenbeispiele und Unterrichtsanregungen* (S. 88–148). Berlin: Cornelsen Scriptor.

Cohen, A. D. (2006). The coming of age of research on test-taking strategies. *Language Assessment Quarterly, 3* (4), 307–331.

Dlaska, A. & Krekeler, C. (2009). *Sprachtests: Leistungsbeurteilungen im Fremdsprachenunterricht evaluieren und verbessern.* Baltmannsweiler: Schneider Verlag Hohengehren.

Dobbelstein, P. & Peek, R. (2008). Diagnostisches Potential von Lernstandserhebungen. In S. Kliemann (Hrsg.), *Diagnostizieren und Fördern in der Sekundarstufe I: Schülerkompetenzen erkennen, unterstützen und ausbauen* (S. 46–56). Berlin: Cornelsen Scriptor.

Downing, S. M. & Haladyna, T. M. (Eds.). (2006). *Handbook of test development*. Mahwah, NJ: Erlbaum.

Eckerth, J. (2008). Task-based language learning and teaching – old wine in new bottles? In J. Eckerth & S. Siekmann (Eds.), *Research on task-based language learning and teaching: Theoretical, methodological, and pedagogical perspectives* (pp. 13–46). New York: Lang.

Eckerth, J. & Siekmann, S. (Eds.). (2008). *Task-based language learning and teaching: Theoretical, methodological, and pedagogical perspectives*. New York: Lang.

Ellis, R. (2003). *Task-based language learning and teaching*. Oxford: Oxford University Press.

Europarat. (2001). *Gemeinsamer europäischer Referenzrahmen für Sprachen: Lernen, lehren, beurteilen*. Berlin: Langenscheidt.

García Mayo, M. (Ed.). (2007). *Investigating tasks in formal language learning*. Clevedon, UK: Multilingual Matters.

Grotjahn, R. (2008). Tests und Testaufgaben: Merkmale und Gütekriterien. In B. Tesch, E. Leupold & O. Köller (Hrsg.), *Bildungsstandards Französisch: konkret. Sekundarstufe I: Grundlagen, Aufgabenbeispiele und Unterrichtsanregungen* (S. 149–186). Berlin: Cornelsen Scriptor.

Grotjahn, R. (2009). Testen im Fremdsprachenunterricht: Aspekte der Qualitätsentwicklung. *Praxis Fremdsprachenunterricht, 1*, 4–8.

Grotjahn, R. (2010). *Testen und Evaluieren fremdsprachlicher Kompetenzen: Ein Arbeitsbuch*. Tübingen: Narr [erscheint].

Grotjahn, R. & Kleppin, K. (2008). Bewertung produktiver sprachlicher Leistungen. In B. Tesch, E. Leupold & O. Köller (Hrsg.), *Bildungsstandards Französisch: konkret. Sekundarstufe I: Grundlagen, Aufgabenbeispiele und Unterrichtsanregungen* (S. 187–204). Berlin: Cornelsen Scriptor.

Harsch, C. (2009). Externe Evaluation: Verhältnis zum fremdsprachlichen Unterricht. *Praxis Fremdsprachenunterricht, 1*, 9–14.

Hudson, T. (2005). Trends in assessment scales and criterion-referenced language assessment. *Annual Review of Applied Linguistics, 25*, 205–227.

Hyatt, G. & Siebold, J. (2009). Testen und was dann? *Praxis Fremdsprachenunterricht, 1*, 26–31.

Ingenkamp, K. & Lissmann, U. (2008). *Lehrbuch der Pädagogischen Diagnostik* (6. Aufl.). Weinheim: Beltz.

Jude, N. & Klieme, E. (2007). Sprachliche Kompetenz aus Sicht der pädagogisch-psychologischen Diagnostik. In B. Beck & E. Klieme (Hrsg.), *Sprachliche Kompetenzen: Konzepte und Messung. DESI-Studie (Deutsch Englisch Schülerleistungen International)* (S. 9–22). Weinheim: Beltz.

Junghanns, C. & Schinschke, A. (2009). Diagnose – und was dann? Lernausgangslage Jahrgangsstufe 7. *Praxis Fremdsprachenunterricht, 1*, 15–20.

Kleppin, K. (2008). Selbstevaluation. In B. Tesch, E. Leupold & O. Köller (Hrsg.), *Bildungsstandards Französisch: konkret. Sekundarstufe I: Grundlagen, Aufgabenbeispiele und Unterrichtsanregungen* (S. 205–215). Berlin: Cornelsen Scriptor.

Kleppin, K. & Reich, A. (2009). Test-Taking Strategien. In A. Berndt & K. Kleppin (Hrsg.), *Sprachlehrforschung: Theorie und Empirie. Festschrift für Rüdiger Grotjahn* (S. 95–112). Frankfurt am Main: Lang.

Kliemann, S. (Hrsg.). (2008). *Diagnostizieren und Fördern in der Sekundarstufe I: Schülerkompetenzen erkennen, unterstützen und ausbauen*. Berlin: Cornelsen Scriptor.

Krohne, H. W. & Hock, M. (2007). *Psychologische Diagnostik: Grundlagen und Anwendungsfelder*. Stuttgart: Kohlhammer.

Leung, C. (2004). Developing formative teacher assessment: Knowledge, practice and change. *Language Assessment Quarterly: An International Journal, 1* (1), 19–41.

Lienert, G. A. & Raatz, U. (1994). *Testaufbau und Testanalyse* (5., völlig neubearb. und erw. Aufl.). Weinheim: Beltz, Psychologie Verlags Union.

Lissitz, R. W. & Samuelsen, K. (2007). A suggested change in terminology and emphasis regarding validity in education. *Educational Researcher, 36* (8), 437–448.

Meißner, F.-J. (2006). Linguistische und didaktische Überlegungen zur Entwicklung von Kompetenzaufgaben im Lernbereich Mündlichkeit. *Französisch heute, 37* (3), 240–282.

Ministerium für Bildung, Jugend und Sport Land Brandenburg, Senatsverwaltung für Bildung, Wissenschaft und Forschung Berlin & Landesinstitut für Schule und Medien Berlin-Brandenburg. (2008). *Lernausgangslage Jahrgangsstufe 7 im Fach Französisch, Schuljahr 2008/09, Lehrerheft*. Verfügbar unter: http://bildungsserver. berlin-brandenburg.de/fileadmin/bbb/unterricht/faecher/sprachen/franzoesisch/ pdf/08_Lal_Franzoesisch_LH.pdf [12.05.2009].

Moosbrugger, H. & Kelava, A. (2007). Qualitätsanforderungen an einen psychologischen Test (Testgütekriterien). In H. Moosbrugger & A. Kelava (Hrsg.), *Testtheorie und Fragebogenkonstruktion* (S. 7–26). Heidelberg: Springer.

Müller-Hartmann, A. & Schocker-v. Ditfurth, M. (2005). Aufgabenorientierung im Fremdsprachenunterricht: Entwicklung, Forschung und Praxis, Perspektiven. In A. Müller-Hartmann & M. Schocker-v. Ditfurth (Hrsg.), *Aufgabenorientierung im Fremdsprachenunterricht. Task-based language learning and teaching. Festschrift für Michael K. Legutke* (S. 1–51). Tübingen: Narr.

Nieweler, A. (2006). Funktionen der Leistungsbeurteilung. In A. Nieweler (Hrsg.), *Fachdidaktik Französisch: Tradition – Innovation – Praxis* (S. 268–260). Stuttgart: Klett.

O'Sullivan, B. (2008). *Modelling performance in tests of spoken language*. Frankfurt am Main: Lang.

Pallack, A. (2008). Diagnostische Tests – alter Hut oder konkrete Utopie? In S. Kliemann (Hrsg.), *Diagnostizieren und Fördern in der Sekundarstufe I: Schülerkompetenzen erkennen, unterstützen und ausbauen* (S. 22–35). Berlin: Cornelsen Scriptor.

Petermann, F. & Eid, M. (Hrsg.). (2006). *Handbuch der Psychologischen Diagnostik*. Göttingen: Hogrefe.

Rea-Dickins, P. (2008). Classroom-based language assessment. In E. Shohamy & N. H. Hornberger (Eds.), *Encyclopedia of language and education: Vol. 7: Language testing and assessment* (pp. 257–271). Berlin: Springer.

Rupp, A. A., Vock, M., Harsch, C. & Köller, O. (2008). *Developing standards-based assessment tasks for English as a first foreign language: Context, processes, and outcomes in Germany* (Vol. 1). Münster: Waxmann [In collaboration with: Rita Green, Michael Leucht, Daniela Neumann, Raphaela Oehler, Hans-Anand Pant, Henning Rossa & Konrad Schröder].

Seedhouse, P. (2005). „Task" as research construct. *Language Learning, 55* (3), 533–570.

Siebold, J. (2007). „Aufgabe/Task" und „Übung/Exercise". *Praxis Fremdsprachenunterricht, 4*, 63–64.

Skehan, P. (2001). Tasks and language performance assessment. In M. Bygate, P. Skehan & M. Swain (Eds.), *Researching pedagogic tasks* (pp. 167–185). London: Longman.

Skehan, P. (2003). Task-based instruction. *Language Teaching, 36* (1), 1–14.

Spence-Brown, R. (2009). An embedded problem: Issues in the use of a pedagogic task for assessement. In A. Brown & K. Hill (Eds.), *Tasks and criteria in performance assessment: Proceedings of the 28th Language Testing Research Colloquium* (pp. 75–89). Frankfurt am Main: Lang.

Tesch, B. (2009). Die Tests des IQB – Sinn und Nutzen. *Praxis Fremdsprachenunterricht, 1*, 41–45.

Tesch, B., Leupold, E. & Köller, O. (Hrsg.). (2008). *Bildungsstandards Französisch: konkret. Sekundarstufe I: Grundlagen, Aufgabenbeispiele und Unterrichtsanregungen*. Berlin: Cornelsen Scriptor.

Van den Branden, K. (Ed.). (2006). *Task-based language education: From theory to practice*. Cambridge: Cambridge University Press.

Van den Branden, K. & Verhelst, M. (Eds.). (2006). Task-based language teaching [Special Issue]. *ITL International Journal of Applied Linguistics, 152*.

Van der Werff, F. & Gerbes, J. (2006). Externe Zertifizierung für Schüler – eine Erfolgsstory aus Italien: Wie Prüfungen den Deutschunterricht verändern können. *Fremdsprache Deutsch, 34*, 40–44. Auch verfügbar unter: www.goethe.de/ins/it/pro/EZErfolg.pdf [03.07.2009].

Vollmer, H. J. (2006). Kompetenzaufgaben als Forschungs- und Evaluationsinstrument. In K.-R. Bausch, E. Burwitz-Melzer, F. G. Königs & H.-J. Krumm (Hrsg.), *Aufgabenorientierung als Aufgabe: Arbeitspapiere der 26. Frühjahrskonferenz zur Erforschung des Fremdsprachenunterrichts* (S. 244–255). Tübingen: Narr.

Vollmer, H. J. (2008). Constructing tasks for content and language integrated learning and assessment. In J. Eckerth & S. Siekmann (Eds.), *Task-based language learning and teaching: Theoretical, methodological, and pedagogical perspectives* (pp. 227–290). New York: Lang.

Willis, D. & Willis, J. (Eds.). (2007). *Doing task-based teaching*. Oxford: Oxford University Press.

WNCP [Western and Northern Canadian Protocol for Collaboration in Education]. (2006). *Rethinking classroom assessment with purpose in mind: Assessment for learning, assessment as learning, assessment of learning*. Verfügbar unter: www.wncp.ca/media/40539/rethink.pdf [10.05.2009].

Zydatiß, W. (2007). Die Aufgabe von Aufgaben in den zentralen Prüfungen für den „Mittleren Schulabschluss": Ein Plädoyer für die empirisch-quantitative Erforschung entwicklungsbezogener Lern- und Überprüfungsaufgaben im Englischunterricht. In H. J. Vollmer (Hrsg.), *Synergieeffekte in der Fremdsprachenforschung: Empirische Zugänge, Probleme, Ergebnisse* (S. 299–312). Frankfurt am Main: Lang.

Bernd Tesch

1.4 Tests für Französisch auf Grundlage des Gemeinsamen europäischen Referenzrahmens (GER)

Die Überprüfung der Bildungsstandards für die erste Fremdsprache Französisch durch Tests bedient sich auch des Gemeinsamen europäischen Referenzrahmens für Sprachen („GER", Europarat, 2001) als Bezugsgröße. Dies steht unter anderem mit der Tatsache in Verbindung steht, dass auch Niveaus getestet werden, die nicht durch die Bildungsstandards für die erste Fremdsprache (KMK, 2003, 2004) abgedeckt sind (A1, B2, C1). Der GER hat sich nach seiner Einführung im Jahre 2000 (deutsche Fassung 2001) rasch – sozusagen als Norm für die Testentwicklung – etabliert, obschon er keine Testmethodik im engeren Sinne anbietet. Richtungweisend waren und sind vielmehr die Kompetenzbereiche und ihre Deskriptoren (horizontale Dimension) sowie die Niveaubeschreibungen (vertikale Dimension). Auch die Betonung der Handlungsorientierung und die Differenzierung in linguistische (lexikalische, grammatische, semantische und phonologische Kompetenzen), soziolinguistische (z.B. Höflichkeitskonventionen, Registerunterschiede, Varietäten) und pragmatische Kompetenzen (z.B. Flexibilität, Sprecherwechsel, Diskursfunktionen) hat im Bereich des Lehrens und Testens von Sprachen europaweite Verbreitung gefunden.

Wie wird andernorts die Sprachkompetenz im Französischen auf der Grundlage des GER getestet und worin unterscheidet sich standardbasiertes *Assessment* auf GER-Grundlage von zertifikatsbezogenem Testen auf GER-Grundlage? Diesen beiden Fragen soll anhand zweier nicht-bundesdeutscher Beispiele in diesem Beitrag nachgegangen werden, dem *DELF-DALF*-Test und den schweizerischen Basisstandards für die Fremdsprachen.

1.4.1 DELF und DALF als Beispiel für eine Zertifikatsprüfung

Die *DELF*- und *DALF*-Tests sind offizielle Tests, die einem Kandidaten das Erreichen eines GER-Niveaus der französischen Sprache bescheinigen. *DELF* zertifiziert das Erreichen der Niveaus A1 bis B2, *DALF* das Erreichen höherer Stufen. Das Attribut „offiziell" bezieht sich auf die Anerkennung durch das französische Erziehungsministerium, die Gewährleistung, die mit der Herstellung und Administration des Tests durch ein dem französischen Erziehungsministerium unterstelltes Institut verbunden ist – dem *Centre International d'Etudes Pédagogiques* in *Sèvres* – und auf die staatlich kontrollierte Testadministration in den *Instituts français* der verschiedenen Länder (vgl. Jouette-Nagati, 2009). *DELF* und *DALF* benutzen am GER kalibrierte und validierte Items, so dass hier eine Ähnlichkeit zu landesweiten Fremdsprachen-*Assessments* erkennbar ist. Andererseits ist die Prüfung freiwillig und kostenpflichtig und weist keinerlei Zusammenhang mit einem nationalen Bildungsmonitoring auf. Geprüft werden die vier sprachlichen Kompetenzen Hörverstehen, Leseverstehen, Schreiben und Sprechen.

Seit 2005 gibt es eine Variante *DELF scolaire*, die sich an die Schülerschaft öffentlicher und privater Schulen wendet. Die Themen sind jugendnah gestaltet, der

Erwerb des Zertifikats wird jedoch dem *DELF* für Erwachsene gleichgestellt. Die Einführung dieses Zertifikats setzt voraus, dass die Landesschulbehörden und die französische Botschaft einen diesbezüglichen Vertrag abschließen. *DELF* und insbesondere *DELF scolaire* können mittlerweile in vielen Bundesländern aufgrund ihrer weiten Verbreitung als wirksames Instrument zur Förderung der Kompetenzentwicklung und teilweise sogar der Unterrichtsentwicklung bezogen auf Französisch betrachtet werden. Deutschland bildet mit fast 50.000 *DELF*-Absolventen allein im Jahre 2008 den weltweit größten Abnehmer für dieses Zertifikat. Das erfolgreiche Abschneiden bei einer *DELF*-Prüfung motiviert die Schülerinnen und Schüler, denn die Prüfung zeigt, dass das Gelernte objektiv „Bestand" hat. Schülerinnen und Schüler stellen sich externen Prüfern, und sie empfinden einen gewissen Stolz darüber, diese Hürde gemeistert zu haben. Die Prüfung zertifiziert also außerhalb des Unterrichts das Erreichen eines Niveaus, was in der Vergangenheit auch als Abwertung des schulischen Bildungsauftrags, ja als Bedrohung des schulischen Lehrangebots, angesehen wurde (vgl. Bausch, Burwitz-Melzer, Königs & Krumm, 2005). Die positiven Effekte im Hinblick auf die Motivation der Lernenden scheinen derzeit aber in der Wahrnehmung der Lehrerschaft und der Länderbehörden zu überwiegen.

Im Gegensatz zu den Zertifikatsprüfungen verfolgt standardbasiertes *assessment* eine Funktion im Rahmen eines Bildungsmonitorings. Ein Land, Kanton oder Bundesland erstellt zunächst Standards für einzelne Fächer. Sie beschreiben normativ die angestrebten Zielniveaus, zum Beispiel als Minimal-, Regel- und Optimalstandards. Im nächsten Schritt werden diese Standards normiert. Das heißt, es wird empirisch ermittelt, wie sich die Zielschülerschaft auf bestimmte kalibrierte Aufgaben verteilt. Zum Abschluss wird in einem Standard-Setting festgelegt, wo die Schwellen zwischen Niveaus liegen sollen (vgl. Kapitel 3.2). Standardbasiertes *Assessment* unterscheidet sich also weder durch den grundsätzlichen Bezug zum GER noch etwa durch die verwendeten Aufgabenformate von zertifikatsbasierten Testungen, sondern durch das empirisch, fachdidaktisch und vor allem politisch abgesicherte Kompetenzmodell. Als Beispiel für ein solches Vorgehen kann, neben den bundesdeutschen Bildungsstandards für die erste Fremdsprache (Englisch/Französisch), auf die „Basisstandards für die Fremdsprachen" (2009) der Schweiz verwiesen werden.

1.4.2 Schweiz: „Basisstandards für die Fremdsprachen"

Die schweizerischen „Basisstandards für die Fremdsprachen" wurden im Rahmen der „Interkantonale[n] Vereinbarung über die Harmonisierung der obligatorischen Schule" (HarmoS) entwickelt.[1] Die fremdsprachliche Situation in der Schweiz weicht insofern von der Situation Deutschlands ab, als es vier Landessprachen gibt (Deutsch, Französisch, Italienisch und Rätoromanisch) und somit eine gewisse Notwendigkeit zum Erhalt der nationalen Einheit durch das Erlernen anderer Landessprachen gegeben ist. Dadurch besteht in Bezug auf diese Sprachen ein obligatorisches Lehrangebot, und Englisch dominiert nicht im selben Umfang wie in Deutschland.

---

1 Weitere Informationen verfügbar unter: www.edk.ch/dyn/12930.php [22.07.09].

Ähnlichkeiten zwischen den beiden Ländern bestehen im Hinblick auf das Französische insofern, als es in den westlichen Bundesländern (Saarland, Baden-Württemberg, Rheinland-Pfalz, Hessen) eine durchaus nennenswerte Tradition gibt, Französisch auch als erste Fremdsprache anzubieten. Das gleiche gilt für die deutschsprachigen Schweizer Kantone, die in der Nähe zur französischsprachigen Schweiz liegen. Auch in Nordrhein-Westfalen und Berlin gibt es zahlreiche Schulen mit dieser Sprachenfolge, während insbesondere in den neuen Bundesländern solche Unterrichtsangebote die Ausnahme bilden.

Die „Basisstandards" wurden von der Schweizerischen Konferenz der kantonalen Erziehungsdirektoren (EDK) 2009 im Entwurf herausgegeben und beruhen auf den wissenschaftlichen Arbeiten des „Konsortiums Fremdsprachen" unter der Federführung der Universität Freiburg (Schneider, Lenz & Studer, im Druck). Sie weisen Ähnlichkeiten mit den bundesdeutschen Bildungsstandards für die erste Fremdsprache (Englisch/Französisch; KMK, 2003, 2004) auf: Beim Kompetenzbegriff lehnte man sich an die Definition Weinerts (2001, S. 27f.) an, die auch in der Expertise „Zur Entwicklung nationaler Bildungsstandards" (Bundesministerium für Bildung und Forschung, 2003) aufgegriffen wurde; die horizontale und vertikale Dimensionierung des Kompetenzmodells entspricht explizit dem GER.

Die Operationalisierung des Kompetenzmodells erfolgte datengestützt, auf Grundlage einer repräsentativen Hauptuntersuchung zum Leseverstehen und Schreiben und Feldstudien zum Sprechen, aber auch (bezüglich der Aufgaben zum Hörverstehen) in Anlehnung an das in der Deutschschweiz eingesetzte Evaluationsinstrument *Lingualevel*. *Lingualevel* ist ein weiteres Projekt der EDK, das Lehrkräften Prüfungs- und Übungsaufgaben für die produktiven und rezeptiven Fertigkeiten (Hörverstehen, Leseverstehen, monologisches und dialogisches Sprechen und Schreiben) zur Verfügung stellt. Insbesondere umfasst *Lingualevel* auch Niveaubeschreibungen auf Zwischenstufen (A1.1, A1.2, A2.1, etc.), die seitens des GER und der KMK-Bildungsstandards nur ansatzweise erarbeitet wurden. Damit war es möglich, die Basisstandards für die angestrebten Niveaus (z.B. erste Fremdsprache in der achten Jahrgangsstufe) weitergehend auszudifferenzieren und analog dazu auch die Aufgaben, die als Grundlage für die Tests dienten, nach Zwischenstufen zu kalibrieren. Für die einzelnen Testdomänen wurden Konstruktbeschreibungen verwendet, wie sie in ähnlicher Form auch als Testspezifizierungen in den IQB-Tests Verwendung fanden. Im Übrigen verweisen die Wissenschaftler darauf, dass neben den Deskriptoren von Lingualevel auch Aufgabenbeispiele aus den bundesdeutschen und österreichischen Bildungsstandards und den nordrhein-westfälischen Lernstandserhebungen analysiert wurden (Schneider et al., im Druck, S. 28).

Festzuhalten ist, dass das Schweizerische Projekt der „Basisstandards für die Fremdsprachen" zwar bezüglich des Hörverstehens noch hinter den entsprechenden Anstrengungen des IQB zurück bleibt, dafür aber bezüglich des Sprechens mit den Feldtests bereits in ein Stadium der empirischen Validierung eingetreten ist, das am IQB noch nicht erreicht wurde. Hervorzuheben ist, dass zentrale Kompetenzbereiche, die nicht empirisch untersucht wurden, in den „Basisstandards" als „Ergänzungen zu den Standards" aufgenommen wurden: Im Bereich der sprachlichen Kompetenzen die Sprachmittlung und im Bereich der überfachlichen Kompetenzen die interkulturellen und die methodischen Kompetenzen. Vor allem im Hinblick auf die überfachlichen oder allgemeinen Kompetenzen nehmen die

"Basisstandards" eine defensive Haltung ein. Die fehlende Absicherung dieser Kompetenzen in Form gestufter und fachdidaktisch wie empirisch untermauerter Kompetenzmodelle lässt es den Verfassern geboten erscheinen, in diesem Bereich noch keine verbindlichen Vorgaben zu machen, sondern fundierte Forschungsergebnisse abzuwarten.

Über die Anwendung eines expliziten Standard-Setting-Verfahrens im Bereich der „Basisstandards" ist bisher nichts bekannt. Allerdings könnte die Verwendung kalibrierter Aufgabenbeispiele aus *Lingualevel* und vor allem die Verwendung ausgesprochen differenzierter und validierter Niveau-Deskriptoren aus *Lingualevel* dafür sprechen, auf ein zusätzliches Standard-Setting zu verzichten. Das empirisch und fachdidaktisch aufwändige Verfahren der Erstellung der „Basisstandards für die Fremdsprachen" bürgt für hohe Akzeptanz auf allen beteiligten Ebenen, bei Lehrkräften, Fachdidaktik, Testmethodik und Bildungspolitik. Gleichzeitig wird von vorneherein mit einem längeren Zeitraum der Implementation für die Standards und die mit ihnen zwangsläufig veränderten Lehr- und Lernszenarien gerechnet, so dass ein Normierungsverfahren am Ende eines absehbaren und realistischen Zeitraums von mehreren Jahren ins Auge gefasst werden könnte.

Literatur

Basisstandards für die Fremdsprachen. Vernehmlassungsbericht. Entwurf Stand 12.01.2009. Schweizerische Konferenz der kantonalen Erziehungsdirektoren (EDK/CDIP/CDPE/CDEP). Unveröffentlichtes Dokument.

Bausch, K. R., Burwitz-Melzer, E., Königs, F. & Krumm, H.-J. (Hrsg.). (2005). *Bildungsstandards auf dem Prüfstand. Arbeitspapiere der 25. Frühjahrskonferenz zur Erforschung des Fremdsprachenunterrichts*. Tübingen: Narr.

Bundesministerium für Bildung und Forschung (Hrsg.). (2003). *Zur Entwicklung nationaler Bildungsstandards. Eine Expertise*. BMFB: Berlin.

Council of Europe (Ed.). (2001). *Common European Framework of Reference for Languages: learning, teaching, assessment.* Cambridge: Cambridge University Press.

Europarat (Hrsg.). (2001). *Gemeinsamer europäischer Referenzrahmen für Sprachen: lernen, lehren, beurteilen.* Berlin/München/Wien/Zürich/NY: Langenscheidt.

Jouette-Nagati, I. (2009). L'impact du DELF scolaire en Allemagne. *Praxis Fremdsprachenunterricht, 1*, 46–50.

KMK (2003). Beschlüsse der Kultusministerkonferenz. *Bildungsstandards für die erste Fremdsprache (Englisch/Französisch) für den Mittleren Schulabschluss.* Beschluss vom 04.12.2003. Verfügbar unter: www.kmk.org/dokumentation/ beschluesse-der-kmk/beschluesse-aus-dem-bereich-des-allgemeinbildenden-schulwesens.html [10.06.09].

KMK (2004). Beschlüsse der Kultusministerkonferenz. *Bildungsstandards für die erste Fremdsprache (Englisch/Französisch) für den Hauptschulabschluss.* Beschluss vom 15.10.2004. Verfügbar unter: www.kmk.org/dokumentation/ beschluesse-der-kmk/ beschluesse-aus-dem-bereich-des-allgemeinbildenden-schulwesens.html [10.06.09].

Schneider, G., Lenz, P. & Studer, T. (im Druck). *Projekt Bildungsstandards HarmoS. Bericht zur Entwicklung der Basisstandards für die Fremdsprachen.*

Weinert, F. (2001). Vergleichende Leistungsmessung in Schulen – eine umstrittene Selbstverständlichkeit. In F. E. Weinert (Hrsg.), *Leistungsmessungen in Schulen* (S. 17–31). Weinheim/Basel: Beltz.

ABK
Kapitel 2:
Messung der funktionalen kommunikativen Kompetenzen im Fach Französisch

Bernd Tesch

2.1 Ablauf und Organisation der Testentwicklung am IQB im Projekt Französisch

Im Folgenden wird über den Ablauf und die Organisation der Testentwicklung im Projekt Französisch (Sekundarstufe I) am IQB berichtet. Diese bezieht sich auf den Zeitraum 2005 bis 2009 und verlief in enger Kooperation mit dem *Centre International d'Etudes Pédagogiques* (CIEP) in Sèvres, getrennt nach zwei Phasen, der Itementwicklung durch Mitarbeiter des CIEP und die Itementwicklung durch deutsche Lehrkräfte. Die Gründe für dieses Vorgehen werden im Folgenden näher erläutert. Daneben wird über die Stufen der Testentwicklung – Präpilotierungen, Pilotierung, Normierung, Standard-Setting – und Entscheidungen über eingesetzte Testformate berichtet.

2.1.1 Itementwicklung durch das CIEP (1. Phase)

Für die Testentwicklung im Fach Französisch wurde analog zu den anderen Projekten zunächst vereinbart, deutsche Lehrkräfte als Aufgabenentwickler, dazu Fachdidaktikerinnen und Fachdidaktiker als Aufgabenbewerter sowie eine Steuerungsgruppe, bestehend aus dem Institutsleiter, dem federführenden Mitglied der fachdidaktischen Beratergruppe, einem Vertreter der KMK und dem Projektkoordinator am IQB, einzusetzen. Die Länder waren übereingekommen, zunächst für ein Schuljahr, gegebenenfalls für zwei Schuljahre, Lehrkräfte mit Abordnungsstunden für die Aufgabenentwicklung am IQB auszustatten. Dieses Modell wurde zum Zeitpunkt der Institutsgründung Ende 2004 bereits erfolgreich von der Kasseler Entwicklergruppe um Professor Blum für das Fach Mathematik in die Praxis umgesetzt.

Für das Französischprojekt wurde im Sommer 2005 ein Kontakt mit dem *Centre International d'Etudes Pédagogiques* (CIEP) in Sèvres hergestellt, das einschlägige Expertise im Bereich der Testentwicklung besitzt (DELF-DALF, TCF; vgl. Kapitel 1.4). Diese Kontaktaufnahme führte dazu, dass das CIEP ein konkretes Kostenangebot für die Erstellung von 150 Items zum Leseverstehen, 150 Items zum Hör- und Hör-Seh-Verstehen, 30 Schreibaufgaben und 30 Aufgaben für die zielsprachliche mündliche Produktion unterbreitete. Dies eröffnete die Option, mit den Lehrkräften der Länder zunächst einmal Lernaufgaben zur Implementation der Bildungsstandards zu entwickeln und die Lehrkräfte – nach dem Aufbau entsprechender Expertise – später zur Entwicklung von Testaufgaben einzusetzen.

Die Entwicklung von Testaufgaben durch das CIEP wird intern als „1. Phase 2006–2007", die Entwicklung von Testaufgaben durch deutsche Lehrkräfte als „2. Phase 2007–2008" bezeichnet. Vom CIEP wurde bis Frühjahr 2007 die gewünschte Anzahl rezeptiver Items geliefert, die *en bloc* in die Pilotierung 2007 eingingen. Vereinbart waren zwei Drittel geschlossene Formate (Mehrfachauswahlaufgaben, Zuordnungsaufgaben, Richtig-falsch-Aufgaben) und ein Drittel halboffene Aufgaben (Kurzantworten). Ferner wurden zunächst 17 Schreibaufgaben samt Kodierungen für die Pilotierungsstudie geliefert. Weitere 15 Schreibaufgaben sowie alle

Sprechaufgaben wurden mit einer Verzögerung von einem Jahr fertig gestellt bzw. parallel bereits als Schulungsmaterial für die deutschen Lehrkräfte verwendet. Zusätzlich zu den Testitems wurden vom CIEP detaillierte Itemspezifikationen sowie ein Manual für die Kodierung der offenen Schreibaufgaben bereitgestellt.

Die Pilotierung im Fach Französisch (2007)

Als Pilotierung von Testitems bezeichnet man einen Test, der an einer größeren Stichprobe der Zielgruppe Itemparameter (z.B. Trennschärfe, Schwierigkeit) in einem Umfang ermittelt, der es erlaubt, eine begründete Itemauswahl für den Haupttest vorzunehmen. Für die Pilotierungsstudie wurden die Verfahren der klassischen Testtheorie (u.a. zur Ermittlung von Trennschärfen, Distraktoreigenschaften) sowie die Verfahren der probabilistischen Testtheorie (u.a. Raschhomogenität, *Differential Item Functioning*) angewendet (vgl. ausführlich in Kapitel 3.1). Vor der Pilotierung wurden seitens des CIEP bereits Präpilotierungen zu den einzelnen Teilkompetenzen an kleineren Stichproben (im Schnitt $N = 80$/Item) in verschiedenen Bundesländern mit dem Ziel durchgeführt, insbesondere Distraktoreigenschaften empirisch zu erfassen und im Anschluss daran gegebenenfalls zu verbessern sowie die Kodieranweisungen der halboffenen Aufgaben auf der Grundlage der Schülerantworten anzupassen.

Im Bereich der produktiven Kompetenzen dient die Pilotierung unter anderem dazu, das Kodierschema zu den Schreibproduktionen zu erproben und falls nötig Modifikationen vorzunehmen. Das Kodierschema im Fach Französisch wurde 2006/7 von den sechs beteiligten Fachdidaktikerinnen und Fachdidaktikern (Prof. Dr. D. Caspari, Prof. Dr. R. Grotjahn, Prof. Dr. K. Kleppin, Prof. Dr. A. Hu, Prof. Dr. E. Leupold, Prof. Dr. F.-J. Meißner), einem Mitarbeiter des *Data Processing and Research Center* in Hamburg („DPC", G. Martin) sowie einem Mitarbeiter des CIEP (P. Riba) entwickelt (vgl. Kapitel 2.5) und in einer Machbarkeitsstudie im Juni 2007 erprobt. Die Machbarkeitsstudie an Hand von drei Aufgaben sollte bereits im Vorfeld der kostenintensiven Kodierung und der dazu notwendigen zeit- und kostenintensiven Kodiererschulung die Praktikabilität des Kodierschemas und des Kodiermanuals testen und zur Festlegung eines Schulungskonzepts führen. Nach Abschluss der Vorarbeiten wurden im August und September 2007 acht muttersprachliche französischsprachige Sprecher in zwei jeweils einwöchigen Schulungsblocks für die Auswertung der Textproduktionen der Pilotierungsstudie geschult. Den Kodierern wurden für das dazwischenliegende dreiwöchige Intervall Schulungsmaterial ausgeteilt, das mit Hilfe einer speziellen Kodiersoftware zu Hause bearbeitet und anschließend seitens des DPC ausgewertet wurde. Diese Auswertung erlaubte die notwendigen Feinjustierungen im zweiten Schulungsblock.

2.1.2 Itementwicklung durch deutsche Lehrkräfte (2. Phase)

Parallel zu den Arbeiten zur Kodierung der Schreibaufgaben begann im März 2007 die Schulung deutscher Lehrkräfte für die Entwicklung von Testitems. Sie erstreckte sich auf fünf einwöchige Schulungsblocks über sechzehn Monate, die am CIEP in Sèvres durchgeführt wurden (vgl. Tabelle 1).

Tabelle 1: Zeiträume der Schulungen im Projekt Französisch am CIEP

Zeitraum	Arbeitsschritte/Schulungen
März 2007	Schulung zum Leseverstehen
Juni 2007	Revision der entwickelten Aufgaben zum Leseverstehen & Schulung zum Hör- und Hör-Seh-Verstehen
Oktober 2007	Revision der entwickelten Aufgaben zum Hör- und Hör-Seh-Verstehen & Schulung zum Schreiben
Februar 2008	Entwicklung eines Kodierschemas zum Schreiben & Schulung zur Entwicklung von Aufgaben zum Sprechen
Juni 2008	Entwicklung eines Kodierschemas zum Sprechen

Im Verlauf dieser sechzehn Monate wurden die Lehrkräfte nicht nur geschult, sondern sie entwickelten gleichzeitig den Itempool der „2. Phase 2007–2008", das heißt mehr als die Menge an Items und Aufgaben, die bereits das CIEP geliefert hatte. Der Gesamtitempool zur Testung der französischen rezeptiven Sprachfertigkeiten konnte auf diese Weise auf circa 750 Items mehr als verdoppelt werden.

Für die Bewertung der Items waren in dieser Phase zwei deutsche Fachdidaktiker, Prof. Dr. R. Grotjahn und Prof. Dr. K. Kleppin, zuständig, die auch an den Workshops in Sèvres teilnahmen, sowie zwei Mitarbeiterinnen des CIEP, S. Lepage und R. Marty. Abweichend von der Itementwicklung der ersten Phase benutzten die Aufgabenentwickler in der zweiten Phase ein standardisiertes Eingabeformular zur Spezifizierung der Testentwicklung (vgl. Anhang). Mit anderen Worten, die Tests zum Lesen und Hören wurden von Mitarbeitern der IQB auf der Basis der Erfahrungen der ersten Entwicklungsphase sowie auf Grundlage des international anerkannten *Dutch Grid* vorab spezifiziert. Damit wurden sowohl Itemmerkmale benannt als auch eine *A-priori*-Aufgabenzuordnung zu den GER-Niveaus. Die Einträge wurden anschließend in eine Datenbank eingepflegt, die es erleichterte, Items für nachfolgende Studien nach Merkmalen wie der kognitiven Aktivität, dem Thema und dem Itemformat auszuwählen oder Itemmerkmale für fachdidaktische Kommentierungen zur Verfügung zu stellen.

Für die Domänen Schreiben und Sprechen wurde dagegen nicht mit Eingabeformularen gearbeitet, sondern die Tests wurden parallel zum Arbeitsprozess in Einzeldokumenten (sog. Kodiermanualen) spezifiziert (vgl. Kapitel 2.5/2.6). Dieses Vorgehen erklärt sich aus der Besonderheit eines progressiven Expertiseaufbaus. Bei Schreibtests und Tests zum Sprechen verlagert sich die Entwicklungsarbeit stärker auf die Kodierung, deren vollständige Dimension erst nach und nach in der Auswahl und Diskussion der *Benchmark*-Texte sichtbar wird. Die Entwicklung eines Kodierschemas ist komplex und wurde kontrovers diskutiert, da die Kodierung erhebliche Ressourcen binden kann und u.U. deutliche Rückwirkungen auf die Unterrichtsentwicklung zu erwarten sind.

Die Normierung 2008

Der Begriff der „Normierung" bezeichnet die Erstellung (bundes-)einheitlicher Skalen bezogen auf die verschiedenen Leistungsbereiche eines Kompetenzmodells, das heißt im Falle der Sprachen zunächst Hör- und Hör-Seh-Verstehen, Leseverstehen und Schreiben. Auf diesen Skalen werden Leistungsbereiche festgelegt, die Mindest-, Regel- und Optimalstandards abbilden. Die Normierung erfolgt an Hand einer repräsentativen Stichprobe und auf der Grundlage pilotierter und fachdidaktisch validierter Items.

Den Normierungstest in Französisch führte das IQB im Frühjahr 2008 in den sechs Bundesländern Baden-Württemberg, Berlin, Hessen, Nordrhein-Westfalen, Rheinland-Pfalz und Saarland durch. Die Stichprobe umfasste neunte und zehnte Klassen (vgl. ausführliche Studienbeschreibung Kapitel 3.2). Auf eine Normierung der Hauptschulstandards wurde auf Grund des geringen Hauptschulanteils (nur im Saarland vorhanden, in Baden-Württemberg vorerst nur bis Klasse 8) verzichtet.

Die Testadministration sowie die Schulung der Kodierer und die Durchführung der Kodierungen oblagen wieder dem DPC in Hamburg. Für die Kodiererschulung zu den Schreibaufgaben wurde ein Schulungskonzept verfolgt, das acht eintägige Sitzungen einmal pro Woche vorsah. 15 Kodierer, drei deutschsprachige und zwölf französischsprachige, bekamen nach jeder Sitzung gezielt ausgewählte Schülerproduktionen, die bis zur nächsten Schulungssitzung zu bearbeiten waren und dort besprochen wurden. Regelmäßige Messungen der Inter- und Intra-Raterreliabilitäten zeigten die Trainingsstände für jeden einzelnen Kodierer an, so dass am Ende des vereinbarten Schulungszeitraums hinreichend befriedigende Übereinstimmungen erzielt wurden.

Das Standard-Setting (2008 und 2009)

Das Standard-Setting bildet den Abschluss des Arbeitszyklus zur Normierung der Bildungsstandards. Es dient zur Festlegung von Schwellenübergängen zwischen Niveaus innerhalb der in der Normierungsstudie empirisch ermittelten Skalenwerte und macht das Kompetenzmodell auch für weitere Studien operationalisierbar. Die Schwellen waren bezogen auf die Niveaus des GER für den Übergang von A1 zu A2, von A2 zu B1, von B1 zu B2 und von B2 zu C1 festzulegen. Eine solche Definition der Kompetenzniveaus sollte nicht allein auf Grund von statistischen Kriterien (z.B. Aufgabenmerkmalen) erfolgen, sondern konsensuell durch Experten, auch um in diesen Schritt Beteiligte im Bildungssektor einzubeziehen. Teilnehmende Experten am Standard-Setting Verfahren im Projekt Französisch waren Aufgabenentwickler, Fachdidaktiker, Testtheoretiker, Verwaltungsbeamte an der Schnittstelle zur politischen Entscheidungsebene und Mitarbeiter der Landesinstitute. Ein erstes Standard-Setting auf Basis der Pilotierungsdaten unter Verwendung der *Bookmark-*

Methode wurde im September 2008 durchgeführt, ein zweites und abschließendes Standard-Setting im April 2009, welches die Kompetenzstufenmodelle zum Lese- und Hörverstehen als Ergebnis hatte (vgl. Kapitel 3.2).

Der Ländervergleich (2008)

Dem Umstand geschuldet, dass Französisch als 1. Fremdsprache im Vergleich zu Englisch in insgesamt deutlich geringerem Umfang unterrichtet wird, wurde beschlossen, die Normierungsstudie in den Klassen 9 und 10 mit dem ersten Ländervergleich in der 9. Jahrgangsstufe zu koppeln. Da in den meisten Bundesländern die benötigte Stichprobengröße für den Ländervergleich einem Zensus gleichkam, hätte eine zeitlich um ein Jahr versetzte Durchführung des Ländervergleichs bedeutet, dass die meisten Schulen zweimal in kurzem Abstand zur Testung gezogen worden wären, was die Akzeptanz der Tests beeinträchtigt hätte. Deshalb wurden im Rahmen der Normierungsstudie weitere 100 Schulen gezogen, die die Stichprobe der Neuntklässler ergänzte.

Tabelle 2: Arbeitsschritte der Entwicklung von Test- und Lernaufgaben im Projekt Französisch 2005–2010

Zeitraum	Arbeitsschritte
2005	Beginn der Aufgabenentwicklung, Test- und Lernaufgaben
2006–2007	Itementwicklung 1. Phase, Lernaufgaben
April-Juni 2007	Pilotierung
2007–2008	Itementwicklung 2. Phase
Februar 2008	Veröffentlichung der Lernaufgaben und deren Konzeption Tesch, B., Leupold, E. & Köller, O. (Hrsg.). (2008). *Bildungsstandards Französisch: konkret*. Berlin: Cornelsen Scriptor.
April–Juni 2008	Normierung und Ländervergleich
September 2008	1. Standard-Setting (Workshop)
2008–2009	Itementwicklung 3. Phase (Vera-8)
April 2009	2. Standard-Setting
Herbst 2009	Veröffentlichung der Konzeption der Testaufgaben mit Beispielen
2009–2010	Itementwicklung 4. Phase (Vera-8)
Sommer 2010	Veröffentlichung des Berichts zum Ländervergleich gemeinsam mit den Fächern Deutsch und Englisch (Sekundarstufe I)

Zusammenfassend lässt sich festhalten, dass sich die am IQB geschaffenen Strukturen als hinreichend leistungsfähig erwiesen, um mehrstufige und teilweise parallele Arbeitsschritte (Testaufgaben, Lernaufgaben) in zeitlich sehr straffer Abfolge durchzuführen (vgl. Tabelle 2). Alle entwickelten Lernaufgaben, d.h. mit nunmehr allen 24 Rahmenaufgaben (in der Publikation bei Cornelsen sieben Rahmenaufgaben) ist allen interessierten Lehrkräften über das Internet zugänglich.[1] Der Itempool zum Hör- und Leseverstehen wird fortlaufend erweitert, so dass für die jährlich stattfinden flächendeckenden Tests in der achten Jahrgangsstufe (VERA-8) ausreichend Testaufgaben zur Verfügung gestellt werden können. Zudem ist anzumerken, dass die Testentwicklung qualitativ fortschreitet. Insbesondere VERA-8 hat eine ständige Weiterentwicklung bei den Testaufgaben zur Folge. Die Länder geben wertvolle Rückmeldungen zur Qualität der Aufgaben (Aktualität und Authentizität der Stimuli, problematische Itemformulierungen, Anregungen zur Verbesserung des Itemstamms usw.), die nach und nach in die Entwicklerroutinen integriert werden.

---

1   Verfügbar unter: www.iqb.hu-berlin.de/bista/aufbsp/frz [21.07.09].

Bernd Tesch

2.2 Überblick: Testung der funktionalen kommunikativen Kompetenzen

Die Testung der funktionalen sprachlichen Kompetenzen Leseverstehen, Hör- und Hör-Seh-Verstehen und Schreiben bildet den Kern der ersten Arbeitsphase (2005–2009) im Fach Französisch am IQB im Hinblick auf das von der KMK beschlossene Bildungsmonitoring. Aufgaben zum Sprechen wurden in den fremdsprachlichen Fächern Englisch und Französisch bereits entwickelt, werden auf Grund einer pragmatisch gesetzten Schwerpunktsetzung jedoch erst zu einem späteren Zeitpunkt erprobt. Aufgaben zu den sprachlichen Mitteln und zur Sprachmittlung dagegen sind zukünftigen Entwicklungsphasen vorbehalten, da hierzu weitere Forschungen abgewartet werden. Im Folgenden werden die Herausforderung der schulischen Kompetenzmessung sowie die Testkonstrukte der vier „traditionellen" sprachlichen Kompetenzen (Hören, Lesen, Schreiben, Sprechen) im Überblick dargestellt. Sie werden im nachfolgenden Kapitel weiter im Detail und im Hinblick auf ihre Umsetzung in Testaufgaben beschrieben.

2.2.1 Der Begriff der Kompetenzmessung im Hinblick auf die Bildungsstandards

Der Begriff der Kompetenzen, wie er in der Klieme-Expertise (Bundesministerium für Bildung und Forschung, 2003) mit Bezug auf die Bildungsstandards verwendet wird, greift auf die mittlerweile weit verbreitete Definition des Erziehungswissenschaftlers und Psychologen Weinert zurück:

> „Die bei Individuen verfügbaren oder von ihnen erlernbaren kognitiven Fähigkeiten und Fertigkeiten, bestimmte Probleme zu lösen, sowie die damit verbundenen motivationalen, volitionalen und sozialen Bereitschaften und Fähigkeiten, die Problemlösungen in variablen Situationen erfolgreich und verantwortungsvoll nutzen zu können" (Weinert, 2001, 27).

Kompetenzen sind allerdings nicht direkt beobachtbar, sondern stellen lediglich Performanzen dar. Somit „gewinnen [Kompetenzen] den Charakter hypothetischer Konstrukte. Solche Konstrukte (latente Merkmale) können erst mit Hilfe von Messinstrumenten der Beobachtung zugänglich gemacht werden" (Köller, 2008, S. 165). Diese testpsychologische Bestimmung wirft Fragen auf, die insbesondere in den betroffenen Fachdidaktiken intensiv diskutiert werden (vgl. Bausch, Burwitz-Melzer, Königs & Krumm, 2005; Zydatiß, 2005): Welche kognitiven Leistungen messen die verwendeten Instrumente tatsächlich (neben dem Leseverstehen und Hör-, Hör-Seh-Verstehen auch allgemeine Intelligenz, Weltwissen, Testwissen)? Wie soll mit schwer messbaren Kompetenzen wie den interkulturellen Kompetenzen in den fremdsprachlichen Testungen umgegangen werden? In welchem Ausmaß beeinflusst die Einführung flächendeckender Tests die Unterrichtsentwicklung (Gefahr eines *teaching to the test*)?

Insofern stellen die im Bereich der Fremdsprachen durch das IQB getesteten Kompetenzbereiche sicherlich eine Reduktion dar, die wiederum ein umsichtiges Vorgehen seitens der Länderverwaltungen im Hinblick auf die Rückmeldung an die Schulen und eine Einbettung in ein umfassendes Implementationskonzept nahe legt. Getestet werden bisher das Leseverstehen, das Hör- und Hör-Seh-Verstehen sowie das Schreiben. Für das zielsprachliche Sprechen wurden ebenfalls Testaufgaben sowie ein Kodierschema entwickelt und präpilotiert, für eine Testung an größeren Stichproben ist es jedoch auf Grund der benötigten organisatorischen Voraussetzungen noch zu früh. Insbesondere müssten im Vorfeld im größeren Umfang Prüferschulungen durchgeführt werden, sofern interaktives Sprechen getestet werden soll (vgl. Kapitel 2.6). Ebenso schwierig gestaltet sich die Messung der Sprachmittlung, bei der zwei Sprachen und immer zwei Kompetenzen (z. B. Lesen und Sprechen) involviert sind, was messtechnisch vorläufig eine kaum zu lösende Aufgabe darstellt. Zudem fordern die Bildungsstandards, dass die Schülerinnen und Schüler „in Alltagssituationen sprachmittelnd agieren [können]" (KMK, 2003, S. 14), so dass deren Testung im Rahmen von Schulleistungsstudien im Prinzip kaum realisierbar erscheint. Die Sprachmittlung, die in den Bildungsstandards sozusagen in den Rang einer fünften Kompetenz erhoben wurde, blieb aus diesem Grunde bei der Testentwicklung des IQB unberücksichtigt.

Tabelle 1: Kompetenzbereiche in den Bildungsstandards für die erste Fremdsprache (Englisch/Französisch) für den Mittleren Schulabschluss (KMK, 2003, S. 8)

Kompetenzbereiche in den Bildungsstandards der KMK	
Funktionale Kommunikative Kompetenzen	
Kommunikative Fertigkeiten	Verfügung über die sprachlichen Mittel

Leseverstehen
Hör- und Hör-Seh-Verstehen
Sprechen
    An Gesprächen teilnehmen
    Zusammenhängendes Sprechen
Schreiben
Sprachmittlung
	Wortschatz
	Grammatik
	Aussprache und Intonation
	Orthographie

Interkulturelle Kompetenzen	
Soziokulturelles Orientierungswissen Verständnisvoller Umgang mit kultureller Differenz Praktische Bewältigung interkultureller Begegnungssituationen	
Methodische Kompetenzen	
Textrezeption (Leseverstehen und Hörverstehen) Interaktion Textproduktion (Sprechen und Schreiben) Lernstrategien Präsentation und Mediennutzung Lernbewusstheit und Lernorganisation	

Eine pragmatische Lösung wählte die KMK im Hinblick auf die so genannten „sprachlichen Mittel". Wortschatz, Grammatik, Aussprache und Intonation sowie Orthographie sind zwar Kompetenzbereiche *sui generis*, können aber dem oben zitierten Kompetenzbegriff Weinerts wie auch den bildungsstandardsbezogenen Konkretisierungen Kliemes und seinen Kollegen zufolge nicht den gleichen Rang im Hinblick auf die Überprüfung der Bildungsstandards beanspruchen wie die Hauptdomänen. Sie haben in einem auf Problemlösen und Könnens-Aussagen (*can-do-statements*) hin konzipierten Kompetenzmodell dienende Funktion, was auch einem klaren fachdidaktischen Signal entspricht. Nicht losgelöstes memorisiertes Wissen bildet das erwartete Leistungsziel, sondern anwendungsbezogenes Wissen, das heißt die Fähigkeit, entsprechende Aufgaben zu lösen. Die isolierte Testung sprachlicher Mittel würde diesem Anspruch zuwiderlaufen. Tabelle 1 verdeutlicht die derzeitige Schwerpunktsetzung (hervorgehoben in Grau) im Hinblick auf die Kompetenzmessung in den beiden Fremdsprachenprojekten, Englisch und Französisch, am IQB.

2.2.2 Leseverstehen

In den „Bildungsstandards für die erste Fremdsprache" für den Mittleren Schulabschluss (KMK, 2003, S. 12) wird das Leseverstehen folgendermaßen beschrieben:

Die Schülerinnen und Schüler können verschiedene unkomplizierte Texte aus Themenfeldern ihres Interessen- und Erfahrungsbereiches lesen und verstehen (B1). (...)
Die Schülerinnen und Schüler können
- Korrespondenz lesen, die sich auf das eigene Interessengebiet bezieht und die wesentliche Aussage erfassen (B2),
- klar formulierte Anweisungen, unkomplizierte Anleitungen, Hinweise und Vorschriften verstehen (B1/ B2),
- längere Texte nach gewünschten Informationen durchsuchen und Informationen aus verschiedenen Texten zusammentragen, um eine bestimmte Aufgabe zu lösen (B1+),
- in kürzeren literarischen Texten (z. B. Short Stories) die wesentlichen Aussagen erfassen und diese zusammentragen, um eine bestimmte Aufgabe zu lösen (B1),
- die Aussagen einfacher literarischer Texte verstehen,
- in klar geschriebenen argumentativen Texten zu vertrauten Themen die wesentlichen Schlussfolgerungen erkennen, z. B. in Zeitungsartikeln (B1/ B1+).

Diese Beschreibung eines teilkompetenzbezogenen Standards liefert für die Testentwicklung Hinweise bezüglich der anzustrebenden Textsorten. Verstehensziele werden darin explizit („wesentliche Aussagen erfassen", „die wesentlichen Schlussfolgerungen erkennen") und implizit artikuliert, und konnten in Anlehnung an den Gemeinsamen europäischen Referenzrahmen für Sprachen („GER", Europarat, 2001) und die Testpraxis internationaler Zertifikatsanbieter (für Französisch z.B. DELF-DALF) ergänzt werden (vgl. Tabelle 2).

Hypothesen über die Bedeutung des Gelesenen werden gängigen psycholinguistischen Modellierungen zu Folge (vgl. Alderson, 2000) in einem Prozess erzeugt, in dem verschiedenste Wissensquellen (Text- und Kontextwissen, Weltwissen) ständig und gleichzeitig in Beziehung treten. Bei der Testentwicklung war darauf zu achten, dass die Lösung einer Aufgabe nicht allein vom Weltwissen der Schüler abhängig ist, sondern sich auf das sprachliche Dekodieren durch Sprach-, Text- und Kontextwissen bezog. Eine Sonderstellung nimmt in diesem Zusammenhang das Lesen literarischer Texte ein, da es in hohem Maße die interpretatorische Verstehensleistung anregt, geprägt durch eine „kulturelle Praxis" (Hurrelmann, 2002), die nur schwer messbar ist. Auf Grund dieses Umstandes wurden bislang nur wenige Testaufgaben zum literarischen Lesen im Fach Französisch entwickelt, was sich bei zunehmender Vertrautheit der Unterrichteten wie auch der Unterrichtenden mit standardisierten Testungen rasch ändern könnte.

Tabelle 2:   Konstrukt Leseverstehen

Leseziel	Lesestrategie/Leseaktivität
Die Kernaussage verstehen	a) Schnelles globales bzw. kursorisches Lesen (*skimming*) b) Sorgfältiges orientierendes Lesen
Hauptaussagen verstehen	a) Schnelles überfliegendes Lesen b) Sorgfältiges orientierendes Lesen
Eine bestimmte Information finden	Schnelles selektives (suchendes) Lesen
Vollständiges Verstehen eines Textes	Sorgfältiges und detailliertes Lesen

2.2.3   Hör- und Hör-Seh-Verstehen

In den „Bildungsstandards für die erste Fremdsprache" für den Mittleren Schulabschluss (KMK, 2003, 11 f.) wird das Hör- und Hör-Seh-Verstehen folgendermaßen beschrieben:

Die Schülerinnen und Schüler können unkomplizierte Sachinformationen über gewöhnliche alltags- oder berufsbezogene Themen verstehen und dabei die Hauptaussagen und Einzelinformationen erkennen, wenn in deutlich artikulierter Standardsprache gesprochen wird (B1+).
Die Schülerinnen und Schüler können
- im Allgemeinen den Hauptpunkten von längeren Gesprächen folgen, die in ihrer Gegenwart geführt werden (B1),
- Vorträge verstehen, wenn die Thematik vertraut und die Darstellung unkompliziert und klar strukturiert ist (B1+),
- Ankündigungen und Mitteilungen zu konkreten Themen verstehen, die in normaler Geschwindigkeit in Standardsprache gesprochen werden (B2),
- vielen Filmen folgen, deren Handlung im Wesentlichen durch Bild und Aktion getragen wird (B1).

- in Radionachrichten und in einfacheren Tonaufnahmen über vertraute Themen die Hauptpunkte verstehen, wenn relativ langsam und deutlich gesprochen wird (B1),
- das Wesentliche von Fernsehsendungen zu vertrauten Themen verstehen, sofern darin relativ langsam und deutlich gesprochen wird (B1).

Welche Subkompetenzen werden beim Hörverstehen aufgerufen? Verschiedene Forschungsrichtungen bieten dazu eigene Klassifikationen an, die zum Teil jedoch theoretisch-hypothetischer Natur und empirisch schwer zu belegen sind (vgl. Buck, 2001). Am häufigsten in der Literatur vertreten ist ein Zwei-Phasen-Modell, in welchem das Dekodieren der Information in eine Phase des Dekodierens der engeren sprachlichen Botschaft und eine Phase des Dekodierens des Kontexts gegliedert wird, wobei nicht zu leugnen ist, dass es zu einer Interaktion der beiden Phasen kommen muss (ebd., S. 52). Etwas komplexere Taxonomien unterscheiden die direkte Bedeutungserschließung (das Verstehen der Kernaussage, der zentralen Informationen, der Details und der Einstellung des Sprechers), inferierendes Verstehen, Verstehen unterstützender Elemente (z.B. grammatische und lexikalische Strukturen) sowie gleichzeitiges Hören und Notieren des Gehörten (ebd., S. 54).

In Anlehnung an gängige Taxonomien wurde für die Testung des Hörverstehens im Fach Französisch folgendes Konstrukt gewählt, wobei wieder wie beim Leseverstehen zwischen Hörziel und Hörstil unterschieden wird:

Tabelle 3: Konstrukt Hör- und Hör-Seh-Verstehen

Hör-Hör-Seh-Ziele (objectif de l'écoute/ de l'audio-visionnement)	Hör-Hör-Seh-Stil (mode d'écoute/ de l'audio-visionnement)
Die Kernaussage erfassen	Globales Hören-Sehen/Hör-Hör-Seh-Verstehen
Hauptaussagen erfassen	Alle Hör-/Hör-Seh-Stile auf globaler Ebene
Relevante Details erfassen	Hören-Sehen/Hör-Hör-Seh-Verstehen auf globaler und lokaler Ebene
Eine spezifische Information erfassen	Hören-Sehen/ Hör-Hör-Seh-Verstehen auf lokaler Ebene

Bei „Hör-Hör-Seh-Zielen" ist wie bei Lesezielen das Verstehens der Kernaussage durch einen globalen Hör-Hör-Seh-Stil, das Verstehen der Hauptaussagen sowie relevanter Details durch einen globalen und detaillierten Hör-Hör-Seh-Stil, das Verstehens bestimmter Einzelinformationen durch einen selektiven Hör-Hör-Seh-Stil und das Erfassen impliziter Aussagen durch einen Hör-Hör-Seh-Stil zu unterscheiden, der auf die Botschaft „zwischen den Zeilen" achtet („inferierendes Verstehen").

Die in den Bildungsstandards vorgenommene Vereinheitlichung von Hör- und Hör-Seh-Verstehen ist im Sinne eines fremdsprachendidaktischen Signals zu verstehen. In der Tat sind Hörvorgänge in der Regel mit Sehvorgängen gekoppelt, so etwa beim Fernsehen, im Kino, beim Hören von Vorträgen oder in der direkten interaktiven Kommunikation. Dem Zuhörer stehen somit gestische, mimische bzw. visuelle Kontextinformationen (vgl. Raabe, 1997; Thaler, 2007) zur Verfügung, auf die er beim reinen Hörverstehen (z.B. am Telefon) verzichten muss. Die Testung des Hör-Seh-Verstehens stellt sich dementsprechend komplex dar. Insbesondere wäre es notwendig, zunächst ein mehrdimensionales Konstrukt zu definieren, das die Interaktion auditiver und visueller Informationen berücksichtigt. Dies konnte bisher am IQB noch nicht geleistet werden. Hör-Seh-Aufgaben wurden in der IQB-Normierungsstudie eingesetzt und in der Auswertung als Höraufgaben behandelt. Das heißt, es liegen Kennwerte vor, die es erlauben, diese Aufgaben auf der Hörskala zu verorten, ohne dass dabei hör-seh-spezifische Lösungsstrategien berücksichtigt werden (konnten).

Beide Fertigkeiten – das Hörverstehen und das Hör-Seh-Verstehen – werden in den Bildungsstandards gemeinsam mit Hilfe der Kann-Beschreibungen spezifiziert und gleichwertig zu den anderen sprachlichen Kompetenzen genannt. Dies ist einerseits fachdidaktisch sinnvoll, diese Teilkompetenzen im Fremdsprachenunterricht aufzuwerten. Anderseits stellt sich die Frage, ob die gemeinsamen Kann-Beschreibungen in der vorliegenden Form theoretisch und empirisch[1] plausibel sind. Empirisch ist bisher die Trennung der Konstrukte kaum im Kontext des Fremdsprachenunterrichts erforscht worden. Durchgeführt wurde deshalb eine experimentelle Studie zu den in der ersten Phase bereits entwickelten Hör-Seh-Aufgaben und Hör-Seh-Verstehensaufgaben (vgl. Porsch, Grotjahn & Tesch, in Vorbereitung). Diese versucht empirische Befunde zu den spezifischen Verstehensleistungen beim Einsatz audiovisueller Materialien im Französischunterricht zu ermitteln und zu prüfen, ob sich die Verstehensleistungen der Fremdsprachenlerner im Vergleich zu deren Leistungen im Hörverstehen auf Französisch deutlich unterscheiden. Wenn dies der Fall ist, dann spricht das für Befunde aus der Medienforschung: Der zusätzlich genutzte Sinneskanal kann bei einer bestimmten Art der Bild-Text-Präsentation das Lernen bzw. die Verstehensleistungen steigern. In genannten Aufsatz wird zudem eine Analyse der Bildungsstandards und des GER und deren Stellenwert und Beschreibung der Hör-Seh-Verstehensleistungen vorgenommen, auf die an dieser Stelle verzichtet wird.

2.2.4 Schreiben

Sprechen und Schreiben unterscheiden sich weniger durch das Vorhandensein grundlegend verschiedener Fertigkeiten, sondern mehr durch den Verwendungszusammenhang (vgl. Weigle, 2002). Der Verwendungszusammenhang definiert Schreiben und Sprechen als einen sozialen und kulturellen Prozess. Kulturelle und soziale Determinanten sind zum Beispiel die Themenauswahl, die Schreibkonventionen und die Selbstpräsentation des Verfassers im Text (ebd., S. 20). Ein Beispiel für kulturelle Normen auf der Mikroebene ist die Verwendung ausschweifender Schlussformeln in französischen Geschäftsbriefen.

Die Bildungsstandards für die erste Fremdsprache (KMK, 2003, S. 13f.) beschreiben hinsichtlich der erwarteten Schreibleistungen folgende Verwendungszusammenhänge:

---

1 Empirisch ließen sich im Rahmen der Pilotierungsstudie (vgl. Kapitel 3.1) die Items zum Hörverstehen und Hör-Seh-Verstehen nicht eindeutig zweidimensional abbilden.

Die Schülerinnen und Schüler können zusammenhängende Texte zu vertrauten Themen aus ihrem Interessengebiet verfassen (B1).
Die Schülerinnen und Schüler können
- eine Nachricht notieren, wenn jemand nach Informationen fragt oder ein Problem erläutert (B1+),
- in persönlichen Briefen Mitteilungen, einfache Informationen und Gedanken darlegen (B1),
- einfache standardisierte Briefe und E-Mails adressatengerecht formulieren, z.B. Anfragen, Bewerbungen (B1),
- unkomplizierte, detaillierte Texte zu einer Reihe verschiedener Themen aus ihren Interessengebieten verfassen, z. B. Erfahrungsberichte, Geschichten, Beschreibungen (B1),
- kurze einfache Aufsätze zu Themen von allgemeinem Interesse schreiben (B1),
- kurze Berichte zu vertrauten Themen schreiben, darin Informationen weitergeben, Gründe für Handlungen angeben und Stellung nehmen (B 1+).

Das entwickelte Testmaterial zum Schreiben umfasst die Testaufgaben und ein Kodierschema bzw. Kodiermanual mit kommentierten *Benchmark*-Texten (vgl. Kapitel 2.5). Die Testaufgaben im Fach Französisch bilden zentrale Verwendungszusammenhänge des Schreibens laut den Bildungsstandards (Niveaus A2 bzw. B1) und dem GER (Niveaus A1, B2, C1) ab, im Niveaubereich A1 z.B. eine kurze Selbstvorstellung als E-Mail an Hand elementarer Bausteine schreiben, im Niveaubereich A2 auf eine Einladung zum Geburtstag antworten, auf Niveau B1 einen zusammenhängenden Text zu seinem Lieblingsfilm verfassen, auf Niveau B2 zu einer gesellschaftspolitischen aber jugendbezogenen Frage Stellung nehmen und auf Niveau C1 ein Bewerbungsschreiben für ein Stipendium verfassen.

Das allgemeine Kodierschema dazu wurde von Didaktikern entworfen (vgl. Kapitel 2.1) und umfasst für die Niveaustufe B1 die Dimensionen der Globaleinschätzung, des Inhalts (auf Grundlage definierter Sprechakte), der Textsorte, der Adressatengerechtheit, des Textaufbaus (mit den Subdimensionen der Themenentfaltung und Kohärenz/Kohäsion), der Lexik (Bandbreite und Korrektheit der Verwendung), Grammatik (Bandbreite und normbezogene Korrektheit) sowie der lexikalischen Orthographie (im Unterschied zur grammatisch bedingten Orthographie). Im Rahmen der Auswertung der Textproduktionen aus der Normierungsstudie 2008 wurde beschlossen, zusätzlich noch eine Kodiervariable „Globalurteil" nach Abschluss des teilkompetenzbezogenen Kodiervorgangs einzuführen, wodurch es möglich sein wird, die erste spontane Einschätzung (*impression globale*) zu Beginn der Kodierung mit der Globalurteil (*évaluation globale*) am Ende der Kodierung zu vergleichen und damit weitere Erkenntnisse über die Korrelationen globaler Urteile und teilkompetenzbezogener Urteile zu gewinnen (vgl. Kapitel 3.3).

2.2.5 Sprechen

Aufgaben zum Sprechen sowie weitere Testinstrumente für standardisierte Prüfungen wie einen Prüferleitfaden (vgl. Kapitel 2.6) wurden im Projekt Französisch des IQB gemäß der Deskriptoren in den Bildungsstandards für das monologische Sprechen (KMK, 2004, S. 13) und das dialogische Sprechen (ebd.) entwickelt:

An Gesprächen teilnehmen: Die Schülerinnen und Schüler können an Gesprächen über vertraute Themen teilnehmen, persönliche Meinungen ausdrücken und Informationen austauschen (B1).
Die Schülerinnen und Schüler können
- soziale Kontakte herstellen durch Begrüßung, Abschied, Sich-Vorstellen, Danken und Höflichkeitsformeln verwenden (A2),
- Gefühle wie Überraschung, Freude, Trauer, Interesse und Gleichgültigkeit ausdrücken und auf entsprechende Gefühlsäußerungen reagieren (B1),
- ein Gespräch oder eine Diskussion beginnen, fortführen und auch bei sprachlichen Schwierigkeiten aufrechterhalten (B1),
- die meisten Dienstleistungsgespräche und routinemäßigen Situationen bewältigen, z.B. Umgang mit öffentlichen Einrichtungen während eines Auslandsaufenthaltes, Einkauf, Essen (B1),
- in einem Interview konkrete Auskünfte geben, z.B. in Bewerbungsgesprächen (B1+),
- eine kurze Geschichte, einen Artikel, einen Vortrag, ein Interview oder eine Dokumentarsendung zu vertrauten Themen einem Gesprächspartner vorstellen und Informationsfragen dazu beantworten (B1+),
- in Gesprächen und Diskussionen kurz zu den Standpunkten anderer Stellung nehmen und höflich Überzeugungen und Meinungen, Zustimmung und Ablehnung ausdrücken (B1/ B1+).

Zusammenhängendes Sprechen: Die Schülerinnen und Schüler können Erfahrungen und Sachverhalte zusammenhängend darstellen, z.B. beschreiben, berichten, erzählen und bewerten (B1).
Die Schülerinnen und Schüler können
- mit einfachen Mitteln Gegenstände und Vorgänge des Alltags beschreiben, z.B. Rezepte, Wegbeschreibungen, Spielregeln, Bedienungsanleitungen (A2),
- eine vorbereitete Präsentation zu einem vertrauten Thema vortragen, wobei die Hauptpunkte hinreichend präzise erläutert werden (B1),
- für Ansichten, Pläne oder Handlungen kurze Begründungen oder Erklärungen geben (B1).

Für die Niveaus A1 und B2/C1 wurden auf die Deskriptoren des GER zurückgegriffen. Auf Grundlage dieser Deskriptoren wurde das Testkonstrukt entwickelt, auf das sich auch das Kodierschema bezieht. Für die Kodierung der Sprechleistungen wurde im Übrigen der aus der Testung des Schreibens bekannte *Uni-Level*-Ansatz übernommen (vgl. Kapitel 2.5).

Die Herausforderung der Testung des zielsprachlichen Sprechens liegt einerseits in der Schaffung notwendiger organisatorischer Voraussetzungen (personell, räumlich, zeitlich), andererseits in der Schulung der Juroren. Ähnlich wie beim Schreiben ist es dazu erforderlich, alle Prüfer mit dem Testkonstrukt, den Spezifika mündlicher zielsprachlicher Kommunikation bzw. Strategien zur Gewinnung von Planungszeit, den sozialen Rahmenbedingungen der Testsituation (Anwesenheit eines Prüfers und im dritten Prüfungsteil eines weiteren Kandidaten) sowie der Besonderheit der Vergabe holistischer und analytischer Kodes im Hinblick auf ein bestimmtes GER-Niveau vertraut zu machen. Dazu wurden am IQB *Benchmark-Materialien* zu den Niveaus A1 bis B2 bereit gestellt, die auf Präpilotierungen zurück gehen. Für alle Niveaus wurden generell drei Teilprüfungen bestehend aus einer Selbstvorstellung des Kandidaten, einer monologisch zu gestaltenden Teilprüfung zu einem bestimmten Thema und einer dialogischen Partnerprüfung konzipiert.

2.2.6 Fazit

Es sollte in diesem einleitenden Beitrag deutlich werden, dass mit den Testungen der funktionalen kommunikativen Kompetenzen eine sehr gründliche Reflexion der beteiligten Subkompetenzen verbunden ist. Dies trifft nicht nur auf die rezeptiven, sondern in besonderem Maße auf die Messung der Schreib- und Sprechkompetenz zu. Bei dezentral – von den Lehrkräften – ausgewerteten Testungen ist damit zu rechnen, dass es zu nicht unerheblichen Rückwirkungen auf die Unterrichtspraxis kommen könnte. Generell ist es wünschenswert, dass solche Tests durch fachdidaktische Kommentierungen (wie bei VERA-8, den flächendeckenden Vergleichsarbeiten der achten Jahrgangsstufe) und durch praxisnahe Fortbildungsveranstaltungen begleitet werden, um die Akzeptanz in der Lehrerschaft zu erhöhen und das nötige fachdidaktische Wissen zu ihrer Nutzung als Diagnoseinstrumente zu vermitteln. Dabei sollte die Verbindung von Diagnose und Förderung des einzelnen Schülers im Mittelpunkt stehen, da sonst die Sinnhaftigkeit des Testens und des damit verbundenen Aufwands in die Kritik geraten könnte.

Literatur

Alderson, C. (2000). *Assessing Reading*. Cambridge: Cambridge University Press.
Bausch, K. R., Burwitz-Melzer, E., Königs, F. & Krumm, H.-J. (Hrsg.) (2005). *Bildungsstandards auf dem Prüfstand. Arbeitspapiere der 25. Frühjahrskonferenz zur Erforschung des Fremdsprachenunterrichts*. Tübingen: Narr.
Buck, G. (2001). *Assessing Listening*. Cambridge: Cambridge University Press.
Bundesministerium für Bildung und Forschung (Hrsg.). (2003). *Zur Entwicklung nationaler Bildungsstandards. Eine Expertise*.
Hurrelmann, B. (2002). Leseleistung – Lesekompetenz. Folgerungen aus PISA, mit einem Plädoyer für ein didaktisches Konzept des Lesens als kultureller Prozess. *Praxis Deutsch. 176*, 6–19.
KMK (2003). Beschlüsse der Kultusministerkonferenz. *Bildungsstandards für die erste Fremdsprache (Englisch/Französisch) für den Mittleren Schulabschluss*. Beschluss vom 04.12.03. Verfügbar unter: www.kmk.org/bildung-schule/qualitaetssicherung-in-schulen/bildungsstandards/dokumente.html [19.05.09].

KMK (2004). Beschlüsse der Kultusministerkonferenz. *Bildungsstandards für die erste Fremdsprache (Englisch/Französisch) für den Hauptschulabschluss*. Beschluss vom 15.10.04. Verfügbar unter: www.kmk.org/bildung-schule/qualitaetssicherung-in-schulen/bildungsstandards/dokumente.html [19.05.09].

Köller, O. (2008). Bildungsstandards – Verfahren und Kriterien. *Zeitschrift für Pädagogik, 54* (2), 163–173.

Porsch, R., Grotjahn, R. & Tesch, B. (in Vorbereitung). Hörverstehen und Hör-Sehverstehen in der Fremdsprache – unterschiedliche Konstrukte? Erscheint in: *ZFF*.

Raabe, H. (1997). „Das Auge hört mit". Sehstrategien im Fremdsprachenunterricht? In U. Rampillon & G. Zimmermannn (Hrsg.), *Strategien und Techniken beim Erwerb fremder Sprachen* (S. 150–172). Ismaning: Hueber.

Thaler, E. (2007). Schulung des Hör-Seh-Verstehens. *Praxis Fremdsprachenunterricht, 4*, 12–17.

Weigle, S. C. (2002). *Assessing Writing*. Cambridge: Cambridge University Press.

Weinert, F. (2001). Vergleichende Leistungsmessung in Schulen – eine umstrittene Selbstverständlichkeit. In F. E. Weinert (Hrsg.), *Leistungsmessungen in Schulen* (S. 17–31). Weinheim/Basel: Beltz.

Zydatiß, W. (2005). *Bildungsstandards und Kompetenzniveaus im Englischunterricht. Konzepte, Empirie, Kritik und Konsequenzen*. Frankfurt am Main: Peter Lang.

Rüdiger Grotjahn & Bernd Tesch

2.3 Messung der Leseverstehenskompetenz im Fach Französisch

Die Testung der Lese- und Hörkompetenz zählt zu den relativ gut erforschten Sprachtestfeldern. Herausforderungen liegen z.B. in der Konstruktion zielgruppenspezifischer bzw. thematisch und bezogen auf die Lernvoraussetzungen angemessener Aufgaben auf Grund eines explizit formulierten Testkonstrukts und in der Zusammenstellung größerer Itemmengen zu validen Aufgabenclustern. Im Folgenden stellen wir zunächst einige psycholinguistische Grundlagen des fremdsprachlichen Lesens vor, dann das bei den Testungen der Lesekompetenz vom IQB zugrunde gelegte Testkonstrukt, daran anschließend die gewählten Aufgabenformate und abschließend das spezifische Design der eingesetzten Leseverstehenstests.

Da Lese- und Hörverstehen in beträchtlichem Umfang auf ähnlichen Verarbeitungsprozessen beruhen und sich zudem bei der Aufgabenkonstruktion z.T. vergleichbare Fragen stellen, gilt ein Teil der folgenden Ausführungen auch in Bezug auf die Messung der fremdsprachlichen Hörverstehenskompetenz. Ein zentraler Unterschied zwischen dem Lese- und dem Hörverstehen besteht darin, dass beim Hörverstehen die Verarbeitung in „Echtzeit" abläuft. Als Folge hat der Hörer ein weit geringeres Maß an Kontrolle über den Text als ein Leser, der z.B. Teile des Textes besonders intensiv oder auch mehrfach lesen kann. Auf weitere Unterschiede zwischen Lese- und Hörverstehen werden wir in Kapitel 2.4 zu sprechen kommen.

2.3.1 Psycholinguistische Grundlagen des Leseverstehens[1]

I. Modelle des Leseverstehens

Leseverstehen erfolgt in der Interaktion des Lesers mit einem Text. Im engeren Sinne bezieht sich der Terminus auf den Vorgang der „Entnahme" von Informationen aus dem jeweiligen Text und damit auf den *Prozess des Verstehens*. Die Entnahme kann dabei mehr oder minder inferentiell und konstruktiv im Sinne einer interpretierenden Einordnung in eine kohärente Bedeutungsstruktur erfolgen. Verstehen als Prozess kann von *Verständnis* im Sinne eines aus dem Verstehensprozess resultierenden mentalen *Produkts* im Kopf des Lesers unterschieden werden (vgl. Grotjahn, 1995, S. 539f. sowie auch Koda, 2005, S. 228). Leseverstehen im weiteren Sinne bezieht sich sowohl auf die Prozess- als auch auf die Produktebene. Auf beiden Ebenen kann man den *Grad* des Verstehens messen. So kann auf der Produktebene das Ausmaß des Verstehens anhand der Zahl der korrekt gelösten Testaufgaben erfasst werden. Auf der Prozessebene kann unter Bezug auf ein theoretisches Modell z.B. die Tiefe der Verarbeitung gemessen werden (vgl.

---

[1] Die Ausführungen des Abschnitts 2.3.1 beruhen in wesentlichen Teilen auf Grotjahn (2000), Grotjahn (2003a, Kapitel 5) und Grotjahn (2010).

auch Koda, 2005, S. 230). Eine analoge Unterscheidung kann man in Bezug auf das Hörverstehen treffen (vgl. auch Grotjahn, 2003a).

Lesen ist eine komplexe und zudem hochindividuelle Tätigkeit. Es beinhaltet sowohl formal-sprachliche als auch konzeptuelle Verarbeitungsprozesse und basiert damit auch auf inferentiell-analytischen Fähigkeiten. Das Lesen eines fremdsprachigen Textes kann mit sehr unterschiedlichen Zielsetzungen, unter stark differierenden Bedingungen und mit einem unterschiedlichen Ausmaß an Kompetenz stattfinden. Insgesamt gesehen hängen der Lese- und Verstehensprozess und damit auch die Leseverstehensleistung in der L2 (Zweitsprache/Fremdsprache) von einer Vielzahl interindividuell variierender, rezipientenspezifischer Faktoren ab. Hinweise zu den Faktoren finden sich weiter unten.

Weder der Prozess des Verstehens noch das vom Leser oder Hörer erzielte Verständnis sind direkt beobachtbar. Direkt beobachtbar sind z.B. die Augenbewegungen im Zuge des Lesens und insbesondere mögliche Handlungen als Folge des Lesens oder Hörens. Dies ist ein zentraler Unterschied zu den Teilkompetenzen „Sprechen" und „Schreiben" und führt zu spezifischen Herausforderungen beim Testen der Lese- und Hörverstehenskompetenz (vgl. auch Alderson, 2000, S. 3ff.). Hat z.B. jemand eine Gebrauchsanweisung für eine ihm bisher unvertraute Maschine gelesen und bedient anschließend die Maschine korrekt, dann können wir von dieser beobachtbaren Leistung zumindest mittelbar zurückschließen auf die Güte des erzielten Verständnisses. Noch indirekter ist der Schluss z.B. vom Ankreuzen einer Mehrfachwahlaufgabe auf die zugrunde liegende Lesekompetenz. Sowohl für die Konstruktion als auch für die Beurteilung der Güte von Leseverstehensaufgaben benötigen wir deshalb ein Modell des Lese- und Verstehensprozesses. Denn ohne einen expliziten Bezug auf ein solches Modell sind keine begründeten Aussagen hinsichtlich der Konstruktvalidität von Leseverstehensaufgaben möglich (vgl. auch Grotjahn, 2000).

Es gibt eine Vielzahl von Modellen zur Beschreibung (fremdsprachlichen) Leseverstehens.[2] Ein relativ umfassendes kognitives Prozessmodell fremdsprachlichen Leseverstehens haben kürzlich Weir & Khalifa (2008a) vorgelegt und auf die Leseverstehens-Subtests der Cambridge ESOL Prüfungen PET (*Preliminary English Test*) und FCE (*First Certificate in English*) angewendet (Weir & Khalifa, 2008b; weiterführend Khalifa & Weir, 2009). Ziel der Analysen war eine Überprüfung der kognitiven Validität dieser und weiterer Cambridge ESOL Prüfungen. Das zentrale Konzept der kognitiven Validität definieren die Autoren dabei wie folgt: "The cognitive validity of a reading task is a measure of how closely it elicits the cognitive processing involved in contexts beyond the test itself, i.e. in performing tasks in real life" (Weir & Khalifa, 2008a, S. 3). Mit anderen Worten gilt es bei der Konstruktion und Validierung von Leseverstehensaufgaben zu prüfen, ob die bei der Bearbeitung der jeweiligen Aufgabe involvierten kognitiven Prozesse den Prozessen entsprechen, die bei vergleichbaren Leseaktivitäten außerhalb der

---

2   Vgl. z.B. Ehlers (1998); Urquhart & Weir (1998); Grabe (1999); Alderson (2000); Carver (2000); Enright, Grabe, Koda, Mosenthal, Mulcahy-Ernt & Schedl (2000); Stanovich (2000); Artelt, Stanat, Schneider & Schiefele (2001); Schramm (2001); Groeben (2002); Richter & Christmann (2002); Grotjahn (2003a); Schiefele, Artelt, Schneider & Stanat (2004); Finkbeiner (2005); Koda (2005, 2007); Rost & Schilling (2006); Lutjeharms (2006, 2007); Nold & Rossa (2007b); Nold & Willenberg (2007); Weir & Khalifa (2008a); Khalifa & Weir (2009).

Testsituation eingesetzt werden. Ist dies der Fall, dann handelt es sich um eine kognitiv valide Aufgabe.

Das von Weir & Khalifa vorgestellte Prozessmodell des Leseverstehens ist vor dem Hintergrund des von Weir (2005a) vorgeschlagenen soziokognitiven Rahmenmodells für die Entwicklung und Validierung von Sprachtests zu sehen. Dieses findet im Sprachtestbereich und insbesondere bei der Validierung und Revision der Cambridge ESOL Prüfungen zunehmend Verwendung. Wir möchten deshalb dieses Rahmenmodell von Weir kurz vorstellen, bevor wie ausführlicher auf das Prozessmodell von Weir & Khalifa eingehen.

Die aus den ALTE-Handreichungen in adaptierter Form übernommene Abbildung 1 zeigt die Hauptkomponenten des sozio-kognitiven Rahmenmodells. Dabei haben wir den ursprünglich verwendeten Begriff *theory-based validity* durch den von Weir in jüngeren Publikationen (vgl. z.B. Shaw & Weir, 2007, S. 4; Weir & Khalifa, 2008a) verwendeten treffenderen Begriff *cognitive validity* (kognitive Validität) ersetzt. Detaillierte Einzelmodelle für die vier Fertigkeiten beschreibt Weir (2005a, S. 44–47). Eine relativ ausführliche Darstellung des sozio-kognitiven Modells bezogen auf die Teilkompetenz „Sprechen" findet sich in ALTE (2006, S. 17–27).

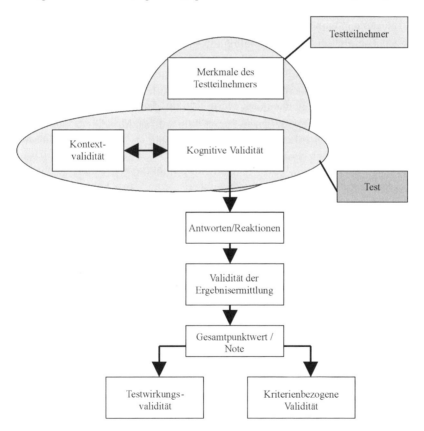

Abbildung 1: Hauptkomponenten des soziokognitiven Rahmenmodells der Testentwicklung und Testvalidierung von Weir (2005a) mit Änderungen übernommen aus ALTE (2006, S. 18)

Nach Weir (2005a, S. 48f.) impliziert das in Abbildung 1 skizzierte Modell, dass Testentwickler und Testverwender sich mit jeder der folgenden Fragen im Detail auseinander setzen müssen:[3]

- Wie werden im Test die physischen, physiologischen und psychologischen Merkmale der Lerner und ihre Erfahrungen berücksichtigt? (Merkmale des Testteilnehmers)
- Sind die Merkmale der Aufgaben und der Testdurchführung fair gegenüber den Kandidaten, die den Test ablegen? (Kontextvalidität; *context validity*)
- Entsprechen die kognitiven Prozesse, die zur Lösung der Aufgaben erforderlich sind, den kognitiven Prozessen in der angezielten sprachlichen Verwendungssituation? (Kognitive Validität; *cognitive validity*)
- Inwieweit kann man sich auf die im Test erzielten Ergebnisse verlassen? (Validität der Ergebnisermittlung; *scoring validity*)
- Welche Wirkung hat der Test auf alle an ihm Beteiligten und von ihm Betroffenen? (Testwirkungsvalidität; *consequential validity*)
- Welche externen Nachweise gibt es, dass der Test gute Arbeit leistet? (Kriterienbezogene Validität; *criterion-related validity*)

Alle sechs genannten Dimensionen spielen bei der Entwicklung und Validierung von Aufgaben zur Messung der fremdsprachlichen Lesekompetenz eine wichtige Rolle. Von besonderer Bedeutung ist jedoch die Frage nach der kognitiven Validität. Denn erst theoretisch und empirisch begründete Aussagen zu den beim Leseverstehen ablaufenden kognitiven Prozessen – und zwar sowohl in Real- als auch in Testsituationen – erlauben eine adäquate Definition des Testkonstrukts und dessen Operationalisierung anhand von Aufgaben. Auch eine Analyse der Determinanten der Aufgabenschwierigkeit ist ohne begründete Annahmen zu den ablaufenden kognitiven Prozessen nicht möglich. Entsprechend kritisieren Weir & Khalifa (2008a) auch den lange Zeit vorherrschenden stark induktiven produktorientierten Ansatz der Analyse von Leseverstehensleistungen anhand von Faktorenanalysen (vgl. für eine ähnliche Kritik bereits Grotjahn, 1986).[4]

Ein sowohl theoretisch als auch empirisch begründetes Prozessmodell fremdsprachlichen Leseverstehens haben, wie bereits erwähnt, Weir & Khalifa (2008a) vorgelegt. Dieses findet sich in Abbildung 2.

---

3 Bei der Wiedergabe der Fragen orientieren wir uns an der deutschen Übersetzung in ALTE (2006, S. 17).
4 Bei der empirischen Überprüfung komplexer, multikomponentieller Modelle des (fremdsprachlichen) Leseverstehens anhand von Faktorenanalysen stellt man häufig fest, dass sich das Konstrukt Leseverstehen auf der Ebene der Produkte als höchstens dreidimensional erweist: Neben allgemeiner Lesekompetenz tragen noch lexikalische und in gewissem Umfang grammatikalische Kompetenz zur fremdsprachlichen Leseleistung bei (vgl. z.B. Grotjahn, 2000, S. 19ff.; Weir, Yang & Jin, 2000; Rost & Schilling, 2006; Leucht, Retelsdorf, Möller & Köller, 2009). Insbesondere die lexikalische Kompetenz spielt zumindest auf den niedrigeren Kompetenzstufen eine entscheidende Rolle. So haben eine Reihe von Untersuchungen gezeigt, dass mindestens 95 Prozent der Wortformen bekannt sein müssen, damit ein Text soweit verstanden werden kann, dass unbekannte Wörter aus dem Kontext erschlossen werden können (vgl. Laufer, 1992; Hsueh-chao & Nation, 2000).

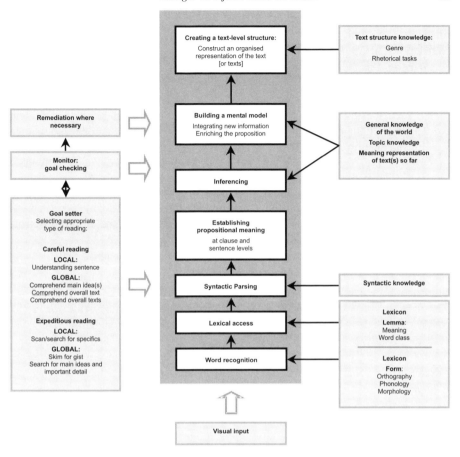

Abbildung 2: Prozessmodell des Leseverstehens (Weir & Khalifa, 2008a, S. 4).

Das Modell in Abbildung 2 beschreibt generische Komponenten des Leseprozesses, die bei der Konstruktion von Leseverstehensaufgaben Berücksichtigung finden sollten. Es besteht aus drei Hauptkomponenten: a) eine metakognitive Dimension (linker Teil) mit den Prozessen „Entscheidung über ein Leseziel", „Wahl einer dem Ziel entsprechenden Lesestrategie" und „Überwachung des Leseprozesses"; b) hierarchisch aufeinander aufbauende Verarbeitungsprozesse wie Worterkennung oder Konstruktion eines mentalen Modells (mittlerer Teil); c) diverse Wissenskomponenten wie sprachliches Wissen und allgemeines Weltwissen (rechter Teil) als Basis der jeweiligen Verarbeitungsprozesse. Kritisch ist u.a. anzumerken, dass die Autoren ihren Ansatz verstehen als „a model of the L1 reading process – supported by empirical evidence – which can be treated as the goal towards which the L2 reader aspires" (Weir & Khalifa, 2008a, S. 3). Damit werden der Einfluss der jeweiligen Muttersprache oder auch weiterer Sprachen des L2 Lesers auf den Leseprozess – ein Einfluss der sowohl positiv als auch negativ sein kann – sowie auch Spezifika des L2-Leseprozesses (vgl. Grotjahn, 1995, S. 537ff.) nicht explizit berücksichtigt. Eine Berücksichtigung wäre allerdings nur ansatzweise möglich gewesen – angesichts der bestehenden Wissensdefizite in

Bezug auf den L2-Leseprozess. Nicht umsonst stellt Koda (2005, S. 252) fest: „[...] viable L2 reading models have yet to emerge. Lacking tested theoretical foundations, the major constituents of L2 reading ability remain uncertain."

Wichtig für die Analyse der Aufgaben für das Testen der Leseverstehenskompetenz auch im Französischen ist die Unterscheidung unterschiedlicher Leseanlässe bzw. -ziele und entsprechender Lesestrategien bzw. Leseaktivitäten (vgl. hierzu auch Westhoff, 1997, S. 100ff.). Die bei Weir & Khalifa (2008a) zu findenden Unterscheidungen gehen u.a. auf Urquhart & Weir (1998) zurück und werden zunehmend auch in anderen Kontexten wie z.B. den E8-Standardstests für Englisch in Österreich verwendet (vgl. z.B. Gassner, Mewald & Sigott, 2007). Weitere Typen von Lesestrategien, wie argumentatives Lesen und analytisches Lesen, werden z.B. bei Westhoff (1997, S. 100ff.), Schmidt (2007, S. 124f.) oder Henseler & Surkamp (2009, S. 6) beschrieben.

Weir und Khalifa unterscheiden zum einen zwischen genauem, sorgfältigem Lesen (*careful reading*) und schnellem Lesen (*expeditious reading*) sowie zum anderen zwischen einer lokalen und einer globalen Verarbeitungsebene. Sorgfältiges Lesen ist langsam und gründlich und zielt auf möglichst vollständige Informationsentnahme. *Lokales Verstehen* bezieht sich auf die Ebene der Sätze und Teilsätze und zumeist auf explizite Detailinformationen (vgl. auch Alderson, 2000, S. 87f.) und bedeutet damit Worterkennung, Zugriff auf das mentale Lexikon, syntaktische Analyse und Bedeutungskonstruktion auf der Satz- und Teilsatzebene. Nach Cohen & Upton (2006) oder auch Koda (2005) hängt lokales Verstehen im starken Maße von der Verfügbarkeit adäquaten zielsprachlichen Wissens ab. *Globales Verstehen* bezieht sich dagegen auf die Makrostruktur des Textes und dessen logische und sprachlich-rhetorische Struktur und hängt damit u.a. vom Ausmaß an Literalität (*literacy*) in der jeweiligen Muttersprache oder auch weiteren Sprachen ab. Auch die verbale Intelligenz spielt auf den höheren Verarbeitungsstufen eine wichtige Rolle. *Sorgfältiges globales Lesen* findet z.B. statt, wenn der Leser versucht, die Makrostruktur des Textes und die Hauptaussagen festzustellen.

Die drei wichtigsten Typen schnellen Lesens sind suchendes Lesen, identifizierendes Lesen und orientierendes Lesen. *Suchendes Lesen* (in der englischsprachigen Literatur als *search reading* bezeichnet) kann sowohl auf einer globalen als auch auf einer lokalen Ebene stattfinden. Hier geht es um die schnelle, selektive Lokalisierung von inhaltlichen Informationen zu bestimmten, bereits festliegenden Fragestellungen. Suchendes Lesen ist z.B. dann angezeigt, wenn die Aufgabe darin besteht, Fragen zu den Hauptinformationen eines Textes zu beantworten. Dazu bedarf es zwar einer Verarbeitung des Textes auf der semantischen Ebene, ohne dass jedoch die Inferenzbildung im Vordergrund steht.

Identifizierendes Lesen – auch im Deutschen häufig wie im Englischen als *Scanning* bezeichnet[5] – bedeutet dagegen stets lokale Verarbeitung. Hier ist die schnelle, selektive Lokalisierung und Identifizierung einer bestimmten Zeichenkette im Text das Ziel. Die Zeichenkette kann z.B. der Name eines bestimmten Autors oder eine bestimmte Jahreszahl sein. *Scanning* beinhaltet damit im Gegensatz zum suchenden Lesen in erster Linie einen formalen Mustervergleich. Ein *Scanning* kann erfolgreich sein, auch wenn der Text nicht verstanden wurde. Es

---

5 Daneben wird Scanning auch im Sinne von suchendem Lesen auf einer lokalen semantischen Ebene verwendet (vgl. z.B. Ehlers, 2003, S. 291; Henseler & Surkamp, 2009, S. 6.).

stellt sich deshalb die Frage, ob die Fähigkeit zum *Scanning* überhaupt als Teil des Konstrukts „fremdsprachliches Leseverstehen" betrachtet werden sollte.

Orientierendes Lesen, auch im Deutschen zuweilen wie im Englischen als *Skimming* bezeichnet,[6] beinhaltet eine schnelle, selektive Lektüre mit dem Ziel, sich einen Überblick über den Text und den Textinhalt unter Beachtung z.B. von Überschriften und eventuellen Grafiken zu verschaffen. Zuweilen wird hierfür auch der Begriff „kursorisches Lesen" verwendet. Andere Autoren verwenden dagegen „kursorisches Lesen" im Sinne orientierenden Lesens unter Einschluss des Anfertigens von Notizen (vgl. Henseler & Surkamp, 2009, S. 6). Orientierendes Lesen ist selektiv mit einem Aufmerksamkeitsfokus auf Makropropositionen und zielt auf den Kern (*gist*) eines Textes.[7]

In der (fremdsprachlichen) Leseforschung ist vor allem das sorgfältige Lesen untersucht worden. Auch in Leseverstehenstests steht dieses im Vordergrund (vgl. hierzu auch Carver, 2000). Hierfür gibt es eine Reihe von Gründen. Das Testen des *Skimming* z.B. ist häufig nicht sehr effizient: Es bedarf eines längeren Textes; zugleich ist es jedoch oft schwierig, eine hinreichende Zahl von adäquaten Items zu finden. Außerdem erfordert schnelles Lesen den Aufbau eines gewissen Zeitdrucks und eine Kontrolle der Darbietungszeit der Aufgaben bzw. Testteile – ein Aspekt der Kontextvalidität (vgl. hierzu auch Grotjahn, 2009). So soll zwar z.B. in den Teilen 2 und 3 des Subtests Leseverstehen des PET schnelles globales bzw. lokales Lesen getestet werden; Weir & Khalifa (2008b, S. 12) stellen jedoch selbst einschränkend fest, dass es ohne eine Kontrolle der Lesegeschwindigkeit fraglich sei, ob wirklich die intendierten Lesestrategien von den Kandidaten eingesetzt worden seien: „Due to logistical constraints, lack of control on time per part may mean that some candidates use careful reading rather than expeditious reading when completing these items." Eine analoge Feststellung gilt auch in Bezug auf das FCE (*First Certificate in English*). Am ehesten ließe sich eine effiziente Kontrolle der Darbietungszeit über eine individuelle computer-basierte Testadministration verwirklichen.

---

6   Ehlers (2003, S. 290) charakterisiert Skimming als „überfliegendes Lesen".
7   Bimmel (2002, S. 117) unterscheidet zwischen Lesestrategie im Sinne eines mentalen Plans und der Ausführung des Plans in Form einer strategischen Lesehandlung. Skimming z.B. wird dann von Bimmel als strategische Lesehandlung aufgelistet (S. 121). Häufig wird im vorangehenden Kontext auch von Lesestilen gesprochen. Dann sollte der Terminus „Stil" allerdings im Sinne von „Form" oder „Typ" verstanden werden und nicht, wie im Kontext der Forschung zu kognitiven Stilen und Lernstilen üblich, als weitgehend unbewusste, aufgaben- und situationsübergreifende Disposition zur Informationsverarbeitung (vgl. Grotjahn, 2003b). Skimming oder suchendes Lesen sind nämlich im Gegensatz zu kognitiven Stilen in der Regel durch Merkmale wie Intentionalität, (potentielle) Bewusstheit, Wahlmöglichkeit und Aufgabenabhängigkeit gekennzeichnet. Für viele Autoren sind dies typische Merkmale strategischen Handelns und strategischer Kompetenz (vgl. Grotjahn, 1997; Rupp, Ferne & Choi, 2006, S. 447; Phakiti, 2007, Kapitel 2). Strategisches Handeln kann allerdings im Zuge von Automatisierungsprozessen seinen strategischen Charakter verlieren und zu einer automatisierten Fertigkeit werden (vgl. zur Begründung Phakiti, 2007, S. 138f., S. 154f. sowie auch Koda, 2005, S. 209ff., Schmidt, 2007, S. 122ff.). Field (2008) spricht – bezogen auf das Hörverstehen – im Fall von Aktivitäten wie Skimming oder Scanning von Hörtypen. Den Begriff Hörstrategie verwendet er dagegen vor allem für kompensatorische Strategien zur Überwindung von Verständnisproblemen (vgl. z.B. Field, 2008, S. 9).

In dem von Weir & Khalifa (2008a) vorgelegten Modell sind die Verarbeitungsprozesse grafisch als hierarchisch aufsteigend charakterisiert. Dies ist insofern adäquat, als ohne eine Analyse des visuellen Inputs und einer nachfolgenden Worterkennung kein adäquates Textverständnis erzielt werden kann. Die Informationsverarbeitung auf den höheren Ebenen kann jedoch auch die Verarbeitung auf den unteren Ebenen beeinflussen. So kann sich z.B. das bis zu einem bestimmten Zeitpunkt erzielte Textverständnis auf die Worterkennung auswirken.

Entsprechend wird das Leseverstehen in der psycholinguistischen Literatur, wie auch bei Weir & Khalifa (2008a), heutzutage üblicherweise als ein ständiges Ineinandergreifen aufsteigender (*bottom-up*) und absteigender (*top-down*) Prozesse gesehen. Hypothesen über die Bedeutung des Gelesenen werden in einem Prozess erzeugt, in dem die verschiedenen Verarbeitungsebenen und Wissensquellen in komplexer Weise interagieren und z.T. auch parallel aktiviert werden. Unterschiede gibt es allerdings in der Bedeutung, die den datengeleiteten, aufsteigenden Prozessen und den wissensgeleiteten, absteigenden Prozessen in solchen interaktiven Modellen jeweils zugemessen wird. Dies gilt in ähnlicher Weise auch in Bezug auf das Hörverstehen.

Besonders hervorzuheben ist in diesem Zusammenhang das „construction-integration model of comprehension" von Kintsch (1998) – eines der am weitesten akzeptierten Verstehensmodelle. In diesem konnektionistischen, *Bottom-up*-Prozesse betonenden Modell, auf dessen Vorläuferversion sich auch Weir & Khalifa (2008a) beziehen, werden zwei Hauptprozesse unterschieden: ein mehrstufiger Konstruktionsprozess und ein mehrstufiger Integrationsprozess. Im Zuge des Konstruktionsprozesses wird anhand des Text-Inputs eine propositionale Textbasis erstellt (vgl. oben in Abbildung 1 „Establishing propositional meaning"). Die dem Text entnommene Information wird dabei im Arbeitsgedächtnis gespeichert und aktiviert Informationen im Langzeitgedächtnis. Im Zuge des Integrationsprozesses kommt es zu einer Integration der dem Text entnommenen Informationen mit den leserseitigen Wissensbeständen und schließlich zur Bildung einer mentalen Repräsentation des Textinhalts in Form eines Situationsmodells. Inferenzen laufen dabei automatisch ab. Strategien werden vor allem dann eingesetzt, wenn Verständnisprobleme auftreten oder wenn z.B. Testaufgaben den Abruf bestimmter Informationen erfordern (vgl. auch die tiefer gehende, auf den L2-Leseprozess bezogene Darstellung bei Nassaji, 2002).

Vertreter der Schema-Theorie z.B. betonen dagegen vor allem den Einfluss bereits existierender Wissensbestände auf den Leseprozess und damit die Rolle der absteigenden Verarbeitung. Sie gehen dabei von erfahrungsbasierten mentalen Strukturen aus, in denen das Wissen eines Lesers repräsentiert ist (vgl. für frühe schema-theoretische Ansätze der Erklärung fremdsprachlichen Lesens z.B. Carrell, Devine & Eskey, 1988). Ein bekanntes Beispiel ist das nordamerikanische Restaurant-Schema (auch als Skript bezeichnet), das einen spezifischen kulturgeprägten Verlauf eines Restaurantbesuchs beschreibt. Nach der Schema-Theorie wird beim Lesen fortwährend neue Information mit existierenden Schemata abgeglichen. Der Abgleich kann zu einer Zuordnung der Information zu existierenden Schemata führen (Assimilation) oder kann zur Folge haben, dass bestehende

Schemata an die neue Information angepasst werden (Akkomodation) oder auch dass neue Schemata konstruiert werden.[8]

Alderson (2000, S. 34–46) nennt folgende Anwendungsdomänen der Schema-Theorie: a) *Sprachwissen*. In Form lexikalischen und grammatikalischen Wissens hat dieses gerade beim zweit- und fremdsprachlichen Lesen eine herausragende Bedeutung. b) *Genre- und Textsortenkenntnis*. Diese betrifft u.a. das Wissen darüber, wie Texte aufgebaut und wie bestimmte Informationen in ihnen markiert sind. c) *Metalinguistisches und metakognitives Wissen*. Damit ist u.a. explizites sprachliches Regelwissen sowie die Fähigkeit, Lesestrategien bewusst einzusetzen und den Leseprozess bewusst zu kontrollieren, gemeint. d) *Hintergrundwissen z.B. in Form von allgemeinem Weltwissen*. Dieses kann, muss aber nicht unmittelbar relevant in Bezug auf den Inhalt eines Textes sein. e) *Thematisches Wissen*. Hier kann es sich z.B. um unmittelbar relevantes Fachwissen handeln. f) *Spezielles kulturelles Wissen*. Dieses spielt vor allem bei der Lektüre von Texten aus gänzlich verschiedenen Kulturkreisen eine Rolle.

Neben den unterschiedlichen Wissensbeständen nennt Alderson (2000, S. 48–56) auf der Leserseite u.a. folgende Faktoren, die das Lesen beeinflussen können: die Leseabsicht (intentional oder beiläufig), die Lesemotivation sowie die affektive Konstitution des Lesers (Emotionen). Auf der Textseite nennt Alderson die Variablen Thema und Inhalt, Textsorte, Textart (literarische versus nicht-literarische Texte), Textorganisation und die typographische Vertrautheit (vgl. S. 60ff.).

Auch Grotjahn (2003a, S. 95) betont die Notwendigkeit der Berücksichtigung individueller Einflussfaktoren bei der Analyse des Leseprozesses und nennt u.a. folgende zentrale Faktoren:
- Distanz zwischen L1 und L2
- thematisches und kulturelles Hintergrundwissen
- Interesse und Motivation
- Leseziele und Lesestrategien
- wahrgenommene Aufgabenauthentizität
- Vertrautheit mit der Textsorte und den literarischen Traditionen
- Kenntnis der jeweiligen textuellen Superstrukturen (d.h. der konventionalisierten Darstellungsstrukturen z.B. in einem argumentativen Text)
- Kapazität des Arbeits- und Langzeitgedächtnisses
- Effizienz der Worterkennung in der L2
- Lese- und Verstehenskompetenz in der Muttersprache
- allgemeine sprachliche Kompetenz in der L2
- metakognitives Wissen und lesestrategische Kompetenz.

Im Folgenden werden wir auf die Faktoren „Hintergrundwissen" sowie „Lese- und Verstehenskompetenz in der Muttersprache" kurz eingehen.

---

8   Die Schema-Theorie ist durchaus umstritten. Ihre Prämissen gelten vor allem für höhere Lesestufen, während die Verarbeitung auf den unteren Stufen durch sie nur unzureichend modelliert werden kann. Wie wird z.B. völlig neue Information verarbeitet, für die keine Schemata vorhanden sind (vgl. Alderson, 2000, S. 46f. sowie auch Carver, 2000; Stanovich, 2000; Nassaji, 2002)? Außerdem gibt es eine Vielzahl weiterer Repräsentationssysteme – wie z.B. assoziative Netzwerkmodelle zur Modellierung von lexikalisch-semantischem Wissen (vgl. z.B. Kintsch, 1998) oder Produktionssysteme zur Modellierung von prozeduralem Wissen (vgl. auch Grotjahn, 1997).

Passendes Hintergrundwissen kann im Extremfall dazu führen, dass Fragen zum Textinhalt allein aufgrund des Hintergrundwissens ohne Lektüre oder Hören des Textes beantwortet werden können.[9] Diese potentielle Textunabhängigkeit von Items war auch bei der Entwicklung von Lese- und Hörverstehensaufgaben für die Überprüfung der Bildungsstandards ein Problem. Umgekehrt kann das Hintergrundwissen auch einen negativen Effekt auf das Textverstehen haben. Dies ist z.B. der Fall, wenn im Text enthaltene zielsprachliche kulturelle Informationen, die dem kulturellen Hintergrundwissen eines Lerners widersprechen, im Verstehensprozess dem Hintergrundwissen angepasst werden. Auch dies gilt es bei der Aufgabenkonstruktion zu berücksichtigen. So ist z.B. zu prüfen, ob die Kenntnis der jeweiligen zielkulturellen Wissensbestände als Teil des Testkonstrukts anzusehen ist.

Was die Bedeutung der L1-Lesefertigkeit beim Lesen in der L2 betrifft, so gehen die Anhänger der sprachlichen *Interdependenzhypothese* dagegen davon aus, dass muttersprachliche Lesefertigkeiten prinzipiell auf das Lesen in der L2 transferierbar sind und dass letztlich das Lesen in L1 und L2 zum großen Teil auf den gleichen zugrunde liegenden Fähigkeiten basiert (vgl. Cummins, 1979 sowie Alderson, 2000, S. 23f., S. 121f.; Alderson & Banerjee, 2002, S. 83ff.).[10]

Nach einer speziellen Variante der Interdependenzhypothese, der sprachlichen *Schwellenhypothese*, ist der erfolgreiche Einsatz von bereits vorhandenen L1-Lesefertigkeiten erst ab einer bestimmten Kompetenzstufe in der L2 möglich. Unterhalb dieser Kompetenzstufe verhindern mangelhafte L2-Kenntnisse und damit verbundene Kapazitätsprobleme bei der mentalen Verarbeitung eines Textes einen erfolgreichen Transfer der L1-Lesefertigkeiten (*short-circuit hypothesis*). Nach der Schwellenhypothese sind damit Probleme beim Lesen einer L2 – zumindest bevor die Schwellenkompetenz erreicht ist – primär sprachlicher Natur (vgl. z.B. Carrell, 1991; Taillefer, 1996; Nation, 2006; Vockrodt-Scholz & Zydatiß, 2007). Ein Problem ist allerdings die genaue Bestimmung der Schwelle. Nach der durch eine Vielzahl empirischer Untersuchungen gestützten Schwellenhypothese ist die Lesekompetenz unterhalb einer kritischen Schwelle in wesentlichen Teilen anhand der jeweiligen lexikalischen und grammatikalischen Kompetenzen vorhersagbar (vgl. auch Shiotsu & Weir, 2007).

Eine weitere spezielle Variante der Interdependenzhypothese ist die auf Ganschow und Sparks zurückgehende, ebenfalls empirisch gut überprüfte *Linguistic Coding Differences Hypothesis* (LCDH). Nach der LCDH sind Leseprobleme in der L2 und der L1 z.T. auf die gleichen basalen Ursachen zurückzuführen – und zwar insbesondere auf Verarbeitungsprobleme auf der orthografisch-phonologischen Ebene (vgl. Kahn-Horwitz, Shimron & Sparks, 2005; Sparks, Patton, Ganschow & Humbach, 2009). Dies spricht dafür, auch die unteren Verarbeitungsebenen beim Testkonstrukt Leseverstehen zu berücksichtigen.

In jüngerer Zeit werden zunehmend auch sprachspezifische Aspekte des Leseverstehens im Hinblick auf Transfer- und Interferenzprozesse untersucht. Gerade für das Französische spielen morphologische Informationen und die Verbvalenz

---

9   Aktuelle Hinweise zur Bedeutung von thematischem Wissen und Hintergrundwissen beim Leseverstehen finden sich z.B. bei Leeser (2007). Der Autor behandelt insbesondere auch die komplexe Interaktion zwischen thematischem Wissen und Arbeitsgedächtnis.

10 Die Interdependenzhypothese (unter Einschluss ihrer speziellen Varianten) gilt mit Einschränkungen auch in Bezug auf das Hörverstehen.

eine wichtige Rolle. Die stark englisch-zentrierte Forschung hat jedoch „die syntaktische Ebene der Sprachverarbeitung lange vernachlässigt", weil „Englisch als fast einzigen Auslöser für die syntaktische Verarbeitung die Wortfolge hat" (Lutjeharms, 2007, S. 111). Bei deutschen Französischlernern treten kontrastbedingte Verständnisprobleme auch häufig bei den Possessivpronomina auf (vgl. Lutjeharms, 2007, S. 114). Weitere Hinweise zu sprachvergleichenden Aspekten finden sich z.B. bei Geva & Wang (2001) und Koda (2005).

Gute und schwache Leser können sich in einer Vielzahl von Merkmalen unterscheiden. Insbesondere in Bezug auf den L1-Leseprozess herrscht Einigkeit, dass die metakognitive Fähigkeit zur Überwachung des eigenen Leseverstehensprozesses ein zentrales Unterscheidungsmerkmal ist (vgl. Koda, 2005, S. 212). Dies gilt in ähnlicher Weise auch in Bezug auf das Leseverstehen in der L2 (vgl. Phakiti, 2007; van Gelderen, Schoonen, Stoel, Hulstijn & de Glopper, 2009). Auch das Ausmaß an Bewusstheit in Bezug auf phonologische und morphologische Aspekte ist ein wichtiger Prädiktor der Lesekompetenz (vgl. z.B. Schiff & Calif, 2007; Sparks et al., 2009). Ein weiteres zentrales Merkmal ist die Effizienz der Worterkennung. Gute Leser verfügen über höchst effiziente und hoch automatisierte Fertigkeiten im Bereich der Worterkennung.[11] Schwache Leser sind dagegen langsam bei der Worterkennung oder es fehlt ihnen auch das notwendige sprachliche Wissen. Als Folge sind sie auf kontextuelles Erschließen und mehr oder minder blindes Raten als kompensatorische Strategie angewiesen. Wegen ihrer Defizite raten sie zudem zumeist schlecht (vgl. Lutjeharms, 2006, S. 148). Erst wenn die Worterkennungskompetenzen und die lexikalisch-grammatikalischen Kompetenzen hinreichend entwickelt sind, ist ein effizientes Leseverstehen oberhalb der (Teil-)Satzebene möglich (vgl. auch Ehlers, 2003; Lutjeharms, 2006, 2007). Auch eine semantische Verarbeitung auf der Wortebene ist erst dann möglich, wenn für die wahrgenommenen Wörter eine mentale Repräsentation vorhanden ist. Nach Lutjeharms (2006, S. 145) ergibt sich hieraus folgende fatale Konsequenz: „Geübte Lesende der Muttersprache werden beim Lesen einer Fremdsprache zu schwachen Lesenden, bis sie genügend Sprachkenntnisse erworben haben, um die muttersprachliche Lesekompetenz übertragen zu können."

Diese Folgerung, die sich in ähnlicher Form z.B. bei Koda (2005) wiederfindet, wird u.a. gestützt durch die empirische Forschung zur der oben beschriebenen Schwellenhypothese (unter Einschluss der *short-circuit hypothesis*). Sie gilt natürlich nur in der Tendenz und mit Einschränkungen. So geht z.B. die Interkomprehensionsdidaktik davon aus, dass geübte Leser der Muttersprache bereits über gut nutzbare Transferbasen verfügen (vgl. Bär, im Druck). Der Umfang der Transfermöglichkeiten hängt allerdings insbesondere von der Distanz zwischen den jeweiligen Sprachen ab. So sind die lexikalischen Transfermöglichkeiten beim Erlernen von Französisch als erster Fremdsprache durch Schüler mit Deutsch als Muttersprache weit geringer, als wenn z.B. ein deutscher Schüler mit guten Latein-

---

11 Vgl. auch Rupp, Vock, Harsch & Köller (2008, S. 58), die die Forschungslage folgendermaßen zusammenfassen: „Overall, there is ample evidence in the research literature that effective reading comprehension requires *efficient and automatic decoding skills* that are driven by phonological, lexical and syntactical awareness and decoding abilities, which are facilitated by increased working memory capacity and processing speed." (Hervorhebung im Original)

und Französischkenntnissen Spanisch lernt. Außerdem wird sowohl für den Wissenstransfer als auch für die Konstruktion von Inferenzen zusätzliche Verarbeitungskapazität benötigt, die insbesondere beim schnellen Lesen Lernern mit wenig entwickelten lexikalischen Dekodierfähigkeiten und deutlichen Defiziten im Bereich von Lexik und Grammatik nur sehr eingeschränkt zur Verfügung steht.

Ein wesentlicher Unterschied zwischen dem Lesenlernen in der Muttersprache und in der Fremdsprache ist, dass Muttersprachler in der Regel bereits über ein mentales Lexikon phonologisch repräsentierter lexikalischer Einheiten verfügen und deshalb bei der Worterkennung in vielen Fällen in erster Linie visuell dekodierte Zeichenketten existierenden phonologischen Repräsentationen zuordnen müssen (vgl. Koda, 2005, S. 33f.; Lutjeharms, 2007, S. 110). L2-Leser verfügen jedoch häufig nicht über entsprechende Repräsentationen im mentalen Lexikon und müssen die für die Weiterverarbeitung im Arbeitsgedächtnis wichtigen phonologischen Repräsentationen selbst generieren (vgl. auch Schmidt, 2006). Dabei spielt u.a. die Distanz zwischen der L1 und der L2 sowie die Regelmäßigkeit der Phonem-Graphem-Korrespondenz in der Zielsprache eine wichtige Rolle (vgl. Koda, 2005, S. 29ff.). Das Französische stellt hier nicht unerhebliche Anforderungen an Lerner mit Deutsch als Muttersprache – trotz des lateinischen Alphabets beider Sprachen. Allerdings sind die Anforderungen beim Hörverstehen – u.a. wegen der hohen Zahl an Homophonen und einer Reihe von typischen Merkmalen von Mündlichkeit – deutlich höher (vgl. Kapitel 2.4).

Zusammenfassend seien an dieser Stelle noch einmal einige zentrale und auch in der Forschung teilweise noch nicht hinreichend beantwortete Herausforderungen bei der Modellierung des fremdsprachlichen Leseprozesses genannt:
- die Erfassung und Beschreibung des Einflusses der jeweiligen Muttersprache und auch weiterer Sprachen auf den fremdsprachlichen Leseprozess,
- die genauere Bestimmung des Verhältnisses von *Bottom-up-* zu *Top-down-*Prozessen,
- eine genauere Bestimmung von Verarbeitungsprozessen auf den unteren sprachlichen Ebenen.

II. Determinanten der Schwierigkeit von Leseverstehensaufgaben

Wir haben an einer Reihe von Stellen bereits die wichtige Frage nach den schwierigkeitsgenerierenden Merkmalen von Leseverstehensaufgaben angesprochen. Wir werden nun auf diesen Aspekt etwas genauer eingehen.

Im Folgenden sind unter Bezug vor allem auf die Arbeit von Freedle & Kostin (1999) zentrale Determinanten der Schwierigkeit von Verstehensaufgaben aufgelistet.[12] Wegen der Affinität von Lese- und Hörverstehensprozessen sind dabei sowohl Untersuchungen zum Lese- als auch zum Hörverstehen berücksichtigt.

---

12 Die folgenden Ausführungen zu Schwierigkeitsfaktoren sind weitgehend wörtlich aus Grotjahn (2003a, S. 122-124) entnommen. Eine tiefergehende Darstellung findet sich in Grotjahn (2000). Weitere Hinweise zur Determination der Aufgabenschwierigkeit von Lese- und Hörverstehensaufgaben finden sich u.a. in Rupp, Garcia & Jamieson (2001), Kostin (2004), Nold & Rossa (2007a, 2007b) sowie Leucht, Harsch & Köller (2009).

Unberücksichtigt bleiben eindeutig modalitätenspezifische Variablen wie z.B. Sprechgeschwindigkeit oder grafisches Layout. Die vorgelegte Liste hat in erster Linie eine sensibilisierende Funktion: Sie soll auf eine Reihe von Aspekten aufmerksam machen, die es bei der Konstruktion von Leseverstehensaufgaben und bei der Interpretation der Testresultate zu beachten gilt.

Bei der Zusammenstellung der Liste wurden u.a. folgende Kriterien zu Grunde gelegt: 1) Die jeweilige Variable hat sich empirisch als bedeutsam erwiesen. 2) Der Effekt der Variablen lässt sich theoretisch auf der Basis eines kognitiven Aufgabenverarbeitungsmodells interpretieren; dabei gilt: Je höher das Ausmaß der kognitiven Anforderungen bei der Aufgabenlösung ist, desto größer ist die Schwierigkeit der Aufgabe.

Mit Freedle & Kostin (1999) wurde zwischen folgenden drei Typen von schwierigkeitsgenerierenden Merkmalen unterschieden:
1. *Itemvariablen*: Reine Itemvariablen beziehen sich allein auf das jeweilige Item und werden kodiert ohne Bezug auf den jeweiligen Text. Unter die Itemvariablen fallen auch bestimmte Schwächen bei der Itemkonstruktion, wie z.B. die Verwendung mehrfacher Negationen.
2. *Textvariablen*: Diese Variablen charakterisieren allein den Inhalt und die Struktur des jeweiligen Textes. Sie werden kodiert ohne Bezug auf die zugehörigen Items.
3. *Text-Item-Variablen*: Diese Variablen beziehen sich sowohl auf den jeweiligen Text als auch auf die zugehörigen Items.

Schwierigkeitsdeterminanten sind in Tabelle 1 aufgeführt. Die Mehrzahl der dort genannten Variablen beziehen sich auf Mehrfachwahlaufgaben und werden unter Einschluss der jeweiligen Operationalisierung bei Freedle & Kostin (1999) beschrieben. Dort finden sich auch noch weitere relevante Variablen. Die Ausprägung „ja" indiziert jeweils einen (eher) hohen, die Ausprägung „nein" einen (eher) niedrigen Schwierigkeitsgrad. Im Fall der quantitativen Variablen (z.B. Zahl der Inhaltswörter) bedeutet ein hoher Skalenwert einen tendenziell hohen Schwierigkeitswert. Die Ausdrücke „relevanter Text" und „relevante Textinformation(en)" sind Kurzformulierungen für „Text oder Textteil, in dem sich die für die Lösung des Items notwendigen Informationen befinden". In Bezug auf die reinen Textvariablen ist anzumerken, dass diese auch als Text-Item-Variablen fungieren können, und zwar dann, wenn man sie auf den für die Itemlösung jeweils relevanten Text(teil) bezieht.

Tabelle 1: Schwierigkeitsfaktoren von Verstehensaufgaben (Grotjahn, 2000, S. 47)

Itemvariablen	
I 1	Ambiguität der Itemformulierung
I 2	Komplexität der Itemstruktur (Das Item besteht aus zwei oder mehr Teilen, die in komplexer Weise miteinander verbunden sind.)
I 3	Zahl der Wörter in den Distraktoren
I 4	Zahl der schwierigen und/oder unvertrauten (seltenen) Wörter in den Distraktoren
I 5	Zahl der Negationen in den Distraktoren
I 6	Zahl der Wörter im Itemstamm
I 7	Zahl der Negationen in der korrekten Option
I 8	Zahl der referentiellen Einheiten in der korrekten Option
Textvariablen	
T 1	Komplexität der Satzstruktur
T 2	Zahl der referentiellen Einheiten
T 3	Zahl der schwierigen und/oder unvertrauten (seltenen)Wörter
T 4	Zahl der Inhaltswörter
T 5	Zahl der Inhaltswörter, die Einstellungen und Emotionen ausdrücken und funktionale Details überdecken
T 6	Zahl der unterschiedlichen, miteinander verschränkten Prädikate
T 7	Abstraktheit
T 8	akademische Thematik
T 9	Grad der rhetorischen Ungegliedertheit
T 10	rhetorische Struktur: Problem/Lösung
T 11	grammatikalische Komplexität
T 12	Zahl der Negationen inklusive Präfixe und Suffixe wie „un-" oder „-los"
Text-Item-Variablen	
TI 1	Die für eine Antwort benötigte Information ist über den Text verteilt.
TI 2	Es ist kein unmittelbares Scanning der relevanten Information möglich.
TI 3	Die relevante Information ist nicht redundant repräsentiert (kommt nur im Text einmal vor).
TI 4	Die Formulierung der Antwort verlangt mehr als eine wörtliche oder leicht modifizierte Wiedergabe des Textes.
TI 5	Es gibt wenig lexikalische Überlappung (identische oder verwandte Wörter) zwischen der relevanten Textinformation und der korrekten Itemoption.
TI 6	Die korrekte Itemoption ist lexikalisch weniger attraktiv als die inkorrekten Itemoptionen (gemessen anhand der lexikalischen Überlappung mit dem Text).
TI 7	Das Item erfragt keine Hauptinformation (kein Hauptaussage-Item).
TI 8	Die relevante Textinformation befindet sich in der Mitte des Textes und nicht am Anfang oder Ende (gilt für Hauptaussage-Items).
TI 9	Grad der Implizitheit der relevanten Textinformation
TI 10	Zur Lösung des Items ist eine Inferenz nötig.
TI 11	Zur Lösung des Items ist eine Inferenz auf der Basis multipler (Text-)Informationen nötig.
TI 12	Für die Lösung des Items ist neben relevanter Textinformation im Text nicht enthaltene Hintergrundinformation nötig.

Die in Tabelle 1 aufgeführten Merkmale lassen sich zur Prognose der Itemschwierigkeit und damit für eine dem Fähigkeitsspektrum der Testadressaten angepasste Itemauswahl benutzen. Gibt es z.B. einen hohen Grad an lexikalischer

Überlappung zwischen der korrekten Lösungsoption eines MC-Items und der zur Lösung notwendigen Textinformation (Merkmal TI 5), dann ist zu erwarten, dass das entsprechende Item relativ leicht ist. Ist zur Lösung eines Items dagegen eine Inferenz auf der Basis von über zwei Sätze verteilter Textinformation nötig (Merkmal TI 1), ist zu erwarten, dass das betreffende Item deutlich schwieriger zu lösen ist als im zuvor beschriebenen Fall. Noch schwieriger ist ein Item, wenn die zur Lösung notwendige Information über den gesamten Text verteilt ist (Merkmal TI 11). Diese Aussagen gelten natürlich nur dann, wenn sonstige wichtige Einflussfaktoren, wie z.B. die Schwierigkeit der jeweiligen fremdsprachigen Lexik, als konstant angenommen werden. Da die aufgeführten Merkmale sich hinsichtlich der Art und des Ausmaßes der kognitiven Anforderungen bei der Aufgabenlösung interpretieren lassen, erlauben sie zudem eine differenzierte Beschreibung der für die Lösung der Aufgaben eines Tests benötigten kognitiven Fähigkeiten. Die Berücksichtigung der Attribute kann damit einen wichtigen Beitrag zur Sicherung der Konstruktvalidität liefern.

Wie bereits erwähnt, beziehen sich die in Tabelle 1 genannten Faktoren zwar schwerpunktmäßig auf Mehrfachwahlaufgaben. Sie gelten jedoch mit Einschränkungen auch z.B. in Bezug auf Alternativformen und Zuordnungsaufgaben.[13] Weitere aktuelle Hinweise zum Zusammenhang zwischen textinhärenter Komplexität, wahrgenommener Schwierigkeit von Leseverstehensaufgaben und tatsächlicher Schwierigkeit finden sich bei Rupp et al. (2006, S. 466f.) und Castello (2008). Eine in der Testforschung bisher unzureichend genutzte Fundgrube für potentielle Schwierigkeitsmerkmale ist die Forschung zu Formfokussierung (*focus on form*) und insbesondere zum *input enhancement* (vgl. z.B. VanPatten, Williams, Rott & Overstreet, 2004) sowie zum *construction learning* (Ellis & Collins, 2009).[14]

2.3.2 Leseverstehen in der ersten Fremdsprache gemäß den Bildungsstandards und dem Testkonstrukt des IQB

Das Testkonstrukt und die Testspezifikationen[15] des IQB stützen sich im Bereich der Niveaus A2 und B1 auf Vorgaben aus den Bildungsstandards für die erste Fremdsprache (KMK, 2003, 2004), die sich ihrerseits am Gemeinsamen europäischen Referenzrahmen für Sprachen (GER; Europarat, 2001) orientieren. Für die Niveaus A1, B2 und C1 wurde dagegen unmittelbar auf die Deskriptoren des GER

---

13 Es ist u.a. zu berücksichtigen, dass das Itemformat in erheblichem Maße die jeweiligen Verstehens- und Antwortprozesse bestimmt (vgl. die Ausführungen von Rupp et al., 2006 zu Mehrfachwahlaufgaben).
14 Beim *input enhancement* (Inputintensivierung) geht es um die Manipulation des Inputs, z.B. durch typografische Hervorhebungen, Erhöhung der Auftretensfrequenz oder auch erklärende Anmerkungen, mit dem Ziel der Lenkung der Aufmerksamkeit des Lerners auf formalsprachliche Aspekte. Der Terminus *construction learning* bezieht sich auf das Lernen sprachlicher Konstruktionen (Morphologie, Syntax, Lexik unter Einschluss der semantischen, pragmatischen und diskursiven Funktion) und die Rolle von Input-Faktoren wie Häufigkeit, perzeptuelle Salienz (Auffälligkeit), Grad der Redundanz, Prototypikalität der Bedeutung oder Zuverlässigkeit der Zuordnung von Form und Funktion.
15 Für die Bedeutung einer genauen Beschreibung des Testkonstrukts in Form von Testspezifikationen vgl. Alderson, Clapham & Wall (1995) und Davidson & Lynch (2001).

zurückgegriffen, da die Bildungsstandards nicht im Hinblick auf diese Niveaus konzipiert wurden.

Die Bildungsstandards definieren für die Leseverstehenskompetenz in der ersten Fremdsprache folgende Ziele zum Zeitpunkt des Mittleren Schulabschlusses (KMK, 2003, S. 12):

„**Englisch:**
Die Schülerinnen und Schüler können weitgehend selbstständig verschiedene Texte aus Themenfeldern ihres Interessen- und Erfahrungsbereiches lesen und verstehen (B1+).

Französisch:
Die Schülerinnen und Schüler können verschiedene unkomplizierte Texte aus Themenfeldern ihres Interessen- und Erfahrungsbereiches lesen und verstehen (B1).

Die Schülerinnen und Schüler können
- Korrespondenz lesen, die sich auf das eigene Interessengebiet bezieht und die wesentliche Aussage erfassen (B2),
- klar formulierte Anweisungen, unkomplizierte Anleitungen, Hinweise und Vorschriften verstehen (B1/ B2),
- längere Texte nach gewünschten Informationen durchsuchen und Informationen aus verschiedenen Texten zusammentragen, um eine bestimmte Aufgabe zu lösen (B1+),
- in kürzeren literarischen Texten (z.B. Short Stories) die wesentlichen Aussagen erfassen und diese zusammentragen, um eine bestimmte Aufgabe zu lösen (B1),
- die Aussagen einfacher literarischer Texte verstehen,
- in klar geschriebenen argumentativen Texten zu vertrauten Themen die wesentlichen Schlussfolgerungen erkennen, z.B. in Zeitungsartikeln (B1/ B1+)."

Deutlich wird, dass für Englisch ein leicht höheres Niveau als für Französisch erwartet wird (B1+ statt B1), was sich sowohl in der Formulierung der beiden übergeordneten Deskriptoren als auch in der Zuweisung unterschiedlicher Niveaus an zwei Stellen bei den untergeordneten Deskriptoren widerspiegelt. Im Übrigen wird für beide Sprachen der Deskriptor „Korrespondenz lesen, die sich auf das eigene Wissensgebiet bezieht und die wesentliche Aussage erfasst" dem Zielerwartungsniveau B2 und der Deskriptor „längere Texte nach gewünschten Informationen durchsuchen und Informationen aus verschiedenen Texten zusammentragen, um eine bestimmte Aufgabe zu lösen" dem Niveau B1+ zugeschrieben.

Im Hinblick auf das für den Hauptschulabschluss relevante Zielniveau A2 wird in den Bildungsstandards der KMK dagegen keine Differenzierung zwischen Französisch und Englisch vorgenommen (KMK, 2004, S. 12):

„**Die Schülerinnen und Schüler können kurze, einfache Texte lesen und verstehen, die einen sehr frequenten Wortschatz und einen gewissen Anteil international bekannter Wörter enthalten (A2).**

Die Schülerinnen und Schüler können
- kurze, einfache persönliche Briefe und E-Mails verstehen (A2),
- konkrete, voraussagbare Informationen in einfachen Alltagstexten auffinden, z.B. in Anzeigen, Prospekten, Speisekarten, Fahrplänen, Programmzeitschriften (A2),
- gebräuchliche Zeichen und Schilder an öffentlichen Orten, z.B. Wegweiser, Warnungen vor Gefahr verstehen (A2),
- aus einfacheren schriftlichen Materialien wie Briefen, Broschüren, Zeitungsartikeln (oder auch dem Niveau entsprechenden fiktionalen Texten) spezifische Informationen herausfinden (A2),
- einfache Anleitungen für Apparate verstehen, mit denen sie im Alltag zu tun haben (A2)."

Im Zusammenhang mit dem Leseverstehen werden wie beim Hörverstehen in den Bildungsstandards auch bestimmte methodische Ziele genannt. Diese lauten für den Mittleren Bildungsabschluss und die Textrezeption (Leseverstehen und Hörverstehen) (KMK, 2003, S. 17): „Die Schülerinnen und Schüler können
- verschiedene Hör- und Lesetechniken auf unterschiedliche Textarten (z.B. Sachtexte, Artikel, literarische Kleinformen) anwenden,
- sich schnell einen groben Überblick über den Inhalt eines Textes verschaffen,
- wichtige Details durch Unterstreichen markieren,
- wichtige Textstellen durch farbliches Hervorheben, durch das Notieren von Stichworten und durch ordnende ergänzende Randnotizen besonders kenntlich machen."

Bezüglich des Hauptschulabschlusses geben die Bildungsstandards an (KMK, 2004, S. 18): „Die Schülerinnen und Schüler können
- verschiedene Hör- und Lesetechniken (u.a. globales, suchendes, detailliertes Hören und Lesen) aufgabenbezogen/funktionsbezogen einsetzen,
- weitgehend eigenständig wesentliche Informationen festhalten durch Unterstreichen und farbliches Hervorheben, ordnende Randnotizen sowie das Notieren von Stichworten."

Das Testkonstrukt des IQB stützt sich somit im Bereich der Niveaus A2 und B1 auf überschaubare Vorgaben aus den Bildungsstandards, die definieren, was getestet wird. Für die Niveaus A1, B2 und C1 wurde dagegen, wie bereits erwähnt, auf die Deskriptoren des GER rekurriert. Dabei wurde, wie von den Autoren des GER vorgesehen, eine die lokalen Gegebenheiten (Schulkontext) und spezifischen Adressaten (Jugendliche) berücksichtigende Anpassung der für allgemeine Kontexte sowie für Erwachsene entwickelten Deskriptoren des GER vorgenommen. Die IQB-spezifischen Deskriptoren lauten (siehe Anhang im vorliegenden Band):

Niveau A1:
„Die Schülerinnen und Schüler können Informationen aus sehr kurzen, einfachen Texten zu vertrauten Themen entnehmen, besonders, wenn das Verstehen durch die graphische Darbietung unterstützt wird."

Niveau B2:
„Die Schülerinnen und Schüler können die Hauptaussagen und Details von inhaltlich und sprachlich komplexen Texten unterschiedlicher Textsorten zu vertrauten oder weniger vertrauten Themen erfassen.
Sie können implizite Informationen erfassen und einfache Schlussfolgerungen ziehen.
Diskursstrukturen können erkannt und zum Textverständnis genutzt werden."

Niveau C1:
„Die Schülerinnen und Schüler können längeren Lesetexten zu nicht vertrauten, abstrakten und komplexen Themen folgen.
Sie können sprachliche Register sowie grundlegende rhetorische Mittel und idiomatische Wendungen deutend verstehen.
Sie können kontinuierliche und diskontinuierliche Texte mit Rückgriff auf breite Wissens- und Leseerfahrungen in ihrer Aussage und Intention verstehen."

Relativ unklar bleibt, was unter Nennungen wie „längere Texte", „kürzere literarische Texte", „einfache literarische Texte" zu verstehen ist. Diese Unschärfe wurde – zu Recht – neben anderen Kritikpunkten den Autoren des GER vorgeworfen.[16] Es wurde deshalb im Hinblick auf die Itemkonstruktion versucht, durch Hinweise in den Spezifikationen genauere Eingrenzungen vorzunehmen.

Bezüglich der verwendeten Leseziele und ihnen zugeordneter Lesestrategien bzw. Leseaktivitäten (im Sinne eines bewussten und aufgabentypischen Handelns, s.o.) umfasst das Lesekonstrukt der IQB-Tests in schematischer Verkürzung das in Tabelle 2 beschriebene Spektrum.

Tabelle 2: Leseziele und Lesestrategien/Leseaktivitäten im Fach Französisch

Leseziel	Lesestrategie/Leseaktivität
Die Kernaussage verstehen	a) Schnelles globales bzw. kursorisches Lesen (*skimming*) b) Sorgfältiges orientierendes Lesen
Hauptaussagen verstehen	a) Schnelles überfliegendes Lesen b) Sorgfältiges orientierendes Lesen
Eine bestimmte Information finden	Schnelles selektives (suchendes) Lesen
Vollständiges Verstehen eines Textes	Sorgfältiges und detailliertes Lesen

Es wird an dieser schematischen Darstellung bereits deutlich, dass die schnellen Lesevorgänge genauso berücksichtigt wurden wie die sorgfältigen und eher zeitintensiven Lesevorgänge. Dies spiegelt sich auch in der Itemverteilung in den Testclustern wider (vgl. Abschnitt 2.3.4). Allerdings stellt sich wie bei den Cambridge ESOL Tests (vgl. Abschnitt 2.3.1) auch bei den auf schnelles Lesen zielen-

---

16 Burwitz-Melzer & Quetz (2006, S. 359) machen weiterhin auf die Tatsache aufmerksam, dass etwa beim Leseverstehen je nach Aufgabenstellung sehr unterschiedliche mentale Operationen angewandt werden, was im GER – anders als bei PISA und DESI – nur ungenügend berücksichtigt wird (vgl. auch Alderson, Figueras, Kuijper, Nold, Takala & Tardieu, 2004, 2006; Quetz & Vogt, 2009). Eine systematische Kritik am GER findet sich u.a. bei Weir (2005b), Harsch (2007) und Davidson & Fulcher (2007).

den IQB-Aufgaben das Problem, dass wegen der logistisch nicht möglichen einzelaufgabenbezogenen Zeitkontrolle Kandidaten bei einzelnen Aufgaben möglicherweise eher sorgfältig lesen. Die von Weir & Khalifa (2008a) vorgenommene Differenzierung eines Verstehens auf lokaler Ebene und eines Verstehens auf globaler Ebene kommt in diesem verkürzten Schema zwar nicht explizit zum Ausdruck, lässt sich jedoch sehr gut anhand der Items nachvollziehen (einige Beispiele s.u.).

2.3.3 Aufgabenformate: Grundlagen und Beispiele

Standardisierte Leseverstehenstests messen üblicherweise nicht den Prozess des Verstehens, sondern das im Gedächtnis gespeicherte Produkt des Verstehensprozesses, d.h. Leseverständnis im oben definierten Sinne (vgl. Grotjahn, 1995, S. 540ff.). Aufgabenformate wie Mehrfachwahlaufgaben, Alternativformen, Zuordnungsaufgaben, Kurzantworten oder auch freie oder gesteuerte Textreproduktion verlangen alle einen Abruf von Textinformationen aus dem Gedächtnis und messen damit nicht nur Verstehen, sondern zugleich auch in unterschiedlich starkem Maße die Gedächtnisleistung.[17] Zwar gilt, dass ein Abruf korrekter Textinformationen in der Regel nur dann möglich ist, wenn ein adäquates Verständnis vorliegt. Umgekehrt kann im Fall des Misslingens des Abrufs jedoch nicht auf ein inadäquates Textverständnis geschlossen werden, da auch andere Gründe in Frage kommen können, wie z.B. Abrufprobleme. Die mögliche Konfundierung von Verstehens- und Gedächtnisleistung ist ein grundlegendes Problem, das es bei der Konstruktion von Leseverstehensaufgaben zu berücksichtigen gilt. So sind z.B. die Anforderungen an das Gedächtnis vergleichsweise hoch, wenn die Reihenfolge von Mehrfachwahlaufgaben nicht die Reihenfolge der Informationen im Text widerspiegelt. Dieses Problem ist allerdings beim Hörverstehen noch gravierender (vgl. Kapitel 2.4 im vorliegenden Band). Fragen zu text-expliziten Informationen, die vor dem Lesen des Textes gestellt werden, führen dagegen zu eher lokalen Verarbeitungsprozessen und zu suchendem Lesen und damit zugleich zu vergleichsweise geringen Anforderungen an das Gedächtnis (vgl. auch Koda, 2005, S. 230).

Ein interessantes Aufgabenformat ist die freie Textreproduktion (*free recall*). Zum einen vermeidet dieser Aufgabentyp den potentiell konfundierenden Einfluss von Fragen zum Text auf das Lese- oder auch Hörverständnis. Zum anderen erlaubt die Textreproduktion einen partiellen Einblick in den Verstehensprozess anhand von Idiosynkrasien im Reproduktionsprotokoll wie zusätzliche Informationen oder Missverständnisse (vgl. Alderson, 2000, S. 230; Sakai, 2009). Verlangt man eine Textreproduktion in der L2, sind allerdings Verstehensleistung und Schreibleistung konfundiert. Dies stände im Widerspruch zur Zielsetzung des IQB, die einzelnen Teilkompetenzen möglichst „rein" zu erfassen. Außerdem ist eine reliable Auswertung der schriftlichen Produktionen aufwändig. Vor diesem Hintergrund wurde

---

17 Es müsste hier noch genauer zwischen Arbeitsgedächtnis und verschiedenen Formen des Langzeitgedächtnisses unterschieden werden. Die Bedeutung des Arbeitsgedächtnisses für die Leseverstehensleistung wird z.B. bei Schmidt (2006) und Leeser (2007) diskutiert. Auf die Rolle des Arbeitsgedächtnisses beim Hörverstehen gehen wir in Kapitel 2.4 in diesem Band ein.

im Rahmen der Überprüfung der Bildungsstandards auf den Aufgabentyp (freie) Textreproduktion verzichtet.

Ein wichtiges Instrument für die Entwicklung und Analyse von Testaufgaben ist das *Dutch Grid*, das im Kontext der Aktivitäten des „Dutch CEF Construct Project" entstanden ist. In dem Projekt sind in Erweiterung des GER detaillierte Kriterienraster (*grids*) für die Analyse und Spezifikation von Testaufgaben für die Bereiche Leseverstehen und Hörverstehen entwickelt worden (vgl. Alderson et al. 2004, 2006). Das mittlerweile zunehmend benutzte „CEFR Grid for Reading and Listening" ist als interaktive online-Version unter www.lancs.ac.uk/fss/projects/grid/verfügbar [letzter Zugriff: 6.9.2009]. Auch die für die Beschreibung der Lese- und Hörverstehensaufgaben des IQB entwickelten Kategorienraster (siehe Anhang im vorliegenden Band), orientieren sich am *Dutch Grid*.

Im *Dutch Grid* finden sich folgende übergeordnete Kategorien mit z.T. zahlreichen Unterkategorien (Merkmalen) und illustrierenden Beispielen: 1. Textquelle Lesen bzw. Textquelle Hören; 2. Authentizität Lesen bzw. Authentizität Hören; 3. Diskurstyp; 4. Domäne; 5. Thema/Inhalt; 6. Abstraktionsniveau; 7. Textlänge; 8. Vokabular; 9. Grammatik; 10. Sprechgeschwindigkeit; 11. Anzahl der Sprecher; 12. Akzent/Färbung; 13. Klarheit der Aussprache; 14. Hörfrequenz; 15. Textverständlichkeit bezogen auf das GER-Niveau eines Lerners; 16. Itemtyp; 17. mentale Operationen; 18. geschätztes GER-Niveau des Items. Die Aufzählung macht auch ohne Angabe von Unterkategorien deutlich, dass das Raster im Detailliertheitsgrad deutlich über den GER hinausgeht. Wichtig ist vor allem auch die Kategorie „mentale Operationen", da diese, wie bereits in Abschnitt 2.3.2 dargelegt, von zentraler Bedeutung für die Erklärung und Vorhersage der Schwierigkeit von Verstehensaufgaben ist.

Die IQB-Aufgaben im Fach Französisch wurden in sehr detaillierter Form spezifiziert. Die wichtigsten Festlegungen im Bereich des Leseverstehens betreffen die Itemformate, die Stimuluslänge sowie die Itemanzahl pro Stimulus, thematische Bezüge und Standardisierungen bezüglich des Aufbaus der Testaufgaben.

Die Umsetzung des Testkonstrukts des IQB in Testaufgaben erfolgte bezüglich der Formate zunächst einmal – einer einfachen Festlegung folgend – nach dem Verhältnis zwei Drittel geschlossene Formate und ein Drittel Kurzantworten. Durch diesen relativ hohen Anteil an Kurzantworten sollte sichergestellt sein, dass Effekte, die auf der zu erwartenden mangelnden Vertrautheit mit geschlossenen Testformaten beruhen, gering gehalten werden. Auch bei den geschlossenen Formaten wurde im Hinblick auf die Pilotierungsstudie 2007 eine eher einfache, ja monoton anmutende Auswahl vorgenommen, nämlich vorwiegend Vierfachauswahloptionen, in deutlich geringerem Umfang Dreifachauswahloptionen und Zuordnungsaufgaben. Die Variante der Dreifachauswahloption wurde ab der zweiten Entwicklungsphase im Hinblick auf die Normierungsstudie sowie alle weiteren Verwendungsmöglichkeiten (VERA-8) im Rahmen einer IQB-internen Vereinheitlichung der Aufgabenentwicklung in den Sprachen Französisch und Englisch bis auf Ausnahmen aufgegeben, der Anteil der Zuordnungsaufgaben dagegen deutlich erhöht. Die Monotonie der Aufgabenformate wurde von Testkandidaten gelegentlich kritisch kommentiert. Die Wahl der Aufgabenformate ist jedoch auch vor dem Hintergrund zu sehen, dass die Französischlernenden zumeist nur mit relativ wenigen Aufgabenformaten vertraut waren, und steht damit insgesamt gesehen im Einklang mit einer Gesamtpolitik im Fach Französisch, die im

Sinne von Weir (2005a, S. 48f.) vor allem hohe Kontextvalidität und hohe kognitive Validität sichern sollte.

Hinsichtlich der Länge der Textvorgabe wurde in der ersten Phase der Aufgabenentwicklung noch von sehr kurzen Texten ausgegangen: A1 circa 10 Wörter, A2 30-40 Wörter, B1 60-80 Wörter, B2 80-100 Wörter und C1 100-120 Wörter. Diese Festlegung stand auch im Zusammenhang mit der Gewohnheit seitens des *Centre international d'études pédagogiques* (CIEP),[18] pro Textvorgabe genau ein Item zu konstruieren, was dem Ziel diente, Interaktionen zwischen Items einer Aufgabe auszuschließen. Werden nämlich mehrere Items pro Aufgabe konstruiert, so muss damit gerechnet werden, dass manche Items nicht mehr unabhängig voneinander funktionieren. Dies wiederum würde einer der Grundannahmen der Rasch-Skalierung und der klassischen Testtheorie zuwiderlaufen.

Auf Grund fachdidaktisch-curricularer und testökonomischer Überlegungen wurde diese strenge Festlegung jedoch in der weiteren Testentwicklung abgemindert, so dass auch zunehmend Aufgaben mit mehreren Items pro Textvorgabe konstruiert wurden und zugleich die Textlängen pro Niveau ausgedehnt wurden. In thematischer Hinsicht wurden die Itementwickler nicht auf einen Katalog oder eine Liste von Einzelthemen (Sport, Einkaufen, Urlaub etc.) verpflichtet, sondern vielmehr auf die Berücksichtigung zentraler curricular verankerter Themenbereiche, möglichst zu gleichen Teilen: ästhetisch-literarischer Themenbereich (Klappentexte von Büchern, Filmkritiken etc.), allgemein-menschliche Themen (Liebe, Freundschaft etc.), Alltagsthemen (Einkaufen, Fahrpläne etc.), landeskundliche und interkulturelle Themen (Schulorganisation, Rituale etc.), kulturübergreifende Fragestellungen (Technik, Wissenschaft, Umwelt etc.) und Sprachen- und Sprachenlernbewusstheit (Vorurteile gegenüber bestimmten Sprachen, Sprachenlernen etc.).

Bezüglich der Arbeitsanweisungen wurde festgelegt, dass diese zunächst zielsprachlich gegeben und durch Fettdruck hervorgehoben, anschließend auf Deutsch und nicht hervorgehoben wiederholt werden sollten. Damit sollte ein Nicht-Verstehen bereits der Arbeitsanweisung durch Rückgriff auf die Verkehrssprache Deutsch weitgehend ausgeschlossen werden. Dagegen lässt sich zwar einwenden, dass es Testkandidaten geben könnte, die auch des Deutschen nicht hinreichend mächtig sein könnten. Der Einwand ist jedoch eher theoretischer Natur. Praktisch liegen keinerlei Hinweise auf solche Fälle vor, bzw. der Anteil an Schülern mit einer anderen Muttersprache als Deutsch und der ersten Fremdsprache Französisch ist gering (vgl. Kapitel 3.1 und 3.2)

Das Beispiel *Aimer lire* (vgl. Abbildung 3) zeigt eine für die Aufgabenkonzeption im Fach Französisch typische Leseverstehensaufgabe auf dem Niveau B1 mit dem Format einer Vierfachauswahl.

---

18 Die Aufgabenentwicklung erfolgte in Zusammenarbeit mit dem CIEP (vgl. Kapitel 2.1).

Aimer lire

Lis le document. Choisi la bonne réponse et mets une croix dans la case correspondante ☒.

Lies das Dokument. Wähle die richtige Antwort und kreuze das dazugehörige Feld an ☒.

Bon, dit le prof, puisque vour n'aimez pas lire … C'est moi qui vous lirai des livres. Sans transition, il ouvre son cartable et en sort un bouquin gros comme ça, un truc cubique, vraiment énorme, à couverture glacée. (…).
- Vous y êtes?
Ils n'en croient ni leurs yeux ni leurs oreilles. Ce type va leur lire tout ça ? Mais on va y passer l'année ! Perplexité … Une certaine tension, même … Ca n'existe pas, un prof qui se propose de passer l'année à lire. Ou c'est un sacré fainéant, ou il y a anguille sous roche. L'arnaque nous guette. On va avoir droit à la liste de vocabulaire quotidien, au compte-rendu de lecture permanent…

▶ **Les élèves sont étonnés car :**

☐ **A:** ils réalisent que la majorité d'entre eux n'aime pas lire.

☐ **B:** ils devront faire un compte-rendu de lecture permanent.

☐ **C:** le professeur leur propose de leur lire un livre en classe.

☐ **D:** ils apprendront une liste de mots chaque jour.

Abbildung 3: Leseverstehensaufgabe auf Niveau B1

Die Aufgabe entspricht dem KMK-Standard für den Mittleren Schulabschluss „in kürzeren literarischen Texten (z.B. Short Stories) die wesentlichen Aussagen erfassen und diese zusammentragen, um eine bestimmte Aufgabe zu lösen (B1)". Die Textvorgabe stammt aus der Feder eines prominenten französischen Gegenwartsautors und thematisiert den Bruch mit schulischen Lese- und Bearbeitungsritualen. Lesedidaktisch wie auch curricular entspricht sie der Wertschätzung literarischer Textsorten beim Aufbau fremdsprachlicher Lesekompetenz. Psycholinguistisch betrachtet besteht die kognitive Leistung im Erschließen der Kernaussage (Antwortoption C). Dazu ist es nicht erforderlich, sämtliche Lexik – die im Übrigen sowohl thematisch gebundene (*cartable, bouquin, compte-rendu de lecture permanent* etc.) und registerspezifische (*bouquin, truc, ce type*) als auch idiomatische Merkmale (*anguille sous roche*) aufweist und damit im Hinblick auf den Mittleren Schulabschluss ausgesprochen anspruchsvoll ist – zu entschlüsseln. Vielmehr verbirgt sich die Lösung bereits in den ersten beiden Sätzen, genauer gesagt im zweiten Satz (*C'est moi qui vous lirai des livres*), aus dem die zu inferierende Information durch Abgleich von Wortmaterial (in der Textvorgabe: *qui vous lirai des livres*, im Item: *leur lire un livre*) entnommen werden kann. Alle anderen Antwortoptionen können *ex negativo* ausgeschlossen werden, wozu allerdings der gesamte Text zunächst rezipiert und annähernd bzw. global verstanden werden muss. Dieses Aufgabenbeispiel illustriert somit die Lesestrategie des sorgfältigen orientierenden Lesens.

Der Text ist in diesem Fall nicht situativ eingebettet; eine Einbettung ist nicht erforderlich, da die Testkandidaten leicht erkennen, dass es sich um einen literarischen Text handelt. Die folgende Aufgabe aus einer frühen Phase der Itementwicklung (Abbildung 4) zeigt, dass eine situative Einbettung hilfreich gewesen wäre, um die Verstehensleistung eindeutig auf den Lesetext zu fokussieren und den Kontext nicht zu einer zusätzlichen Hürde werden zu lassen.

Bei dem Beispiel in Abbildung 4 handelt es sich um eine Aufgabe auf dem Niveau A2. Sie entspricht dem KMK-Standard für den Hauptschulabschluss „konkrete, voraussagbare Informationen in einfachen Alltagstexten auffinden, z.B. in Anzeigen, Prospekten, Speisekarten, Fahrplänen, Programmzeitschriften (A2)". Das Item verlangt das Auffinden einer Einzelinformation durch sorgfältiges selektives bzw. suchendes Lesen, wobei das gesuchte Wort explizit und relativ früh im Text genannt ist (*animateurs/animatrices*). Zulässig ist – da das Item nicht explizit nach einer Einzelbezeichnung, sondern nach einer Kategorie fragt – auch die Nennung einer inhaltlichen Beschreibung (*la programmation des animations culturelles et sportives, l'organisation et la gestion de la vie quotidienne*), auch wenn Einzelwörter (z.B. *gestion*) unverstanden bleiben könnten. Die Tatsache, dass das Item in der Textvorgabe enthaltenes Wortmaterial geschickt vermeidet, könnte die Aufgabenbearbeitung durch die Anwendung reiner Testlösungsstrategien erschweren bzw. verhindern. Die erforderliche kognitive Aktivität umfasst überdies die Mobilisierung nicht unerheblichen Hintergrundwissens bezogen auf einen relativ kurzen Textabschnitt. Diese Aufgabe dürfte Schülerinnen und Schüler, die das Niveau A2 sicher erreicht haben, jedoch kaum vor größere Schwierigkeiten stellen, da der Themenkomplex Urlaub, Ferien, Ferienjobs in den gängigen Lehrwerken sowie curricular gut verankert ist. Dennoch wäre es auch hier sinnvoll

Alpes

Lis le document. Réponds aux questions par quelques mots.

Lies das Dokument. Beantworte die Fragen mit wenigen Worten.

Détails de l'offre

L'association « Alpes de Lumière » recherche 5 animateurs/ animatrices pour l'été 2007 pour encadrer un groupe de 40 enfants de 6 à 10 ans.
Vous aurez en charge la programmation des animations culturelles et sportives, l'organisation et la gestion de la vie quotidienne...

▶ *De quel type de travail est-ce qu'on parle ?*

Abbildung 4: Leseverstehensaufgabe auf Niveau A2

gewesen, eine einfache situative Einbettung zu konstruieren, um die Aufgabe authentischer werden zu lassen (z.B. *Tu cherches un job pour tes prochaines vacances d'été. Tes parents sont d'accord que tu partes en France. Voilà l'annonce que tu as trouvée sur internet*.). Für die weitere Aufgabenerstellung wurde daher beschlossen, künftig jede Lese- und Hörverstehensaufgabe soweit sinnvoll und praktikabel situativ einzubetten – mit der Vorgabe, darauf zu achten, dass die situative Einbettung für das getestete Niveau nicht zu lang und zu schwierig ist.

Das in Abbildung 5 wiedergegebene Beispiel *Saint-Valentin* (Niveau B1) zeigt ein eher selten gewähltes Format, nämlich eine Zweifachwahlaufgabe (Alternativform; dichotome Auswahlform). Gegen dieses Format lässt sich kritisch einwenden, dass aufgrund der Ratewahrscheinlichkeit von 50 Prozent die Messgenauigkeit unzureichend ist. Diesem Einwand wurde dadurch zu begegnen versucht, dass die Schüler nicht ein, sondern fünf Items zu lösen haben, die alle richtig sein müssen, damit ein Punkt vergeben wird. Der Lerner wird dadurch in eine Lesehaltung gezwungen, die vom ihm eine vertiefte bzw. sorgfältige Auseinandersetzung mit den Texten verlangt. Die fünf Items beziehen sich überdies auf alle fünf Textteile und verlangen jeweils ein inferierendes Lesen, da die Lösung in den Stimuli nicht explizit genannt wird.

Saint-Valentin

Lis le document. Choisis la bonne réponse et mets une croix dans la case correspondante ☒ .

Lies das Dokument . Wähle die richtige Antwort und kreuze das dazugehörige Feld an ☒ !

Fêter la Saint-Valentin ?

▶ **Tu trouves ça chouette ou ça t'énerve ?**
Tu la fêtes ou tu boycottes ? Donne ton avis.

Posté par : La rédac' d'Okapi le décembre 20, 2006

Texte 1 :

Pas la peine d'attendre la St Valentin pour montrer l'amour que l'on porte envers son copain ou sa copine. C'est comme si on disait d'attendre Noël ou les anniversaires pour avoir des cadeaux.

Posté par : Sarah janvier 17, 2007 09:26 PM

Texte 2 :

De toute manière on s'aime toute l'année, c'est tous les jours l'occasion de s'offrir des cadeaux, de se dire je t'aime, ou encore de passer un bon moment ensemble !!!!!

Posté par : Tibo janvier 13, 2007 12:44 PM

Texte 3 :

Forcément, je dis tous les ans que c'est une fête ridicule et commerciale. N'empêche, quand mon copain ne m'a rien offert l'année dernière, j'étais quand même déçue. Alors, j'espère bien que cette année … de toute façon , moi j'ai déjà trouvé quelque chose…

Posté par : Megh Séno janvier 12, 2006 08:20 PM

Abbildung 5: Leseverstehensaufgabe auf Niveau B1

Texte 4 :
Sortir avec quelqu'un, lui dire qu'on l'aime et rester dans ses bras pendant des heures, j'adore !!! (je fais de gros bisous à Seb).

Posté par : **Brunette du 63** janvier 4, 2006 02:38 PM

Texte 5 :
Ce n'est qu'une fête pour dépenser son argent. En plus, ça ne plaît jamais alors à quoi bon se ronger les ongles !! Et puis pour les célibataires ce n'est pas super. Si on inventait une journée pour les célibataires ??

Posté par : **Lilou** décembre 27, 2006 05:15 PM

▶ *Qui est plutôt pour ou plutôt contre fêter la Saint-Valentin ?*

	plutôt pour	plutôt contre
Sarah est …	☐	☐
Tibo est …	☐	☐
Megh Séno est …	☐	☐
Brunette du 63 est …	☐	☐
Lilou est …	☐	☐

Fortsetzung Abbildung 5

Ähnlich wie beim ersten Aufgabenbeispiel zu Niveau B1 („Aimer lire") wird auch hier in begrenztem Umfang Textsortenwissen (Blog-Formate), Registerwissen (*copain, copine, n'empêche, fais de gros bisous, j'adore*) und idiomatisches Wissen (*se ronger les ongles*) aktiviert. Die Lösung wird jedoch dadurch erleichtert, dass sich die Items nicht nur einzeln auf die fünf Kurztexte beziehen, sondern auch in der gegebenen Reihenfolge. Im Item selbst ist lediglich das Adverb *plutôt* zusätzlich zu verstehen, ohne dass dies jedoch unabdingbar wäre. Thematisches Hintergrundwissen zur *fête de la Saint-Valentin* ist nicht konstitutiv für das Textverständnis. Schwierigkeitsgenerierend sind dagegen einige wenige Einzelwörter in der Textvorgabe wie *déçue* und *célibataires*, die dazu führen könnten, dass die entsprechenden Items etwas höhere Verstehensansprüche stellen.

Auch bei der in Abbildung 6 wiedergegebenen Aufgabe *Labrador* (Niveau A2) wurde die Zweifachwahloption verwendet, in diesem Fall jedoch in Kombination mit einem Kurzantwort-Item, welches ein Lösen durch Raten verhindert.

Labrador

Lis le document. Réponds à la question en quelques mots.
Lies das Dokument. Beantworte die Frage mit wenigen Worten!

▶ **Tu lis le journal du samedi et comme tu as un chien, cette annonce t'intéresse.**

Annonce n° :	19986
Choix / Catégorie :	RECHERCHER animaux
Date de l'annonce :	18/09/2007
Nom ou pseudo :	Anne-Lise
Titre de l'annonce :	Recherche labrador pour tournage film

Annonce

Recherchons jeune labrador couleur sable pour le tournage d'un court-métrage dimanche 23 septembre prochain sur Paris. contactez la production par email à l'adresse suivante : al.rivoire@divineproductions.fr merci de nous faire parvenir quelques photos du chien et de préciser vos coordonnées.

Code Postal : 75
Ville : Paris
Département : 75 - Paris
Région : Île-de-France
Pays : France

Ecrire à cet annonceur ✉

▶ **Tu as un vieux chien brun. Il est beau et tu prends beaucoup de photos de lui. Est-ce que tu peux contacter Anne-Lise ?**

Oui	Non
☐	☐

parce que ... _____

_____

Abbildung 6: Leseverstehensaufgabe auf Niveau A2

Die Aufgabe *Labrador* verlangt von den Schülerinnen und Schülern ein detailliertes Leseverstehen der Textvorgaben und des Itemstamms und das anschließende sorgfältige Aufeinanderbeziehen der Informationen aus beiden Quellen. Es müssen also Texte einschließlich der situativen Einbettung einerseits mittels *Skimming* global verstanden werden, andererseits müssen lokal explizite Details mittels *Scanning* (*photos*) und lokalem suchenden Lesen sowie einfache implizite Details mittels Inferenzbildung (*brun / couleur sable*) erfasst werden – eine insgesamt komplexe Leseleistung. Schwierigkeitsgenerierende Merkmale in der Textvorgabe sind textsortenspezifische Ellipsen (z.B. *recherche labrador pour tournage film*), allerdings kann gerade das textsortenspezifische Vorwissen geübten Lesern Vorteile verschaffen. Die Lexik aktiviert Weltwissen (z.B. die Kenntnis der Hunderasse Labrador) gepaart mit spezifischem Fremdsprachenwissen (z.B. *court-métrage*: die Bedeutung ist aus dem deutsch-englischen Lexikwissen nur indirekt zu erschließen).

Die Beispiele mögen verdeutlichen, dass die geringe Zahl an Formaten nicht automatisch eine Einschränkung bei den getesteten Leseleistungen bedeutet. Im Gegenteil: Die Verwendung äußerlich komplexer Formate wie das Ausfüllen von Tabellen oder komplexe Zuordnungen verlangen unter Umständen vom Leser kognitive Leistungen wie Kombinatorik oder visuelles Erkennen, die das fremdsprachliche Leseverstehen im engeren Sinne weit übersteigen und damit Probleme hinsichtlich der Konstruktvalidität aufwerfen könnten.

2.3.4 Testcluster zum Leseverstehen

Die Leseverstehensaufgaben wurden in der Pilotierungsstudie 2007 wie auch in der Normierungsstudie 2008 gemäß eines sogenannten *Cluster-Rotation-Designs* (vgl. Kapitel 3.1) in den Gesamttest eingebunden. Auf der Ebene des Einzeltestblocks (*Cluster*) zum Lesen wurde folgende Vorgehensweise gewählt:
1. Die Aufgaben sollten nach aufsteigender Schwierigkeit hinsichtlich der *A-priori*-Niveaueinstufungen (in der Normierungsstudie auf Grundlage der IRT-Schwierig-keiten) angeordnet werden, wobei zum Ende hin wieder eine abfallende Schwierigkeit vorzusehen war, um keine Frustrationssperre zur weiteren Testbearbeitung aufzurichten.
2. Benachbarte Aufgaben sollten sich hinsichtlich des Themas wie auch des Formats nach Möglichkeit unterscheiden, um den Test für die Kandidaten abwechslungsreicher zu gestalten und Ermüdungserscheinungen nach Möglichkeit vorzubeugen.
3. Schnelle Lesevorgänge (z.B. selektives Lesen) und langsame (z.B. sorgfältiges orientierendes Lesen) sollten etwa zu gleichen Anteilen repräsentiert sein.

Für die Pilotierungsstudie 2007 wurden auf diese Weise 203 Leseverstehensitems aller Niveaustufen auf tendenziell leichtere (Niveaus A1 bis B1, Schwerpunkt A2), mittelschwere (Niveaus A1 bis B2, Schwerpunkt B1) und schwere Blöcke (Niveaus A2 bis C1, Schwerpunkt B1-B2) verteilt. Für die Normierungsstudie 2008 wurden 121 Leseverstehensitems nach demselben Prinzip verteilt.

2.3.5 Fazit und Ausblick

Die Messung der rezeptiven Kompetenzen und insbesondere des Leseverstehens wirft, wie die obigen Ausführungen zeigen, zahlreiche testmethodische aber auch fachdidaktische Fragen auf. Diese Fragen bekommen dadurch besondere Aktualität, dass sich die KMK in ihrer Gesamtstrategie zunächst auf die Testung dieser Teilkompetenzen beschränkte, sowohl was die Überprüfung des Erreichens der Bildungsstandards als auch die Vergleichsarbeiten der achten Jahrgangsstufe (VERA-8) betrifft. Die von Weir (2005a, s.o.) in großer Deutlichkeit gestellten testmethodischen Fragen betreffen das ganze Spektrum der Validität eines Tests. Welcher Test, sei es im nationalen oder sei es im internationalen Rahmen, kann zur Zeit für sich in Anspruch nehmen, diese Fragen hinreichend bzw. befriedigend geklärt zu haben, zumal die Textwirkungsvalidität und die kriterienbezogene Validität über den engeren Prozess der Testentwicklung hinausweisen und nur durch Testwirkungsforschung bzw. in diesem Fall der Zusammenarbeit des IQB mit den Schulverwaltungen der Länder näher bestimmt werden kann?

Auch aus fachdidaktischer Perspektive wären weitere Bemühungen um erhöhte Kontextvalidität und kognitive Validität wünschenswert. Allein das Tempo der technologischen Veränderungen, die sehr stark auch die Lebenswelt von Jugendlichen beeinflussen, macht es erforderlich, hier sehr selbstkritisch auf die Themen und Inhalte der Testaufgaben zu blicken. So weichen beispielsweise ältere „MP3-Player" dem „I-Pod" und „Blogs" tauchen als neue Textsorte auf. Fragestellungen können in neuem Licht erscheinen, wie etwa der Schutz der Privatsphäre im öffentlichen Raum des Internet. Weitere Fragen betreffen das Frankreich-Bild. Welches Frankreich-Bild bzw. welches Wissen über die Frankophonie transportieren die Aufgaben? Welchen Stellenwert haben interkulturelle Perspektiven in der Themenauswahl? Hinzu kommt die Frage des individuell sehr unterschiedlich ausgeprägten Weltwissens und des Zugangs zu Wissensquellen. Wie kann vor diesem Hintergrund die Kontextvalidität gesichert werden?

Zu guter Letzt ist die Frage zu diskutieren, inwiefern Tests, die für Zwecke eines *large-scale-assessment* entwickelt wurden, im Kontext der Unterrichtsentwicklung sinnvoll eingesetzt werden können. Dies betrifft die Lese- und Hörverstehenstests des IQB, die 2009 in VERA-8 Verwendung fanden. Für diesen Verwendungszusammenhang könnte darüber nachgedacht werden, künftig auch deutlich variablere, innovativere und herausforderndere Aufgaben zu entwickeln und die Frage der Validität dann auch unter dem Gesichtspunkt des formativen Testens zu betrachten. Außerdem haben Testaufgaben auch im Hinblick auf die Bewusstmachung von Lese- (und Hör-)Strategien ein erhebliches unterrichtliches Potential, ein Aspekt, der beispielsweise in den fachdidaktischen Kommentierungen zu den VERA-Aufgaben vertieft wird.

Literatur

Alderson, J. C. (2000). *Assessing reading*. Cambridge: Cambridge University Press.

Alderson, J. C. & Banerjee, J. (2002). Language testing and assessment (Part 2). *Language Teaching, 35* (1), 79–113.

Alderson, J. C., Clapham, C. & Wall, D. (1995). *Language test construction and evaluation*. Cambridge: Cambridge University Press.

Alderson, J. C., Figueras, N., Kuijper, H., Nold, G., Takala, S. & Tardieu, C. (2004). *The development of specifications for item development and classification within the Common European Framework of Reference for Languages: Learning, teaching, assessment – Reading and listening: Final Report of the Dutch CEF Construct Project*. Lancaster: Lancaster University. Verfügbar unter: http://eprints.lancs.ac.uk/44/ [6.9.2009].

Alderson, J. C., Figueras, N., Kuijper, H., Nold, G., Takala, S. & Tardieu, C. (2006). Analysing tests of reading and listening in relation to the Common European Framework of Reference: The experience of the Dutch CEFR Construct Project. *Language Assessment Quarterly: An International Journal, 3* (1), 3–30.

ALTE [Association of Language Testers in Europe]. (2006). *ALTE-Handreichungen für Testautoren. Modul 1: Modelle der Sprachkompetenz*. Verfügbar unter: http://www.alte.org/projects/writer.php [engl. Original 2005] [07.09.2009].

Artelt, C., Stanat, P., Schneider, W. & Schiefele, U. (2001). Lesekompetenz: Testkonzeption und Ergebnisse. In J. Baumert et al. [Deutsches PISA-Konsortium] (Hrsg.), *PISA 2000: Basiskompetenzen von Schülerinnen und Schülern im internationalen Vergleich* (S. 69–137). Opladen: Leske und Budrich.

Bär, M. (im Druck). *Förderung von Mehrsprachigkeit und Lernkompetenz: Fallstudien zu Interkomprehensionsunterricht mit Schülern der Klassen 8 bis 10*. Tübingen: Narr.

Bimmel, P. (2002). Strategisch lesen lernen in der Fremdsprache. *Zeitschrift für Fremdsprachenforschung, 13* (1), 113–141.

Burwitz-Melzer, E. & Quetz, J. (2006). Trügerische Sicherheit: Referenzniveaus als Passepartout für den Fremdsprachenunterricht? In J.-P. Timm (Hrsg.), *Fremdsprachenlernen und Fremdsprachenforschung: Kompetenzen, Standards, Lernformen, Evaluation. Festschrift für Helmut Johannes Vollmer* (S. 355–372). Tübingen: Narr.

Carrell, P. L. (1991). Second language reading: Reading ability or language proficiency? *Applied Linguistics, 12* (2), 159–179.

Carrell, P. L., Devine, J. & Eskey, D. (Eds.). (1988). *Interactive approaches to second language reading*. Cambridge: Cambridge University Press.

Carver, R. P. (2000). *The cause of high and low reading achievement*. Mahwah, NJ: Erlbaum.

Castello, E. (2008). *Text complexity and reading comprehension tests*. Frankfurt am Main: Lang.

Cohen, A. D. & Upton, T. A. (2006). *Strategies in responding to the New TOEFL reading tasks* (TOEFL Monograph Series no. 33). Princeton: Educational Testing Service. Verfügbar unter: http://www.ets.org/Media/Research/pdf/RR-06-06.pdf [7.9.2009)].

Cummins, J. (1979). Linguistic interdependence and the educational development of bilingual children. *Review of Educational Research, 49* (2), 222–251.

Davidson, F. & Fulcher, G. (2007). The Common European Framework of Reference (CEFR) and the design of language tests: A matter of effect. *Language Teaching, 40* (3), 231–241.

Davidson, F. & Lynch, B. K. (2001). *Testcraft: A teacher's guide to writing and using language test specifications*. New Haven: Yale University Press.

Ehlers, S. (1998). *Lesetheorie und fremdsprachliche Lesepraxis aus der Perspektive des Deutschen als Fremdsprache*. Tübingen: Narr.

Ehlers, S. (2003). Übungen zum Leseverstehen In K.-R. Bausch, H. Christ & H.-J. Krumm (Hrsg.), *Handbuch Fremdsprachenunterricht* (4., vollständig neu bearb. Aufl., S. 287–292). Tübingen: Francke.

Ellis, N. C. & Collins, L. (Eds.). (2009). Input and second language construction learning: Frequency, form, and function [Special Issue]. *The Modern Language Journal, 93* (3).

Enright, M. K., Grabe, W., Koda, K., Mosenthal, P., Mulcahy-Ernt, P. & Schedl, M. (2000). *TOEFL 2000 reading framework: A working paper* (TOEFL Research Report MS-17). Princeton, NJ: Educational Testing Service. Verfügbar unter: http://www.ets.org/Media/Research/ pdf/RM-00-04.pdf [7.9.09].

Europarat. (2001). *Gemeinsamer europäischer Referenzrahmen für Sprachen: Lernen, lehren, beurteilen*. Berlin: Langenscheidt.

Field, J. (2008). *Listening in the language classroom*. Cambridge: Cambridge University Press.

Finkbeiner, C. (2005). *Interessen und Strategien beim fremdsprachlichen Lesen: Wie Schülerinnen und Schüler englische Texte lesen und verstehen*. Tübingen: Narr.

Freedle, R. & Kostin, I. (1999). Does the text matter in a multiple-choice test of comprehension? The case for the construct validity of TOEFL's minitalks. *Language Testing, 16* (1), 2–32.

Gassner, O., Mewald, C. & Sigott, G. (2007). *Testing reading: Specifications for the E8-Standards Reading Tests* (LTC Technical Report 2). Klagenfurt: Language Testing Centre. Verfügbar unter: http://www.uni-klu.ac.at/ltc/downloads/LTC_Technical_ Report _2.pdf [7.9.2009].

Geva, E. & Wang, M. (2001). The development of basic reading skills in children: A cross-language perspective. *Annual Review of Applied Linguistics, 21*, 182–204.

Grabe, W. (1999). Developments in reading research and their implications for computer-adaptive reading assessment. In M. Chalhoub-Deville (Ed.), *Issues in computer adaptive testing of reading proficiency* (pp. 11–47). Cambridge: Cambridge University Press.

Groeben, N. (2002). Zur konzeptuellen Struktur des Konstrukts „Lesekompetenz". In N. Groeben & B. Hurrelmann (Hrsg.), *Lesekompetenz: Bedingungen, Dimensionen, Funktionen* (S. 11–21). Weinheim: Juventa.

Grotjahn, R. (1986). Test validation and cognitive psychology: some methodological considerations. *Language Testing, 3* (2), 159–185.

Grotjahn, R. (1995). Zweitsprachliches Leseverstehen: Grundlagen und Probleme der Evaluation. *Die Neueren Sprachen, 94* (5), 533–555.

Grotjahn, R. (1997). Strategiewissen und Strategiegebrauch. Das Informationsverarbeitungsparadigma als Metatheorie der L2-Strategieforschung. In U. Rampillon & G. Zimmermann (Hrsg.), *Strategien und Techniken beim Erwerb fremder Sprachen* (S. 33–76). Ismaning: Huber.

Grotjahn, R. (2000). Determinanten der Schwierigkeit von Leseverstehensaufgaben: Theoretische Grundlagen und Konsequenzen für die Entwicklung des TESTDAF. In S. Bolton (Hrsg.), *TESTDAF: Grundlagen für die Entwicklung eines neuen Sprachtests. Beiträge aus einem Expertenseminar* (S. 7–55). Köln: VUB Gilde Verfügbar unter: http://homepage.ruhr-uni-bochum.de/Ruediger.Grotjahn/[06.10.2009].

Grotjahn, R. (2003a). *Leistungsmessung und Leistungsbewertung*. Hagen: FernUniversität [Fernstudienbrief für den Weiterbildungs-Masterstudiengang „Deutschlandstudien. Schwerpunkt: Deutsche Sprache und ihre Vermittlung"].

Grotjahn, R. (2003b). Lernstile/Lernertypen. In K.-R. Bausch, H. Christ & H.-J. Krumm (Hrsg.), *Handbuch Fremdsprachenunterricht* (4., vollständig neu bearb. Aufl., S. 326–331). Tübingen: Francke.

Grotjahn, R. (2009). Gesamtdarbietung, Einzeltextdarbietung, Zeitbegrenzung und Zeitdruck: Auswirkungen auf Item- und Testkennwerte und C-Test-Konstrukt. In R. Grotjahn (Hrsg.), *Der C-Test: Beiträge aus der aktuellen Forschung/The C-Test: Contributions from current research* (S. 265–296). Frankfurt am Main: Lang.

Grotjahn, R. (2010). *Testen und Evaluieren fremdsprachlicher Kompetenzen: Ein Arbeitsbuch*. Tübingen: Narr [erscheint].

Harsch, C. (2007). *Der gemeinsame europäische Referenzrahmen für Sprachen: Leistung und Grenzen*. Saarbrücken: VDM Verlag Dr. Müller zugleich Dissertation Universität Augsburg 2006; verfügbar unter http://www.opus-bayern.de/uni-augsburg/volltexte/ 2006/368/[06.10.2009] .

Henseler, R. & Surkamp, C. (2009). O This Reading, What a Thing It Is! Lesekompetenz in der Fremdsprache Englisch fördern. *Der Fremdsprachliche Unterricht Englisch, 43* (100/101), 4–10.

Kahn-Horwitz, J., Shimron, J. & Sparks, R. (2005). Predicting foreign language reading achievement in elementary school students. *Reading and Writing, 18* (6), 527–558.

Hsueh-chao, M. H. & Nation, P. (2000). Unknown vocabulary density and reading comprehension. *Reading in a Foreign Language, 13* (1), 403–430.

Khalifa, H. & Weir, C. J. (2009). *Examining reading: Research and practice in assessing second language reading*. Cambridge: Cambridge University Press [im Druck].

Kintsch, W. (1998). *Comprehension: A paradigm for cognition*. Cambridge: Cambridge University Press.

KMK [Sekretariat der Ständigen Konferenz der Kultusminister der Länder in der Bundesrepublik Deutschland]. (2003). Beschlüsse der Kultusministerkonferenz. *Bildungsstandards für die erste Fremdsprache (Englisch/Französisch) für den Mittleren Schulabschluss*. Beschluss vom 04.12.03. Verfügbar unter: www.kmk.org/bildungschule/qualitaetssicherung-in-schulen/bildungsstandards/dokumente. html [19.05.09].

KMK [Sekretariat der Ständigen Konferenz der Kultusminister der Länder in der Bundesrepublik Deutschland]. (2004). Beschlüsse der Kultusministerkonferenz. *Bildungsstandards für die erste Fremdsprache (Englisch/Französisch) für den Hauptschulabschluss*. Beschluss vom 15.10.04. Verfügbar unter: www.kmk.org/bildungschule/qualitaetssiche rung-in-schulen/bildungsstandards/dokumente.html [19.05.09].

Koda, K. (2005). *Insights into second language reading: A cross-linguistic approach*. Cambridge: Cambridge University Press.

Koda, K. (Ed.). (2007). *Reading and language learning*. Malden, MA: Blackwell [= Language Learning, Vol. 57, Supplement 1].

Kostin, I. (2004). *Exploring item characteristics that are related to the difficulty of TOEFL dialogue items* (TOEFL Research Report RR-04-11). Princeton, NJ: Educational Testing Service. Verfügbar unter: http://ets.org/Media/Research/pdf/RR-04-11.pdf [6.9.2009)].

Laufer, B. (1992). How much lexis is necessary for reading comprehension? In P. J. L. Arnaud & H. Béjoint (Eds.), *Vocabulary and applied linguistics* (pp. 126–132). London: Macmillan.

Leeser, M. J. (2007). Learner-based factors in L2 reading comprehension and processing grammatical form: Topic familiarity and working memory. *Language Learning, 57* (2), 229–270.

Leucht, M., Harsch, C. & Köller, O. (2009). *Schwierigkeitsgenerierende Merkmale von Items zum Lese- und Hörverstehen im Fach Englisch*. Manuskript zur Veröffentlichung eingereicht bei: Diagnostica.

Leucht, M., Retelsdorf, J., Möller, J. & Köller, O. (2009). *Zur Dimensionalität rezeptiver englischsprachiger Kompetenzen*. Manuskript zur Veröffentlichung eingereicht bei: Zeitschrift für Pädagogische Psychologie.

Lutjeharms, M. (2006). Zum Erwerb fremdsprachiger Lesefertigkeiten. In U. O. H. Jung (Hrsg.), *Praktische Handreichung für Fremdsprachenlehrer* (4., vollst. neu bearb. Aufl., S. 145–152). Frankfurt am Main: Lang.

Lutjeharms, M. (2007). Fremdsprachliches Leseverstehen. *Französisch heute, 38* (2), 106–120.

Nassaji, H. (2002). Schema theory and knowledge-based processes in second language reading comprehension: A need for an alternative perspective. *Language Learning, 52* (2), 439–482.

Nation, P. (2006). How large a vocabulary is needed for reading and listening? *The Canadian Modern Language Review, 63* (1), 59–82.

Nold, G. & Rossa, H. (2007a). Hörverstehen. In B. Beck & E. Klieme (Hrsg.), *Sprachliche Kompetenzen: Konzepte und Messung. DESI-Studie (Deutsch Englisch Schülerleistungen International)* (S. 178–196). Weinheim: Beltz.

Nold, G. & Rossa, H. (2007b). Leseverstehen. In B. Beck & E. Klieme (Hrsg.), *Sprachliche Kompetenzen: Konzepte und Messung. DESI-Studie (Deutsch Englisch Schülerleistungen International)* (S. 197–211). Weinheim: Beltz.

Nold, G. & Willenberg, H. (2007). Lesefähigkeit. In B. Beck & E. Klieme (Hrsg.), *Sprachliche Kompetenzen: Konzepte und Messung. DESI-Studie (Deutsch Englisch Schülerleistungen International)* (S. 23–41). Weinheim: Beltz.

Phakiti, A. (2007). *Strategic competence and EFL reading test performance: A structural equation modeling approach*. Frankfurt am Main: Lang.

Quetz, J. & Vogt, K. (2009). Bildungsstandards für die Erste Fremdsprache: Sprachenpolitik auf unsicherer Basis. *Zeitschrift für Fremdsprachenforschung, 20* (1), 63–89.

Richter, T. & Christmann, U. (2002). Lesekompetenz: Prozessebenen und interindividuelle Unterschiede. In N. Groeben & B. Hurrelmann (Hrsg.), *Lesekompetenz: Bedingungen, Dimensionen, Funktionen* (S. 25–58). Weinheim: Juventa.

Rost, D. H. & Schilling, S. R. (2006). Leseverständnis. In D. H. Rost (Hrsg.), *Handwörterbuch Pädagogische Psychologie* (3., überarb. und erweit. Aufl., S. 450–460). Weinheim: Beltz, Psychologie Verlags Union.

Rupp, A. A., Ferne, T. & Choi, H. (2006). How assessing reading comprehension with multiple-choice questions shapes the construct: a cognitive processing perspective. *Language Testing, 23* (4), 441–474.

Rupp, A. A., Garcia, P. & Jamieson, J. (2001). Combining multiple regression and CART to understand difficulty in second language reading and listening comprehension test items. *International Journal of Testing, 1* (3&4), 185–216.

Rupp, A. A., Vock, M., Harsch, C. & Köller, O. (2008). *Developing standards-based assessment tasks for English as a first foreign language: Context, processes, and outcomes in Germany* (Vol. 1). Münster: Waxmann.

Sakai, H. (2009). Effect of repetition of exposure and proficiency level in L2 listening tests. *TESOL Quarterly, 43* (2), 360–372.

Schiefele, U., Artelt, C., Schneider, W. & Stanat, P. (Hrsg.). (2004). *Struktur, Entwicklung und Förderung von Lesekompetenz: Vertiefende Analysen im Rahmen von PISA 2000*. Wiesbaden: Verlag für Sozialwissenschaften.

Schiff, R. & Calif, S. (2007). Role of phonological and morphological awareness in L2 oral word reading. *Language Learning, 57* (2), 271–298.

Schmidt, C. (2006). Individuelle Arbeitsgedächtniskapazität und fremdsprachliche Leseverstehensleistung. *Zeitschrift für Fremdsprachenforschung, 27* (2), 163–180.

Schmidt, C. (2007). Lesestrategien. *Französisch heute, 38* (2), 121–129.

Schramm, K. (2001). *L2-Leser in Aktion. Der fremdsprachliche Leseprozeß als mentales Handeln*. Münster: Waxmann.

Shaw, S. D. & Weir, C. J. (2007). *Examining writing: Research and practice in assessing second language writing*. Cambridge: Cambridge ESOL/Cambridge University Press.

Shiotsu, T. & Weir, C. J. (2007). The relative significance of syntactic knowledge and vocabulary breadth in the prediction of reading comprehension test performance. *Language Testing, 24* (1), 99–128.

Sparks, R., Patton, J., Ganschow, L. & Humbach, N. (2009). Long-term crosslingustic transfer of skills from L1 to L2. *Language Learning, 59* (1), 203–243.

Stanovich, K. E. (2000). *Progress in understanding reading: Scientific foundations and new frontiers.* New York: The Guilford Press.

Taillefer, G. F. (1996). L2 reading ability: Further insight into the short-circuit hypothesis. *The Modern Language Journal, 80* (4), 461–477.

Urquhart, A. H. & Weir, C. J. (1998). *Reading in a second language: Process, product and practice.* London: Longman.

van Gelderen, A., Schoonen, R., Stoel, R. D., Hulstijn, J. & de Glopper, K. (2009). Development of adolescent reading comprehension in language 1 and language 2: A longitudinal analysis of constituent processes. *Journal of Educational Psychology, 99* (3), 477–491.

VanPatten, B., Williams, J., Rott, S. & Overstreet, M. (Eds.). (2004). *Form-meaning connections in second language acquisition.* New York: Erlbaum.

Vockrodt-Scholz, V. & Zydatiß, W. (2007). Zur Interdependenz von Englisch- und Sachfachkompetenz im bilingualen Unterricht – ein empirischer Beitrag zur „Schwellenhypothese". *Zeitschrift für Fremdsprachenforschung, 18* (2), 209–236.

Weir, C. J. (2005a). *Language testing and validation: An evidence-based approach.* New York: Palgrave Macmillan.

Weir, C. J. (2005b). Limitations of the Common European Framework for developing comparable examinations and tests. *Language Testing, 22* (3), 281–300.

Weir, C. J. & Khalifa, H. (2008a). A cognitive processing approach towards defining reading comprehension. *Research Notes, 31,* 2–10 Verfügbar unter: http://www.CambridgeESOL.org/rs_notes[06.10.2009].

Weir, C. J. & Khalifa, H. (2008b). Applying a cognitive processing model to Main Suite Reading papers. *Research Notes, 31,* 11–16 Verfügbar unter: http://www.CambridgeESOL.org/rs_notes[06.10.2009].

Weir, C. J., Yang, H. & Jin, Y. (2000). *An empirical investigation of the componentiality of L2 reading in English for academic purposes.* Cambridge: Cambridge University Press.

Westhoff, G. J. (1997). *Fertigkeit Lesen.* Berlin: Langenscheidt.

Rüdiger Grotjahn & Bernd Tesch

2.4 Messung der Hörverstehenskompetenz im Fach Französisch

Verglichen mit dem Sprechen, Lesen und Schreiben und gemessen am zeitlichen Anteil an der Alltagskommunikation dürfte das Hörverstehen die wichtigste Teilkompetenz sein. So nennt Feyten (1991, S. 174) unter Bezug auf ältere Literatur folgende Zeitanteile für die vier Teilkompetenzen: Hören 45%, Sprechen 30%, Lesen 16% und Schreiben 9%. Ähnliche Zahlen finden sich bei Eggers (1996, S. 16). Weiterhin konnte Fox (2004, S. 460) für eine kanadische Universität zeigen, dass die Leistungen im Hörverstehen ein (besonders) wichtiger Prädiktor für den Studienerfolg waren. Trotz dieser faktischen Bedeutsamkeit hatte das Hörverstehen jedoch lange Zeit den Status eines „Aschenputtels der sprachlichen Fertigkeiten" (Raasch, 1976). Sowohl die Schulung als auch die Überprüfung des Hörverstehens wurden zumeist vernachlässigt. Dies gilt bisweilen auch heute noch im deutschen Schulkontext (vgl. auch Meißner, 2006). Es ist daher zu begrüßen, dass die Bildungsstandards nunmehr dem Hörverstehen einen seiner kommunikativen Bedeutung angemessenen Stellenwert einräumen.

Das Hörverstehen stellt aufgrund der Flüchtigkeit des Hörvorgangs besondere Herausforderungen an die Aufgabenentwicklung. Es gilt, zahlreiche Bedingungen zu erfüllen, die es ermöglichen, dass ein Hörverstehenstest sowohl als valide bezogen auf das Konstrukt als auch objektiv und reliabel auswertbar gestaltet werden kann. Dazu zählt z.B. die Frage nach der Authentizität des Hörens verbunden mit der Anzahl der Hörvorgänge. Dazu zählt auch die generelle akustische und inhaltliche Gestaltung der Tonquelle, denn es gilt, die akustische Qualität der Aufnahmen an die Wiedergabemöglichkeiten in Schulen anzupassen und die visuell rezipierten bzw. zusätzlich im Testheft zu lesenden Aufgabenelemente mit den Hörsequenzen sorgfältig abzustimmen. Im vorliegenden Beitrag werden diese und weitere Aspekte am Beispiel der IQB-Höraufgaben im Fach Französisch untersucht. Zunächst werden wieder, wie in Kapitel 2.3 zur Kompetenz Leseverstehen, einige psycholinguistische Grundlagen dargestellt. Da Hörverstehen und Leseverstehen zumindest in Teilbereichen beträchtliche Parallelen aufweisen[1] und wir zudem in Kapitel 2.3 relativ ausführlich auf die psycholinguistischen Grundlagen des Leseverstehens eingegangen sind, werden wir bei der Darstellung der psycholinguistischen Grundlagen vor allem Spezifika des Hörverstehens im Vergleich zum Leseverstehen fokussieren. Daran anschließend werden das Konstrukt sowie die verwendeten Formate beschrieben, bevor weitere Spezifizierungen des Hörverstehenstests vorgestellt und diskutiert werden.

---

1 Zu Parallelen und grundlegenden Differenzen vgl. z.B. Field (2008a, S. 27f.) sowie die folgenden Ausführungen. Vgl. ferner auch Rost & Schilling (2006); Geranpayeh (2007); Leucht, Retelsdorf, Möller & Köller (2009). Allerdings ist unseres Erachtens ein Teil der mit Hilfe der üblichen Verstehensaufgaben ermittelten Übereinstimmungen in den Leistungen bei Lese- und Hörverstehenstests darauf zurückzuführen, dass die verwendeten Aufgaben in der Regel zu wenig die Spezifika des Hörverstehens im Vergleich zum Leseverstehen berücksichtigen. Außerdem müssen hohe Übereinstimmungen auf der Produktebene nicht notwendigerweise auf ähnlichen Prozessen beruhen.

2.4.1 Psycholinguistische Grundlagen des Hörverstehens[2]

I. Modelle des Hörverstehens

Fremdsprachliches Hörverstehen[3] wird wie das Leseverstehen in der Regel als ein „interdependentes Wechselspiel von datengeleiteten und von wissensgeleiteten (psycholinguistischen) Verarbeitungsprozessen (= bottom-up vs. top-down processing)" (Zydatiß, 2005, S. 97) oder in der Formulierung von Meißner (2006, S. 259) als „Interaktion aszendierender und deszendierender Prozesse" dargestellt.[4] Die datengeleiteten Prozesse beziehen sich nach Zydatiß (2005, S. 97) auf „,Verstehensinseln' auf der phonologischen, syntaktischen oder lexikalischen Ebene, die in eine semantische Interpretation eingebunden werden". Die wissensgeleiteten *Top-down*-Prozesse greifen dagegen auf hierarchiehöheres sprachliches Wissen sowie Weltwissen zurück (vgl. auch Wolff, 2003; Field, 2004, 2008a, 2008b). Insgesamt gesehen handelt es sich beim Hörverstehen um einen „Prozess, in dem sensorisch einlaufende verbal-lautliche Daten Sinnkonstruktionen auslösen" (Meißner, 2006, S. 258).

Das Wechselspiel von datengeleiteten und wissensgeleiteten Verarbeitungsprozessen lässt sich anhand des folgenden Beispiels illustrieren: Wird in dem schnell gesprochenen dekontextualisierten Satz „C'est vous qui jetez les vieux journaux?"[5] die Zeichenkette „qui jetez", wie es sehr häufig der Fall ist, als [kiʒte] gesprochen, dann wird die Äußerung im Unterschied zu Muttersprachlern auch von sehr weit fortgeschrittenen Französischlernern in der Regel nicht korrekt verstanden. Zumeist wird von diesen anstelle von „qui jetez" die Wortfolge „qui achetez" gehört. Für dieses Hörproblem lassen sich zumindest zwei Erklärungen anführen. Zum einen können Dekodierschwierigkeiten auf der phonetischen Ebene die Ursache sein. Wir hätten dann einen Beleg für die zentrale Bedeutung einer effizienten *Bottom-up*-Verarbeitung des akustischen Signals für den Hörverstehensprozess. Als komplementäre Ursache kommen jedoch auch (zusätzliche) Probleme auf der semantischen Verarbeitungsebene in Frage. So könnte es sein, dass dem Lerner der Gebrauch von „jeter" im Sinne von „wegwerfen" im Kontext von „vieux journaux" nicht (hinreichend) vertraut ist, und er deswegen die Lautfolge [kiʒte] *top-down* als „qui achetez" interpretiert.

---

2 Die Ausführungen des Abschnitts 2.4.1 beruhen in wesentlichen Teilen auf Grotjahn (2003, Kapitel 6), Grotjahn (2005) und Grotjahn (2010).
3 Wir verwenden im vorliegenden Beitrag den Terminus Fremdsprache zumeist in einem weiten Sinne, der die Bedeutung „Zweitsprache" mit einschließt. Dies impliziert jedoch nicht, dass wir fremdsprachliches und zweitsprachliches Hörverstehen als in allen Aspekten identisch ansehen.
4 Vgl. auch die entsprechenden Ausführungen zu den psycholinguistischen Grundlagen des Leseverstehens in Kap. 2.3 im vorliegenden Band. Speziell zum Hörverstehen vgl. z.B. Solmecke (1999); Bejar, Douglas, Jamieson, Nissan & Turner (2000); Buck (2001); Brindley & Slatyer (2002); Kieweg (2003); Rost (2004); Fehérváryné Horváth & Pižorn (2005); Grotjahn (2003; 2005); Flowerdew & Miller (2005); Zydatiß (2005); Brownell (2006); Meißner (2006); Bächle (2007); Küpper (2007); Nold & Rossa (2007); Vandergrift (2006, 2007); Field (2008a, 2008b); Geranpayeh & Taylor (2008).
5 Das Beispiel findet sich in einem älteren französischen Sprachlehrprogramm. Die Sprecher sind französische Muttersprachler.

Während in der (jüngeren) Hörverstehensdidaktik in der Regel die Bedeutung von *top-down-* Prozessen herausgestellt und der strategische Aspekt des Hörverstehens betont wird, wird vor allem in der psycholinguistisch orientierten Forschung in jüngerer Zeit verstärkt auf die Bedeutung von effizienten *Bottom-up*-Prozessen für das Hörverstehen hingewiesen – und zwar speziell auf die Wichtigkeit einer schnellen und korrekten Worterkennung (vgl. z.B. Hulstijn, 2003; Poelmans, 2003). So haben u.a. Tsui & Fullilove (1998) empirisch zeigen können, dass insbesondere weniger effiziente Hörer auf *Top-down*-Prozesse zurückgreifen, um Defizite bei der *Bottom-up*-Verarbeitung zu kompensieren (vgl. auch Goh, 2000; Field, 2004, 2008a, 2008b). Dabei kommt es jedoch nicht selten zu einem inadäquaten Hörverständnis. Bahns (2006, S. 131) weist deshalb zu Recht unter Bezug auf Field (2003) auf die entscheidende Bedeutung einer korrekten Hörwahrnehmung für ein korrektes Hörverstehen hin. Folgt man dieser Argumentation, dann sollten Hörverstehenstests vor allem bei nicht sehr weit fortgeschrittenen Lernern auch speziell die Fähigkeit zum schnellen und korrekten Dekodieren des sprachlichen Inputs in hinreichendem Maße erfassen (vgl. auch die Forderung von Meißner, 2006, S. 267 nach Schulung und Überprüfung der Fähigkeit des „auf die Sprachform gerichteten Feinverstehens").

Ein gravierender Unterschied zwischen Hör- und Leseverstehen ist, dass Hörverstehen ein Echtzeit-Prozess ist (vgl. auch Field, 2008a, S. 27f.). Dies heißt u.a., dass beim Hören der auditive Eindruck wegen des zeitlich-sequentiellen Charakters des Signals im Gegensatz zum Lesen flüchtig ist. Zudem hängt die Geschwindigkeit des Textflusses in der Regel nicht vom Rezipienten, sondern vom Sprecher ab. Die Tatsache, dass Hörverstehen in Echtzeit abläuft und dass der Hörer damit im Vergleich zu einem Leser ein weit geringeres Maß an Kontrolle über den Text hat, hat u.a. zur Folge, dass ein inadäquates Verständnis beim weiteren Hören zumeist nicht oder nur sehr eingeschränkt korrigiert werden kann. Eine Einschränkung ergibt sich auch aus der im Vergleich zum visuellen Kanal deutlich geringeren kognitiven Kapazität beim Verarbeiten und Speichern auditiver Signale. Außerdem müssen verstandene Informationen als Basis für das Verstehen späterer Textinformationen im Arbeitsgedächtnis gehalten werden.[6] Meißner (2006, S. 263) betont deshalb, dass „Fragen des Hörverstehens auch immer solche der Speicherungsfähigkeit von Sprachdaten sind." Sind dann noch parallel zum Hören Aufgaben zu lesen oder vorher gelesene oder gehörte Arbeitsanweisungen und Aufgaben im Gedächtnis zu behalten, kann es leicht zu einer Überlastung des Arbeitsgedächtnisses kommen. Insbesondere dann, wenn die Aufgaben erst nach dem Hören des Textes zu lösen sind, testet man zudem, neben dem eigentlichen Hörverstehen, auch stets die Fähigkeit zur mittelfristigen Speicherung von Informationen (vgl. Grotjahn, 2005; Buck, 2001, Kapitel 1).

Während es sich bei Hörtexten um kontinuierliche akustische Signale handelt, liegen schriftliche Texte als Systeme diskreter Einheiten vor (Buchstaben, Wörter etc.) Ein Hörtext ist für den Hörer zunächst einmal ein mit Pausen unterbrochener Lautstrom, in dem im Unterschied zu Lesetexten u.a. die Wortgrenzen nur sehr bedingt markiert sind. Um den Text zu verstehen, muss der Hörer zumindest partiell den Lautstrom in Einzelwörter zerlegen. Die Segmentierung in Wörter stellt eine

---

6 Zur Rolle des Arbeitsgedächtnisses beim Sprachverstehen vgl. z.B. Baddeley (2003) und Leeser (2007).

der Hauptschwierigkeiten beim Hören (fremdsprachiger) Texte dar – vor allem in einer „grenzsignalarmen Sprache" wie dem Französischen (vgl. Meißner, 2006, S. 261). Die Schwierigkeiten werden noch verstärkt, wenn der Hörtext eine deutliche Tendenz zu Koartikulation, Assimilation, Reduktion und Elision aufweist.[7] Angesichts dieser und weiterer Spezifika des Hörverstehens kommt Field (2008a, S. 27f.) zu Recht zu einer sehr kritischen Bewertung des Ausmaßes an Übereinstimmung zwischen Hör- und Leseverstehen.[8]

Eine Diskussion von Eigenschaften von Hörtexten, die das Hörverstehen beeinflussen können, findet sich auch in dem Standardwerk von Buck (2001). Der Autor nennt u.a. folgende Merkmale (vgl. S. 32ff.):

- *Phonologische Modifikation.* Bei schnellem Sprechen kann es zu Assimilationsprozessen oder zum Wegfall von Lauten kommen, wie z.B. „wonchoo" statt „won't you" im Englischen (vgl. Buck, 2001, S. 33). Für das Französische ließe sich z.B. „Le v'là" statt „Le voilà" anführen. Diese Beispiele sind kein Problem für Erstsprachenhörer, können aber das Hörverstehen bei Fremd- oder Zweitsprachenlernern beeinträchtigen.
- *Akzente und Dialekte.* Ein wenig vertrauter Akzent oder Dialekt kann das Hörverstehen stark behindern. So haben Französischlerner z.B. im Fall des Lexems *souhait* zumeist die an der Grafie orientierte zweisilbige Aussprache [suˈɛ] internalisiert. Hören sie dann „C'est un souhait" mit der einsilbigen und zudem regionalen, geschlossenen Aussprache [swe],[9] wird die Äußerung häufig nicht verstanden.
- *Prosodische Merkmale.* Die Betonung hängt von der relativen Wichtigkeit eines Wortes oder Satzes im Textkontinuum, von emotionalen, grammatikalischen, textuellen oder kontextuellen und sozialen Faktoren ab, und sie kann zur Quelle von Missverständnissen werden.
- *Sprechgeschwindigkeit.* Es gilt zumeist, jedoch nicht notwendigerweise: „Je langsamer, desto leichter" (vgl. Fußnote 14).
- *Verzögerungen und Pausen.* Sie können das Verständnis erleichtern oder Missverständnisse hervorrufen.

---

7 Vgl. z.B. Goh (2000), Field (2008a, Kap. 9) sowie auch die Diskussion von Unterschieden zwischen „konzeptioneller Mündlichkeit" und „konzeptioneller Schriftlichkeit" bei Grotjahn (2005, S. 128ff.), zwischen Schreib- und Sprechgrammatik im Französischen bei Meißner (2006, S. 246f.) sowie zwischen der Lexik mündlicher und schriftlicher englischer Texte bei Rose (2008).

8 Vgl. z.B. Field (2008a, S. 27f.): „... the signal which the listener has to deal with requires an entirely different kind of processing to that demanded by reading. ... Of course, it cannot be denied that the two skills have certain meaning-building elements in common. They both draw upon the same comprehension processes (extracting ideas, relating ideas to what has gone// before, interpreting what the speaker/reader has left unsaid, making connections to world knowledge). But this resemblance should not be overstated. Because of the temporary nature of the speech signal, a listener has to carry forward in her memory all the ideas that have been expressed so far if she wishes to build a complete account of a conversation. By contrast, ... a reader can always look back. So even at the level of comprehension the processes are distinct."

9 Im bekannten Wörterbuch *Petit Robert* z.B. wird als Transkription [swɛ] (d.h. einsilbig, offener Vokal) angegben.

- *Diskursstruktur*. Radiodurchsagen, Vorträge, Zugauskünfte etc. sind von völlig unterschiedlicher Komplexität und stellen dementsprechend völlig unterschiedliche Anforderungen an das Hörverstehen.
- *Non-verbale Signale*. Sie können automatischer Bestandteil des kommunikativen Aktes (z.B. Händeschütteln) sein, sie können Gefühle vermitteln, sie können gesprochene Sprache ersetzen (Achselzucken). Besondere Schwierigkeiten können dabei im Fall von interkulturellen Kontrasten auftreten.

Diese Merkmale sollten im unterrichtlichen Kontext in einem systematischen Hörtraining bewusst gemacht werden. Bei der Aufgabenerstellung sind sie als potentielle schwierigkeitsgenerierende Merkmale zu berücksichtigen.

Hörverstehen ist wie Leseverstehen eine zielgerichtete Aktivität. Der Hörer kann bei seinem Bemühen um Verstehen unterschiedliche und im Zuge des Hörens auch wechselnde Ziele verfolgen: Er kann z.B. bestimmte Detailinformationen dem Text entnehmen wollen oder auch in erster Linie ein globales Verständnis des Textes anstreben. Das jeweilige *Hörziel* steuert somit die Art und Weise, wie der Hörer den Text verarbeitet und damit die jeweilige spezifische *Höraktivität/ Hörstrategie*. Entsprechend wird in der Literatur analog zu den Lesetypen u.a. zwischen folgenden Hörtypen differenziert: detailliert, selektiv, global, orientierend, kursorisch, total (vgl. die Literaturbelege in Grotjahn, 2005).

Eine interessante, allerdings nicht unproblematische Systematik von Hörtypen hat Field (2008a, S. 66) vorgelegt. Der Autor orientiert sich dabei an der von uns bereits bei der Beschreibung unterschiedlicher Leseaktivitäten zugrunde gelegten Differenzierung von Urquhart & Weir (1998), die zwischen einer lokalen vs. globalen sowie einer sorgfältigen vs. schnellen Verarbeitung unterscheiden. Dabei interpretiert Field die letztgenannte Dichotomie jedoch im Sinne von vier unterschiedlichen Stufen der Aufmerksamkeit im Hinblick auf den jeweiligen Hör-Input. Die Tabelle 1 gibt in adaptierter und verkürzter Form die (wesentlich komplexere und mit Beispielen illustrierte) Klassifikation von Field (2008a) wieder.

Tabelle 1: Hörtypen in Anlehnung an Field (2008a, S. 66)

Ausmaß an Aufmerksamkeit	Fokus der Aufmerksamkeit	
	global	lokal
eher gering	Skimming	unfokussiertes Scanning
mittel	Verstehen der Kernaussage	fokussiertes Scanning; suchendes Hören
eher hoch	Verstehen der zentralen Aussagen und logischer Bezüge	Verstehen wichtiger Details

Weiterhin kann der Hörer in einer Kommunikationssituation eine Reihe unterschiedlicher Rollen einnehmen. Rost (1990, S. 5f.) unterscheidet anhand des Ausmaßes an diskursiver Kooperation zwischen Sprecher und Hörer folgende Hörerrollen: a) *Gesprächsteilnehmer* mit dem gleichen Rederecht wie der Sprecher; b) *Adressat*, d.h. eine Person, an die sich der Sprecher direkt wendet, die aber nur ein eingeschränktes Antwortrecht hat (z.B. Student in einer traditionellen

Vorlesung); c) *Zuhörer ("auditor")* – der Hörer ist zwar Adressat, hat aber nicht die Möglichkeit oder nur ein sehr eingeschränktes Recht zu antworten, und es wird auch nicht von ihm erwartet, dass er antwortet (z.B. Radiosendung oder Ansage der nächsten Haltestelle in einem Bus); dieser Fall wird auch als „Hören in Einwegkommunikation" bezeichnet; d) *(zufälliger) Mithörer* – der Hörer ist nicht Adressat, und es wird auch keine Antwort von ihm erwartet (vgl. auch Paschke, 2001; Rost, 2004).

Die verschiedenen Rollen beinhalten höchst unterschiedliche Anforderungen an den Hörer. Vor allem die Rolle als aktiver Gesprächsteilnehmer stellt deutlich andere kognitive Anforderungen als z.B. die Rolle eines Zuhörers bei einem Vortrag (vgl. auch die Ausführungen zur mündlichen Interaktion im GER; Europarat, 2001, Kapitel 4. sowie Field, 2008a, S. 69f.). Als Gesprächsteilnehmer kann der Hörer z.B. Bedeutungen aushandeln und sein eigenes Verstehen anhand der Reaktionen der Gesprächsteilnehmer überprüfen. Die Notwendigkeit, die eigenen Gesprächsbeiträge zu planen, kann jedoch zugleich das Verstehen der Äußerungen des Gesprächspartners erheblich beeinträchtigen. Aus den genannten Gründen kann man im Rahmen von mündlichen Interviews auch nur sehr bedingt Hörverstehenskompetenz und insbesondere nur sehr eingeschränkt die Fähigkeit zum Verstehen von Einwegkommunikation überprüfen (vgl. auch das Kapitel 2.6 zur Messung der fremdsprachlichen Sprechkompetenz im vorliegenden Band).

Ebenfalls problematisch im Hinblick auf das Testen ist die Rolle als Mithörer z.B. eines Gesprächs von Fremden. Dem Mithörer steht nicht das Situations- und Sachwissen der Sprecher zur Verfügung. Dies kann das Verständnis des mitgehörten Gesprächs sogar für Muttersprachler unmöglich machen (vgl. Dirven, 1984, S. 23, 31; Brown, 1995, S. 59f.).

Ein wichtiger Unterschied zwischen Lese- und Hörverstehen ist, dass sich der Hörer außerhalb der Testsituation zumeist in Hör-Seh-Situationen befindet. Dies bedeutet zum einen, dass der Rezipient für die Verarbeitung und Speicherung die im Vergleich zum auditiven Kanal weit größere Kapazität des visuellen Kanals nutzen kann (vgl. Wiemer, 1999, S. 51f.; Paschke, 2001, S. 158f.). Zum anderen stehen über den visuellen Kanal weitere für das Verstehen wichtige Informationen zur Verfügung – z.B. in Bezug auf den situativen Rahmen des Gehörten oder auch anhand von Gestik und Mimik hinsichtlich der Sprecherintentionen.

Die Bedeutung des Hör-Seh-Verstehens wird auch im GER und in den Bildungsstandards betont. Einschränkend muss allerdings vermerkt werden, dass ein Hörverstehenstest durch die Einbeziehung der visuellen Komponente nicht notwendigerweise auch konstruktvalider wird. Insbesondere dann, wenn gleichzeitig zum Hör-Seh-Verstehen Fragen zu beantworten sind oder auch wenn Bild und Ton sich nicht hinreichend ergänzen, kann es leicht zu einer validitätsmindernden Informationsüberlastung auf Seiten des Rezipienten kommen (vgl. z.B. Brett, 1997; Gruba, 1997, 1999; Ginther, 2002; Porsch, Grotjahn & Tesch, 2009).

Eine wichtige Kontextvariable sowohl in Bezug auf die Validität[10] als auch die Schwierigkeit von Hörverstehensaufgaben ist die Präsentationshäufigkeit der Hörtexte und die Positionierung der zum Text gehörenden Items.

---

10 Zur Kontextvalidität und zum Einfluss des Kontextes auf die kognitive Validität vgl. Weir (2005) sowie Kapitel 2.3.1 im vorliegenden Band.

Die meisten Texte werden in der Realität nur einmal gehört und können zudem auch häufig nur einmal gehört werden. Texttypen, wie z.B. Nachrichten auf einem Anrufbeantworter oder telefonische Ansagen, können zwar prinzipiell mehrfach gehört werden, authentisch ist ein mehrfaches Hören allerdings nur im Fall von Verständnis- oder Gedächtnisproblemen oder einem spezifischen Interesse an der jeweiligen Information. Ähnliches gilt in Bezug auf Internet-Videoportale wie YouTube. Auch in einer *Face-to-face*-Kommunikation kann man im Fall von Nichtverstehen bestenfalls hin und wieder nachfragen. Zudem sind insbesondere Gespräche durch ein hohes Maß an Redundanz und Wiederholung gekennzeichnet (vgl. Flowerdew & Miller, 2005; Sakai, 2009, S. 370). Das Kriterium der Authentizität und auch die potentiell positive Rückwirkung authentischer Textaufgaben auf einen kommunikativ konzipierten Unterricht (*consequential validity*) sprechen deshalb in vielen Fällen eher für eine einmalige Präsentation der Hörtexte im Test (vgl. auch Paschke, 2001, S. 159f.; Geranpayeh & Taylor, 2008, S. 3f.). Die Inauthentizität einer mehrfachen Präsentation wird im Übrigen noch erhöht, wenn in der Realität gängige Hintergrundgeräusche ausgeblendet werden – was selbst in internationalen Tests relativ häufig vorkommt. Insbesondere hier stellt sich die Frage, inwieweit entsprechende Aufgaben die Fähigkeit zum Hörverstehen unter Alltagsbedingungen messen.

Allerdings gilt insbesondere in Bezug auf beginnende Lerner, dass diese bei nur einmaligem Hören nicht selten deutlich überfordert sind. Zunächst einmal ist das Verstehen einer Tonträgeraufnahme fast stets schwieriger als das Hörverstehen in der *Face-to-face*-Kommunikation, wo Faktoren wie situative Einbettung, Gestik, Mimik und Lippenbewegungen das Verstehen erleichtern und der Hörer darüber hinaus häufig auch hinreichend Zeit hat, sich an die jeweiligen Sprecher zu gewöhnen (vgl. Boroughs, 2003, S. 336). Zudem hilft das zweimalige Hören, den potentiellen Einfluss störender Kontextfaktoren zu minimieren. So kann in der Praxis häufig nicht sicher gestellt werden, dass die räumlichen Gegebenheiten und die technische Ausstattung bei jeder Testadministration eine vergleichbar hohe Qualität aufweisen. Außerdem kann es jederzeit trotz Vorkehrungen zu störendem Lärm kommen – z.B. in Form von Straßenlärm oder Husten von Testteilnehmern (vgl. Geranpayeh & Taylor, 2008, S. 3). Weiterhin kann es sein, dass bestimmte Lerner ein Item nicht adäquat bearbeiten, weil sie noch dabei sind, ein sehr schwieriges vorangehendes Item zu lösen (vgl. den entsprechenden Hinweis in Geranpayeh, 2008, S. 20). Ein zweites Hören bedeutet in diesem Fall eine zweite Chance. Schließlich kann insbesondere bei einem einmaligen Hören aus der Überprüfung des Hörverstehens sehr leicht eine Überprüfung der Gedächtnisleistung werden. Dies gilt vor allem dann, wenn komplexe W-Fragen *nach* dem Hören des Textes zu beantworten sind (s.o.). Es ist dagegen ein deutlich geringeres Problem, wenn z.B. kurze, der Reihenfolge im Text folgende Entscheidungsaufgaben (richtig/falsch; ja/nein) während des Hörens zu lösen sind (vgl. Bahns, 2006, S. 128).

Insgesamt sprechen die genannten Argumente eher für eine mehrmalige Präsentation (vgl. auch Sakai, 2009). Nicht ohne Grund werden mittlerweile in fast allen Cambridge ESOL Tests die Hörtexte zweimal präsentiert.[11] Eine in Teilen traditionsbedingte Ausnahme ist das *International English Language Testing Sys-*

---

11 Dies gilt ab Dezember 2008 auch in Bezug auf das CAE – laut Cambridge ESOL eine C1-Prüfung (vgl. www.cambridgeesol.org/assets/pdf/fcecae_review5.pdf [15.9.2009]).

tem (IELTS). Allerdings wird dort darauf geachtet, dass die Hörtexte so viel Redundanz aufweisen, dass die dazu gehörigen Items auch bei nur einmaliger Präsentation des Textes z.B. im Fall von kurzen Störgeräuschen mit einer hinreichenden Wahrscheinlichkeit gelöst werden können (vgl. Geranpayeh & Taylor, 2008, S. 4).

Was die Positionierung der Items betrifft, so spricht sich z.B. Bolton (1996, S. 47) dafür aus, beim Testen des Hörverstehens auf der Grundstufe[12] den Text zweimal zu präsentieren – und zwar wie folgt: Die Lerner hören zunächst einmal den Text. Sie lesen dann die Aufgabe(n), damit sie bei der zweiten Präsentation zielgerichteter hören können. Anschließend hören sie den Text zum zweiten Mal und lösen dabei – oder danach – die Aufgabe(n).

Die Ansicht, dass diese sog. Sandwich-Variante das Verstehen erleichtert, wird u.a. durch Sherman (1997) empirisch gestützt (vgl. auch Sakai, 2009, S. 362f.). Die Befunde von Sherman deuten weiterhin darauf hin, dass sich im Fall einer einmaligen Präsentation vorangestellte Aufgaben sowohl positiv als auch negativ auf das Verstehen auswirken können. Indem vorangestellte Aufgaben die Aufmerksamkeit auf bestimmte Informationen lenken, können sie einerseits das Verstehen erleichtern. Andererseits können sie jedoch auch zu einer Informationsüberlastung und als Folge „flacheren" Verarbeitung des Textes führen. Allerdings hat nach Sherman die Voranstellung der Aufgaben einen positiven affektiven Effekt, da der Hörer nicht im Unklaren über die als relevant erachteten Informationen gelassen wird. Außerdem sind vorangestellte Aufgaben häufig authentischer als nachgestellte Aufgaben, da in der Realität das Hören eines Textes zumeist mit spezifischen Zielsetzungen und Fragestellungen auf Seiten des Hörers verbunden ist.

Bei zweimaliger Präsentation des Hörtextes besteht zudem die Möglichkeit, dass sich die Schüler zunächst das Item anschauen, dann den Text hören, ohne schon eine Antwort oder Lösung eintragen zu müssen und erst nach oder während des zweiten Hörens ihren Eintrag machen. Dadurch reduziert sich die potentielle Beeinträchtigung des Hörvorgangs durch Lesen und Schreiben (vgl. auch nachfolgend Abschnitt 2.4.3).

II. Determinanten der Schwierigkeit von Hörverstehensaufgaben

In den vorangehenden Ausführungen wurden bereits eine Reihe von potentiellen Determinanten der Schwierigkeit von Hörverstehensaufgaben genannt. Wir wollen nun abschließend diesen Aspekt noch etwas vertiefen. Wir beschränken uns dabei auf hörverstehensspezifische Merkmale.[13]

---

12 Grundstufe ist hier im Sinne der (damaligen) Einteilung des Goethe-Instituts zu verstehen, d.h. als Lernabschnitt, der von Nullkenntnissen bis zum Zertifikat Deutsch als Fremdsprache (GER-Niveau B1) reicht.

13 Weitere Hinweise zur Thematik finden sich u.a. in Dunkel, Henning & Chaudron (1993); Thompson (1995); Buck, Tatsuoka, Kostin & Phelps (1997); Jensen, Hansen, Green & Akey (1997); Glaboniat (1998, Kapitel 7.3); Freedle & Kostin (1999); Grotjahn (2000); Buck (2001, S. 149–153); Brindley & Slatyer (2002); Lynch (2002, S. 43–45); Kostin (2004); Flowerdew & Miller (2005); Leucht, Harsch & Köller (2009). Vgl. auch Kapitel 2.3 zum Leseverstehen im vorliegenden Band.

Brown (1995) weist darauf hin, dass beim Hören eines Textes in Echtzeit die konzeptuelle Schwierigkeit des Textinhalts im Vergleich zum Lesen eine deutlich größere Rolle spielt. Die konzeptuelle Schwierigkeit ist allerdings in erster Linie im Fall so genannter transaktionaler Texte von Bedeutung, d.h. bei Texten, die auf die Übermittlung von Sachinformationen zielen. Hierzu zählen insbesondere narrative, deskriptive und expositorisch-argumentative Texte, nicht jedoch z.B. solche Alltagsgespräche, die in erster Linie der Pflege sozialer Beziehungen dienen. Da wir einen Hörtext bei konzeptuell bedingten Verstehensproblemen in der Regel nicht mehrfach hören können, kann es u.a. zu einer Überbeanspruchung des Arbeitsgedächtnisses und als Folge zu Störungen des auditiven Perzeptionsprozesses in Form einer verzögerten und unvollständigen Interpretation des Sprachsignals kommen (vgl. Eggers, 1996, S. 21).

Brown (1995) nennt folgende sechs Merkmale zur Charakterisierung der kognitiv-konzeptuellen Schwierigkeit von transaktionalen Hörtexten. Entsprechende Texte sind nach Brown (1995) vergleichsweise leicht zu verstehen, wenn

1. sie eine geringe Zahl von Referenten (Individuen, Objekten) aufweisen;
2. die Referenten klar voneinander unterschieden sind;
3. die Ortsrelationen wenig komplex sind;
4. die Erzählreihenfolge dem Ablauf der Ereignisse in der Realität entspricht;
5. für das Verständnis wenige Inferenzen notwendig sind;
6. die Inhalte präzise formuliert, untereinander konsistent und auf bereits vorhandene Informationen beziehbar sind.

Eine nützliche Liste von Schwierigkeitsfaktoren, die aus der akustischen Komponente resultieren, hat Solmecke (2000) zusammengestellt (vgl. auch Solmecke, 2003 sowie Brown & Yule, 1983, S. 80–89). Diese ist in Tabelle 2 wiedergegeben. Es ist allerdings hinzuweisen, dass in einigen Fällen durchaus Abweichungen von der angegebenen Richtung des Zusammenhangs auftreten können. So gibt es z.B. empirische Belege, dass sehr lange Pausen zwischen Sätzen und Satzteilen oder ein sehr langsames Sprechtempo auch verstehenserschwerend sein können (vgl. Derwing & Munro, 2001; Munro & Derwing, 2001).[14]

Die Listen von Brown (1995) und Solmecke (2000) müssen natürlich noch um Merkmale ergänzt werden, die der Wechselwirkung zwischen Hörtext und Item Rechnung tragen. In Kapitel 2.3 zum Leseverstehen haben wir in Tabelle 1 bereits einige dieser sog. Text-Item-Variablen aufgeführt. Ergänzend könnte man hier noch Merkmale nennen, wie z.B. „Die Items werden zeitverzögert beantwortet", „Die Items sind vor Präsentation des Textes nicht bekannt" oder „Die Beantwortung der Items erfolgt unter Zeitdruck". Diese Merkmale sind zwar nicht hörverstehensspezifisch; sie spielen jedoch wegen des Echtzeitcharakters bei der Testung des Hörverstehens eine besondere Rolle.

---

14 Vor diesem Hintergrund sind Einschränkungen wie „wenn (relativ) langsam und deutlich gesprochen wird" in den Hörverstehensskalen des GER (vgl. Europarat, 2001, S. 72f.) oder auch in den Bildungsstandards (vgl. weiter unten Abschnitt 2.4.2) nicht unproblematisch – ebenso wie die Praxis, zur Verringerung der Schwierigkeit die Sprechgeschwindigkeit mit Hilfe von Software wie *Audacity* zu verlangsamen.

Tabelle 2: Schwierigkeitsfaktoren der akustischen Komponente (Solmecke, 2000, S. 63)

	Textschwierigkeit				
	← eher leicht				eher schwierig →
Akustische Komponente		1	2	3	4
Störgeräusche	Leise				Laut
Raumakustik	Gut				Schlecht
Aufnahmequalität	Gut				Schlecht
Sprechgeschwindigkeit	Langsam				Schnell
Artikulation	Deutlich				Undeutlich
Intonation	Gliedernd				Monoton
Pausen zwischen Sätzen und Satzteilen	Eher länger				Eher kürzer
Dialekt-, Regiolekt-, Soziolektfärbung	Keine				Stark
Sonstige Abweichungen vom Standard	Keine				Starke
Zahl der Sprecher/innen	Eine(r)				Mehrere
Unterscheidbarkeit der Stimmen im Dialog	Problemlos				Schlecht
Sprecherwechsel überlappend	Nie				Häufig
Zwischenrufe/sonstige Unterbrechungen	Nie				Häufig
Präsentationshäufigkeit	Mehrmals				Einmal

Die vorangehenden Ausführungen haben eine Reihe von Konsequenzen für die Gestaltung von Hörverstehensaufgaben. Zum einen sollte man die genannten Schwierigkeitsfaktoren sowie weitere insbesondere in Buck (2001, S. 149–153) aufgeführte Faktoren bereits bei der Textauswahl berücksichtigen. Zum anderen kann man (zusätzlich) versuchen, die Schwierigkeit einer Aufgabe über die Manipulation relevanter Merkmale systematisch zu verändern. Bei der letztgenannten Möglichkeit stellt sich allerdings das Problem, dass die Manipulation von Hörtexten zum einen sehr aufwändig ist, da sie die Neuaufnahme des Textes auf Tonträger erfordert, und dass zum anderen sowohl die Veränderung von Textmerkmalen als auch eine Neuaufnahme (mit anderen Sprechern) zu einer Verringerung der Authentizität führen kann. Einige Testspezialisten sprechen sich deshalb dafür aus, grundsätzlich authentische Hörtexte zu benutzen und dann die Schwierigkeit der Aufgaben über die Aufgabenstellung und die Items zu steuern (vgl. z.B. Jensen et al., 1997; Glaboniat, 1998, S. 74 & S. 159).

Weiterhin ergibt sich beim Versuch der Steuerung der Aufgabenschwierigkeit über eine Manipulation einzelner Merkmale das Problem, dass die Merkmale in der Regel in einer komplexen Wechselwirkung stehen. Dies hat zur Folge, dass die Schwierigkeit einer bestimmten Konfiguration von Merkmalen nur sehr bedingt anhand der Schwierigkeiten der zugehörigen Einzelmerkmale vorhergesagt werden kann (vgl. Jensen et al., 1997; Brindley & Slatyer, 2002).

Die Testaufgabenkonstruktion im Projekt Französisch weist im Hinblick auf den Grad der Authentizität der Materialien und die Steuerung der Aufgabenschwierigkeit eine Entwicklung auf. Wurden in der ersten Phase, die ganz im Zeichen der Kooperation mit dem *Centre International d'Etudes Pédagogiques (CIEP)* in Sèvres stand, noch fast ausschließlich Studioaufnahmen verwendet, die im Übrigen nur in seltenen Fällen Hintergrundgeräusche und akzentuale Färbungen aufweisen, so ging man ab der zweiten Entwicklungsphase zunehmend zur Verwendung authentischer Materialien über und versuchte, die Verstehensschwierigkeiten mehr auf der Seite des Items auszubalancieren. Auf die Bearbeitung bzw. Aufnahme von Hörsequenzen im Tonstudio konnte aber und kann auch dauerhaft nicht ganz verzichtet werden, da schon allein die technische Qualität „privat" aufgenommener Dialogsequenzen die Ansprüche an die Aufnahmequalität häufig nicht erfüllen kann, die für Testungen erforderlich sind und Verzerrungen aufgrund der Wiedergabebedingungen im Klassenzimmer (z.B. unterschiedliche akustische Bedingungen, unterschiedliche Wiedergabequalität der Geräte) noch verstärken kann. Dialoge und Diskussionen können auch im Studio relativ spontan geführt werden. In diesem Falle verwendet man z.B. ein lockeres Dialogskelett ohne Transkriptvorlage. Dennoch ist zu konzedieren, dass solche Aufnahmen nur noch als bedingt authentisch angesehen werden können.

Die Diskussion über die Einschätzung einer Aufgabe als schwierig oder weniger schwierig bezogen auf eine bestimmte Hörkompetenz wurde sowohl in den Entwickler- und Bewerterteams geführt als auch unter den Experten des Standard Settings (vgl. Kapitel 3.2 im vorliegenden Band). So wurden bei diesen Gelegenheiten zuweilen empirisch leichte Items, die sich auf lange, komplexe Hörtexte beziehen, in ihrer Schwierigkeit überschätzt und die Aufgaben z.T. als nicht geeignet abgelehnt. Es wurde deshalb bei der weiteren Aufgabenkonstruktion darauf geachtet, dass sich Hörtext und Items nicht zu weit in der Komplexität der geforderten Verarbeitungsprozesse unterscheiden.

2.4.2 Hörverstehen in der ersten Fremdsprache gemäß den Bildungsstandards und dem Testkonstrukt des IQB

Das Testkonstrukt und die Testspezifikationen des IQB stützen sich im Bereich der Niveaus A2 und B1 auf Vorgaben aus den Bildungsstandards für die erste Fremdsprache (KMK, 2003, 2004), die sich ihrerseits am Gemeinsamen europäischen Referenzrahmen für Sprachen (GER; Europarat, 2001) orientieren. Für die Niveaus A1, B2 und C1 wurde dagegen unmittelbar auf die Deskriptoren des GER zurückgegriffen, da die Bildungsstandards nicht im Hinblick auf diese Niveaus konzipiert wurden.

In den Bildungsstandards für den Mittleren Schulabschlusses in der ersten Fremdsprache werden für das Hör- und Hör-/Sehverstehen folgende Ziele definiert:

„Die Schülerinnen und Schüler können unkomplizierte Sachinformationen über gewöhnliche alltags- oder berufsbezogene Themen verstehen und dabei die Hauptaussagen und Einzelinformationen erkennen, wenn in deutlich artikulierter Standardsprache gesprochen wird (B1+).
Die Schülerinnen und Schüler können (Englisch und Französisch)
- im Allgemeinen den Hauptpunkten von längeren Gesprächen folgen, die in ihrer Gegenwart geführt werden (B1),
- Vorträge verstehen, wenn die Thematik vertraut und die Darstellung unkompliziert und klar strukturiert ist (B1+),

- Ankündigungen und Mitteilungen zu konkreten Themen verstehen, die in normaler Geschwindigkeit in Standardsprache gesprochen werden (B2),
- vielen Filmen folgen, deren Handlung im Wesentlichen durch Bild und Aktion getragen wird (B1).

Englisch:
Die Schülerinnen und Schüler können
- den Informationsgehalt der meisten Rundfunksendungen und Tonaufnahmen über Themen von persönlichem Interesse verstehen (B1+),
- das Wesentliche in vielen Fernsehsendungen zu Themen von persönlichem Interesse, z.B. Interviews, kurze Vorträge oder Nachrichtensendungen verstehen (B1+).

Französisch:
Die Schülerinnen und Schüler können
- in Radionachrichten und in einfacheren Tonaufnahmen über vertraute Themen die Hauptpunkte verstehen, wenn relativ langsam und deutlich gesprochen wird (B1),
- das Wesentliche von Fernsehsendungen zu vertrauten Themen verstehen, sofern darin relativ langsam und deutlich gesprochen wird (B1)." (KMK, 2003, S. 11f.)

Interessanterweise wird also das Hör-/Sehverstehen zusammen mit dem Hörverstehen beschrieben, was einem deutlichen fachdidaktischen Signal gleichkommt, nämlich das mit dem Hören verbundene Sehen, wie es im Kino, im Fernsehen und im Internet der Fall ist, gleichwertig zum „reinen" Hören (Telefon, Lautsprecherdurchsagen etc.) in die Lehrpläne und Unterrichtspraxis mit einzubeziehen. Dabei wird im Englischen das Niveau B1+ angesetzt, im Französischen dagegen lediglich B1, wobei der Unterschied in erster Linie auf die für das Französische formulierte Einschränkung „sofern darin relativ langsam und deutlich gesprochen wird" zurückzuführen ist. Die angenommene Leistungsdifferenz ist zwar angesichts des unterschiedlichen außerschulischen Stellenwerts des Englischen und des Französischen möglicherweise plausibel, allerdings bisher empirisch kaum belegt. Zudem stellt sich die Frage, ob angesichts der Wichtigkeit des Hör- und Hör-Seh-Verstehens nicht das gleiche Kompetenzniveau für beide Sprachen angestrebt werden sollte.

In methodischer Hinsicht erwarten die Autoren der Bildungsstandards u.a., dass die Schülerinnen und Schüler „verschiedene Hör- und Lesetechniken auf unterschiedliche Textarten (z.B. Sachtexte, Artikel, literarische Kleinformen) anwenden" können (KMK, 2003, S. 17). Die weiteren Beispiele beziehen sich allerdings ausschließlich auf das Leseverstehen, und es bleibt unklar, was unter Hörtechnik genau zu verstehen ist. Fallen hierunter z.B. spezifische Strategien beim Hören von Bahnhofsdurchsagen oder Radiosendungen oder auch Verfahren wie das Notieren von Schlüsselwörtern? Letzteres scheint der Fall zu sein, wenn man die weiter unten zitierten Aussagen der KMK zu den beim Hauptschulabschluss zu erwartenden Methodenkompetenzen berücksichtigt.

Bezüglich des Hauptschulabschlusses geben die Bildungsstandards für das Hörverstehen vor:

„Die Schülerinnen und Schüler können Wendungen und Wörter verstehen, wenn es um Dinge von ganz unmittelbarer Bedeutung geht (z.B. ganz grundlegende Informationen zu Person, Familie, Einkaufen, Schule, näherer Umgebung), sofern deutlich und langsam gesprochen wird (A2).
Die Schülerinnen und Schüler können
- im Allgemeinen das Thema von Gesprächen, die in ihrer Gegenwart geführt werden, erkennen, wenn langsam und deutlich gesprochen wird (A2),
- das Wesentliche von kurzen, klaren und einfachen Durchsagen und Mitteilungen erfassen (A2),
- die Hauptinformationen von kurzen, langsam und deutlich gesprochenen Tonaufnahmen über vorhersehbare alltägliche Dinge entnehmen (A2) sowie die Hauptinformationen von Fernsehmeldungen über Ereignisse erfassen, wenn der Kommentar durch das Bild unterstützt wird (A2+)." (KMK, 2004, S. 11)

In methodischer Hinsicht sind die Standards für den Hauptschulabschluss etwas präziser als für den Mittleren Schulabschluss:

„Textrezeption (Hör- und Hör-/Sehverstehen und Leseverstehen)
Die Schülerinnen und Schüler können
- verschiedene Hör- und Lesetechniken (u.a. globales, suchendes, detailliertes Hören und Lesen) aufgabenbezogen/funktionsbezogen einsetzen,
- weitgehend eigenständig wesentliche Informationen festhalten durch Unterstreichen und farbliches Hervorheben, ordnende Randnotizen sowie das Notieren von Stichworten." (KMK, 2004, S. 15)

Insbesondere der erste Punkt ist für das Testen von Hörverstehen relevant. Dort werden Hörstrategien genannt, auf die sich die Aufgabenkonstruktion beziehen kann. Globales Hören und genaues Hinhören, häufig auch als inhaltliches Detailverstehen bezeichnet, sind zentrale Hörstrategien, die im Unterricht trainiert werden können. Das Gleiche gilt in Bezug auf das „suchende" Hören, häufig auch als „selektives" Hören bezeichnet – im Sinne des gezielten Heraushörens ganz bestimmter Informationen. Auch das im zweiten Aufzählungspunkt genannte Notieren von Stichworten ist eine methodische Kompetenz, die in einem Hörverstehenstest über ein Aufgabenformat wie Notieren einer Kurzantwort mit erfasst wird.

Wie bereits erwähnt, beziehen sich Testkonstrukt und Testspezifikationen des IQB im Fall der Niveaus A1, B2 und C1 unmittelbar auf die Deskriptoren des GER. Diese wurden IQB-intern an die schulischen Bedürfnisse angepasst bzw. präzisiert. Die entsprechenden IQB-spezifischen Deskriptoren lauten (vgl. Anhang im vorliegenden Band):

Niveau A1:
„Die Schülerinnen und Schüler können Eigennamen, häufig gebrauchte Wörter, Ausdrücke, ritualisierte Anweisungen sowie kurze Textzusammenhänge verstehen, sofern es sich um vertraute Themen und Situationen handelt. Die dafür notwendige

Information ist stark hervorgehoben (durch Pausen, Salience, Betonung/Intonation, syntaktische Strukturen, Redundanzen/ Wiederholungen, u.a.)."

Niveau B2:
„Die Schülerinnen und Schüler können gesprochene Standardsprache verstehen, wenn es um vertraute oder auch um weniger vertraute Themen geht, wie man ihnen normalerweise im privaten, gesellschaftlichen, beruflichen Leben oder in der Ausbildung begegnet. Sie können die Hauptaussagen und Details von inhaltlich und sprachlich komplexen Redebeiträgen zu konkreten und abstrakten Themen verstehen. Sie können längeren Redebeiträgen und komplexer Argumentation folgen, sofern die Thematik einigermaßen vertraut ist und der Rede- oder Gesprächsverlauf durch explizite Signale gekennzeichnet ist. Extreme Hintergrundgeräusche, nicht vertraute Diskursstrukturen oder starke Idiomatik können das Verständnis erschweren."

Niveau C1:
„Die Schülerinnen und Schüler können genug verstehen, um längeren Redebeiträgen über nicht vertraute, abstrakte und komplexe Themen zu folgen. Sie können ein breites Spektrum idiomatischer Wendungen und umgangssprachlicher Ausdrucksformen verstehen und Registerwechsel richtig beurteilen. Sie können Reden und Gesprächen folgen, auch wenn diese nicht klar strukturiert sind und wenn Zusammenhänge nicht explizit ausgedrückt sind."

Das Hörverstehenskonstrukt des IQB, wie es Tabelle 3 in schematischer Verkürzung wiedergibt, integriert die oben genannten Aspekte der Bildungsstandards sowie des GER.

Tabelle 3: Hörverstehenskonstrukt des IQB

Hörziel	Hörstrategie/Höraktivität
1. Die Kernaussage erfassen	Zuhören auf globaler Ebene
2. Hauptaussagen erfassen	Zuhören auf globaler Ebene
3. Relevante Details erfassen	Zuhören auf globaler und lokaler Ebene
4. Eine spezifische Information erfassen	Selektives Zuhören auf lokaler Ebene

2.4.3 Aufgabenformate: Grundlagen und Beispiele

Wie bereits im Fall des Leseverstehens orientiert sich das für die Beschreibung der Hörverstehensaufgaben des IQB entwickelte Kategorienraster (vgl. Anhang im vorliegenden Band) am „CEFR Grid for Reading and Listening" – auch kurz als *Dutch Grid* bezeichnet (vgl. Alderson, Figueras, Kuijper, Nold, Takala & Tardieu, 2004, 2006 sowie www.lancs.ac.uk/fss/projects/grid/ [letzter Zugriff: 06.09.2009]). Von den im Kapitel 2.3 genannten übergeordneten Beschreibungskategorien des *Dutch Grid* sind im aktuellen Kontext insbesondere die hörverstehensspezifischen Kategorien Sprechgeschwindigkeit, Anzahl der Sprecher, Akzent/Färbung, Klarheit der Aussprache und Hörfrequenz (Anzahl der Präsentationen des Hörtextes) hervorzuheben, da diese in Bezug auf die Erklärung und Vorhersage der Aufgabenschwierigkeit von Hörverstehensaufgaben eine wichtige Rolle spielen.

Die IQB-Tests im Fach Französisch wurden in sehr detaillierter Form spezifiziert. Die wichtigsten Festlegungen im Bereich des Hörverstehens betreffen die Itemformate, die Länge der Hörsequenz (ohne Anweisungen und Pausen bzw. Wiederholung) sowie die Itemanzahl pro Hörvorgabe, thematische Bezüge und Standardisierungen bezüglich des Aufbaus der Testaufgaben (vgl. auch Kapitel 2.3 zum Leseverstehen im vorliegenden Band).

Ähnlich wie beim Leseverstehen wurde in der frühen Phase der Aufgabenentwicklung festgelegt, geschlossene und halboffene Formate im Verhältnis zwei Drittel zu ein Drittel zu entwickeln, ebenfalls mit der Absicht, Effekte, die auf mangelnde Vertrautheit der deutschen Schülerschaft mit geschlossenen Formaten zurückzuführen sind, möglichst gering zu halten. Halboffene Formate bzw. Kurzantworten haben allerdings bei Hörverstehensaufgaben im Vergleich zum Leseverstehen aufgrund des Echtzeitcharakters des Hörverstehens den Nachteil, dass der mit der Bearbeitung verbundene Zeitaufwand sowie die mit dem Schreiben verbundene Konzentration die Hörverstehensleistung beeinträchtigen können. Neben den erwähnten Kurzantwortaufgaben wurden Mehrfachauswahlaufgaben mit vier Optionen, Richtig-Falsch-Aufgaben und Zuordnungsaufgaben als Format gewählt. Auch hier wurde wie beim Leserverstehen zunächst eine eher traditionelle Formatwahl beschlossen, um die Kontextvalidität nicht durch eher unvertraute Formate zu beeinträchtigen. Einige Standardisierungen beim Layout der Aufgaben sowie bei den Arbeitsanweisungen (Sprachwahl) wurden an die Leseverstehensaufgaben angelehnt. Was die Anzahl der Hörvorgänge betrifft, so wurde generell ein zweimaliges Abspielen festgelegt (zur Begründung s.o.). In den Abbildungen 1, 2 und 3 findet sich jeweils ein Beispiel. Der standardisierte Ablauf der Administration der Hörverstehensaufgaben wird im Anschluss an die Beschreibung der Beispiele vorgestellt. Auch im Hinblick auf Themenfelder wurde für Lesen und Hören gleichermaßen beschlossen, zentrale curricular verankerte Themenbereiche möglichst zu gleichen Teilen zu berücksichtigen (vgl. Kapitel 2.3).

Die Aufgabe *Au commissariat* (vgl. Abbildung 1) verdeutlicht beispielhaft einige der oben erwähnten Herausforderungen der Itemkonstruktion.

Au commissariat

Tu vas entendre un document sonore. Choisis la bonne réponse et mets une croix dans la case correspondante ☒.

Du hörst jetzt eine Aufnahme. Wähle die richtige Antwort und kreuze das dazugehörige Feld an ☒ !

▶ **Quel type de sac portait la personne agressée ?**

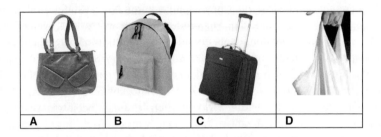

A B C D

☐ ☐ ☐ ☐

Policier :	Madame. Vous avez l'air angoissé. Qu'est-ce qui s'est passé ?
Femme :	On m'a volé mes papiers, mes clés, mon lecteur mp3, enfin, tout ce que j'avais dans mon sac.
Policier :	Calmez-vous, mademoiselle, ça s'est passé quand et où ?
Femme :	Devant la gare, il y a cinq minutes.
Policier :	Soyez précis. Qu'est-ce qui s'est passé, vous avez été agressée ?
Femme :	Non, je cherchais le bureau des renseignements, je ne le voyais pas, et je suis allée vers le kiosque pour demander où il était et quelqu'un m'a bousculée violemment. Quand j'ai repris mes esprits je me suis aperçue que je n'avais plus de sac.
Policier :	Un sac à main ?
Femme :	Non, un sac à dos que je portais à l'épaule gauche.
Policier :	Vous avez vu le voleur ?
Femme :	Pas tout à fait. J'ai vu un type qui s'enfuyait, j'ai crié « au voleur » mais personne n'a rien fait.
Policier :	Vous pouvez le décrire ?
Femme :	Ben, je vais essayer. J'ai pas vu ses cheveux, mais je crois qu'il était brun, il portait des lunettes de soleil et il avait une moustache, ça j'en suis sûre.
Policier :	Bon, d'accord, on va rédiger votre déclaration, mais n'espérez pas trop qu'on retrouve vos affaires. Il y a des tas de vols de ce genre, la ville est pleine de touristes en ce moment.

Abbildung 1: Hörverstehensaufgabe auf Niveau A2 (mit Transkript)

Die Aufgabe umfasst insgesamt drei Items, zwei davon haben Schwierigkeitswerte im Bereich von Niveau A2 und ein Item, das dritte, liegt auf Niveau B1. Die Rolle des Hörers bei dieser Aufgabe wäre nach der Klassifizierung Rosts (s.o.) die eines Mithörenden. Dieser ist nicht der Adressat der Mitteilungen, und es wird von ihm auch nicht einmal fiktiv eine Reaktion erwartet.

Der Hörtext hat eine Länge von einer Minute und acht Sekunden und beansprucht schon aufgrund seiner Länge stark das Arbeitsgedächtnis. Die Sprechgeschwindigkeiten der beiden Sprecher, ein weiblicher und ein männlicher Sprecher, wurden nicht verlangsamt. Ein weiteres potentiell schwierigkeitsgenerierendes Merkmal besteht in der differenzierten Lexik. Die Thematik aus dem Themenbereich „Alltag" ist zwar bereits auf unteren Niveaustufen in den gängigen Lehrwerken geläufig, und die verwendete Lexik entspricht weitgehend A2-adäquaten Wissensbeständen, da es um alltägliche konkrete Gegenstände bzw. Bezeichnungen geht. Doch Formulierungen wie *l'air angoissé, bousculée violemment, repris mes esprits, me suis aperçue, rédiger votre déclaration, vols de ce genre* gehören dem gehobenen Wortschatz an und setzen bereits auf der Wortoberfläche, d.h. auf der Ebene der *bottom-up*-Dekodierung, ein fortgeschritteneres Niveau voraus.

Die Sequenz wurde im Studio aufgenommen und Hintergrundgeräusche vollkommen ausgeblendet, wodurch die Authentizität etwas verringert und gleichzeitig die Verständlichkeit erhöht wurde. Auch die Abfolge von drei Items, die alle nach relevanten Details fragen, also einen gleichbleibenden Hörstil verlangen, und die zudem der Chronologie der Textvorlage folgen, erleichtert die Informationsverarbeitung. Das hier abgedruckte dritte Item der Aufgabe ist empirisch auf Niveau B1 verortet. Die kognitive Leistung bei seiner Lösung besteht im Erfassen eines Details durch selektives Zuhören, d.h., die Schüler wissen auf Grund der Frage im Item, worauf sie sich konzentrieren müssen. Das Suchwort *sac à dos* wird explizit erwähnt und sogar durch die kontrastierende Frage *Un sac à main?* fokussiert. Die *A-priori*-Einschätzung durch Experten lag für dieses Item zunächst auf Niveau A2. Empirisch ermittelt wurde jedoch ein deutlich höherer Wert. Dies verdeutlicht die Problematik der relativ häufigen Abweichungen empirischer Itemschwierigkeiten von Experteneinschätzungen. Entsprechende Differenzen können natürlich in beiden Richtungen auftreten.

Die in Abbildung 2 wiedergegebene B1-Aufgabe *Répondeur du propriétaire* versetzt den Hörer in die Rolle eines Zuhörenden. Er ist zwar Adressat der Mitteilung, hat aber keine Möglichkeit, zu reagieren. Vom Testteilnehmer wird das Erfassen einer Hauptaussage verlangt, was auch eine inferierende Verstehensleistung beinhaltet.

Répondeur du propriétaire

Tu vas entendre un document sonore. Choisis la bonne réponse et mets une croix dans la case correspondante ☒ *.*

Du hörst jetzt eine Aufnahme. Wähle die richtige Antwort und kreuze das dazugehörige Feld an ☒ *!*

Tu passes les vacances sur la Côte d'Azur. Le propriétaire de la maison de vacances appelle pendant votre absence et vous laisse un message.

▶ **Qu'est-ce que tu dois faire ?**

Tu dois ...

☐ **A :** téléphoner à l'électricien.

☐ **B :** rappeler le propriétaire.

☐ **C :** être à la maison ce soir-là.

☐ **D :** passer chez le propriétaire.

Bonjour, c'est Monsieur Dumas à l'appareil. Je suis le propriétaire de la maison. Vous êtes là ce soir ? Je dois passer vers 20 heures avec l'électricien. Il y a un petit problème avec l'installation électrique.

Abbildung 2: Hörverstehensaufgabe auf Niveau B1 (mit Transkript)

In dieser Aufgabe müssen die Schüler in der Lage sein, aus einem kurzen Stimulus zu einem konkreten Alltagsvorgang verschiedene inhaltliche Aussagen rasch zu sortieren (Wer spricht mit wem? Worum geht es insgesamt gesehen? Welche Informationen sind zentral und welche nebensächlich? In welchem Zusammenhang stehen die Zeitangaben?) und eine Entscheidung bezüglich der Kern- bzw. Hauptaussage zu treffen. Eine lexikalische Hürde könnte das Wort *propriétaire* darstellen, das aber aus dem Kontext leicht zu erschließen ist. Eine weitere Hürde ist der südfranzösische Akzent des Sprechers, was jedoch die Authentizität erhöht. Allerdings ist der Hörtext mit 16 Sekunden sehr kurz, und die Schüler haben nur ein Item zu beantworten. Auch hier wieder mag überraschen, dass das Item empirisch mit 541 Punkten am oberen Rand des B1-Bereichs liegt. Dies könnte auf jedes einzelne der genannten schwierigkeitsgenerierenden Merkmale zurückzuführen sein oder auf mehrere gleichzeitig. Aufschlüsse darüber könnten z.B. Experimentalstudien unter Verwendung von Rückmeldebögen zum Löseverhalten geben.

Ein wichtiges Gütekriterium für die Validität einer Hörverstehensaufgabe ist, ob mit ihrer Hilfe tatsächlich das Hörverstehen überprüft wird, oder ob nicht gleichzeitig auch Leseleistungen oder sogar Schreibleistungen überprüft werden. Der Leseaufwand sollte deshalb quantitativ und qualitativ immer so gering wie möglich gehalten werden und auf alle Fälle angesichts des erwarteten Niveaus der Testkandidaten keine Hürde darstellen. Dies legt die Verwendung von möglichst eindeutigen Graphiken, Bildern und Symbolen nahe, wo immer es möglich ist. Das Beispiel *Directions* (vgl. Abbildung 3) verdeutlicht dieses Bestreben in besonderer Weise.

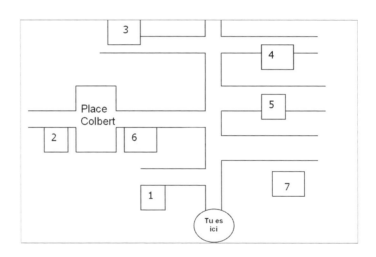

Abbildung 3: Hörverstehensaufgabe auf Niveau A1 (mit Transkript)

> Excusez-moi, Mademoiselle. Je cherche le cinéma.
> Le cinéma, ce n'est pas trop loin. Vous allez tout droit, à la deuxième rue, vous tournez à gauche, vous continuez, vous traversez la place Colbert et c'est le premier bâtiment à gauche.
>
> Excusez-moi, Monsieur. Où se trouve la banque s.v.p. ?
> C'est assez loin d'ici. Prenez la troisième rue à gauche.
>
> Pardon Madame, y a-t-il un supermarché près d'ici ?
> Oui, le supermarché est dans la troisième rue à droite.

Fortsetzung Abbildung 3

Diese Aufgabe versetzt den Testteilnehmer in die Rolle eines Mithörenden. Ansatzweise ist auch – bei Identifikation mit der fragenden Person – die Rolle eines Gesprächsteilnehmers gegeben. Die notwendige Leseleistung ist bei dieser A2-Aufgabe äußerst gering – ähnlich wie bei *Au commissariat*. Die kognitive Anforderung besteht darin, einfache Wegangaben zu erfassen und auf einem vereinfachten Straßenplan visuell nachzuverfolgen. Das Item verlangt anschließend lediglich den Eintrag einer Zahl in das entsprechende Feld, also eine einfache Zuordnung. Schwierigkeitsgenerierend könnte sich die Gesamtlänge der Hörvorgabe (1 Minute) und die Anwesenheit von Hintergrundgeräuschen auswirken. Alle zehn Sprecher unterscheiden sich allerdings in ihren Stimmlagen, was das Itemlösen vermutlich erleichtert. Alle Items liegen in Bezug auf die empirischen Schwierigkeiten und ihre Einordnung in das Kompetenzstufenmodell des IQB im A2-Bereich.

Alle drei Aufgabenbeispiele wurden dem Themenbereich „Alltag" entnommen, der nur einen von insgesamt sechs Themenbereichen entspricht. Allerdings dominieren entsprechend den Deskriptoren aus GER und Bildungsstandards auf den unteren Niveaus die Themen aus dem Bereich Alltag. Erst ab Niveau B1 können spezifischere Interessensgebiete thematisch Eingang finden. Ab Niveau B2 dominieren Themen aus literarisch-ästhetischen, allgemeinmenschlichen und interkulturell relevanten Gebieten.

Was die weiteren Standardisierungen des Hörverstehens betrifft, so wurde wie beim Leseverstehen auch hinsichtlich des Hörverstehens beschlossen, die Arbeitsaufträge auf Französisch in Fettdruck und – gegebenenfalls vereinfacht – auf Deutsch (nicht hervorgehoben) zu formulieren, um eine zusätzliche Leseverstehenshürde auszuschließen. Die oben gezeigten Beispiele verdeutlichen diesen Aspekt. Hinsichtlich der Präsentationshäufigkeit der Hördokumente wurde wie bereits erwähnt generell für ein zweimaliges Hören optiert (vgl. zur Begründung Abschnitt 2.4.1). Die Schüler hören also zunächst den Titel der Aufgabe, dann hören Sie die Arbeitsanweisung (nur auf Französisch), dann hören Sie *première écoute* und das Hördokument, anschließend werden in einigen Fällen die Items vorgelesen und es folgt eine Pause, in der bereits beim ersten Hören vorgenommene Einträge ergänzt oder korrigiert werden können. Sie hören dann *deuxième écoute* und den Hörtext ein zweites Mal samt Item(s). Wann genau die Schüler ihre Lösungen eintragen, während oder nach dem ersten Hören, während oder nach dem zweiten Hören, bleibt ihnen selbst überlassen. In Abbildung 4 ist der standardisierte Ablauf einer Hörverstehensaufgabe in Form einer Erläuterung für die Schüler zusammengefasst.

> Du hörst den Titel der Aufgabe.
> Exemple :   « La Météo »
> Du hörst die Instruktion für die Aufgabe.
> Exemple :   « Tu vas entendre un document sonore. Pour chaque question, choisis la bonne proposition et mets une croix dans la case qui correspond à la bonne réponse. »
> Du hast Zeit zum Lesen der Situationsbeschreibung.
> Exemple :   « Tu es à Paris dans un café. Tu demandes le prix de ton chocolat chaud. »
> Du hörst die Aufnahme zum ersten Mal eingeleitet durch « Première écoute ».
> Du hast nun je nach Aufgabe unterschiedlich viel Zeit für die Bearbeitung.
> Du hörst die Aufnahme zum zweiten Mal eingeleitet durch « Deuxième écoute ».
> Du hast nochmals Zeit für die Bearbeitung.
> Du hörst einen „Ping-Ton" – diese Aufgabe ist beendet.

Abbildung 4: Standardisierter Ablauf einer Hörverstehensaufgabe

2.4.5 Testcluster zum Hörverstehen

Auch die Hörverstehensaufgaben wurden wie die Leseverstehensaufgaben und die Schreibaufgaben in der Pilotierungsstudie 2007 wie auch in der Normierungsstudie 2008 gemäß eines sogenannten *Cluster-Rotation-Designs* (vgl. Kapitel 3.1) in den Gesamttest eingebunden. Auf der Ebene des Einzeltestblocks (*Cluster*) wurde wie beim Testen des Leseverstehens vorgegangen (vgl. Kapitel 2.3).

Für die Pilotierungsstudie 2007 wurden 157 Höritems aller Niveaustufen auf tendenziell leichtere (Niveaus A1 bis B1, Schwerpunkt A2), mittelschwere (Niveaus A1 bis B2, Schwerpunkt B1) und schwere Blöcke (Niveaus A2 bis C1, Schwerpunkt B1-B2) verteilt. Für die Normierungsstufe 2008 wurden 121 Höritems nach demselben Prinzip verteilt.

2.4.6 Fazit und Ausblick

Es dürfte bei unseren Ausführungen deutlich geworden sein, dass es den „idealen" Hörverstehenstest nicht gibt. Ein Test ist allenfalls „ideal" für eine bestimmte Adressatengruppe. Jeder Hörverstehenstest muss im Sinne Weirs (2005) (vgl. Kapitel 2.3) bestimmten Ansprüchen an Validität genügen, was dazu zwingt, ihn z.B. an die kognitiven Fähigkeiten der Testnehmer, aber auch an den spezifischen Kontext der Leistungserbringung und an die Möglichkeiten einer zielführenden Auswertung anzupassen. Im Kontext der Testung des Hörverstehens durch die Länder und Schulen der Bundesrepublik Deutschland, sei es zu Normierungszwecken, zu Zwecken des Ländervergleichs oder sei es im Rahmen von Vergleichsarbeiten, spielt zur Zeit noch der Aspekt der Vertrautmachung mit der Testung des Hörverstehens eine gewisse Rolle. Dies dürfte sich in einigen Jahren sicherlich geändert haben. Dann wäre der Zeitpunkt gekommen, auch innovativere Itemformate und authentischere Hörvorgaben einzusetzen, als es im Moment noch der Fall ist. Die Aufgabenbeispiele verdeutlichen den derzeitigen Stand der Itementwicklung.

Die beiden durchgeführten Standard Settings zum Hörverstehen ließen überdies erkennen, dass selbst unter Experten noch kein Einvernehmen darüber besteht, welche Art von Höraufgaben im Rahmen der Testung deutscher Schülerinnen und Schüler der Sekundarstufe I wirklich geeignet wären. So wurde zum Beispiel bemängelt, dass zu einigen anspruchsvollen und komplexen Textvorgaben teilweise sehr einfache Items konstruiert wurden, die nach Meinung der Experten dem Gehalt der Vorlagen nicht gerecht wurden. Dabei könnte man auch umgekehrt argumentieren, dass nämlich gerade durch (vermeintlich) leichte Items die Hürde zur Beschäftigung mit komplexen und schwierigen Hörvorgaben herabgesetzt würde und Lernenden damit eine Erfolgs- und Kompetenzerfahrung vermittelt wird, die zur weiteren Beschäftigung mit medial vermitteltem Hören im Radio, Fernsehen und Internet motiviert. Gerade beim Hörverstehen sind die Einschränkungen im Vergleich zu Hörsituationen im wirklichen Leben beträchtlich und erschweren aus diesem Grunde auch die Itementwicklung.

Aus fachdidaktischer Sicht verbindet sich mit der Forschungslage zur Kompetenzmessung die Forderung nach einem systematischen Hörtraining im Unterricht. Ein solches Hörtraining müsste sich sowohl auf die Dekodierung sprachlicher Oberflächen als auch auf stärker inferierende Verstehensprozesse erstrecken. Insgesamt wäre eine Erhöhung und Diversifizierung des zielsprachlichen Inputs wünschenswert.

Literatur

Alderson, J. C., Figueras, N., Kuijper, H., Nold, G., Takala, S. & Tardieu, C. (2004). *The development of specifications for item development and classification within the Common European Framework of Reference for Languages: Learning, teaching, assessment – Reading and listening: Final Report of the Dutch CEF Construct Project.* Lancaster: Lancaster University. Verfügbar unter: http://eprints.lancs.ac.uk/44/ [6.9.2009].

Alderson, J. C., Figueras, N., Kuijper, H., Nold, G., Takala, S. & Tardieu, C. (2006). Analysing tests of reading and listening in relation to the Common European Framework of Reference: The experience of the Dutch CEFR Construct Project. *Language Assessment Quarterly: An International Journal, 3* (1), 3–30.

Bächle, H. (2007). Ecoutez! Standardorientierte Schulung und Überprüfung des Hörverstehens. *Der Fremdsprachliche Unterricht Französisch, 41* (88), 14–23.

Baddeley, A. D. (2003). Working memory and language: an overview. *Journal of Communication Disorders, 36,* 189–208.

Bahns, J. (2006). Hörverstehen – Hält die Praxis, was die Theorie verspricht? In U. O. H. Jung (Hrsg.), *Praktische Handreichung für Fremdsprachenlehrer* (4., völlig neu bearb. Aufl., S. 125–132). Frankfurt am Main: Lang.

Bejar, I., Douglas, D., Jamieson, J., Nissan, S. & Turner, J. (2000). *TOEFL 2000 listening framework: A working paper* (TOEFL Research Report MS-19). Princeton, NJ: Educational Testing Service.

Bolton, S. (1996). *Probleme der Leistungsmessung: Lernfortschrittstests in der Grundstufe.* Berlin: Langenscheidt.

Boroughs, R. (2003). The change process at the paper level. Paper 4, Listening. In C. J. Weir & M. Milanovic (Eds), *Continuity and innovation: Revising the Cambridge Proficiency in English examination 1913–2002* (pp. 315–366). Cambridge: UCLES/ Cambridge University Press.

Brett, P. (1997). A comparative study of the effects of the use of multimedia on listening comprehension. *System, 25* (1), 39–53.

Brindley, G. & Slatyer, H. (2002). Exploring task difficulty in ESL listening assessment. *Language Testing, 19* (4), 369–394.

Brown, G. (1995). Dimensions of difficulty in listening comprehension. In D. J. Mendelsohn & J. Rubin (Eds.), *A guide for the teaching of second language listening* (pp. 59–73). San Diego, CA: Dominie Press.

Brown, G. & Yule, G. (1983). *Teaching the spoken language: an approach based on the analysis of conversational English.* Cambridge: Cambridge University Press.

Brownell, J. (2006). *Listening: Attitudes, principles, and skills* (3rd ed.). Boston: Allyn and Bacon.

Buck, G. (2001). *Assessing listening.* Cambridge: Cambridge University Press.

Buck, G., Tatsuoka, K., Kostin, I. & Phelps, M. (1997). The sub-skills of listening: Rulespace analysis of a multiple-choice test of second language listening comprehension. In A. Huhta, V. Kohonen, L. Kurki-Suonio & S. Luoma (Eds.), *Current developments and alternatives in language assessment: Proceedings of LTRC 96* (pp. 589–624). Jyväskylä: University of Jyväskylä.

Derwing, T. & Munro, M. (2001). What speaking rates do non-native listeners prefer? *Applied Linguistics, 22* (3), 324–337.

Dirven, R. (1984). Was ist Hörverstehen? Synopse vorhandener Theorien und Modelle. In A. Schumann, K. Vogel & B. Voss (Hrsg.), *Hörverstehen: Grundlagen, Modelle, Materialien zur Schulung des Hörverstehens im Fremdsprachenunterricht der Hochschule* (S. 19–40). Tübingen: Narr.

Dunkel, P., Henning, G. & Chaudron, C. (1993). The assessment of an L2 listening comprehension construct: A tentative model for test specification and development. *The Modern Language Journal, 77*, 180–191.

Eggers, D. (1996). Hörverstehen: Bestandsaufnahme und Perspektiven. In P. Kühn (Hrsg.), *Hörverstehen im Unterricht Deutsch als Fremdsprache: Theoretische Fundierung und unterrichtliche Praxis* (S. 13–44). Frankfurt am Main: Lang.

Europarat. (2001). *Gemeinsamer europäischer Referenzrahmen für Sprachen: Lernen, lehren, beurteilen.* Berlin: Langenscheidt.

Fehérváryné Horváth, K. & Pižorn, K. (2005). *Into Europe – Prepare for modern English exams: Listening.* Budapest: Teleki László Foundation/British Council Hungary. Verfügbar unter: http://www.lancs.ac.uk/fass/projects/examreform/Pages/Exams.html [05.09.09].

Feyten, C. M. (1991). The power of listening ability: An overlooked dimension in language acquisition. *The Modern Language Journal, 75* (2), 173–180.

Field, J. (2003). Promoting perception: lexical segmentation in L2 listening. *ELT Journal, 57* (4), 325–334.

Field, J. (2004). An insight into listeners' problems: too much bottom-up or too much top-down? *System, 32* (3), 363–377.

Field, J. (2008a). *Listening in the language classroom.* Cambridge: Cambridge University Press.

Field, J. (2008b). Revising segmentation hypotheses in first and second language listening. *System, 36* (1), 35–51.

Flowerdew, J. & Miller, L. (2005). *Second language listening: Theory and practice.* Cambridge: Cambridge University Press.

Fox, J. (2004). Test decisions over time: Tracking validity. *Language Testing, 21* (4), 437–465.

Freedle, R. & Kostin, I. (1999). Does the text matter in a multiple-choice test of comprehension? The case for the construct validity of TOEFL's minitalks. *Language Testing, 16* (1), 2–32.

Geranpayeh, A. (2007). Using structural equation modelling to facilitate the revision of high stakes testing: the case of CAE. *Research Notes, 30,* 8–12 Verfügbar unter: http://www.Cambridge ESOL.org/rs_notes [08.09.2009].

Geranpayeh, A. (2008). Using DIF to explore item difficulty in CAE. *Research Notes, 32,* 16–23 Verfügbar unter: http://www.CambridgeESOL.org/rs_notes [08.09.2009].

Geranpayeh, A. & Taylor, L. (2008). Examining listening: developments and issues in assessing second language listening. *Research Notes, 32,* 2–5 Verfügbar unter: http://www.Cambridge ESOL.org/rs_notes [08.09.2009].

Ginther, A. (2002). Context and content visuals and performance on listening comprehension stimuli. *Language Testing, 19* (2), 133–167.

Glaboniat, M. (1998). *Kommunikatives Testen im Bereich Deutsch als Fremdsprache: Eine Untersuchung am Beispiel des Österreichischen Sprachdiploms Deutsch.* Innsbruck & Wien: Studien-Verlag.

Goh, C. C. M. (2000). A cognitive perspective on language learners' listening comprehension problems. *System, 28* (1), 55–75.

Grotjahn, R. (2000). Determinanten der Schwierigkeit von Leseverstehensaufgaben: Theoretische Grundlagen und Konsequenzen für die Entwicklung des TESTDAF. In S. Bolton (Hrsg.), *TESTDAF: Grundlagen für die Entwicklung eines neuen Sprachtests. Beiträge aus einem Expertenseminar* (S. 7–55). Köln: VUB Gilde. Verfügbar unter: http://homepage.ruhr-uni-bochum.de/Ruediger.Grotjahn/ [09.10.2009].

Grotjahn, R. (2003). *Leistungsmessung und Leistungsbewertung.* Hagen: FernUniversität [Fernstudienbrief für den Weiterbildungs-Masterstudiengang „Deutschlandstudien. Schwerpunkt: Deutsche Sprache und ihre Vermittlung"].

Grotjahn, R. (2005). Testen und Bewerten des Hörverstehens. In M. Ó Dúill, R. Zahn & K. D. C. Höppner (Hrsg.), *Zusammenarbeiten: Eine Festschrift für Bernd Voss* (S. 115–144). Bochum: AKS-Verlag.

Grotjahn, R. (2010). *Testen und Evaluieren fremdsprachlicher Kompetenzen: Ein Arbeitsbuch.* Tübingen: Narr [erscheint].

Gruba, P. A. (1997). The role of video media in listening assessment. *System, 25* (3), 335–345.

Gruba, P. A. (1999). *The role of digital video media in second language listening comprehension.* Ph.D. thesis, University of Melbourne. Verfügbar unter: http://eprints.unimelb. edu.au/archive/ 00000244/ [06.09.09].

Hulstijn, J. (2003). Connectionist models of language processing and the training of listening skills with the aid of multimedia software. *Computer Assisted Language Learning, 16* (5), 413–425.

Jensen, C., Hansen, C., Green, S. B. & Akey, T. (1997). An investigation of item difficulty incorporating the structure of listening tests: A hierarchical linear modeling analysis. In A. Huhta, V. Kohonen, L. Kurki-Suonio & S. Luoma (Eds.), *Current developments and alternatives in language assessment: Proceedings of LTRC 96* (pp. 151–164). Jyväskylä: University of Jyväskylä.

Kieweg, W. (2003). Mentale Prozesse beim Hörverstehen. *Der Fremdsprachliche Unterricht Englisch, 64/65* (4+5), 18–22.

KMK [Sekretariat der Ständigen Konferenz der Kultusminister der Länder in der Bundesrepublik Deutschland]. (2003). Beschlüsse der Kultusministerkonferenz. *Bildungsstandards für die erste Fremdsprache (Englisch/Französisch) für den Mittleren Schulabschluss.* Beschluss vom 04.12.03. Verfügbar unter: www.kmk.org/bildung-schule/qualitaetssicherung-in-schulen/bildungsstandards/dokumente.html [19.05.09].

KMK [Sekretariat der Ständigen Konferenz der Kultusminister der Länder in der Bundesrepublik Deutschland]. (2004). Beschlüsse der Kultusministerkonferenz. *Bildungsstandards für die erste Fremdsprache (Englisch/Französisch) für den Hauptschulabschluss*. Beschluss vom 15.10.04. Verfügbar unter: www.kmk.org/bildung-schule/qualitaetssicherung-in-schulen/bildungsstandards/dokumente.html [19.05.09].

Kostin, I. (2004). *Exploring item characteristics that are related to the difficulty of TOEFL dialogue items* (TOEFL Research Report RR-04-11). Princeton, NJ: Educational Testing Service. Verfügbar unter: http://ets.org/Media/Research/pdf/RR-04-11.pdf [06.09.09].

Küpper, N. (2007). Förderung des Hörverstehens. In H.-L. Krechel (Hrsg.), *Französisch-Methodik: Handbuch für die Sekundarstufe I und II* (S. 120–138). Berlin: Cornelsen Scriptor.

Leeser, M. J. (2007). Learner-based factors in L2 reading comprehension and processing grammatical form: Topic familiarity and working memory. *Language Learning, 57* (2), 229–270.

Leucht, M., Harsch, C. & Köller, O. (2009). *Schwierigkeitsgenerierende Merkmale von Items zum Lese- und Hörverstehen im Fach Englisch*. Manuskript zur Veröffentlichung eingereicht bei: Diagnostica.

Leucht, M., Retelsdorf, J., Möller, J. & Köller, O. (2009). *Zur Dimensionalität rezeptiver englischsprachiger Kompetenzen*. Manuskript zur Veröffentlichung eingereicht bei: Zeitschrift für Pädagogische Psychologie.

Lynch, T. (2002). Listening: Questions of level. In R. B. Kaplan (Ed.), *The Oxford handbook of applied linguistics* (pp. 39–48). Oxford: Oxford University Press.

Meißner, F.-J. (2006). Linguistische und didaktische Überlegungen zur Entwicklung von Kompetenzaufgaben im Lernbereich Mündlichkeit. *Französisch heute, 37* (3), 240–282.

Munro, M. & Derwing, T. M. (2001). Modeling perceptions of the accentedness and comprehensibility of L2 speech: The role of speaking rate. *Studies in Second Language Acquisition, 23* (4), 451–468.

Nold, G. & Rossa, H. (2007). Hörverstehen. In B. Beck & E. Klieme (Hrsg.), *Sprachliche Kompetenzen: Konzepte und Messung. DESI-Studie (Deutsch Englisch Schülerleistungen International)* (S. 178–196). Weinheim: Beltz.

Paschke, P. (2001). Zum Problem der Authentizität in L2-Hörverstehenstests. *Fremdsprachen Lehren und Lernen, 30*, 150–166.

Poelmans, P. (2003). *Developing second-language listening comprehension: Effects of training lower-order skills versus higher-order strategy*. Utrecht; Netherlands: LOT.

Porsch, R., Grotjahn, R. & Tesch, B. (2009). *Hörverstehen und Hör-Sehverstehen in der Fremdsprache – unterschiedliche Konstrukte?* Vortrag auf der 73. Tagung der „Arbeitsgruppe für empirische pädagogische Forschung" (AEPF), 28.–30. September 2009, Ruhr-Universität Bochum. Unveröffentl. Manuskript.

Raasch, A. (1976). Hörverstehen – Aschenputtel der sprachlichen Fertigkeiten. *Zielsprache Französisch, 1*, 37–40.

Rose, D. (2008). Vocabulary use in the FCE listening test. *Research Notes, 32*, 9–16 [http://www.CambridgeESOL.org/rs_notes].

Rost, D. H. & Schilling, S. R. (2006). Leseverständnis. In D. H. Rost (Hrsg.), *Handwörterbuch Pädagogische Psychologie* (3., überarb. und erweit. Aufl., S. 450–460). Weinheim: Beltz, Psychologie Verlags Union.

Rost, M. (1990). *Listening in language learning*. London: Longman.

Rost, M. (2004). *Teaching and researching listening*. Harlow: Longman [Nachdruck der Aufl. von 2001].

Sakai, H. (2009). Effect of repetition of exposure and proficiency level in L2 listening tests. *TESOL Quarterly, 43* (2), 360–372.

Sherman, J. (1997). The effect of question preview in listening comprehension tests. *Language Testing, 14* (2), 185–213.
Solmecke, G. (1999). Zur Überprüfung der Hörverstehensleistung fortgeschrittener Lernender: Aufgabenformen und Probleme der Leistungsbewertung. *Info DaF, 26* (4), 313–326.
Solmecke, G. (2000). Faktoren der Schwierigkeit von Hörtests. In S. Bolton (Hrsg.), *TESTDAF: Grundlagen für die Entwicklung eines neuen Sprachtests. Beiträge aus einem Expertenseminar* (S. 57–76). Köln: VUB Gilde.
Solmecke, G. (2003). Das Hörverstehen und seine Schulung im Fremdsprachenunterricht. *Der Fremdsprachliche Unterricht Englisch, 64/65* (4+5), 4–10.
Thompson, I. (1995). Assessment of second/foreign language listening comprehension. In D. J. Mendelsohn & J. Rubin (Eds.), *A guide for the teaching of second language listening* (pp. 31–58). San Diego, CA: Dominie Press.
Tsui, A. B. M. & Fullilove, J. (1998). Bottom-up or top-down processing as a discriminator of L2 listening performance. *Applied Linguistics, 19* (4), 432–451.
Urquhart, A. H. & Weir, C. J. (1998). *Reading in a second language: Process, product and practice*. London: Longman.
Vandergrift, L. (2006). Second language listening: Listening ability or language proficiency? *The Modern Language Journal, 90* (1), 6–18.
Vandergrift, L. (2007). Recent developments in second and foreign language listening comprehension research. *Language Teaching, 40* (3), 191–210.
Weir, C. J. (2005). *Language testing and validation: An evidence-based approach*. New York: Palgrave Macmillan.
Wiemer, C. (1999). Aspekte des Hörverstehens im fremdsprachlichen Lernprozess. In D. Eggers (Hrsg.), *Sprachandragogik Jahrbuch 1998: Hörverstehen aus andragogischer Sicht/Sprachlern- und Spracherwerbsstrategien im Fremdsprachenunterricht mit Erwachsenen* (S. 37–55). Johannes Gutenberg-Universität Mainz: Zentralstelle für universitäre Fort- und Weiterbildung.
Wolff, D. (2003). Hören und Lesen als Interaktion: zur Prozesshaftigkeit der Sprachverarbeitung. *Der Fremdsprachliche Unterricht Englisch, 64/65* (4+5), 11–16.
Zydatiß, W. (2005). *Bildungsstandards und Kompetenzniveaus im Englischunterricht: Konzepte, Empirie, Kritik und Konsequenzen*. Frankfurt am Main: Lang.

Raphaela Porsch & Bernd Tesch

2.5 Messung der Schreibkompetenz im Fach Französisch

Im Vergleich zur Testung von Lese- und Hörverstehensleistungen stellt die Entwicklung von Schreibaufgaben, die auf unterschiedliche Kompetenzniveaus bzw. Schwierigkeitsstufen abzielen, eine besondere Herausforderung dar. Diese liegt vor allem in der Realisierung einer ökonomischen und reliablen Auswertung der Textproduktionen. Im folgenden Kapitel wird das Konstrukt der Schreibkompetenz in den Bildungsstandards für die erste Fremdsprache für die Entwicklung der Testaufgaben im Französischprojekt beschrieben, der *Uni-Level*-Ansatz für die Entwicklung und Bewertung der Schreibaufgaben in Abgrenzung zum *Multi-Level*-Ansatz erklärt und das entwickelte Bewertungsschema der schriftlichen Textproduktionen im Projekt erläutert.

2.5.1 Schreibkompetenz in der ersten Fremdsprache in den Bildungsstandards

Die Bildungsstandards für die erste Fremdsprache (KMK, 2003, 2004) orientieren sich eng am Gemeinsamen europäischen Referenzrahmen für Sprachen („GER"; Europarat, 2001). Das bedeutet:
- Die Kann-Beschreibungen der Kompetenzniveaus A2 und B1/B1+, die sich in den Bildungsstandards finden und als Ziele für den Hauptschulabschluss (A2) bzw. den Mittleren Schulabschluss (B1/B1+) gelten, wurden dem GER entnommen bzw. auf seiner Grundlage adaptiert.
- Die Deskriptoren in beiden Dokumenten sind in der Regel positiv formuliert, d.h. sie benennen, was Lerner auf den einzelnen Kompetenzniveaus bereits können.

Die beschriebenen Standards wurden als Orientierung für die Lehrpläne und Lehrbücher aller Bundesländer und allgemeinbildender Schulen in der Sekundarstufe I entwickelt und zielen auf Prinzipien einer Kompetenzorientierung im Unterricht. Sie werden zudem als Steuerinstrument der Schulentwicklung begriffen. Eine Diskussion über Möglichkeiten und Grenzen der Bildungsstandards soll an dieser Stelle nicht erfolgen (vgl. Bausch, Burwitz-Melzer, Königs & Krumm, 2005; Zydatiß, 2005; Lüger & Rössler, 2008; vgl. auch Kapitel 1.2). Stattdessen werden die Bildungsstandards für den Mittleren Schulabschluss für die erste Fremdsprache (KMK, 2003) im Hinblick auf die Beschreibungen und Deskriptoren zum Konstrukt der fremdsprachlichen Schreibkompetenz analysiert, mit dem Ziel eine Definition der Schreibkompetenz abzuleiten.

Im Eingangsteil der Dokumente werden alle Kompetenzbereiche in Tabellenform geordnet aufgeführt (vgl. Tabelle 1). Fremdsprachenkompetenz wird in den Standards als Konstrukt definiert, das funktionale kommunikative, interkulturelle und methodische Kompetenzen umfasst. Schreiben stellt eine der kommunikativen Fertigkeiten in dieser Übersicht dar. Die kommunikativen Fertigkeiten sind, neben der Verfügung über die sprachlichen Mittel, den funktionalen kommunikativen Kompetenzen zugeordnet. Zu den methodischen Kompetenzen wird die Textproduktion gezählt, die das Schreiben und Sprechen umfasst. Eine Definition von Schreibkompetenz in einer Fremdsprache erfordert, diese als eine integrative Kompetenz anzusehen, die mehrere Teilkompetenzen umfasst. Zum Schreiben ist u.a. Lesekompetenz erforderlich, die Verfügung[1] über die sprachlichen Mittel Wortschatz, Grammatik und Orthographie sowie interkulturelle und methodische Kompetenzen. Hinzu treten metakognitive und volitionale Merkmale, welchen den Schreibakt initiieren, aufrechterhalten und ein permanentes Monitoring beim Schreiben erlauben.[2]

Tabelle 1: Kompetenzbereiche in den Bildungsstandards für die erste Fremdsprache (Englisch/Französisch) für den Mittleren Schulabschluss (KMK, 2003)

Kompetenzbereiche in den Bildungsstandards der KMK	
Funktionale Kommunikative Kompetenzen	
Kommunikative Fertigkeiten	Verfügung über die sprachlichen Mittel

Leseverstehen
Hör- und Hör-Seh-Verstehen
Sprechen
    An Gesprächen teilnehmen
    Zusammenhängendes Sprechen
Schreiben
Sprachmittlung
	Wortschatz
	Grammatik
	Aussprache und Intonation
	Orthographie

Interkulturelle Kompetenzen	
Soziokulturelles Orientierungswissen Verständnisvoller Umgang mit kultureller Differenz Praktische Bewältigung interkultureller Begegnungssituationen	
Methodische Kompetenzen	
Textrezeption (Leseverstehen und Hörverstehen) Interaktion Textproduktion (Sprechen und Schreiben) Lernstrategien Präsentation und Mediennutzung Lernbewusstheit und Lernorganisation	

Die von der KMK[3] vorgenommene Darstellung und anschließende Zuordnung von Kann-Beschreibungen zu den Teilkompetenzen erfordert, Begriffe zusammenzuführen, um zu Konstruktbeschreibungen für die einzelnen Dimensionen zu gelangen, d.h. eine direkte Entnahme einer Konstruktdefinition der fremdsprachlichen Schreibkompetenz ist nicht möglich. Im Einzelnen werden vor allem kognitive Kompetenzen ausführlicher beschrieben, wobei man insbesondere bei den methodischen Kompetenzen auch von prozeduralen Kompetenzen sprechen kann, wenn

---

1 Der Terminus wurde den Standards entnommen, aber lexikalisch korrekt wäre im Deutschen statt von „Verfügung" von „Verfügen" zu sprechen.
2 Modellierungen des Schreibprozesses und relevanter Einflussfaktoren des (fremdsprachlichen) Schreibens u.a. Hayes & Flower, 1980; Börner, 1989; Krings, 1992; Grießhaber, 2008; zusammengefasst in Porsch, 2009.
3 Alle in diesem Abschnitt verwendeten Seitenangaben (soweit nicht anders angegeben) beziehen sich auf die Bildungsstandards zum Mittleren Schulabschluss (KMK, 2003).

Beschreibungen zu Handlungsabläufen angesprochen werden (z.B. „die Phasen des Schreibprozesses (...) selbstständig durchführen", S. 17). Im Bereich der interkulturellen Kompetenz sind motivationale Kompetenzen (z.B. „sind neugierig auf Fremdes, aufgeschlossen für andere Kulturen und akzeptieren kulturelle Vielfalt", S. 16) von besonderer Bedeutung. Konsequent ist im Sinne der Zuordnung zu den Teilkompetenzen, dass die Deskriptoren zu den interkulturellen Kompetenzen nicht explizit Bezug zur Schreibkompetenz nehmen, obschon für das fremdsprachliche Schreiben interkulturelle Kompetenzen benötigt werden, insbesondere wenn es um das Schreiben von Texten mit kulturspezifischen Inhalten, Themen und Textsorten geht: „Die Schülerinnen und Schüler kennen elementare spezifische Kommunikations- und Interaktionsregeln ausgewählter englisch- bzw. französischsprachiger Länder und verfügen über ein entsprechendes Sprachregister, das sie in vertrauten Situationen anwenden können, (...) kennen gängige Sicht- und Wahrnehmungsweisen, Vorurteile und Stereotype des eigenen und des fremdkulturellen Landes und setzen sich mit ihnen auseinander (S. 16). Ein Schreiber in einer Fremdsprache sollte u.a. „die Fähigkeit und Bereitschaft zur Wahrnehmung und Analyse fremdkultureller Perspektiven" (S. 16) besitzen.

Die Verwendung von sprachlichen Mitteln wird in den Standards spezifiziert und bezieht sich auf die „geläufige und korrekte Verfügung über die sprachlichen Mittel in den Bereichen Aussprache und Intonation, Orthographie, Wortschatz und Grammatik", wobei Schüler bei Erreichen des Mittleren Schulabschlusses „über Fähigkeiten verfügen [sollten], sich in der Fremdsprache schriftlich und mündlich handlungssicher zu verständigen" (S. 9). Betont wird, dass die sprachlichen Mittel funktionale Bestandteile der Kommunikation sind. „Anzustreben ist ihre höchstmögliche Verfügbarkeit, allerdings haben sie grundsätzlich dienende Funktion. Im Vordergrund steht die gelungene Kommunikation" (S. 14). Damit wird auch die in der Fremdsprachendidaktik lange bestehende Forderung *message before accuracy*[4] aufgegriffen. Aussagen auf diesem Niveau (B1/B1+) müssen verständlich sein, aber Fehler dürfen noch gemacht werden, solange sie die Kommunikation nicht behindern.

Im Bereich Schreiben als kommunikative Fertigkeit werden folgende Anforderungen für den Mittleren Abschluss an die Schüler gestellt[5]: „Die Schülerinnen und Schüler können...

- zusammenhängende Texte zu vertrauten Themen aus ihrem Interessengebiet verfassen,
- eine Nachricht notieren, wenn jemand nach Informationen fragt oder ein Problem erläutert,
- in persönlichen Briefen Mitteilungen, einfache Informationen und Gedanken darlegen,
- einfache standardisierte Briefe und E-Mails adressatengerecht formulieren, z.B. Anfragen, Bewerbungen,
- unkomplizierte, detaillierte Texte zu einer Reihe verschiedener Themen aus ihren Interessengebieten verfassen, z.B. Erfahrungsberichte, Geschichten, Beschreibungen,

---

4 Die Formulierung geht auf Timm (1989) zurück und wurde Weingardt (2004, S. 100) entnommen.
5 Die Beschreibungen werden hier ohne Angabe der Niveaustufe wiedergegeben.

- kurze einfache Aufsätze zu Themen von allgemeinem Interesse schreiben,
- kurze Berichte zu vertrauten Themen schreiben, darin Informationen weitergeben, Gründe für Handlungen angeben und Stellung nehmen" (S. 15–16).

Aus den Deskriptoren lässt sich auf bestimmte Schreibfunktionen, die im Unterricht geübt werden sollen, schließen: Das textsortengebundene Schreiben mit und ohne Adressatenbezug, das Ausdrücken von verschiedenen Textfunktionen (vgl. Brinker, 2005) wie beschreiben, berichten, begründen und Stellung zu etwas nehmen, das Schreiben von zusammenhängenden Texten und von Texten ohne vorgegebene Textstruktur (Notizen machen). Auch das kreative Schreiben kann im Fremdsprachenunterricht der Ausbildung der Schreibkompetenz dienen, wobei erwartungsgemäß – die Standards sind ein Instrument der Outputsteuerung – an keiner Stelle eindeutig Techniken oder Methoden beschrieben werden, die z.B. von Böttcher (1999; in Becker-Mrotzek & Böttcher, 2006, S. 145) als Verfahren des kreativen Schreibens bezeichnet werden: Assoziative Verfahren, Schreibspiele, Schreiben nach Vorgaben, Regeln und Mustern, Schreiben zu und nach (literarischen) Texten, Schreiben zu Stimuli und Weiterschreiben von Texten. Das kreative Schreiben meint in diesem Verständnis „angeleitetes Schreiben, das heißt, der Schreibprozess wird durch verschiedene kreative Methoden und Schreibarrangements initiiert bzw. trainiert und die Produktion vielfältiger Textarten und individueller Textmuster ermöglicht" (Becker-Mrotzek & Böttcher, 2006, S. 142). Kreativ wird verstanden als die „arrangierten oder angeleiteten Zugänge zum Schreiben, die die Prozesse auslösen" (ebd.), d.h. auch textsortengebundenes und angeleitetes Schreiben kann kreativ sein. Unter kreativem Schreiben kann auch das Verfassen von sprachästhetischen und fiktionalen Texten wie z.B. das Schreiben von Gedichten, kurzen Erzählungen und Phantasieerzählungen verstanden werden, die einer poetisch-imaginativen Funktion des Schreibens zuzuordnen sind.

In den Kann-Beschreibungen der Standards wird vor allem textsortengebundenes Schreiben aufgeführt. Explizit werden auch narrative Texte genannt, lyrische und dialogische Texte jedoch nicht. Wichtig ist für die (mögliche) Rückwirkung auf den Unterricht, dass daraus nicht geschlossen wird, dass die Verwendung kreativer Textzugänge bzw. das Verfassen von sprachästhetischen und fiktionalen Texten im Unterricht keine oder nur eine geringe Rolle spielen sollten. Neben der Schreibkompetenzausbildung bieten kreative Methoden und das Schreiben von fiktionalen Texten in diesem Alter vor allem „einen Motivations-, Entlastungs- und Rückkoppelungseffekt für die angstbesetzte und mehrfach belastete Schreibsituation des schulischen Schreibens" (ebd., S. 144). Der Hinweis auf das Verfassen von Texten aus den Interessengebieten der Lerner verweist auf die Möglichkeit der schülerorientierten Aufgabenauswahl bzw. freien Themenwahl beim Schreiben im Unterricht. Allerdings können Interessengebiete in Anbetracht der individuellen Interessen der Schülerinnen und Schüler und ihrer heterogenen, multikulturellen Herkunft sehr verschieden sein, auch wenn es „eine übergreifende Jugendkultur mit bestimmten Trends" (De Florio-Hansen, 2005, S. 224) gibt. Dies führt dazu, dass in den Klassen das zum Verfassen notwendige sprachliche und inhaltliche Wissen der Schreiber individuell sehr unterschiedlich sein kann.

Die Kompetenz „Textproduktion (Sprechen und Schreiben)" im Abschnitt der methodischen Kompetenzen wird wie folgt definiert: „Die Schülerinnen und Schüler können…
- sich Informationen aus unterschiedlichen fremdsprachlichen Textquellen beschaffen, diese vergleichen, auswählen und bearbeiten,
- Techniken des Notierens zur Vorbereitung eigener Texte oder Präsentationen nutzen,
- mit Hilfe von Stichworten, Gliederungen, Handlungsgeländern Texte mündlich vortragen oder schriftlich verfassen,
- die Phasen des Schreibprozesses (Entwerfen, Schreiben, Überarbeiten) selbstständig durchführen" (S. 17).

Nachdem im Bereich der kommunikativen Fertigkeiten zum Schreiben vor allem verschiedene Textsorten und Aussagen über die Inhalten getroffen wurden, wird hier der Kompetenzbegriff zum Schreiben um prozedurale Merkmale erweitert. Die Lerner sollen vor dem Schreiben sich selbstständig Informationen beschaffen, einen Text planen, ihn schreiben und überarbeiten und anschließend präsentieren. Das Präsentieren wird noch einmal im Abschnitt „Präsentation und Medien" aufgegriffen. Darin heißt es: „Die Schülerinnen und Schüler können…
- Präsentationstechniken einsetzen (Medienwahl, Gliederungstechniken, Visualisierungstechniken, Gruppenpräsentation),
- mit Lernprogrammen (auch Multimedia) arbeiten,
- Neue Technologien zur Informationsbeschaffung, zur kommunikativen Interaktion (E-Mail) und zur Präsentation der Ergebnisse nutzen" (S. 18).

Festgehalten werden kann: Damit das Schreiben in der Fremdsprache gelingt – die Verfügbarkeit über motorisch-technischen Fertigkeit(en) vorausgesetzt, weil die Annahme gilt, dass Schreiben im Fremdsprachenunterricht nach dem Schriftspracherwerb in der Muttersprache an Bedeutung gewinnt – müssen mehrere Teilkompetenzen erworben werden. Dazu zählen eine Planungs- und Überarbeitungskompetenz, eine sprachsystematische Kompetenz bzw. Ausdrucksfähigkeit, die Kompetenz zur Textorganisation, eine Präsentationskompetenz und eine Antizipationskompetenz im Sinne einer „Einschätzung und Vorwegnahme möglicher Leserreaktionen" (Baurmann & Pohl, 2009, S. 96). Letztgenannte Teilkompetenz tritt beim fremdsprachlichen Schreiben in Interaktion mit den interkulturellen Kompetenzen, wobei in diesem Zusammenhang vor allem die Anwendung von „soziokulturellem Orientierungswissen" (KMK, 2003, S. 8) relevant erscheint.

Für die Definition der Schreibkompetenz sind ebenso die Beschreibungen zu den metakognitiven Strategien bedeutsam. Sie lassen sich insbesondere auf den Erwerb der sprachlichen Mittel – auf Aussprache, Intonation, Orthographie sowie auf Grammatik beziehen – aber auch auf Planungs- und Überarbeitungsschritte im Schreibprozess. „Die Schülerinnen und Schüler können…
- Hilfsmittel zum Nachschlagen und Lernen, z.B. Wörterbücher, Grammatikbücher usw. selbstständig nutzen,
- Verfahren zur Vernetzung, Strukturierung, Memorierung und Speicherung von sprachlichen Inputs, z.B. von Wortschatz, anwenden" (S. 18).

Mit den metakognitiven Strategien soll die Verfügbarkeit über die sprachlichen Mittel unterstützt werden. Auch in Bezug auf die Schreibprozesse, insbesondere das Überarbeiten von Texten, sind diese relevant, jedoch gibt es dazu keinen expliziten Verweis. Auch für Verfügbarkeit von Schreibstrategien, die für die Planung eines Textes, wie das Sammeln von Ideen mit Hilfe der Brainstorming-Methode, findet sich kein Deskriptor. Im Abschnitt „Lernbewusstheit und Lernorganisation" werden weitere Beschreibungen zu Teilkompetenzen aufgeführt, die auch für die Schreibkompetenz relevant erscheinen: „Die Schülerinnen und Schüler können...
- den Nutzen der Fremdsprache zur Pflege von persönlichen und beruflichen Kontakten einschätzen,
- selbstständig, mit einem Partner oder in Gruppen längere Zeit arbeiten,
- ausgewählte Projekte (z.B. bilinguale Projekte) bearbeiten,
- für sie förderliche Lernbedingungen erkennen und nutzen, ihre Lernarbeit organisieren und die Zeit einteilen,
- Fehler erkennen und diese Erkenntnisse für den eigenen Lernprozess nutzen,
- ihren eigenen Lernfortschritt beschreiben und ggf. in einem Portfolio dokumentieren,
- Methoden des Spracherwerbs reflektieren und diese auf das Lernen weiterer Sprachen übertragen" (S. 18).

Des Weiteren kann man den Deskriptoren zu „Lernbewusstheit und Lernorganisation" entnehmen, dass soziale Kompetenzen – die Arbeit bzw. das Lernen in verschiedenen Sozialgruppen – im Fremdsprachenunterricht ausgebildet werden müssen. Auch Lernstrategien werden angesprochen wie das Zeiteinteilen als eine ressourcenbezogene Strategie oder die Reflektion über Methoden des Spracherwerbs als metakognitive Lernstrategie.

Fazit: Schreibkompetenz in der ersten Fremdsprache Französisch

Schreibkompetenz in der ersten Fremdsprache Französisch kann im Sinne der Bildungsstandards für den Mittleren Schulabschluss wie folgt definiert werden:[6]

> *Fremdsprachliche Schreibkompetenz umfasst die Fertigkeit selbstständig zusammenhängende Texte unterschiedlicher Textsorten zu verschiedenen Themen aus dem eigenen Interessengebiet in kommunikativen Zusammenhängen in der Zielsprache zu verfassen. Die Schreiber kennen elementare spezifische Kommunikations- und Interaktionsregeln französischsprachiger Länder. Sie berücksichtigen in ihren Texten kritisch Sicht- und Wahrnehmungsweisen, Vorurteile und Stereotype des eigenen Landes und der französischsprachigen Länder. Orthographie, Wortschatz und Grammatik haben für das Schreiben eine dienende Funktion: Ziel ist die Verständlichkeit für den Leser. Fremdsprachenschreiber können verschiedene Lern- und Schreibstrategien anwenden und diese in den einzelnen Schreibphasen (Entwerfen, Schreiben, Überarbeiten) einsetzen. Sie verfügen über die Fähigkeit, Fehler zu erkennen und diese für den eigenen Lernfortschritt zu nutzen. Schüler sind in der Lage Texte in verschiedenen Sozialformen zu schreiben und mit unterschiedlichen Medien zu präsentieren.*

---

6 Ohne Berücksichtigung von Notizenmachen als Mitschrift und dem „sinngemäßen Übertragen" (KMK, 2003, S. 14) als eine Form der Übersetzung im Bereich der Sprachmittlung.

2.5.2 Die Konstruktdefinition der Schreibaufgaben

Für die Testung der fremdsprachlichen Schreibleistungen im Fach Französisch wurde auf Grundlage der oben genannten Definition der Schreibkompetenz nach den Bildungsstandards für die erste Fremdsprache entschieden, das Schreiben von zusammenhängenden Texten in einem integrativen Ansatz zu überprüfen. Alternativ hätte sich auch die Testung bestimmter Teilkompetenzen mit Hilfe von separaten Tests angeboten (vgl. Weigle, 2002). Das können Tests mit geschlossenen Itemformaten oder Kurzantworten sein, um Wissensstände in Bezug auf Schreibkonventionen oder den Schreibprozess zu ermitteln oder Tests, die Teilkompetenzen wie den Einsatz sprachlicher Mittel (Grammatik, Lexik, Satzkonstruktion) überprüfen. Teilkompetenzen, die aus dem Schreibprodukt ableitbar sind, werden jedoch in der Bewertung über eine Anzahl von Kriterien wie Grammatik und Organisation (vgl. Abschnitt 2.5.4) erfasst. Der integrative Ansatz wurde im Französischprojekt gewählt, um (a) den Anforderungen in den Standards zu genügen, die im Anforderungsniveau A2 bzw. B1 die Anwendung der sprachlichen Mittel als dienende Funktion für eine gelungene Kommunikation definieren, (b) internationale und nationale Erfahrungen im Bereich des Testens der fremdsprachlichen Schreibkompetenz (wie die DESI-Studie 2003/4) aufzugreifen und (c) schulische und fachdidaktische Erwartungen zu erfüllen.

Zur Entwicklung der Schreibaufgaben und als Grundlage für eine anschließende Beurteilung der Textproduktionen im Projekt Französisch konnte für die Niveaus A2 und B1 auf die Beschreibungen in den Bildungsstandards zurückgegriffen werden. Da die Testaufgaben jedoch die Niveaus A1 bis C1 des GER abdecken sollen, wurden auf die im Referenzrahmen formulierten Deskriptoren zurückgegriffen (vgl. Tabelle 2).

Tabelle 2: Globalskala Schreiben aus dem GER (aus KMK, 2003)

Niveau	Beschreibung
A1	Kann einfache, isolierte Wendungen und Sätze schreiben.
A2	Kann eine Reihe einfacher Wendungen und Sätze schreiben und mit Konnektoren wie „und", „aber" oder „weil" verbinden.
B1	Kann unkomplizierte, zusammenhängende Texte zu mehreren vertrauten Themen aus ihrem/seinem Interessengebiet verfassen, wobei einzelne kürzere Teile in linearer Abfolge verbunden werden.
B2	Kann klare, detaillierte Texte zu verschiedenen Themen aus ihrem/ seinem Interessengebiet verfassen und dabei Informationen und Argumente aus verschiedenen Quellen zusammenführen und gegeneinander abwägen.
C1	Kann klare, gut strukturierte Texte zu komplexen Themen verfassen und dabei die entscheidenden Punkte hervorheben, Standpunkte ausführlich darstellen und durch Unterpunkte oder geeignete Beispiele oder Begründungen stützen und den Text durch einen angemessenen Schluss abrunden.

Hinweis: Für die Testspezifikationen und die Auswertungsanweisungen wurde auf weitere Skalen des Referenzrahmens Bezug genommen.

Das den Aufgaben und Auswertungsanweisungen zugrunde liegende Testkonstrukt zur Messung der fremdsprachlichen Schreibkompetenz im Fach Französisch kann wie folgt zusammengefasst werden:

- Die Schreibaufgaben messen die Kompetenz von Schülerinnen und Schülern in der Klassenstufe 8 bis 10 an allgemeinbildenden Schulen in Deutschland, die Französisch als 1. Fremdsprache lernen, zusammenhängende Texte zu verfassen, die verschiedene kommunikative Funktionen erfüllen.
- Die Aufgabenstellung ist auf Französisch formuliert und so kurz wie möglich gehalten, da es sich nicht um eine Testung des Leseverstehens handelt (vgl. Camp, 1996). Das Verständnis erschwerende Einzelwörter werden in einer Fußnote ins Deutsche übersetzt, sollten mehrere Passagen der Aufgabenstellung schwierig sein, kann auch die komplette Aufgabenstellung analog zu den Lese- und Höraufgaben zusätzlich übersetzt werden. Die Instruktionen und ggf. ein Stimuli-Text berücksichtigen das jeweils getestete Sprachniveau der Schreiber.
- Die Aufgabenstellungen enthalten die Anforderungen an den zu schreibenden Text in Bezug auf den Inhalt und die Textsorte, spezifizieren den (fiktiven) Adressaten bzw. den Zweck des Textes und den Textumfang. Die Wortzahl ist eine Mindestangabe, die von 30 bis 150 Wörtern pro Aufgabe reicht. Eine Unterschreitung der Wortanzahl wird bei der Auswertung berücksichtigt. Die Bearbeitungszeit und die Textlänge bzw. Mindestwortanzahl resultiert aus den unterschiedlichen Niveaustufen und den dazu geforderten Textsorten (Übersicht in Kapitel 3.1).
- Die Beschreibungen bzw. Anforderungen der Niveaustufen von A1 bis C1 basieren auf dem Gemeinsamen europäischen Referenzrahmen für Sprachen und den Bildungsstandards für die erste Fremdsprache.
- Die zur Verfügung gestellte Bearbeitungszeit pro Aufgabe liegt zwischen zehn und vierzig Minuten je nach Kompetenzniveau, wobei das jeweilige Zeitlimit den Schülerinnen und Schülern vor der Testung bekannt gegeben wird. Es folgen maximal zwei Aufgaben in einem Testheft, so dass die Französischlerner entweder 20 oder 40 Minuten Zeit haben die Schreibaufgabe/n zu bearbeiten (vgl. Kapitel 3.1).
- Der kommunikative Ansatz wurde in der Konzeption der Schreibaufgaben berücksichtigt: Der Adressat und Zweck wird in den Aufgabenstellungen genannt und eine Kontextualisierung findet statt. Kontextualisierung bedeutet im Rahmen der Testaufgaben, dass den Schreibern in der Einleitung zu jeder Aufgabe die Situation (auf Französisch) verdeutlicht wird, in der die kommunikative Handlung stattfinden soll. Diese Situationen sollen so authentisch wie möglich sein unter Berücksichtigung der Zielgruppe, der deutschen Fremdsprachenlerner in der Sekundarstufe I. Beispiele für solche Situierungen sind: „Du bist in einem französischsprachigen Land im Urlaub…" oder „Deine Schule wird aufgefordert für die französische Partnerschule einen Artikel für die Schülerzeitschrift zu schreiben."

2.5.3 Messung der Schreibkompetenz im *Uni-Level*-Ansatz

Bisher wurden im Französischprojekt am IQB 35 Schreibaufgaben mit Kodieranweisungen entwickelt (Stand: 2009), die *a priori* den GER-Niveaustufen A1 bis C1 zugeordnet wurden. Die Aufgabenstellungen verlangen Texte, die sich hinsichtlich der Textsorten, der kommunikativen Funktion, ihrer Komplexität und Kohärenz, dem Grad an Detailinformationen, ihrer Länge und der für eine erfolgreiche Kommunikation benötigten sprachlichen Mittel sowie der zur Verfügung gestellten Bearbeitungszeit unterscheiden. Die Zuordnung zu den Niveaustufen A1 bis C1 ist neben der Entwicklung der Aufgabenstellungen vor allem relevant für die Auswertung der Textproduktionen der Französischlerner. Das Beurteilungsschema für die Beurteilungen der Texte und die Entwicklung der Aufgaben basiert auf dem *Uni-Level*-Ansatz und soll im folgenden Abschnitt näher beschrieben werden.

Bei der Entwicklung von Aufgaben zur Messung der fremdsprachlichen Schreibkompetenz, die sich am GER orientieren, um die Kompetenzniveaus A1 bis C1 abzubilden, kann zwischen einem *Uni*- und einem *Multi-Level*-Ansatz unterschieden werden (vgl. Abbildung 1).

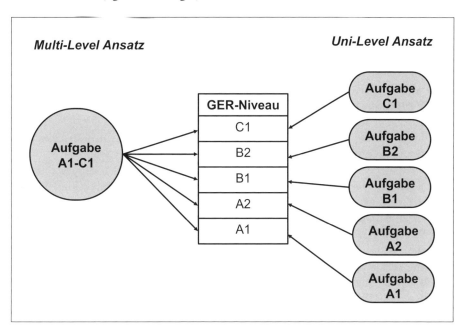

Abbildung 1: Graphische Illustration des *Uni-Level*- und *Multi-Level*-Ansatzes als Verfahren zur Entwicklung und Beurteilung von Schreibprodukten auf Grundlage des Gemeinsamen europäischen Referenzrahmens (Europarat, 2001)

Beim *Uni-Level*-Ansatz bearbeitet ein Schreiber eine Aufgabe, die hinsichtlich der Anforderungen und der nachfolgenden Kodierung bzw. Bewertung auf ein Kompetenzniveau festgelegt ist. So kann festgestellt werden, ob ein Schüler dieses Kompetenzniveau erreicht, nicht erreicht oder überschreitet. Wenn er das Niveau nicht erreicht hat oder deutlich über diesem liegt, können jedoch mit einer Aufgabe keine Aussagen getroffen werden, welchem GER-Niveau er zuzuordnen ist. Deshalb sollte ein Schüler mehr als eine Aufgabe bearbeiten, um reliable Aussagen über sein Kompetenzniveau zu erhalten. Der *Uni-Level*-Ansatz wurde vom Fremdsprachenprojekt am IQB gewählt und war Grundlage für die Aufgabenentwicklung und die nachfolgende Bewertung. Da das Institut beauftragt wurde, die Implementation der Bildungsstandards für die erste Fremdsprache (KMK, 2003, 2004) in den Ländern der Bundesrepublik Deutschland zu überprüfen, ist eine enge Anbindung an die Bildungsstandards Grundlage der Aufgabenentwicklung. Die Bildungsstandards für die erste Fremdsprache beziehen sich für den Hauptschulabschluss auf das Niveau A2 des GER und für den Mittleren Schulabschluss auf das Niveau B1. Darüber hinaus wurden Aufgaben für die Niveaus A1, B2 und C1[7] entwickelt. Dieses Vorgehen erlaubt spezifische Aussagen über Schülerleistungen, die weit über oder unter den angestrebten Niveaus liegen.

Beim *Multi-Level*-Ansatz muss im Gegensatz zum *Uni-Level*-Ansatz nur eine Aufgabe von jedem Schüler bearbeitet werden, da Schreibprodukte allen Stufen des GER durch ein niveaustufenübergreifendes Beurteilungsverfahren zugeordnet werden können bzw. Aufgaben so konzipiert sind, dass sie die Verortung von Personen auf allen Niveaustufen zulassen. Ein Beispiel für den *Multi-Level*-Ansatz sind die Schreibaufgaben der DESI-Studie, die in den Jahren 2003/4 durchgeführt wurde und deren Beurteilungsskalen die Niveaustufen A1 bis B2+ berücksichtigen (vgl. Harsch et al., 2007). Auch die zahlreichen offiziellen Sprachtests der Cambridge University (z.B. ESOL) folgen diesem Ansatz. So werden die gewonnenen Schreibprodukte mit Hilfe einer *Common Scale for the Assessment of Writing*, also einer gemeinsamen Skala mit entsprechenden Deskriptoren, den Niveaustufen A2 bis C2 zugeordnet (vgl. Hawkey & Barker, 2004). Eine Schwäche des *Multi-Level*-Ansatzes liegt in der Schwierigkeit, Aufgaben zu konzipieren, die Textproduktionen von Lernern generieren, die sich auf unterschiedlichen GER-Niveaus bzw. Kompetenzstufen befinden.

Eine Analyse der Kann-Beschreibungen des GER, also der Beschreibungen, was Schüler jeweils auf den fünf Niveaustufen A1 bis C1 können, illustriert die Herausforderung, die mit der Aufgabenentwicklung mit beiden Ansätzen verbunden ist. Für das Niveau A1 kann der Lerner „einfache, isolierte Wendungen und Sätze schreiben" (Europarat, 2001, S. 67) und auf dem Niveau C1 „flüssige, komplexe Texte in angemessenem und effektivem Stil" (ebd.). Besonders deutlich wird die Problematik an den zu schreibenden Textsorten. In den DIALANG-Skalen zur Rückmeldung an die Lerner sind diese unter „Textsorten, die ich schreiben kann" zusammengefasst (vgl. Tabelle 3). Die Beschreibungen machen deutlich, dass eine Aufgabe maximal zwei aufeinander folgende Niveaustufen sinnvoll abbilden kann, wenn die Deskriptoren Berücksichtigung finden sollen. So findet sich der Hinweis auf einfache Briefe auf den Niveaus A1 und A2, hingegen werden argumentative Texte erst auf dem Niveau B2 und C1 erwartet.

Bislang liegen kaum Studien vor, die beide Vorgehensweisen (*Uni-Level*- vs. *Multi-Level*-Ansatz) hinsichtlich ihrer Reliabilität und Validität vergleichen. Als Konsequenz wurde im Englischprojekt des IQB (vgl. Porsch, in Vorbereitung) eine

---

7   Das GER-Niveau C2 wurde nicht berücksichtigt, da es sich bei Betrachtung der Deskriptoren im Prinzip um Beschreibungen einer muttersprachlichen Sprachkompetenz handelt, die im dargestellten Kontext nicht untersucht werden bzw. Schülerleistungen auf diesem Niveau nicht zu erwarten sind.

empirische Studie durchgeführt, in der Schüler Schreibaufgaben bearbeiten mussten, die nach dem *Uni-* und *Multi-Level*-Ansatz erstellt und anschließend ausgewertet werden. Die Befunde belegen, dass beide Verfahren vergleichbare psychometrische Gütekriterien aufweisen und offenbar auch dasselbe zugrunde gelegte Konstrukt erfassen.

Tabelle 3: DIALANG-Skala zu „Textsorten, die ich schreiben kann" (Europarat, 2001)

Niveau	Beschreibung
A1	sehr kurze Texte: einzelne Wörter und sehr kurze einfache Sätze; z.B. einfache Mitteilungen, Notizen, Formulare und Postkarten
A2	kurze, einfache Texte, z.B. einfache persönliche Briefe, Mitteilungen, Notizen, Formulare
B1	(…) einen fortlaufenden, verständlichen Text schreiben, dessen Teile miteinander verbunden sind
B2	(…) unterschiedliche Textsorten schreiben
C1	(…) unterschiedliche Textsorten bewältigen, (…) klar und präzise ausdrücken, Sprache flexibel, angemessen und effektiv einsetzen

Im Sinne der Testökonomie sollte im *Uni-Level*-Ansatz eine möglichst hohe Passung zwischen der Kompetenz der getesteten Lerner und den Anforderungen der Aufgaben hergestellt werden, d.h. Schüler sollten keine Aufgaben erhalten, die für sie deutlich zu schwer oder zu leicht sind. Insbesondere für zu schwere Aufgaben hat sich in *large-scale* Studien gezeigt, dass einige Schülerinnen und Schüler bei (erlebter) Überforderung keinen Text im Sinne der Aufgabenstellung verfassen. Neben der Übereinstimmung zwischen den Beschreibungen der Bildungsstandards bzw. des GER und den entwickelten Aufgaben muss die Zuordnung jeder Aufgabe zum entsprechenden Kompetenzniveau für die Bewertung der Textproduktionen abgesichert sein. Das auf dieser Grundlage für die Auswertung der Schülertexte entwickelte Kodierschema wird im nächsten Abschnitt näher erläutert.

2.5.4 Das Kodierschema für die Bewertung der Schreibleistungen

Weder in den Bildungsstandards für die erste Fremdsprache noch im GER finden sich explizit Bewertungskriterien bzw. Hinweise zur Auswertung von produktiven Sprachleistungen. In der Rezeption dieser Dokumente lassen sich jedoch einige Prinzipien erkennen, die in den zu entwickelnden Bewertungsvorschriften Berücksichtigung finden (sollten):
- Eine Positivkorrektur wird präferiert: Beide Dokumente betonen in Form von Kann-Beschreibungen, was Lerner auf einem Niveau können und nur in wenigen Fällen werden Defizite beschrieben.
- Die sprachlichen Mittel treten in den Standards deutlich in den Hintergrund, wobei sich die Lerner mit dem Erreichen des Mittleren Schulabschluss auf dem

Niveau B1 „handlungssicher" verständigen sollen. Konkret heißt es im Bereich Wortschatz und Grammatik, dass noch Fehler auftreten können.
- Auf den Niveaus A1 bis B1 verlangt der GER noch nicht die vollständige „Beherrschung der Orthographie" (Europarat, 2001, S. 118), sondern lediglich die Verständlichkeit der Mitteilung. Auf den höheren Niveaus wird vom Referenzrahmen die Richtigschreibung von Wörtern erwartet.
- Schreibkompetenz wird nach den Bildungsstandards für die erste Fremdsprache als Kompetenz definiert, Texte verschiedener Textsorten in der Zielsprache zu verfassen. Daraus wird abgeleitet, dass eine Bewertung die sprachlich und textstrukturell adressatengerechte Umsetzung in Bezug auf die Textsorten berücksichtigen muss.
- Die Anforderungen an eine Textsortenkompetenz variiert je nach Kompetenzniveau. Je nach Textsorte führt dies zu einer unterschiedlich komplexen Textorganisation. Spezifische Beschreibungen zur Organisation der Texte (der strukturelle und inhaltliche Aufbau im Text bzw. die Schaffung von Kohärenz und Kohäsion) erscheinen ab dem Kompetenzniveau B1 im Referenzrahmen.
- In Bezug auf das Thema der Aufgaben bzw. den Inhalt der Texte heißt es in den Standards zum Mittleren Abschluss, dass die Lerner Texte „zu einer Reihe verschiedener Themen aus ihren Interessengebieten" bzw. „zu vertrauten Themen" (KMK, 2003, S. 15f.) verfassen können. Je nach Niveau wird eine unterschiedlich hohe Komplexität und Detailfülle erwartet.

Generell ist bei einer Auswertung von Schreibaufgaben zu entscheiden, ob entsprechende Beurteilungsskalen aufgabenspezifisch oder -übergreifend sein sollen, so dass auch unterschiedliche Aufgaben in der Auswertung vergleichbar werden (Weigle, 2002). Weiterhin muss festgelegt werden, ob die Textgüte lediglich global (holistisch) oder bezüglich ausgewählter Dimensionen beurteilt werden soll. Für ein holistisches Urteil muss ein Beurteiler die Entscheidung über die Quantität und Qualität verschiedener Textmerkmale zu einem Gesamturteil kombinieren. Im multikriterialen Fall, d.h. bei der Anwendung von analytischen Kriterien, muss weiter unterschieden werden, ob im Sinne von detaillierten Analysen Einzelkriterien *kodiert* werden sollen (z.B. eine Entscheidung darüber, ob eine Merkmal vorhanden ist oder nicht) oder ob pro Dimension ein integratives Urteil vorgenommen werden soll, d.h. ob bei Gewichtung von verschiedenen Teilaspekten ein *Rating*[8] erfolgt.

Für die Kodierung der Schreibaufgaben im Projekt Französisch wurde in Zusammenarbeit mit Fachdidaktiker/inne/n der Romanistik und Testexperten für jede Niveaustufe ein kombiniertes Kodiersystem entwickelt, das einfach handhabbar sein sollte, um die Kodierung der Vielzahl von Textproduktionen im Rahmen des Ländervergleichs in einem ökonomisch sinnvollen Rahmen zu gewährleisten. Die Auswertung der Textproduktionen der *large-scale* Untersuchungen erfolgt durch geschulte Bewerter, die Französisch als Muttersprache oder Fremdsprache mindestens auf dem Niveau C1 beherrschen. Das Kodierschema sieht vor, dass der Beurteiler eines Schülertextes je nach Kriterium entweder entscheiden muss, ob ein Merkmal vorhanden oder nicht vorhanden ist bzw. die Anforderungen realisiert und

---

8 Hinweis: Die Begriffe werden jedoch in der Literatur nicht konsistent verwendet, z.T. wird generell ein Bewertungsverfahren zu Schreibproduktionen als *Rating* bezeichnet.

nicht realisiert wurden (dichotome Variablen; Kode 0 bzw. 1) oder ob bestimmte im Schülertext gezeigte Leistungen dem angestrebten GER-Niveau entsprechen, darunter oder darüber liegen (polytome Variablen; Kodes 1 bis 3). Das Prinzip der Kodierung im Hinblick auf das Erreichen eines getesteten Kompetenzniveaus für die polytomen Variablen wird in der Abbildung 2 an einem Beispiel zu einer B1-Aufgabe illustriert.

Es wurde bereits darauf hingewiesen, dass integrativ die Schreibkompetenz in Französisch getestet wird, d.h. es werden den Schülern keine separaten Tests zur Überprüfung ihrer Verfügbarkeit über grammatikalische oder lexikalische Mittel vorgelegt. Wie aus der Konstruktbeschreibung hervorgeht, werden für das Schreiben eines Textes Teilkompetenzen verlangt. Diese Subdimensionen werden in der Bewertung der Aufgaben berücksichtigt.

Folgende Kriterien werden für die Auswertung herangezogen:
- Gesamteindruck (Impression globale)
- Inhalt bzw. Sprechakte (Contenu/Actes de paroles)
- Textsorte (Genre de texte)
- Adressatengerechtheit (Adéquation au destinataire)
- Organisation/Textaufbau (Organisation du texte) : Kohärenz und Kohäsion (Cohérence et Cohésion), Themenaufbau (Développement thématique)
- Lexik: Variabilität (Lexique – étendue)
- Lexik: Richtigkeit der Verwendung (Lexique – usage approprié)
- Grammatik-Variabilität (Grammaire fonctionnelle)
- Grammatik-Richtigkeit der Verwendung (Grammaire norme)
- Orthographie (Orthographe lexicale)
- Globalurteil (Évaluation globale)

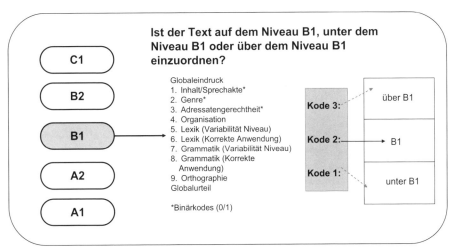

Abbildung 2: Graphische Illustration der Kodierung von Textproduktionen im *Uni-Level*-Ansatz (Beispiel B1-Aufgabe)

Einzelne Kriterien, insbesondere die Bewertung der Textorganisation, finden erst für Aufgaben ab dem Niveau A2 Berücksichtigung, da diese Kriterien für bestimmte Textsorten nicht anwendbar sind oder die vorgegebene Textlänge in der Weise „einschränkt", dass die Schreiber textorganisatorische Kompetenz nicht anhand bestimmter Aufgaben zeigen können. Ferner gibt es für jede Aufgabe eine unterschiedliche Anzahl zu bewertender Sprechakte (Kriterium „Inhalt"), zum Beispiel die Sprechakte *raconter un conflit, exprimer ses sentiments* oder *parler de la réconciliation* für eine Aufgabe, die einen Streit zweier Jugendlicher thematisiert.

Die Sprechakttheorie nach Austin (Austin, 1962) erklärt und klassifiziert sprachliches Handeln durch die Unterscheidung unterschiedlich handlungsrelevanter Ebenen. Er unterscheidet eine Ebene der sprachlichen Gestalt einer Äußerung, die es erlaubt, ihren Wahrheitsgehalt zu prüfen, eine Ebene des Handelns durch Aufnahme vorausgehender Handlungen und eine Ebene, die sich auf die zu erzielende Wirkung bezieht. Die Betonung des Handelns nach Austin kann als Überwindung enger Sprachverwendungstheorien betrachtet werden, die auf die benennende Funktion sprachlicher Äußerungen fokussieren. Der Rückgriff auf spezifizierte Sprechakte zur Bewertung des Inhalts ist nicht nur gängige Praxis des am weitesten verbreiteten Tests für Französisch als Fremdsprache, dem DELF/DALF-Test, sondern bietet auch die Möglichkeit einer binären Kodierung, d.h. es wird lediglich erfasst, ob ein bestimmter Sprechakt umgesetzt worden ist oder nicht. Dafür müssen die erwarteten Sprechakte in einer Kodieranleitung aufgabenspezifisch beschrieben und mit kommentierten *Benchmark*-Texten, ausgewählte Beispieltexte von Schülern, versehen werden. Die Beschreibungen weisen naturgemäß einen gewissen Grad an Allgemeinheit auf, um das zu erwartende breite Spektrum an Realisierungen erfassen zu können. Dies kann zum Nachteil werden, wenn die Schülerleistung einen erwarteten Sprechakt lediglich implizit wiedergibt. Dieser Umstand zwingt zur fortwährenden Verfeinerung der Kodieranweisungen, d.h. akzeptierte Schülerproduktionen werden in das Manual für jede Aufgabe aufgenommen und begründet und bilden dann die *Benchmark*-Texte.

Die Auswahl der erfassten Kriterien orientiert sich an den Deskriptoren des GER und der Bildungsstandards (s.o.) sowie an den Beurteilungskriterien anderer Studien zur Testung der Sprachkompetenz (u.a. DESI-Studie; vgl. Harsch, 2006; Neumann, 2007). In Bezug auf die sprachlichen Dimensionen bot die Unterscheidung von Variabilität (*grammaire fonctionnelle*) und Normgrammatik (*grammaire norme*) Gelegenheit, einen innovativen Akzent im Hinblick auf die spätere Implementation des Kodierschemas in der Praxis zu setzen und der starken Orientierung des Französischunterrichts an der grammatischen Normgerechtheit entgegenzuwirken. Eine Globalbeurteilung wurde zunächst nicht vorgenommen, um nicht Gefahr zu laufen, dass die differenzierte Analyse einzelner Dimensionen in der Darstellung der Ergebnisse oder Analyse der Kodierungen unberücksichtigt blieb. Festgelegt wurde jedoch das Einbeziehen eines Globaleindrucks (*impression globale*) zu Beginn jeder Bewertung eines Textes. Im Rahmen der Auswertung der Schülertexte aus der Normierungsstudie wurde eine Globalbeurteilung (*évaluation globale*) nach den Einzelkriterien bzw. dem analytischen Kodierdurchlauf eingeführt. Diese Veränderung des Kodierschemas ermöglicht es, Ergebnisse der beiden globalen Beurteilungen (vor und nach der analytischen Beurteilung) in Zusammenhang zu setzen und erlaubt die Beantwortung der Frage, ob ein derartiges Globalurteil ein valides Maß für eine Gesamtbeurteilung der Textproduktionen darstellt, welches die vorangehende Beurteilung der Einzelkriterien berücksichtigt. Die theoretischen Überlegungen zur Testung des Schreibens und das vorgestellte Kodiersystem werden im Folgenden an einem Beispiel illustriert.

2.5.5 Aufgaben- und Bewertungsbeispiel: Animateur Camping (B1)

Die Aufgabe „Animateur Camping" wurde bezüglich ihrer soziokulturellen Bezüge sowie ihres textpragmatischen Anforderungsprofils (sich selbst im Hinblick auf einen gewünschten Ferienjob vorstellen und spezifische Informationen schriftlich anfordern) auf das Niveau B1 eingestuft. Die Aufgabe thematisiert lebensweltlich-jugendnahe Bezüge. Es folgen die Aufgabenstellung zu „Animateur Camping" (Abbildung 3), ein Schülertext zu der Aufgabe (Abbildung 4), die Gesamtkodierung für diese Schülerleistung (Tabelle 4) und ein Auszug aus dem IQB-Kodiermanual, der die Kodierleistung an einem Kriterium (*Impression globale*) verdeutlicht (Tabelle 5). Dieser Auszug illustriert überdies das Prinzip der *Benchmark*-Texte.

Animateur Camping

Tu cherches un job d'été en France pour le mois d'août. Tu as trouvé l'annonce ci-dessous dans le magazine « Phosphore » qui t'intéresse.

Tu écris une lettre de motivation (min. 60 mots):
- Tu te présentes et tu expliques pourquoi cette annonce t'intéresse.
- Tu décris tes qualités pour faire ce travail.
- Tu demandes des informations plus détaillées sur les conditions de travail (où dormir, heures de travail, combien d'argent …).

weiter nächste Seite

Proposition:

Contrat en tant que
Animateur(trice) loisirs camping
à **Quimper**
1 à 3 mois (été)

Votre mission :

- **animation d'enfants**
- **travail d'équipe** dans une ambiance agréable et familiale
- **langues étrangères souhaitées**

S'adresser: Camping Municipal
14, rue de la joie
F- 29104 Quimper

Abbildung 3: Aufgabenbeispiel - Textproduktion Niveau B1

Chère mesdames et messieurs,

Dans le magazine «Phosphore » j'ai lu votre annonce sur le camping à Quimper pour où vous cherchez encore un animateur. Je suis bien interessé. Un boulot pour le mois d'août, c'est exactement ce que je cherche ! Je me présenterai alors : Je m'appelle XY et j'ai dix-huit ans. Je suis encore élève au Z-Gymnasium. Mon curriculum vitae se trouve aussi dans la lettre. Ce travail-là c'est bien pour moi parce que j'aime bien les enfants et j'ai déjà souvent dans la Bretagne. je connais la ville de Quimper et l'entourage. Puis, je parles six langues : l'allemand, l'anglais, l'espagnol, l'italien et bien le français. Je n'aurai pas de problèmes de communiquer avec les enfants. Je serais très contente si vous me choississait pour ce travail. Ce temps serait uniquement magnifique.
Je vous prie de recevoir mes meilleur salutations.
XY

(145 Wörter)

Abbildung 4: Schülerproduktion zur Aufgabe „Animateur Camping"

Der Schülertext wurde global als „über dem Niveau B1" eingeschätzt (vgl. Tabelle 4). Die Kodierung „B1 erreicht" dagegen würde sich auf eine Schülerleistung beziehen, die die Schwelle von A2 zu B1 überschritten hat – auch wenn dies nur knapp der Fall ist – beziehungsweise eine Schülerleistung, die im mittleren Bereich der B1-Stufe anzusiedeln wäre. Die aufgeführte Kodierung weist ferner darauf hin, dass alle inhaltlichen Dimensionen der Schülerarbeit als erfüllt betrachtet wurden. Den Ausschlag für den Globaleindruck ergaben aber möglicherweise die rein sprachlichen Dimensionen. Die verwendete Lexik (z.B. *curriculum vitae*, *entourage*, Schlussformel) wurde hinsichtlich der Bandbreite zwar nur mit Einschränkung als über Niveau B1 eingeschätzt, ihr Gebrauch dagegen als einem höheren Niveau angemessen beurteilt. Zudem wurde die Normgerechtheit der verwendeten Grammatik und die orthographische Korrektheit als „über Niveau dem Niveau B1" eingestuft.

Der Auszug aus dem Kodiermanual (vgl. Tabelle 5) zeigt, wie schwierig die Bestimmung eines Kodes in globaler Hinsicht sein kann. *Benchmark*-Texte sollen daher nicht nur prototypisch für die Niveaumitte ausgewählt werden, sondern auch die Niveauränder beschreiben, da gerade mit solchen Texten die Kodierer erfahrungsgemäß die meisten Schwierigkeiten haben. Die Unsicherheiten der globalen Einschätzung sollten durch die analytische Kodierung beseitigt werden. Entsprechend aussagekräftige *Benchmark*-Texte sind daher für die Dimensionen der analytischen Kodierung im Kodierhandbuch zu hinterlegen. Durch die Rückschau auf die analytische Kodierung kann der Kodierer seinen ersten globalen Eindruck gegebenenfalls bestätigt sehen oder ihn korrigieren und ein abschließendes Globalurteil (*Évaluation globale*) vornehmen.

Tabelle 4: Kodierbeispiel für das Textbeispiel

Dimension	zu wenig Text	unter Niveau B1	B1 erreicht	über Niveau B1
	0	1	2	3
Impression globale :				x
	nicht erfüllt	**erfüllt**		
Contenu :	0	1		
Tu te présentes et tu expliques pourquoi cette annonce t'intéresse.		x		
Tu décris tes qualités pour faire ce travail.		x		
Tu demandes des informations plus détaillées sur les conditions de travail (où dormir, heures de travail, …).		x		
Genre de texte :		x		
Adéquation au destinataire :				
Organisation du texte :				
a) développement thématique		x		
b) cohérence et cohésion				
	zu wenig Text	unter Niveau B1	B1 erreicht	über Niveau B1
Réalisation linguistique :	0	1	2	3
Lexique/étendue			x	(x)
Lexique/usage approprié				x
Grammaire fonctionnelle			x	
Grammaire norme				x
Orthographe lexicale				x
Evaluation globale				x

Tabelle 5: Auszug aus dem Kodiermanual zur Aufgabe „Animateur Camping"

Animateur Camping		
Nom de la variable	Définition	Exemples
Longueur de texte	**Compter les mots :** Règle de décompte des mots: est considéré comme mot tout ensemble de signes placé entre deux espaces.	« C'est-à-dire » = 1 mot ; « un bon sujet » = 3 mots ; « Je ne l'ai pas vu depuis avant-hier » = 7 mots
Impression globale	Lire rapidement Codes : 0-1-2-3 0 = trop peu de texte en français 1 = au-dessous du niveau 2 = au niveau requis 3 = au-dessus du niveau A prendre en compte: - Contenu: Le contenu correspond-il à ce qu'on attend selon le CECR ou les normes de la KMK? - Compréhension: Est-ce que la compréhension/lisibilité globale est facilitée/entravée? ***Rappel CECR Ecriture créative*** *Peut écrire des descriptions détaillées simples et directes sur une gamme étendue de sujets familiers dans le cadre de son domaine d'intérêt. Peut faire le compte rendu d'expériences en décrivant ses sentiments et ses réactions dans un texte simple et articulé.* ***Essais et rapports*** *Peut écrire de brefs essais sur des sujets d'intérêt général.* ***Rappel KMK*** *Les élèves peuvent rédiger des textes simples mais détaillés sur toute une série de sujets variés relevant de leurs domaines*	**Code 0 (eventuell auch Code 1) - Textlänge und zwei stimmige Angaben:** *J'ai interesse pour travailler à Animateur.* *Bonjour Mesdames et Messieurs,* *j'interesses au travail à Animateur, je ne suis pas triste. Les enfants sont très sympa et je joues avec les enfants.* *Au revoir Hans Peter* (35 Wörter) **Code 1 :** *Mesdames, Messieurs,* *J'ai lu votre annonce dans le magazine « Phosphore » et je suis intèrese à le job.* *Je suis quinze ans et je suis élèves de X- Realschule de Y.* *Je suis très heureuxment et je pense le job c'est le vrai pour moi. J'aimer l'animation d'enfants.* *J'ai de Questions : Qù'est-ce que j'ai dormir et quels heures de travail ?* *Merci, que vous lisez mon lettre* (70 Wörter) La forme attendue est respectée mais d'importantes lacunes lexicales brouillent la compréhension du message. Cette production n'est pas de niveau B1. *Bonjour mes dammes, mes hommes,* *j'ai lisé votre article dans le magazine « Phosphore ». Je veut avoir le job de Animateur. Je veut travailler avec les enfants, les élèves et le equipment. Et je veut travail d'equipe dans une ambiance agréable et familiale. Je parle des langues, pas que allemand, français, anglais et netherlands.* *J'ai fait un practicum dans les vacances dans le magasin pour l'escalade. J'ai fait de l'escalade dans mes vacances.* *Je veut téléphoné avec toi.* *Ludwig* (80 Wörter) Le candidat a bien compris le sujet, on distingue dans sa production les 3 parties attendues Cependant, d'importantes lacunes linguistiques brouillent considérablement le message. **Entre Code 1 et code 2 :** *Bonjour,* *Je m'appelle Heinz. J'ai 16 ans et j'habite a M.* *Cette annonce m'interesse parce-que j'aime travailler avec des enfants et dans l'équipe.* *Mes qualités sont que je apprendre français depuis 6 ans.*

	d'intérêt, par ex. des comptes rendus d'événements vécus, des histoires, des descriptions	J'étais déjà fait cette travail l'année derniere à Paris et ça me plaît. Comment d'heures est-ce que j'ai à travailler. Où je dois dormir et comment sont mes conditions. J'éspere que j'ai vous convaicant. (66 Wörter) Le candidat démontre dans cette production qu'il est capable de rédiger un « texte simple mais détaillé ». Mais certaines constructions brouillent le message. **Code 2 :** Chers Madames et Monsieurs, j'ai vu votre annonce dans le magazine « Phosphore » et je suis très interesse pour le job de Animatrice parce que j'adore le travail avec des enfants. Actuellement, je suis dans la dixième classe de la « X-Realschule » de Y. J'apprends le français depuis 5 ans. D'abord, j'ai deux questions : Où je vais dormir et il y a combien des heures de travail ? Je voudrais travailler pour le mois d'août. (78 Wörter) Le candidat démontre dans cette production qu'il est capable de rédiger un « texte simple mais détaillé ». Certaines constructions ne sont pas encore bien maîtrisées mais le message reste clair et passe bien. **Entre Code 2 et Code 3 (Tendez 2):** Bon jour, Mesdames et Messieurs, j'ai trouvé un annonce ce dessous dans le magazine « Phosphore », dont vous cherchez une Animatrice. Je m'intéresse beaucoup pour le travail, parce que j'aime faire qc avec des enfants et faire du camping. Je suis sûre de moi et peut m'occuper des enfants. Je préfère être de bonne humeur et je ne suis pas paresseux. J'ai l'esprit créatif et suis une fille sociale. Je veux soutenis les enfants dans passer très bonnes vacances. Mais il faut plus des informations plus détaillées sur les conditions de travail. Il ne faut pas être comfortable, où je dors. Mais combien des heures je dois travailler par jour ? J'éspere, vous peuvent m'envoyer plus d'informations. Amicallement (119 Wörter) **Code 3 :** Chère mesdames et messieurs, Dans le magazine «Phosphore » j'ai lu votre annonce sur le camping à Quimper pour où vous cherchez encore un animateur. Je suis bien interessé. Un boulot pour le mois d'août, c'est exactement ce que je cherche ! Je me présenterai alors : Je m'appelle XY et j'ai dix-huit ans. Je suis encore élève au X--Gymnasium. Mon curriculum vitae se trouve aussi dans la lettre. Ce travail-là c'est bien pour moi parce que j'aime bien les enfants et j'ai déjà souvent dans la Bretagne. je connais la ville de Quimper et l'entourage. Puis, je parles six langues : l'allemand, l'anglais, l'espagnol, l'italien et bien le français. Je n'aurai pas de problèmes de communiquer avec les enfants. Je serais très contente si vous me choississait pour ce travail. Ce temps serait uniquement magnifique. Je vous prie de recevoir mes meilleur salutations. XY (145 Wörter)

2.5.6 Fazit und Ausblick

In diesem Beitrag wurden für die kommunikative Fertigkeit des Schreibens als eine sprachproduktive Kompetenz die Bildungsstandards für die erste Fremdsprache (KMK, 2003) analysiert, um zu einer Definition von Schreibkompetenz zu gelangen. Diese Synopse und die Ausführungen im Gemeinsamen europäischen Referenzrahmen für Sprachen (Europarat, 2001) stellen die Ausgangsbasis für die Entwicklung von Schreibaufgaben und des Testkonstrukts im Fach Französisch am IQB dar. Die Aufgaben, die für die Niveaus A1 bis C1 entwickelt wurden, dienen der Überprüfung der fremdsprachlichen Schreibkompetenz in den Klassenstufen 8 bis 10 in den Bundesländern mit Französisch als erste Fremdsprache. Die Textproduktionen aus den *large-scale* Untersuchungen werden mit Hilfe von Kriterien zur Einschätzung der textorganisatorischen, inhaltlichen und sprachlichen Qualität ausgewertet. Das entwickelte Kodierschema folgt dem *Uni-Level*-Ansatz, d.h. Juroren haben zu entscheiden, ob das intendierte GER-Niveau der Aufgabe erreicht wurde – entscheidend ist deshalb eine hohe Vertrautheit mit den Deskriptoren der Bildungsstandards und des Referenzrahmens.

Aus fachdidaktischer Sicht bietet ein analytischer Kodierzugang die Möglichkeit, differenziert Ergebnisse an Schülerinnen und Schüler sowie die Fremdsprachenlehrkräfte rückzumelden und diese für Unterrichtsentscheidungen zu berücksichtigen. Im Kontext der Testung der Schreibkompetenz im Fach Französisch im Rahmen von *large-scale* Studien wie sie am IQB stattfinden, ist auch aus ökonomischen Gründen bei der Vielzahl an Textproduktionen abzuwägen, ob nicht ein stärker holistischer Zugang neben einer geringen Anzahl analytischer Variablen für die Auswertung bzw. Berichterstattung herangezogen wird, zumal auf der Ebene der einzelnen Aufgaben keine Rückmeldung erfolgt (vgl. Kapitel 3.3).

Das entwickelte Kodierschema sieht als holistische Bewertungskomponente zwei Variablen vor, einen Globaleindruck und ein Globalurteil. Zu klären ist, ob diese Urteile die analytisch aufgeschlüsselten Teilaspekte tatsächlich gleichermaßen berücksichtigen und inwieweit damit eine ausreichende Beurteilerübereinstimmung erreicht werden kann. Wenn zusätzlich analytische Kriterien einbezogen werden, stellt sich die Frage des Verhältnisses zueinander d.h. die Frage, ob die Juroren zu unterschiedlichen Ergebnissen kommen, wenn analytische Kriterien in der Bewertung folgen („Globaleindruck") oder dem Gesamturteil über den Text vorausgehen („Globalurteil").[9]

Durch das gewählte Vorgehen stellt sich wiederum die Frage, welche Impulse für die fachdidaktische Diskussion und die Unterrichtspraxis ausgelöst werden. Allerdings unterscheiden sich die Zielstellungen einer Bewertung im Unterricht, im Rahmen von *large-scale* Studien und Vergleichsstudien. Deshalb ist es wichtig, dass Lehrkräften die Unterschiede deutlich gemacht werden, aber auch Instrumente entwickelt und angeboten werden, die für verschiedene Zielvorstellungen adaptierbar sind.

---

9 Eine erste Beantwortung der Fragen erfolgt auf der Grundlage der Daten aus der Normierungsstudie im Fach Französisch im Kapitel 3.3.

Bei zukünftigen Testungen des Schreibens im Rahmen flächendeckender Erhebungen ist damit zu rechnen, dass die Länder umfangreiche Schulungen durchführen werden, wenn sie Textproduktionen zu den vom IQB zur Verfügung gestellten Aufgaben mit Hilfe des entwickelten Bewertungsschemas auswerten wollen. Für die Hand von Lehrkräften im Rahmen dieser Vergleichsarbeiten stellt die Anwendung des Kodierschemas sicherlich eine Herausforderung dar. Insbesondere der *Uni-Level*-Ansatz und die Verwendung der zahlreichen Kriterien für die Bewertung der Textproduktionen ist für die meisten Lehrkräfte in dieser Form sicherlich eine Neuerung. Eine weitere Schwierigkeit dürfte die Sicherstellung hinreichender Interrater-Zuverlässigkeit darstellen bzw. die reliable Auswertung, die angestrebt werden sollte, wenn über die Kompetenzmessung in einer Klasse hinaus auch Lerner aus verschiedenen Klassen miteinander verglichen werden sollen.

Die Schulungen am IQB haben indes gezeigt, dass Personen mit einer Expertise im Bereich der Fremdsprachendidaktik relativ rasch mit den im Fach Französisch zur Verfügung gestellten Schulungsmaterialien vertraut gemacht und Bewertungen der Textproduktionen als hinreichend reliabel bezeichnet werden können.[10] Die vorgeschlagene Art der Beurteilung von Textproduktionen – auf Grundlage von zahlreichen Kriterien, zugeordneten Deskriptoren und mit Hilfe von *Benchmark*-Texten – durch die Lehrkräfte bietet zudem Chancen für Veränderungen in der Praxis der fremdsprachlichen Schreibkompetenzvermittlung im Fach Französisch. Kritischen Befunden zufolge (Küster, 2007; Meißner, Beckmann & Schröder-Sura, 2008) leidet dieser unter einer Überbetonung der formalen Grammatikvermittlung, häufig verbunden mit einem ungünstigen Lernerlebnis der Französischlerner. Wenn es gelingen sollte, über die Bewusstmachung einer differenzierten Betrachtungsweise des Schreibprodukts auch zu einer veränderten Schwerpunktsetzung in der Schreibkompetenzvermittlung und Bewertungspraxis zu gelangen, könnte dies durchaus zu einem lernmotivationalen Zugewinn für das Fach Französisch in der Schule führen. Wünschenswert ist, dass neben der sprachlichen Ausbildung auch weitere Aspekte in der fremdsprachlichen Schreibkompetenzausbildung ausreichend Berücksichtigung im Unterricht finden und dass sich die Lehrkräfte immer wieder das angenommene Schreibkonstrukt mit seinen verschiedenen Teilkompetenzen vergegenwärtigen, welches in den Bildungsstandards für die erste Fremdsprache und den jeweiligen Lehrplänen der Bundesländer dargestellt wird.

Auch eine Stärkung prozessorientierter schreibdidaktischer Ansätze im Unterricht zur Ausbildung der fremdsprachlichen Schreibkompetenz bietet die Chance auf eine Veränderung der Unterrichtspraxis. Ein Ausgangspunkt bilden die Bildungsstandards für die erste Fremdsprache: „Die Schülerinnen und Schüler können die Phasen des Schreibprozesses (Entwerfen, Schreiben, Überarbeiten) selbstständig durchführen" (KMK, 2003, S. 17). Ein interessantes Forschungsfeld eröffnet in diesem Zusammenhang die Frage, inwieweit der Schreibprozess selbst und nicht nur das Schreibprodukt bei zukünftigen Testungen mit einbezogen werden kann. Dazu könnten beispielsweise Aufgaben entworfen und eingesetzt werden, die von den Lernern die Überarbeitung eines vorgegebenen Textes mit Hilfe

---

10 Auf die Herausforderungen der Auswertung bzw. Skalierung der Textbewertungen (vgl. Kapitel 3.1/3.3) und den Einfluss der Rater auf die Bewertungen (vgl. Kapitel 2.6; z.B. Lumley, 2002; Weir, 2004; Eckes, 2005, 2009) konnte in diesem Beitrag nicht näher eingegangen werden.

verschiedener Kriterien verlangen. Möglich ist es auch, prozedurale Merkmale des Schreibens in der Bewertung durch die Dokumentation der einzelnen Schritte seitens der getesteten Schüler zu berücksichtigen bzw. Änderungen in der Testadministration vorzunehmen. Ein Beispiel stellt die Testung des Schreibens in der amerikanischen NAEP-Studie (NCES, 2007, S. 5) dar:

> „All booklets contain a Planning Page, thus providing students with the opportunity to make notes and organize their ideas. In addition, all participating students are provided with a writing strategies brochure to remind them of various ways to plan and review their writing."

Dies würde vermutlich mit einer Ausweitung der Testzeit einhergehen und Veränderungen des Testkonstrukts bedeuten, hätte aber insbesondere im Zusammenhang des formativen Testens (vgl. Grotjahn, 2008) erhebliche Vorteile. Unterrichtende könnten auf diese Weise Rückmeldung zu den Entscheidungen im Schreibprozess und zum Lernbedarf im Hinblick auf einzelne Dimensionen des angestrebten Schreibprodukts (Inhalt, Textorganisation, Lexik, Grammatik) geben. An welcher Stelle etwa entstehen Kohärenzprobleme, wann ist die Textorganisation besonders gut gelungen bzw. unklar, worauf muss der/die Lernende besonders achten, um inhaltliche Genauigkeit gepaart mit lexikalischer Angemessenheit zu erzielen? Welche Arbeitsschritte müssen früh eingeleitet werden und welche können bis zur Endphase warten? Gerade im Bereich der formativen Testung könnten die am IQB erarbeiteten Kriterien den Lehrkräften im Fach Französisch hilfreiche und teilweise innovative Anregungen vermitteln: Welche Bedeutung hat lexikalische Variabilität für die Erstellung des Produkts, an welchen Stellen leidet die Lexik unter mangelnder Treffsicherheit? Inwiefern sind grammatische Verwendungen funktional zutreffend (z.B. Aspektgebrauch der Zeiten) obwohl vielleicht formal inkorrekt. Wo handelt es sich im Bereich der Orthographie um grammatische Fragen, wo betrifft es nur die Schreibweise des Einzelwortes? Diese Fragen im Einzelfall mit den Lernern zu diskutieren und ihnen auch positive Rückmeldungen zu gelungenen Teilleistungen zu geben, würde vermutlich das Kompetenzerleben im Französischunterricht nicht unerheblich beeinflussen.

Der Ausblick sollte nicht ohne einen Hinweis auf Textsorten und Produktionsverfahren bleiben, die in den Bildungsstandards zwar wenig Erwähnung finden, curricular aber eine hohe Bedeutung aufweisen und vor allem im Französischunterricht zur festen Tradition gehören. Gemeint sind Verfahren des kreativen Schreibens wie assoziative Verfahren, Schreibspiele, Schreiben nach Vorgaben, Regeln und Mustern, Schreiben zu und nach (literarischen) Texten, Schreiben zu Stimuli und Weiterschreiben von Texten. Zum kreativen Schreiben zählt zudem das Verfassen von sprachästhetischen und fiktionalen Texten wie z.B. das Schreiben von Gedichten, kurzen Erzählungen und Phantasieerzählungen, die die poetischimaginative Funktion des Schreibens berücksichtigen. In der Tat wurde von einigen Kritikern den Bildungsstandards die Gefahr einer „Tendenz zur Entkulturalisierung" (Zydatiß, 2005, S. 18). bzw. Trivialisierung der Inhalte vorgeworfen. Allerdings wird auch das Verfassen von Gedichten im fremdsprachlichen Unterricht nicht bewertet, sondern in der Sekundarstufe I in erster Linie auf Grund des kreativitätsfördernden Potentials eingesetzt. Zudem ist zu bedenken, dass die Kultusminister im Abitur erwarten, dass im Leistungskurs Französisch „Aufgaben zur kreativ gestaltenden Textproduktion anhand sprachlicher und visueller Vorgaben (...) hinreichend geübt worden" sind (KMK, 2004a, S. 50). Diese Vermittlung darf nicht erst in der Oberstufe beginnen, sondern muss bereits im Unterricht der Sekundarstufe I eine Rolle spielen.

Es gibt prinzipiell keinen Grund, kreative Schreibaufgaben von einer Testung fernzuhalten. Allerdings erfordert es eine Umorientierung bei den inhaltlichen Bewertungskriterien. Einzelne Sprechakte sind bei kreativen Schreibproduktionen weniger geeignet, den Inhalt zu erfassen, als das Kriterium „inhaltliche Kreativität", das je nach Aufgabe durch die Nennung konkreter Facetten konkretisiert werden müsste. Nichtsdestotrotz stellt die Beurteilung von kreativen Sprachproduktionen im Kontext von standardisierten Auswertungsprozessen eine Herausforderung für Sprachstandsmessungen dar, weil gewährleistet werden muss, dass eine hohe Aus- und Bewertungsreliabilität erzielt werden kann. Begründete Befürchtung ist, dass eine Beurteilung über die Umsetzung von kreativen Elementen stärker subjektiven Einflüssen unterliegt als es für andere Beurteilungskriterien der Fall ist. Die Erfahrung zeigt, dass die Bewertung von textsortengebunden Textproduktionen und nicht-fiktionalen Texten zu deutlich objektiveren Ergebnissen führt. Gegen eine Berücksichtigung von kreativen Schreibaufgaben und fiktionalen Textsorten in zentralen Leistungstests spricht zudem, dass sie sowohl curricular in den einzelnen Ländern aber auch unterrichtspraktisch vor allem am Gymnasium einen außerordentlich hohen Stellenwert haben, jedoch für Schülerinnen und Schüler anderer Schulformen zur Zeit weniger Vertrautheit vorausgesetzt werden kann. Die Testung dieser Formen des Schreibens in flächendeckenden Tests oder zentralen Abschlussprüfungen würde somit diesen Gegebenheiten nicht gerecht werden. Auf der anderen Seite zeigt sich, dass getestete Lernbereiche in der Wahrnehmung von Lernenden eine hohe Wertschätzung besitzen und dass Lernbereiche bzw. Teilkompetenzen, die nicht getestet werden, im Rang niedriger eingeschätzt werden. Dieser Konflikt lässt sich nur durch die Erprobung von geeigneten Auswertungsverfahren und der Entwicklung und dem Einsatz von adäquaten Aufgaben lösen, wobei in der weiteren bildungspolitischen und fachdidaktischen Diskussion zuvor zu klären ist, welchen Stellenwert stärker kreative Schreibverfahren und das Verfassen von fiktionalen sowie sprachästhetischen Texten im Fremdsprachenunterricht, den Bildungsstandards und Testungen genau erhalten sollen.

Literatur

Austin, J. L. (1962). *How to Do Things with Words*. Cambridge: Harvard University Press.

Baurmann, J. & Pohl, T. (2009). Schreiben – Texte verfassen. In A. Bremerich-Vos, D. Granzer, U. Behrens. & O. Köller (Hrsg.), *Bildungsstandards für die Grundschule: Deutsch konkret*. (S. 75–103). Berlin: Cornelsen Scriptor.

Bausch, K.-R. (2005). Bildungsstandards, Kernlehrpläne, Lernstandserhebungen: Eine tragfähige curriculare Neuorientierung? In K. R. Bausch, E. Burwitz-Melzer, F. Königs & H.-J. Krumm (Hrsg.), *Bildungsstandards auf dem Prüfstand. Arbeitspapiere der 25. Frühjahrskonferenz zur Erforschung des Fremdsprachenunterrichts* (S. 26–45). Tübingen: Narr.

Becker-Mrotzek, M. & Böttcher, I. (2006). *Schreibkompetenz entwickeln und beurteilen*. Berlin: Cornelsen Scriptor.

Börner, W. (1989). Didaktik schriftlicher Textproduktion in der Fremdsprache. In G. Antos & H. P. Krings, (Hrsg.), *Textproduktion. Ein interdisziplinärer Forschungsüberblick* (S. 348–376). Tübingen: Niemeyer.

Brinker, K. (2005). *Linguistische Textanalyse. Eine Einführung in Grundbegriffe und Methoden*. Berlin: Erich Schmidt.

Camp, R. (1996). New views on measurement and new models for writing assessment. In E. White, W. Lutz, & S. Kamusikiri (Hrsg.), *Assessment of writing: Politics, policies, practices* (S. 135–147). NY: MLAA.

De Florio-Hansen, I. (2005). Schreibforschung und Schreibdidaktik. Überlegungen zum Schreiben im Fremdsprachenunterricht. *Französisch heute, 3*, 218–30.

Eckes, T. (2005). Evaluation von Beurteilungen: Psychometrische Qualitätssicherung mit dem Multifacetten-Rasch-Modell. *Zeitschrift für Psychologie, 213* (2), 77–96.

Eckes, T. (2009). Die Beurteilung sprachlicher Kompetenz auf dem Prüfstand: Fairness in der beurteilergestützten Leistungsmessung. In K. Schramm, H. J. Vollmer & K. Aguado (Hrsg.), *Fremdsprachliches Handeln beobachten, messen und evaluieren: Neue methodische Ansätze der Kompetenzforschung und Videographie* (im Druck). Frankfurt/Main: Peter Lang.

Europarat (Hrsg.) (2001). *Gemeinsamer europäischer Referenzrahmen für Sprachen: lernen, lehren, beurteilen*. Berlin/München/Wien/Zürich/NY: Langenscheidt.

Grießhaber, W. (2008). Schreiben in der Zweitsprache Deutsch. In B. Ahrenholz & I. Oomen-Welke (Hrsg.), *Deutsch als Zweitsprache. Deutschunterricht in Theorie und Praxis, Band 9* (S. 228–238). Baltmannsweiler: Schneider Verlag Hohengehren.

Grotjahn, R. (2008). Tests und Testaufgaben: Merkmale und Gütekriterien. In B. Tesch, E. Leupold & O. Köller (Hrsg.), *Bildungsstandards Französisch: konkret. Sekundarstufe I: Grundlagen, Aufgabenbeispiele und Unterrichtsanregungen* (S. 149–186). Berlin: Cornelsen Scriptor.

Harsch, C. (2006). *Der Gemeinsame europäische Referenzrahmen: Leistung und Grenzen. Die Bedeutung des Referenzrahmens im Kontext der Beurteilung von Sprachvermögen am Beispiel des semikreativen Schreibens im DESI-Projekt*. Inaugural-Dissertation, Universität Augsburg. Verfügbar unter: http://opus.bibliothek.uni-augsburg.de/volltexte/2006/368/ [14.10.09].

Harsch, C., Lehmann, R., Neumann, A., & Schröder, K. (2007). Schreibfähigkeit. In B. Beck & E. Klieme (Hrsg.), *Sprachliche Kompetenzen. Konzepte und Messung. DESI-Studie. Band 1* (S. 52–72). Weinheim: Beltz.

Hawkey, R. & Barker, F. (2004). Developing a Common Scale for the Assessment of Writing, *Assessing Writing, 9*, 122–159.

Hayes, J. R., & Flower, S. L. (1980). Identifying the organization of writing processes. In L. W. Gregg & E. R. Steinberg (Hrsg.), *Cognitive processes in writing* (S. 3–30). Hilsdale, NJ: Lawrence Erlbaum Associates.

KMK (2003). Beschlüsse der Kultusministerkonferenz. *Bildungsstandards für die erste Fremdsprache (Englisch/Französisch) für den Mittleren Schulabschluss*. Beschluss vom 04.12.2003. Verfügbar unter: www.kmk.org/dokumentation/ beschluesse-der-kmk/beschluesse-aus-dem-bereich-des-allgemeinbildenden-schulwesens.html [19.05.09].

KMK (2004). Beschlüsse der Kultusministerkonferenz. *Bildungsstandards für die erste Fremdsprache (Englisch/Französisch) für den Hauptschulabschluss*. Beschluss vom 15.10.2004. Verfügbar unter: www.kmk.org/dokumentation/ beschluesse-der-kmk/ beschluesse-aus-dem-bereich-des-allgemeinbildenden-schulwesens.html [19.05.09].

KMK (2004a). Beschlüsse der Kultusministerkonferenz. *Einheitliche Prüfungsanforderungen der Abiturprüfung Französisch*. Beschluss vom 01.12.1989. Verfügbar unter: www.kmk.org/dokumentation/beschluesse-der-kmk/beschluesse-aus-dem-bereich-des-allgemeinbildenden-schulwesens.html [19.05.09].

Krings, H. P. (1992). Empirische Untersuchungen zu fremdsprachlichen Schreibprozessen: Ein Forschungsüberblick. In W. Börner & K. Vogel (Hrsg.), *Schreiben in der Fremdsprache: Prozeß und Text, Lehren und Lernen* (S. 47–77). Bochum: AKS Verlag.

Küster, L. (2007). Schülermotivation und Unterrichtsalltag im Fach Französisch. Ergebnisse einer schriftlichen Befragung an Berliner Gymnasien. *Französisch heute, 3*, 2007, 210–226.

Lüger, H.-H. & Rössler, A. (Hrsg.) (2008). *Wozu Bildungsstandards?* Beiträge zur Fremdsprachenvermittlung, Sonderheft 13. Landau: Empirische Pädagogik.

Lumley, T. (2002). Assessment criteria in a large-scale writing test: What do they really mean to the raters? *Language Testing, 19* (3), 246–276.

Meißner, F.-J., Beckmann, C. & Schröder-Sura, A. (Hrsg.) (2008). *Mehrsprachigkeit fördern, Vielfalt und Reichtum Europas in der Schule nutzen (MES). Zwei deutsche Stichproben einer internationalen Studie in den Klassen 5 und 9 zu Sprachen und Fremdsprachenunterricht.* Giessener Beiträge zur Fremdsprachendidaktik. Tübingen: Narr.

NCES (2007). *National Assessment of Educational Progress. Sample Questions. Writing. Grade 12.* Verfügbar unter: http://nces.ed.gov/nationsreportcard/about/booklets.asp [19.05.09].

Neumann, A. (2007). *Briefe schreiben in Klasse 9 und 11. Beurteilungskriterien, Messungen, Textstrukturen und Schülerleistungen.* Münster: Waxmann.

Porsch, R. (eingereicht). *Schreibkompetenzvermittlung im Englischunterricht in der Sekundarstufe I. Empirische Analysen zu Leistungen, Einstellungen, Unterrichtsmethoden und Zusammenhängen von Leistungen in der Mutter- und Fremdsprache.* Dissertation: Humboldt-Universität zu Berlin.

Timm, J.-P. (1989). Fehlerkorrektur zwischen Handlungsorientierung und didaktischer Steuerung. In G. Bach & J.-P. Timm (Hrsg.), *Englischunterricht. Grundlagen und Methoden einer handlungsorientierten Unterrichtspraxis* (S. 161–186). Tübingen: Francke.

Weigle, S. C. (2002). *Assessing Writing.* Cambridge University Press: Cambridge.

Weingardt, M. (2004). *Fehler zeichnen uns aus.* Transdisziplinäre Grundlagen zur Theorie und Produktivität des Fehlers in Schule und Arbeitswelt. Bad Heilbronn: Julius Klinkhardt.

Weir, C. Y. (2004). *Language testing and validation: An evidence-based approach.* Basingstoke: Palgrave Macmillan.

Zydatiß, W. (2005). *Bildungsstandards und Kompetenzniveaus im Englischunterricht. Konzepte, Empirie, Kritik und Konsequenzen.* Frankfurt am Main: Peter Lang.

Bernd Tesch & Rüdiger Grotjahn

2.6 Messung der fremdsprachlichen Sprechkompetenz im Fach Französisch

Das fremdsprachliche Sprechen als Integrationskompetenz rezeptiver (Hören) und produktiver Aktivitäten greift auf komplexe Weise auf verschiedenste Wissens- und Handlungskomponenten zurück. Der Kompetenzaufbau mit dem Ziel des Erreichens niveauangemessener Flüssigkeit, Komplexität und Korrektheit ist langwierig, und schulische Testungen sind aufwändig. Zum gegenwärtigen Zeitpunkt zählt die Überprüfung des zielsprachlichen Sprechens erst in einigen Bundesländern (z.B. Berlin, Bayern, Saarland) zum obligatorischen oder optionalen Bestand der Prüfungen zum Mittleren Schulabschluss. Dementsprechend ist damit zu rechnen, dass bundesweit nur einem relativ geringen Teil der Schülerinnen und Schüler entsprechende Testformate vertraut sind. Auch die Sicherstellung einer reliablen Beurteilungspraxis stellt die Testung des Sprechens vor nicht unerhebliche Herausforderungen. Es müssen standardisierte Anweisungen zur Testdurchführung erstellt, *Benchmark*-Materialien bereitgestellt und nicht zuletzt umfangreiche Schulungen der Beurteiler durchgeführt werden. Dies erfordert Zeit und Ressourcen. Mittelfristig ist jedoch damit zu rechnen, dass auch das zielsprachliche Sprechen ins Zentrum der Aufmerksamkeit rückt, denn gerade die produktive Sprachanwendung wurde in den Bildungsstandards für die erste Fremdsprache (KMK, 2003, 2004) als Zielkompetenz im Rang aufgewertet. Der folgende Beitrag stellt die beim fremdsprachlichen Sprechen beteiligten kognitiven Prozesse sowie Bewertungskriterien und Testbausteine im Hinblick auf objektive und reliable Testungen vor, die im Projekt Französisch am IQB entwickelt wurden.

2.6.1 Kognitive Prozesse des Sprechens

Konkrete Sprechrealisierungen ereignen sich auf Grundlage verschiedenster kognitiver Operationen. Kieweg (2000, S. 6; vgl. auch Fulcher, 2003; Luoma, 2004) spricht in diesem Zusammenhang von einem „Handlungskontinuum" und geht auf die einzelnen Stufen einer sprachlichen Äußerung ein. Dabei greift er gängige psycholinguistische Modellierungen des Sprechens auf, und zwar insbesondere auf das grundlegende und vielfach benutzte modulare Modell von Levelt (1989[1]; vgl. Abbildung 1).

Im so genannten „Fokusspeicher" nimmt der Sprecher wahr, welche Bedingungen für eine sprachliche Äußerung bestehen. Dabei gleicht er diese Be-

---

[1] De Bot (1992) hat das Modell von Levelt (1989) zu einem „bilingualen Produktionsmodell" weiterentwickelt (vgl. auch entsprechende Ansätze bei Kormos, 2006, S. 166ff; Poulisse, 1997, 1999). Eine ausführliche Darstellung des Modells von Levelt (1989) findet sich bei Dietrich (2007, S. 136–208). Levelt selbst hat sein ursprüngliches Modell mehrfach (geringfügig) modifiziert. Das jüngste, in Levelt (1999) vorgestellte Modell ist bei Kormos (2006, S. 7ff.) skizziert. Das Modell von Levelt bezieht sich wie die meisten Produktionsmodelle vor allem auf monologisches Sprechen. Zur psycholinguistischen Modellierung der Sprachverwendung in Dialogen vgl. z.B. Clark (1996) und Garrod & Pickering (2007).

dingungen mit seiner Mitteilungsabsicht bzw. seinem Sprechanlass ab. Erst dann kommt es im *Konzeptualisierer* zur Planung der Äußerung. Dies bedeutet, dass der Sprecher aus einer Fülle kognitiver Verbindungen auswählt. Bis dahin ist die Äußerung noch nicht mit bestimmten Lexemen oder Strukturen verbunden. Dies geschieht auf der nächsten Stufe, der Stufe des Formulierens. Die vorletzte Stufe ist die des Artikulierens, das bedeutet der konkreten Betätigung der Sprechorgane. Die Folgen einer Äußerung bzw. die Reaktionen darauf werden sodann wahrgenommen, ihre Auswertung wird im Fokusspeicher abgelegt und gegebenenfalls einer neuen sprachlichen Äußerung zugeführt.

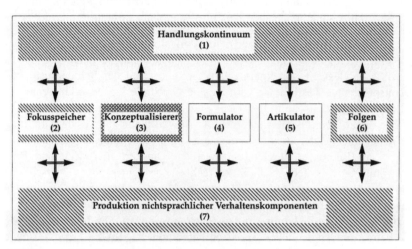

Abbildung 1: Psycholinguistische Modellierung des Sprechens nach Kieweg (2000)

Was hier als Abfolge beschrieben wird, spielt sich in realen kommunikativen Kontexten unter Zeitdruck ab, in Sekundenbruchteilen, wobei in der Psycholinguistik diskutiert wird, ob die Phasen parallel oder linear-sequentiell ablaufen[2], welche Wissensbestände dabei aktiviert werden (Schemawissen, akzidentelles Wissen, Kontextwissen) und vieles mehr.

Levelts Modell ist komplexer als in der Vereinfachung Kiewegs skizziert und deutet einen Regelkreis an, der die Phasen der Sprachproduktion mit dem Hörverstehenssystem und dem Weltwissensspeicher (Weltwissen, situationales Wissen, Diskurswissen, Adressatenwissen) rückkoppelt. Schließlich sind Sprechabläufe auch noch in vielfältige nicht-sprachliche Verhaltenskomponenten eingebettet, „die auch als Merkmalsbündel bei den lexikalischen Speicherungsprozessen zu finden sind, z.B. den Blickkontakt (Mireme), die Gestik (Gesteme), die Bewegungen (Motoreme), den Abstand zum Gesprächspartner (Proxeme), die situationsspezifischen Verhaltensweisen (Behavioreme), die kulturspezifischen Restriktionen (Kultureme) etc., die vor und während des Sprechens mit der Sprachäußerung übereinstimmen müssen" (Kieweg, 2000, S. 6).

---

2 Für das serielle Modell steht zum Beispiel Clark und Clark (1977). Das Verdienst dieses Modells liegt vor allem darin, die Planung als konstituierendes Element sämtlicher fünf Phasen von der Diskursplanung bis zur Artikulation hervorzuheben.

Das zweitsprachliche Sprechen im Unterschied zum muttersprachlichen Sprechen wurde Ende der achtziger Jahre u.a. in einem Kasseler Forschungsprojekt näher untersucht. Aus den dort erhobenen Daten relativ fortgeschrittener Romanistik- und Anglistikstudenten lassen sich insbesondere folgende spezifische Verarbeitungsprozesse ableiten (vgl. Wolff, 2002, S. 311f.):
- Die mentalen Repräsentationen werden weitgehend auf muttersprachlicher Basis verarbeitet. Der Sprecher geht unbewusst davon aus, dass ihm der Rückgriff auf die Muttersprache Vorteile verschafft im Hinblick auf Zeitgewinn und sprachliches Niveau seiner geplanten Äußerungen (ebd., S. 316).
- Der größte Teil der Planungsaktivitäten zielt auf die Bewältigung sprachlicher Probleme, d.h. es bleibt weniger Zeit für die globale Strukturierung der Aussage.
- Lerner versuchen, ihre Defizite durch den Rückgriff auf fertige Formulierungen bzw. Routinen auszugleichen. Dieses „Inselwissen" erlaubt es dem Sprecher, vor allem Zeit für die weitere Planung zu gewinnen (vgl. auch Schmitt, 2004).

Besondere Bedeutung für die Kommunikation im Bereich der Fremdsprachen erlangen somit die Strategien, die Lerner zur Kompensation ihrer sprachlichen Defizite anwenden: aktive Strategien, mit deren Hilfe der Lerner versucht, seine ursprüngliche kommunikative Absicht trotz seiner Defizite zu verwirklichen (z.B. Rückgriff auf die Muttersprache, Umschreibungen etc.) oder Vermeidungsstrategien, die eine Reduktion der ursprünglichen Kommunikationsabsicht bedeuten, z.B. eine Themenvermeidung (ebd., S. 314ff.; vgl. auch Cohen & Macaro, 2007).

Im Folgenden wird nun eine erste Annäherung an Fragen der (bildungs)standardbasierten Testung des Sprechens in der Fremdsprache vorgenommen. Das heißt, der Blick wird von den kognitiven Grundlagen des Sprechens zu den politischen Rahmensetzungen für das Testen der fremdsprachlichen Sprechkompetenz in der Sekundarstufe I gewendet.

2.6.2 Zielsprachliches Sprechen in den Bildungsstandards

Die Bildungsstandards für die erste Fremdsprache Französisch (KMK, 2003, 2004) legten erstmals für die Länder der Bundesrepublik Deutschland einen Rahmen bzw. eine Zielvereinbarung für zu erreichende Leistungsstände in der Sekundarstufe fest – mit der Vorgabe, diese Ziele auch zu überprüfen. In diesem Kontext werden am IQB seit 2005 Tests entwickelt, darunter auch Tests zur Überprüfung des Sprechens in der Fremdsprache. In den Bildungsstandards für die erste Fremdsprache wird das zielsprachliche Sprechen ähnlich wie im Gemeinsamen europäischen Referenzrahmen für Sprachen („GER"; Europarat, 2001) zentriert auf das **monologische Sprechen** (Erfahrungen und Sachverhalte zusammenhängend darstellen, z.B. beschreiben, berichten, erzählen und bewerten) (KMK, 2004, S. 13) und das **dialogische Sprechen** (an Gesprächen über vertraute Themen teilnehmen, persönliche Meinungen ausdrücken und Informationen austauschen). Das Sprechen wird zudem in den Bildungsstandards an verschiedenen anderen Stellen thematisiert: bei der Sprachmittlung, bei der Verfügung über die sprachlichen Mittel, bei den interkulturellen Kompetenzen sowie insbesondere bei den methodischen Kompetenzen (vgl. Tabelle 1; das Sprechen direkt betreffende spezifische Domänen sind hervorgehoben).

Tabelle 1: Kompetenzbereiche in den Bildungsstandards für die erste Fremdsprache (Englisch/Französisch) für den Mittleren Schulabschluss (KMK, 2003)

Kompetenzbereiche in den Bildungsstandards der KMK	
Funktionale Kommunikative Kompetenzen	
Kommunikative Fertigkeiten	Verfügung über die sprachlichen Mittel

Leseverstehen
Hör- und Hör-/Sehverstehen
Sprechen
    An Gesprächen teilnehmen
    Zusammenhängendes Sprechen
Schreiben
Sprachmittlung
	Wortschatz
	Grammatik
	Aussprache und Intonation
	Orthographie

Interkulturelle Kompetenzen	
Soziokulturelles Orientierungswissen Verständnisvoller Umgang mit kultureller Differenz Praktische Bewältigung interkultureller Begegnungssituationen	
Methodische Kompetenzen	
Textrezeption (Leseverstehen und Hörverstehen) Interaktion Textproduktion (Sprechen und Schreiben) Lernstrategien Präsentation und Mediennutzung Lernbewusstheit und Lernorganisation	

Im Hinblick auf die sprachlichen Mittel präzisieren die Bildungsstandards Aussprache und Intonation: „Die Schülerinnen und Schüler beherrschen die Aussprache in der Weise, dass diese i.d.R. weder auf der Wort- noch auf der Satzebene zu Missverständnissen führt" (ebd., S. 15). Mit Bezug auf die interkulturellen Kompetenzen gibt es zum Beispiel folgende Ausführungen: „Die Schülerinnen und Schüler kennen elementare spezifische Kommunikations- und Interaktionsregeln ausgewählter englisch- und französischsprachiger Länder und verfügen über ein entsprechendes Sprachregister, das sie in vertrauten Situationen anwenden können" (ebd., S.16).

Im Bereich der methodischen Kompetenzen wird das interaktive Sprechen in besonderer Weise hervorgehoben, aber auch der mündliche Vortrag „mit Hilfe von Stichworten, Gliederungen, Handlungsgeländern" (ebd., S. 17) findet noch einmal Erwähnung. Aus dem Gesagten wird deutlich, dass dem Sprechen in der Zielsprache in der Intention der Bildungsstandards ein besonders hoher Stellenwert zukommt, der sich auch in entsprechenden unterrichtlichen Trainingstrategien niederschlagen muss (vgl. Abschnitt 2.6.6). Im Hinblick auf die Konzeption unterrichtlicher Trainingsmodule ist es für Lehrkräfte wichtig, einerseits über ein breites schüleraktivierendes Methodenrepertoire zu verfügen (vgl. Blume, 2007), damit nicht nur einseitig ein Training ganz bestimmter ausgewählter und testbarer Formate Einzug hält, andererseits diagnostische Kriterien zu kennen, die es ihnen erlauben, Schülerleistungen differenziert zu beurteilen.

Abschließend sei auf die Definition kommunikativer Sprachkompetenz bei Lusar (2006, S. 58) verwiesen:

> „... der Sprecher muss nicht nur über die Kenntnis der benötigten formalen Mittel und die Fähigkeit, diese handlungsrelevant umzusetzen, verfügen (linguistische Kompetenz), sondern ebenso über die Fähigkeit, seine Äußerungen der Aussageabsicht angemessen zu gestalten (pragmatische Kompetenz) und soziale Konventionen zu respektieren (soziolinguistische Kompetenz)."

Diese Definition hat das Verdienst, die verschiedenen Dimensionen kommunikativer Sprachkompetenz in griffiger Form zusammenzufügen und damit das komplexe Bild durch die unterschiedlichen Deskriptoren in den Bildungsstandards und dem GER durch eine globale Sicht abzurunden.

2.6.3 Allgemeine Aspekte der Beurteilung des fremdsprachlichen Sprechens

Beispielhaft für die zahlreichen Bewertungsraster, die in der Testliteratur (vgl. Luoma, 2004) und auf den Webseiten der Landesinstitute zu finden sind, sei auf ein anwenderorientiertes Kriterienraster zur Bewertung mündlicher Leistungen verwiesen, das Taubenböck (2005) vorschlägt (vgl. Abbildung 2).

Mögliches Raster zur kriterienorientierten Bewertung mündlicher Leistungen:
(verwendbar für Lehrer und Schüler)

Assessment Sheet for Discussions

Name _____ Date _____
Topic _____

Language Competence _____/20p

	0	1	2	3	4	5
Pronunciation, intonation						
Appropriacy and flexibility of words						
Correctness and appropriacy of structures						
Fluency of speech						

Strategy _____/20p

	0	1	2	3	4	5
Adherence to role						
Interactive competence						
Manner of speaking (boring/interesting)						
Structuring of ideas						

Content _____/20p

	0	1	2	3	4	5
Information/ideas (range, depth, correctness)						
Use of examples						
Relevance of contribution						
Validity of judgement						

Abbildung 2: Kriterienraster mündliche Leistungen – Projekte ISB (Taubenböck, 2005)

Auf Grundlage solcher oder ähnlicher Kriterienraster erarbeiten die einzelnen Landesinstitute der Bundesländer notenbezogene Präzisierungen, die sich an oberen, mittleren und unteren Leistungsprofilen orientieren. Damit rückt gleichzeitig die Relevanz von Kompetenzstufen und ihrer Abgrenzungen ins Bewusstsein. Solche Abgrenzungen werden klassischerweise sowohl mit Hilfe von Deskriptoren, wie sie etwa die Bildungsstandards und der GER vorschlagen, wie auch mit Hilfe von Musteraufgaben und ihnen zugeordneten prototypischen Lösungen, so genannten *Benchmarks*[3], illustriert. Diese Beispiele machen deutlich, dass gerade beim Sprechen der Kompetenzaufbau im Unterricht und informelles bzw. formatives Testen sinnvoll zusammenwirken können. Tests in Lernsituationen bringen Ernsthaftigkeit in das sprachliche Bemühen, die Lehrkraft wird ihre eigene Rolle im unterrichtlichen Handlungskontinuum stärker reflektieren (Stichwort: *teacher talk*) und mit den Schülern gemeinsam über Kriterien zur Bewertung nachdenken können, die ein Bewusstsein für die verschiedenen Subdimensionen des zielsprachlichen Sprechens schaffen.

Die Sprachtestforschung hebt weitere allgemeine Aspekte der Realisierung sprachproduktiver mündlicher Leistungen hervor, die zwar nicht die Kodierung oder Beurteilung im engeren Sinne betreffen, aber für das generelle Verständnis fremdsprachlicher Sprechaktivitäten wichtig sind und im Kontext des unterrichtlichen Kompetenzaufbaus auch hinsichtlich der sozialen Bedingtheit des Sprechens Berücksichtigung verdienen:[4]

- Im Hinblick auf die phonetische Umsetzung wird häufig davon ausgegangen, dass das Sprachenlehren und -lernen einen *near native speaker standard*, einen fast muttersprachlichen Standard anstreben sollte. Manche Französischlehrer bemühen sich, in ihrer Aussprache einen bestimmten französischen Tonfall nachzuahmen, manche Englischlehrer nehmen einen englischen Akzent an. Sie setzen damit einen Standard an, der in der Realität schwierig festzumachen ist (Wer entscheidet, welches das „richtige" Englisch oder das „richtige" Französisch ist?) und der von Nicht-Muttersprachlern in der Regel nicht zu erreichen ist. Für viele Lerner gibt es gute Gründe, einen solchen Standard zu vermeiden. Es hat eine Schutzfunktion, sich nicht an einem solchen Grad an Perfektion messen zu lassen, Fehler werden dadurch verzeihlich, der eigene Akzent gehört zur eigenen Identität, und nicht zuletzt könnte es in der Lernergruppe sozial unerwünscht sein, sich durch extreme Anpassung an die Zielsprache hervorzutun. Gerade in der Klassensituation gehört das Kokettieren mit witzigen Lautkreationen häufig zum sozialen Ritual, und die extreme Nachahmung des „fremden" Akzents kann von den Mitschülern als affektiert angesehen werden.
- Die Grammatik der gesprochenen Sprache unterscheidet sich erheblich im Hinblick auf das geplante und das ungeplante Sprechen. Geplantes Sprechen nähert sich in großen Teilen der geschriebenen Sprache an und kann unter Umständen sogar vorgeprobt werden. Ungeplantes Sprechen dagegen ist der Regelfall, es ist der alltägliche sprachliche Austausch mit den Mitmenschen. Die komplexen Sätze der geschriebenen Sprache verschwinden zugunsten kurzer und kürzester

---

3 Beispiele für *Benchmarks* zum Sprechen bezogen auf die GER-Niveaus finden sich z.B. in CIEP/Europarat.
4 Im Folgenden beziehen wir uns auf die Ausführungen bei Luoma (2004, S. 9–18).

Äußerungen, die vor allem eines vermeiden wollen, nämlich den Arbeitsspeicher des Sprechers und des Zuhörers zu überlasten. Entsprechend finden sich in der ungeplanten Sprache kleinste Einheiten, die sich in Sekunden beziehungsweise in minimalen Wortgruppen bemessen. Solche Wortgruppen enthalten Satzbrüche und Ellipsen, häufig kein Verb, oder es sind Verbalgruppen, Nominalgruppen, präpositionale Ergänzungen, die von einem Sprecher begonnen und von einem anderen fortgeführt werden können. Je formeller der Sprechanlass umso komplexer ist die verwendete Grammatik, je informeller umso einfacher ist sie strukturiert.
- Die Lexik der gesprochene Sprache rekurriert auf feste lexikalische Verbindungen (*„Tiens, c'est pas vrai, ça"*, *„Mais, dis donc"*, *„A ce point-là!"*) sowie auf generische Wörter wie „Ding", „Dingsbums", *„truc"*, *„machin"*, die vor allem den Sprachfluss aufrechterhalten und dem Sprecher einen Zeitgewinn verschaffen sollen. Auch Füllwörter (*„ben"* [bɛ̃], *„tiens"*, „also") erfüllen diesen Zweck.

Bei den am IQB erstellten Instrumenten zur Messung der Sprechkompetenz wurde an die im europäischen Raum (Cambridge, DELF-DALF, TELC) häufig verwendete Form der Paarprüfung angeknüpft (vgl. zur Paarprüfung z.B. Csépes, 2009). Die Aufgaben wurden im Unterricht erprobt und die Prüfungssequenzen videographiert und transkribiert, um daraus eine beispielhafte Auswahl zu gewinnen, die wiederum als Grundlage für Musterkodierungen diente. Bevor wir jedoch die erstellten Instrumente genauer vorstellen, werden wir kurz das Format der Paarprüfung in einigen wichtigen europäischen Prüfungssystemen skizzieren und dabei auch Unterschiede zwischen den Prüfungsanbietern herausstellen. Diese Ausführungen werden dann als Folie für die Beschreibung des vom IQB gewählten Aufgabenformats zur Messung mündlicher Sprechkompetenz diesen.[5]

Insbesondere im nordamerikanischen Kontext wird seit den 50er Jahren mündliche kommunikative Kompetenz in einer Fremdsprache vor allem mit Hilfe des *Oral Proficiency Interviews* (OPI) gemessen. Heutzutage ist mit der Bezeichnung OPI in der Regel das für eine Vielzahl von Sprachen angebotene OPI des *American Council on the Teaching of Foreign Languages* (ACTFL) gemeint. Beim ACTFL OPI handelt es sich um ein durch einen zertifizierten Prüfer stark gesteuertes adaptives ‚Gespräch' (ein Interview) mit einem einzelnen Kandidaten. Das Interviewformat kann durch ein Rollenspiel zwischen Prüfer und Kandidat ergänzt werden. Der Prüfer ist angehalten, den Kandidaten an die Grenzen seiner Leistungsfähigkeit zu führen. Das OPI findet entweder *live* oder per Telefon oder auch computerbasiert (OPIc) statt. Die 20-30 Min. dauernde Prüfung wird aufgenommen, und die Leistung des Kandidaten wird durch zwei zertifizierte Bewerter auf der zehnstufigen ACTFL Skala von ‚Unteres Einstiegsniveau' (*Novice Low*) bis ‚Expertenniveau' (*Superior*) eingestuft[6] (vgl. auch Van Lier, 1989; American Council on the Teaching of Foreign Languages, 2000; Tschirner, 2001a, 2001b; Fulcher, 2003).

Seit Anfang der 80er Jahre wurde die Validität des OPI zunehmend in Zweifel gezogen. Insbesondere wurde argumentiert und auch zunehmend empirisch bestä-

---
5 Die weiteren Ausführungen im Abschnitt 2.6.3 beruhen in weiten Teilen auf Grotjahn (2010).
6 Vgl. z.B. www.languagetesting.com/speaking_proficiency_academic.cfm [22.06.09].

tigt, dass sich mündliche Gespräche u.a. durch die konstitutiven Merkmale *Face-to-face*-Interaktion, Ungeplantheit, potentiell gleiche Verteilung der Rechte und Pflichten sowie wechselseitige Abhängigkeit der Äußerungen auszeichnen und dass das OPI angesichts der Asymmetrie der Kommunikation und der Prüferdominanz nur unzureichend mündliche Gesprächsfähigkeit erfasse (vgl. Van Lier, 1989, S. 495; die aktuelle Kritik in He & Young, 1998 und Johnson, 2001 sowie den Überblick bei Csépes, 2009, S. 33ff.).

Die Kritik am OPI war ein wichtiger Grund für die Einführung des Formats der Paarprüfung in die *Main-Suite*-Prüfungen des *University of Cambridge Local Examination Syndicate* (UCLES)[7] seit Beginn der 90er Jahre. Die Cambridge-Paarprüfungen haben eine Vorbildfunktion auch für andere europäische Prüfungsanbieter. Zudem gibt es zunehmend empirische Forschung vor allem zu den Cambridge-Paarprüfungen (vgl. z.B. Berry, 2007; O'Sullivan, 2008).

Kennzeichnend für die Standardform der Cambridge-Paarprüfungen auf allen Stufen ist, dass zwei Kandidaten von zwei Prüfern bewertet werden und dass die Kandidaten sowohl untereinander als auch mit einem der Prüfer, dem sog. *interlocutor* interagieren. Der *Interlokutor* hat primär die Funktion eines Gesprächspartners und *Facilitators*, eines Gesprächsförderers. Darüber hinaus bewertet er jedoch auch die Leistung des Kandidaten, und zwar holistisch auf einer globalen Skala. Der nicht in die Interaktion involvierte weitere Prüfer, der so genannte *main assessor* (Hauptbewerter) oder auch kurz *assessor*, bewertet die Leistung dagegen analytisch auf mehreren Skalen. Sollte die Zahl der Kandidaten bei einem Prüfungsdurchgang ungerade sein, dann wird die letzte Prüfung als Gruppenprüfung mit drei Kandidaten durchgeführt. Eine Einzelprüfung ist nicht möglich.

Die Prüfungen unterscheiden sich auf den verschiedenen Niveaus formal zum einen durch ihre Dauer, die mit steigendem Niveau zunimmt, und zum anderen in der Zahl und Reihenfolge der Prüfungsteile.[8] So dauert z.B. der Teil „Speaking" beim *Preliminary English Test* (PET; GER-Stufe B1) 10-12 Minuten und besteht aus vier Teilen. Im ersten Teil (2-3 Min.) interagieren die Kandidaten mit dem *Interlokutor*, nicht jedoch untereinander. Der *Interlokutor* stellt dabei standardisierte Fragen zu persönlichen Dingen unter Einschluss von früheren Erfahrungen und zukünftigen Plänen. In den Teilen 2 und 4 interagieren die Kandidaten miteinander auf der Basis visueller Stimuli. Die Vorlagen sind dabei relativ offen gehalten. In Teil 2 (2-3 Min.) geht es um den funktionalen Gebrauch von Sprache in einer simulierten Situation. Es sind Vorschläge und Empfehlungen zu formulieren, Alternativen zu diskutieren und Lösungen auszuhandeln. Im Teil 3 (3 Min.) wird den Kandidaten jeweils ein Foto vorgelegt, das in Form einer zusammenhängenden Äußerung bis zu 1 Minute zu kommentieren ist. Es handelt sich dabei um unterschiedliche Fotos, die sich jedoch sich auf das gleiche Thema beziehen. Im Teil 4 (3 Min.) wird das Thema aus Teil 3 in Form eines Gesprächs zwischen den Kandidaten weitergeführt, wobei über Meinungen, Vorlieben, Erfahrungen etc. gesprochen werden soll. Der *Interlokutor* startet zwar die Diskussion, beteiligt sich jedoch selbst nicht aktiv. Er kann jedoch bei Problemen intervenieren. Der Assessor bewertet die Leistung auf folgenden vier Skalen: Grammatik und Lexik,

---

7 Seit 2005 firmiert UCLES unter der Bezeichnung „Cambridge Assessment".
8 Prüfungsbeschreibungen verfügbar unter: www.cambridgeesol.org/exams/index.html [22.06.09].

Diskursmanagement, Aussprache und Interaktive Kommunikation. Insbesondere im Rahmen des Kriteriums der Interaktiven Kommunikation wird auch die strategische Kompetenz der Kandidaten z.B. im Hinblick auf den Einsatz von Kompensationsstrategien einbezogen. Weiterhin wird in allen Cambridge-Prüfungsbeschreibungen darauf hingewiesen, dass die individuelle Leistung jedes Kandidaten unabhängig von der Leistung des anderen Kandidaten beurteilt wird. Inwieweit dies im Rahmen einer Paarprüfung überhaupt möglich ist, werden wir in Abschnitt 2.6.5 thematisieren.

Die nächst höhere Prüfung, das *First Certificate in English* (FCE; GER-Niveaustufe B2) dauert 14 Minuten und ist ähnlich aufgebaut. Es gibt vier analoge Testteile, allerdings u.a. mit folgenden wichtigen Unterschieden: In Teil 2 muss jeder Kandidat 20 Sekunden auf die zusammenhängende Äußerung des anderen Kandidaten reagieren. In Teil 4 stellt der Prüfer Fragen, die die Kandidaten veranlassen sollen, die Thematik aus Teil 3 zu vertiefen. Im Gegensatz zu Teil 1 wird nicht nach Informationen, sondern insbesondere nach Bewertungen gefragt.

Beim Vergleich von PET und FCE deutet es sich bereits an, dass ähnlich wie im OPI die Prüfer mit zunehmender Kompetenzstufe auch zunehmend gefordert sind, die Kandidaten an die Grenzen ihrer sprachlichen Leistungsfähigkeit zu führen. Dahinter steht die empirisch gestützte Einsicht, dass sich das volle Leistungsprofil eines Kandidaten bei der Interaktion der Kandidaten untereinander nicht immer deutlich genug zeigt. Dies ist ein mögliches Problem bei der Verwendung des Paarformats, auf das wir noch zurückkommen werden (vgl. Abschnitt 2.6.5).

Es dürfte deutlich geworden sein, dass das Cambridge-Paarprüfungsformat gegenüber dem OPI insbesondere den Vorteil hat, dass unterschiedliche Interaktionsformen elizitiert werden und dass damit das Konstrukt Sprechkompetenz wesentlich breiter durch die Prüfung abgebildet wird. Saville und Hargreaves (1999) erwähnen zudem noch folgende weitere Vorteile: Das Paarformat entspricht gutem kommunikativem Unterricht und hat damit eine potentiell positive Rückwirkung auf den Fremdsprachenunterricht; es spart gegenüber einer Einzelprüfung Zeit und Kosten.

Andere Autoren weisen noch darauf hin, dass die Interaktion zwischen Kandidaten potentiell weniger stressbesetzt ist als die Interaktion zwischen Kandidat und Prüfer, und dass die Kandidaten das Paarformat sehr schätzen (vgl. die Hinweise in Csépes, 2009, S. 51f.). Insbesondere der Unterrichtsbezug und der potentiell positive *Washback* ist ein wichtiges Argument für die Verwendung der Paarprüfung im Kontext der Implementation und Überprüfung der Bildungsstandards (vgl. auch Dlaska & Krekeler, 2009, S. 66ff.; Grotjahn, 2009)

Die Paarprüfungen des Goethe-Instituts[9] oder auch der Europäischen Sprachenzertifikate (telc – *The European Language Certificates*[10]) haben eine ähnliche Struktur wie die Cambridge-Prüfungen und einen ähnlichen inhaltlichen Fokus. So besteht z.B. die B1-Püfung *Zertifikat Deutsch* – die sowohl vom Goethe-Institut, von „telc" und vom Österreichischem Sprachdiplom Deutsch angeboten wird – aus den Teilen (1) Kontaktaufnahme, (2) Gespräch über ein Thema und (3) Gemeinsam eine Aufgabe lösen. Es gibt jedoch auch einige wichtige Unterschiede. Für das Goethe-Institut – und in ähnlicher Weise auch für die „telc"-Prüfungen gilt z.B.:

---

9 Verfübar unter: www.goethe.de/lrn/prf/deindex.htm [22.06.09].
10 Verfügbar unter: www.telc.net/ [22.06.09].

Die mündlichen Prüfungen können (in Ausnahmefällen) auch als Einzelprüfung abgelegt werden. Außerdem wird die A1-Prüfung *Start Deutsch 1* als Gruppenprüfung mit maximal vier Teilnehmern durchgeführt. Weiterhin wird ab dem Niveau B1 den Kandidaten eine Vorbereitungszeit gegeben. Diese beträgt für die Paarprüfung auf den Niveaus B1, B2 und C1 jeweils 15 Minuten. Auf die möglichen Auswirkungen der Vorbereitungszeit auf das Testkonstrukt werden wir noch eingehen. Schließlich interagieren z.B. im 1. Teil „Kontaktaufnahme" der mündlichen Prüfung des *Zertifikats Deutsch* (B1) die Kandidaten untereinander, d.h., sie stellen sich gegenseitig persönliche Fragen. Dies ist ein wichtiger Unterschied zur interviewerzentrierten Vorgehensweise im Teil 1 der entsprechenden Cambridge-Prüfungen.

2.6.4 Testinstrumente des IQB (Sprechkompetenz)

Die Testmaterialien des IQB für den Bereich „Sprechen" (Französisch) umfassen einerseits die Aufgaben und ihre Kodierung basierend auf der Definition des Testkonstrukts und einen Leitfaden für den Prüfer sowie standardisierte Prüfungsabläufe. Anders als etwa beim Schreiben interagiert der Prüfling im Rahmen der IQB-Tests nicht allein mit seiner Aufgabe, sondern zusätzlich noch mit einem Gesprächspartner, der die Prüfung moderiert, sowie im Prüfungsteil „interaktives Sprechen" gegebenenfalls noch mit einem weiteren Schüler (vgl. die detaillierte Beschreibung des Prüfungsformat weiter unten).

Das Prüfungsformat umfasst generell drei Teile:
a) Eine Aufwärmphase, in der der Prüfling sich selbst vorstellt. Auf den Niveaus A1 und A2 wird dieser Prüfungsteil in die Bewertung mit einbezogen, da es zum niveautypischen Repertoire gehört, einfache Aussagen über sich selbst, seine Familie und Vorlieben zu machen;
b) Ein Prüfungsteil, der in der selbstständigen monologischen Entwicklung eines Themas besteht wie etwa der Art und Weise der Gestaltung einer Geburtstagsfeier oder der Stellungnahme, auf höheren Niveaus, zu einem Gegenstand, der die eigene Meinung herausfordert;
c) Ein Prüfungsteil, in dem interaktiv zu agieren ist und der z.B. verlangt, mit einem Prüfungspartner ein Reiseziel auszuhandeln.

Diese z.T. komplexen Anforderungssituationen müssen im Sinne der Konstrukt- und Auswertungsvalidität in hohem Maße standardisiert sein.

Die Prüfungsmaterialien des IQB enthalten deshalb folgende Komponenten:
- Eine Deskriptorensynopse in Anlehnung an den GER (Bereiche „Activités de production et stratégies", „Activités d'interaction et stratégies", „Compétences linguistiques", „Compétence sociolinguistique" und „Compétence pragmatique") ;
- Eine allgemeine Erklärung der Codes für die Bewertungsdimensionen bezogen auf „lexique/étendue", „lexique-maîtrise", „grammaire fonctionnelle", „grammaire norme", „prononciation" und „stratégies";
- Die Einzelaufgaben pro GER-Niveau, das heißt Aufgaben, die es erlauben, einen bestimmten Prüfungsteil (Selbstvorstellung, monologisches Sprechen zu

einem Thema, dialogisches Sprechen) zu absolvieren und dabei ein bestimmtes Zielniveau zu erreichen;
- Beispielhafte Kodierungen für jedes Niveau einschließlich der Transkripte anhand videographierter Prüfungen;
- eine DVD mit videographierten Prüfungssequenzen pro GER-Niveau.

a) Konstruktdefinition

Die Testformate des IQB im Bereich des Sprechens orientieren sich an den in den Bildungsstandards (KMK, 2004, S. 13ff.) ausgewiesenen Dimensionen „an Gesprächen teilnehmen" (dialogisches Sprechen), „zusammenhängendes Sprechen" (monologisches Sprechen) und „Methodenkompetenz Interaktion". Die Bildungsstandards präzisieren diese Subdimensionen folgendermaßen:

Tabelle 2: Deskriptoren der Bildungsstandards (2004) zum Kompetenzbereich „Sprechen"

An Gesprächen teilnehmen
Die Schülerinnen und Schüler können an Gesprächen über vertraute Themen teilnehmen, persönliche Meinungen ausdrücken und Informationen austauschen (B1).
Die Schülerinnen und Schüler können
- soziale Kontakte herstellen durch Begrüßung, Abschied, Sich-Vorstellen, Danken und Höflichkeitsformeln verwenden (A2),
- Gefühle wie Überraschung, Freude, Trauer, Interesse und Gleichgültigkeit ausdrücken und auf entsprechende Gefühlsäußerungen reagieren (B1),
- ein Gespräch oder eine Diskussion beginnen, fortführen und auch bei sprachlichen Schwierigkeiten aufrechterhalten (B1),
- die meisten Dienstleistungsgespräche und routinemäßigen Situationen bewältigen, z.B. Umgang mit öffentlichen Einrichtungen während eines Auslandsaufenthaltes, Einkauf, Essen (B1),
- in einem Interview konkrete Auskünfte geben, z.B. in Bewerbungsgesprächen (B1+),
- eine kurze Geschichte, einen Artikel, einen Vortrag, ein Interview oder eine Dokumentarsendung zu vertrauten Themen einem Gesprächspartner vorstellen und Informationsfragen dazu beantworten (B1+),
- in Gesprächen und Diskussionen kurz zu den Standpunkten anderer Stellung nehmen und höflich Überzeugungen und Meinungen, Zustimmung und Ablehnung ausdrücken (B1/ B1+).

Zusammenhängendes Sprechen
Die Schülerinnen und Schüler können Erfahrungen und Sachverhalte zusammenhängend darstellen, z.B. beschreiben, berichten, erzählen und bewerten (B1).
Die Schülerinnen und Schüler können
- mit einfachen Mitteln Gegenstände und Vorgänge des Alltags beschreiben, z.B. Rezepte, Wegbeschreibungen, Spielregeln, Bedienungsanleitungen (A2),
- eine vorbereitete Präsentation zu einem vertrauten Thema vortragen, wobei die Hauptpunkte hinreichend präzise erläutert werden (B1),
- für Ansichten, Pläne oder Handlungen kurze Begründungen oder Erklärungen geben (B1).

Darüber hinaus wurde für die Niveaus A1, B2 und C1, die in den Bildungsstandards nicht abgebildet sind, auf Deskriptoren des GER zurückgegriffen, wobei Anpassungen an die bildungsstandardspezifische Zielgruppe jugendlicher Sprecher nötig waren.

Tabelle 3: Deskriptoren des GER zur mündlichen Interaktion allgemein (S. 79, Auszug)

C1
Kann sich beinahe mühelos spontan und fließend ausdrücken. Beherrscht einen großen Wortschatz und kann bei Wortschatzlücken problemlos Umschreibungen gebrauchen; offensichtliches Suchen nach Worten oder der Rückgriff auf Vermeidungsstrategien sind selten; nur begrifflich schwierige Themen können den natürlichen Sprachfluss beeinträchtigen.

B2
Kann die Sprache gebrauchen, um flüssig, korrekt und wirkungsvoll über ein breites Spektrum allgemeiner, wissenschaftlicher, beruflicher Themen oder über Freizeitthemen zu sprechen und dabei Zusammenhänge zwischen Ideen deutlich machen. Kann sich spontan und mit guter Beherrschung der Grammatik verständigen, praktisch ohne den Eindruck zu erwecken, sich in dem, was er/sie sagen möchte, einschränken zu müssen; der Grad an Formalität ist den Umständen angemessen.
Kann sich so spontan und fließend verständigen, dass ein normales Gespräch und anhaltende Beziehungen zu Muttersprachlern ohne größere Anstrengung auf beiden Seiten gut möglich ist. Kann die Bedeutung von Ereignissen und Erfahrungen für sich selbst hervorheben und Standpunkte durch relevante Erklärungen und Argumente klar begründen und verteidigen.

A1
Kann sich auf einfache Art verständigen, doch ist die Kommunikation völlig davon abhängig, dass etwas langsamer wiederholt, umformuliert oder korrigiert wird. Kann einfache Fragen stellen und beantworten, einfache Feststellungen treffen oder auf solche reagieren, sofern es sich um unmittelbare Bedürfnisse oder um sehr vertraute Themen handelt.

Weitere Details des Testkonstrukts wie die eingesetzten Interaktionsstrategien, die sprachlichen, soziolinguistischen und pragmatischen Kompetenzen wurden niveauweise spezifiziert, die Definition der einzelnen Bewertungskodes, der Prüferleitfaden und die Durchführungshinweise für die Tests dagegen einheitlich für alle Niveaus erstellt.

b) Aufgaben

Insgesamt wurden 2008 im Projekt Französisch 74 Einzelaufgaben für die Niveaus A1 bis B2 entwickelt sowie ein Bewertungsschema mit mehren Dimensionen (vgl. Tabelle 6). Über die Hälfte dieses Aufgabenpools wurde mit beispielhaften Kodierungen auf der Grundlage von Videoaufzeichnungen versehen, so dass sie für den Einsatz in Schulungen zur Verfügung stehen. Die Aufgaben wurden von deutschen Lehrkräften in Zusammenarbeit mit dem *Centre international d'études pédagogiques* (CIEP) in Sèvres entwickelt, was auf einen bereits 2005 erteilten Auftrag des IQB zurück geht, obwohl die Testung des Sprechens mittelfristig noch nicht zum Umfang der Normierungsstudie gehörte. Längerfristig jedoch sollte dieser Bereich mit einbezogen werden, nicht zuletzt auch auf Grund der erwähnten Aufwertung der Mündlichkeit in den Bildungsstandards. Die Aufgaben zum Sprechen sollten, ähnlich wie dies beim Schreiben der Fall ist, gängigen curricularen Zielsetzungen, das heißt vor allem realen Anforderungssituationen und lebensweltlichen Bezügen Jugendlicher, entsprechen. Da Französisch als Fremdsprache nicht den *lingua-franca*-Status des Englischen in Anspruch nehmen kann, war zudem unstrittig, dass sich viele Aufgaben auf Sprechkontaktanlässe mit Französischsprachigen beziehen sollten, z.B. die Planung einer Klassenfahrt nach Frankreich (*L'auberge de jeunesse*) oder der Schüleraustausch in Familien (*Au cinéma, Une fête allemande*). Die beiden folgenden Beispiele verdeutlichen die Herausforderungen des zusammenhängenden monologischen Sprechens (*La boum*, vgl. Abbildung 3) und des interaktiven Sprechens in der Paarsituation (*Au cinéma*, vgl. Abbildung 4).

Pour l'eximateur :
→ *Tu as bien compris ?*
→ L'eximateur n'interrompt pas le candidat.
→ Si le candidat a des problèmes et/ou certains aspects peuvent être approfondis, l'eximateur pose des questions supplémentaires, comme par exemple :
→ *À ton avis, pourquoi est-ce que les jeunes aiment bien faire la fête ?*
→ *Parle-nous d'une fête qui t'a beaucoup plu/impressioné/touché ! Pourquoi ?*
→ *Quelle était l'occasion de la fête ? Qui est-ce qui l'a organisée ?*

Abbildung 3: Aufgabenbeispiel für die Testung des monologischen Sprechens

Situation 3 : Au cinéma (interaction entre 2 candidats)

Pendant ton séjour en France, tu décides d'aller au cinéma avec un(e) ami(e). Mais vous n'êtes pas tout à fait d'accord sur le film. Imaginez la conversation et trouvez un accord !

Production orale B1 - IQB - Dialogue simulé - Situation 3 : Au cinéma - Candidat 1

Abbildung 4: Aufgabenbeispiel für die Testung des interaktiven Sprechens

c) Standardisierte Prüfungsabläufe

Der Auszug (vgl. Tabelle 4) aus dem Trainingsmaterial zeigt, welche zeitlichen Abläufe die Prüfungen des IQB im Fach Französisch vorsehen. Generell besteht die Prüfung auf allen Niveaus aus drei identischen Teilen sowie einer kurzen – je nach Niveau ein- bis fünfminütigen – Vorbereitungszeit, die in die Gesamtprüfungszeit integriert ist. Die drei Teile umfassen ein einleitendes Gespräch zwischen Prüfer und dem einzelnen Prüfling im Sinne einer Kurzvorstellung des Prüflings, einen Einzelvortrag des Prüflings und eine thematisch gesteuerte Dialogsituation in der Regel mit einem weiteren Kandidaten. Da es sich um eine Paarprüfung handelt, betreten beide Kandidaten gleichzeitig den Prüfungssaal. Einer von beiden beginnt mit Prüfungsteil 1 und 2, dann kommt der zweite Kandidat zum Zuge. In Ausnahmefällen kann auch der Prüfer selbst den Dialogpartner bilden. Die Prüfung wird vom *Interlokutor* und einem *Assessor* bewertet. Die Prüfungszeit steigt dabei über die Niveaus von fünf bis sieben Minuten auf Niveau A1 bis auf zehn Minuten auf Niveau B2 und C1 an, wobei auch die Vorbereitungszeit für die von Niveau zu Niveau zunehmend komplexeren Themen sukzessiv erhöht wird, von einer Minute für Prüfungsteil zwei und zwei Minuten für Prüfungsteil drei auf fünf Minuten pro Prüfungsteil. Die einleitende Kurz- oder Selbstvorstellung des Kandidaten wird ab Niveau B1 nicht explizit in die Bewertung mit einbezogen, sondern als Aufwärmphase betrachtet.

Tabelle 4: Verlaufsplan mündlicher Prüfungen im Fach Französisch

Niveau	Production orale	Préparation	Durée
A1	3 parties : • entretien individuel • monologue suivi • dialogue simulé en interaction avec l'examinateur ou un autre candidat	Pour la partie 2 : 1 min de préparation Pour la partie 3 : 2 min de préparation	5 à 7 min x 2 (car les candidats passent par 2).
A2	3 parties : • entretien individuel • monologue suivi • dialogue simulé en interaction avec l'examinateur ou un autre candidat	Pour la partie 2 : 1 min de préparation Pour la partie 3 : 2 min de préparation	6 à 8 min x 2 (car les candidats passent par 2).
B1	3 parties : • entretien individuel • monologue suivi • dialogue simulé en interaction avec l'examinateur ou un autre candidat	Pour la partie 2 : 2 min de préparation Pour la partie 3 : 2 min de préparation	7 à 9 min environ x 2 (car les candidats passent par 2).
B2	3 parties : • entretien individuel • monologue suivi • dialogue simulé en interaction avec l'examinateur ou un autre candidat	Pour la partie 2 : 5 min de préparation Pour la partie 3 : 5 min de préparation	10 min environ x 2 (car les candidats passent par 2).
C1	3 parties : • entretien individuel • monologue suivi • dialogue simulé en interaction avec l'examinateur ou un autre candidat	Pour la partie 2 : 5 min de préparation Pour la partie 3 : 5 min de préparation	10 min environ x 2 (car les candidats passent par 2).

d) Bewertung der mündlichen Leistungen

Generell wurde für die Bewertung der mündlichen Leistungen der *Uni-Level*-Ansatz gewählt, der auch bei der Testung des Schreibens in den IQB-Fremdsprachenprojekten verwendet wurde (vgl. Kapitel 2.2.4). Das bedeutet, eine Prüfungsleistung wird auf ein GER-Niveau bezogen und in der Folge entweder als unterhalb dieses Niveaus (Kode 1) oder auf diesem Niveau (Kode 2) bzw. deutlich oberhalb dieses Niveaus (Kode 3) eingestuft. Kode 0 wird vergeben, wenn der/die Kandidat/-in keine feststellbare Leistung erbringt.

Beim *Multi-Level*-Ansatz muss im Gegensatz zum *Uni-Level*-Ansatz nur eine Aufgabe von jedem Schüler bearbeitet werden, da die Schülerleistungen allen Stufen des GER durch ein niveauübergreifendes Beurteilungsverfahren zugeordnet werden können bzw. Aufgaben so konzipiert sind, dass sie die Verortung von Personen auf allen Niveaustufen zulassen. Die Problematik dieses Ansatzes liegt – ähnlich wie dies beim Schreiben der Fall ist – darin, dass es schwierig ist, Aufgabenstellungen zu konstruieren, die auf allen sechs GER-Niveaustufen von den Testkandidaten bearbeitet werden können. Andererseits spricht die Testökonomie für den *Multi-Level*-Ansatz. So fordert die oben abgedruckte Beispielaufgabe *La boum* prototypisch Leistungen ein, die auf dem GER-Niveau B1 zu realisieren sind. Zeigt ein Kandidat, dass er diese Aufgabe mühelos bewältigt, so müsste er zusätzlich die Gelegenheit bekommen, Aufgaben höherer Niveaus zu beantworten. Umgekehrt müssten schwächere Schüler gegebenenfalls zusätzlich Aufgaben des Niveaus A2 oder sogar A1 bekommen. Ein solches Vorgehen würde jedoch die Gesamttestzeit nicht unerheblich ausweiten.

Das folgende Beispiel verdeutlicht die Funktionsweise des *Uni-Level*-Ansatzes. Es umfasst zunächst einen Auszug aus dem Prüfungstranskript des zweiten Prüfungsteils zu „Felix" (Tabelle 5), anschließend den Gesamtbewertungsbogen (Tabelle 6) sowie einen Auszug aus dem Kodierhandbuch (Tabelle 7). Felix (anonymisiert) hat sich im ersten Prüfungsteil vorgestellt (Wohnort, Schule, Sprachwahl, Perspektiven). Im zweiten Prüfungsteil hat Felix das Thema *La boum* (vgl. Abbildung 3) aus einer Auswahl mehrer Themen zum monologischen Sprechen gezogen.

Tabelle 5: Auszug aus einem Prüfungstranskript zur Aufgabe *La boum* („Felix")

Felix, tu as bien compris la tâche ?
- Oui, oui, j'ai tiré la boum.
  Et pour mon anniversaire, je voulais faire une fête.
  Alors, j'ai demandé *tous mes amis* *porque* *les* m'aident *de* préparer la boum.
  Et nous avons acheté des boissons, et des choses pour manger, des sandwichs et *tous* les choses comme ça. Et nous avons pensé que ça va être mui bien, très bien.
  Et je voulais inviter tous mes amis à une *petit* maison, à *une* lac.
  Et.. mais *en fin*, c'était horrible ... tous les sandwichs étaient *à la* terre et tout le monde était *grises*. Et *en fin*, les parents ... il faut que les parents viennent *porque* il y avait des gens qui ne *peut* *pas aller*. Et c'était horrible parce que c'était mon anniversaire et oui, et *au fin* il n'y avait pas *des* gens qui m'aident à ranger les choses. Et c'était la surprise pour mon anniversaire, ce n'était pas très *bon*.
  Mais la musique était *bon* *porque* parce *que* un ami *de* moi, il s'appelle Max, il a fait la musique, *c'était très bon*.
  Mais quand tout le monde est *grises*, ce n'est pas très important.
  Alors, ce n'était pas un succès.

C'est dommage ? Il y avait combien de personnes ?
- Oui, il y avait cinquante personnes. Oui, c'était très *voll*.
  Oui, il y avait beaucoup de monde.
- Oui, oui.
  Oui, au début, c'était très bien et tout le monde *avait* *de* s'amuser. Mais oui, *au fin*...

Est-ce que tu as encore fait la boum après cette mauvaise expérience ?
- Non, parce que je n'avais pas d'anniversaire. C'était l'an *dernière*.
  Oui...Je ne sais si je veux faire une boum *cet an*.

Est-ce que tu as fait une boum qui s'est bien passée, qui t'a beaucoup plu, p.ex. ?
- Ah, oui, c'était p.ex. *l'an dernière de cet an*, c'était très bien. Je pense que c'était au parc *en* Stuttgart et il n'y avait pas *des* gens *grises* mais aussi il n'y avait pas *la* musique. Mais c'était très bien.
  Oui, pour avoir une bonne ambiance, il faut de la musique bien sûr.
- Oui, oui.

Tabelle 6: Bewertung einer Schülerleistung im Bereich Sprechen („Felix")

	0 nicht fest-stellbar	1 unter Niveau B1	2 auf Niveau B1	3 über Niveau B1
Impression globale			x	
1ère partie – Entretien dirigé	0	1	2	3
Peut parler de soi avec une certaine assurance en donnant informations raisons et explications relatives à ses centres d'intérêt, projets et actions.			x	
Peut aborder sans préparation un échange sur un sujet familier avec une certaine assurance.			x	
2ème partie – Monologue suivi	0	1	2	3
Peut présenter d'une manière simple et directe le sujet à développer.			x	
Peut relier une série d'éléments en un discours assez clair pour être suivi sans difficulté la plupart du temps.			x	
3ème partie – Jeu de rôle	0	1	2	3
Peut faire face à des situations même un peu inhabituelles de la vie courante (respect de la situation et des codes sociolinguistiques).			x	
Peut adapter les actes de parole à la situation.			x	
Peut lancer, poursuivre, clore une conversation, et solliciter son interlocuteur.			x	
Pour l'ensemble des 3 parties de l'épreuve	0	1	2	3
Lexique (étendue et maîtrise) Possède un vocabulaire suffisant pour s'exprimer sur des sujets courants, si nécessaire à l'aide de périphrases ; des erreurs sérieuses se produisent encore quand il s'agit d'exprimer une pensée plus complexe.			x	
Grammaire fonctionnelle et norme (code parlé) Se fait comprendre malgré des erreurs.			x	
Maîtrise du système phonologique Peut s'exprimer sans aide malgré quelques problèmes de prononciation et des pauses occasionnelles. La prononciation est claire et intelligible malgré des « déviances » par rapport à la langue cible.			x	
Compétence stratégique	0	1		
Stratégies compensatoires : Peut répéter une partie de ce que quelqu'un a dit pour confirmer une compréhension mutuelle.		x		
Stratégies d'autocorrection : Peut reformuler.		x		

Felix' Leistung wurde fast durchgängig mit „2" kodiert, das heißt auf dem Niveau B1, da die kommunikative Absicht in den verschiedenen Prüfungsteilen als erfüllt betrachtet wurde, obwohl er systemgrammatisch betrachtet viele „Fehler" macht und lexikalisch große Lücken hat. Er nutzt jedoch kompensatorisch *code switching* sowie seine Kenntnisse im Spanischen, was als Strategie zur Aufrechterhaltung des Redeflusses gut funktioniert.

Der nachfolgende Auszug aus dem Kodierhandbuch mit der zusammenfassenden Verbalbewertung zu Felix' Prüfungsleistung insgesamt sowie der zusammenfassenden Verbalbewertung zum zweiten Prüfungsteil soll einen Eindruck der Materialien geben, mit deren Hilfe Prüfer geschult werden können. Die IQB-Kodierhandbücher für Prüferschulungen im Fach Französisch enthalten alle Prüfungsinstrumente, Videomitschnitte von Paarprüfungen sowie Musterkodierungen.

Tabelle 7: Bewertung einer Schülerleistung im Bereich Sprechen (Auszug)

Nom de la Variable	Définition	Exemples
Aisance **Rappel CECR**[11] Peut discourir de manière compréhensible, même si les pauses pour chercher ses mots et ses phrases et pour faire des corrections sont très évidentes, particulièrement dans les séquences plus longues de production libre.	Ecouter et évaluer sur une échelle de 0 à 3 (0 = trop peu de mots en français 1 = au-dessous du niveau 2 = au niveau requis 3 = très bien pour le niveau)	**Code 2 :** Felix se sert d'un grand répertoire, soit gestuel soit qu'il profite des pauses pour reformuler, pour introduire de nouveaux mots.
2ème partie – Monologue suivi Peut présenter d'une manière simple et directe le sujet à développer.		**Code 2** Il utitise des stratégies efficaces pour maintenir un débit constant, p.ex. recours à l'espagnol, répétition et reformulation (« un ami, il s'appelle Max »), le gestuel etc.
Peut relier une série d'éléments en un discours assez clair pour être suivi sans difficulté la plupart du temps.		**Code 2** Felix dispose d'un répertoire linguistique restreint, mais l'ensemble peut être bien compris.

---

11 Hiermit ist der Hinweis auf entsprechende Deskriptoren im GER gemeint.

e) Der Prüfer-Leitfaden

Ein zentrales Instrument für die Testung des Sprechens ist der Prüfer-Leitfaden. Er enthält allgemeine Hinweise zur Durchführung einer Prüfung (Prozeduren, Zeiten, Verhalten), zu Konventionen (Duzen und Siezen) und zur Fragetechnik für die einzelnen Prüfungsteile. Der Prüferleitfaden ist ein Element zur Herstellung standardisierter Prüfungsbedingungen im Rahmen von Vergleichsarbeiten, zentralen Lernstandserhebungen oder Ländervergleichen. Zusammen mit der Prüferschulung bildet er die Voraussetzung zur Sicherung einer ausreichenden Interrater-Reliabilität der Bewerter.

Der Auszug aus dem Prüferleitfaden (vgl. Tabelle 8) enthält Verhaltenshinweise, die in späteren Trainingsphasen mit Lehrkräften eingeübt werden sollten. Dabei wird den Prüfern eine neutrale Position zu den inhaltlichen Argumenten des Prüflings nahegelegt sowie die sprachliche Anpassung an das angestrebte Prüfungsniveau. Im Bereich der Niveaus A1 und A2 ist auf Hilfestellungen durch langsame Sprechweise, Wiederholung und Umformulierung zu achten. Blockaden des Prüflings sollten grundsätzlich nicht durch Schweigen oder Insistieren vertieft sondern gegebenenfalls durch Themenwechsel oder auch einzelne Worthilfen aufgelöst werden. Der Prüfer moderiert den äußeren Rahmen der Prüfung durch einleitende und abschließende Formulierungen, durch den Wechsel der Aufgabenteile und das Zeitmanagement der Prüfung.

Tabelle 8: Prüferleitfaden des IQB für mündliche Prüfungen im Fach Französisch

Pendant l'oral :

L'examinateur….
- … rappelle au candidat qu'il peut faire répéter un mot ou faire clarifier une question à tout moment.
- … s'interdit tout commentaire désobligeant ou jugement de valeur.
  Si un candidat défend une thèse à laquelle l'examinateur n'adhère pas, il ne devra pas le faire voir.
- … adapte :
  o son débit de parole
  o le lexique utilisé
  o les structures morphosyntaxiques utilisées…
  au niveau évalué.
- … répète, reformule, parle lentement (surtout aux niveaux A1 et en A2).
  Il se montre bienveillant et coopératif. Il utilise si besoin est la mimo-gestuelle.
- … peut contredire le candidat à partir du niveau B1.
  Attention, contredire, ce n'est pas mettre dans une situation inconfortable !
- … n'utilise la langue maternelle qu'exceptionnellement.
  Cela pourrait pénaliser un candidat dont la langue maternelle n'est pas l'allemand.
- … limite son temps de parole.
  Ses relances doivent être courtes, précises et ne pas fournir trop d'éléments de réponses au candidat.
- … relance cependant le candidat lorsque cela est nécessaire.
- … aide le candidat si un mot lui manque.
- … ne laisse jamais le silence s'installer durablement.
- … passe à une autre question, à un autre sujet si un candidat est bloqué malgré plusieurs relances.
- … évite les questions fermées.
- … évite les questions sous forme d'alternative : « Tu préfères la mer ou la montagne ? ». Le candidat ne peut pas donner de preuves suffisantes puisqu'il n'a qu'un mot à répéter.
- … respecte les durées imparties pour les 3 parties de l'épreuve.
  Les durées des tâches sont données à titre indicatif. Il s'agit du temps maximal. Une tâche peut être réalisée en moins de temps. Elle peut être réduite, dans la limite du raisonnable (il faut cependant avoir suffisamment de preuves pour pouvoir évaluer le candidat).
- … indique le passage d'une tâche à une autre. (Ex : « *Nous allons maintenant passer à la 3ème partie de l'épreuve. Dans cette 3ème partie, vous allez jouer une petite situation…*)
- … sourit, remercie à la fin d'une tâche, encourage (par un acquiescement de tête, par des mots). (« *Bien, merci, nous allons maintenant passer à la seconde partie de l'épreuve* »). Les encouragements participent à la mise en confiance de l'apprenant qui parle plus volontiers lorsqu'il est à l'aise.

A la fin de l'oral :

L'examinateur….
- … prend congé courtoisement mais sans donner aucune indication sur la note.

2.6.5 Ausgewählte psychometrische Aspekte

Die Beurteilung von Sprechkompetenz ist ein hochkomplexer und hochinferentieller Prozess, in den eine Vielzahl von Fehlerquellen eingehen kann. Gerade in der Praxis wird dieser Sachverhalt häufig nicht (genügend) berücksichtigt und die Validität der Beurteilung der Leistung nicht weiter hinterfragt. Im Folgenden werden wir uns mit einigen ausgewählten psychometrischen Fragen bei der Beurteilung mündlicher Leistungen kritisch auseinandersetzen – und zwar in erster Linie im Hinblick auf die in den vorangehenden Abschnitten beschriebene Paarprüfung.[12]

Die Abbildung 5 zeigt ein aus Eckes (2009a) übernommenes Rahmenmodell potentieller Einflussfaktoren bei der Beurteilung von Sprech- und Schreibkompetenz mit Hilfe von Performanztests. Konstitutiv für dieses Modell – und damit auch für die Messung der fremdsprachlichen Sprechkompetenz im Fach Französisch – ist u.a., dass die Bewertung anhand einer kriteriengeleiteten Einschätzung der mündlichen Produktionen des jeweiligen Kandidaten durch menschliche Beurteiler erfolgt. Entsprechend wird auch von „rater-mediated performance assessments" gesprochen (vgl. Eckes, 2009c). Natürlich ist der Beurteilungsprozess noch weit komplexer als im Diagramm dargestellt.

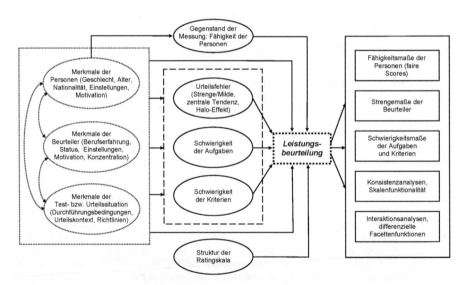

Abbildung 5: Konzeptuelles Rahmenmodell für Kompetenzbeurteilungen mit Hilfe von Performanztests (Eckes, 2009a)

Der mittlere Teil des Diagramms zeigt Faktoren, die unmittelbar die Leistungsbeurteilung bestimmen. Zu diesen sogenannten proximalen Faktoren zählt zunächst einmal das zu messende Konstrukt, im vorliegenden Fall die Sprechkompetenz der Schüler, sowie weitere in Bezug auf das Konstrukt eigentlich irrelevante Faktoren. Letztere stellen eine mögliche Quelle konstruktirrelevanter Varianz im Sinne von Messick (1989) dar. Hierzu zählen: (a) Beurteilereffekte und insb. Urteilsfehler wie

---

12 Die Ausführungen des Abschnitts 2.6.5 beruhen in weiten Teilen auf Grotjahn (2010).

unangemessene Strenge bzw. Milde (entweder generell oder bei bestimmten Personen), zentrale Tendenz (Bevorzugung der mittleren Kategorien einer Urteilsskala) oder Halo-Effekte. Ein Halo-Effekt (Hof-Effekt) ist z.B. dann gegeben, wenn ein positives oder negatives Globalurteil (wie z.B. eine generelle Abneigung einer Person gegenüber) die Beurteilung von sprachlichen Einzelaspekten in starkem Maße mit bestimmt; (b) Variabilität der Beurteilung aufgrund der Schwierigkeit der Aufgaben (z.B. wenn Rater aus Zeitgründen unterschiedliche Teilmengen von Aufgaben beurteilen oder wenn die Kandidaten bei den Aufgaben auswählen können); (c) Variabilität der Beurteilung aufgrund der Schwierigkeit der Beurteilungskriterien (z.B. wenn Rater unterschiedliche Kriterien benutzen). Schließlich spielt noch die Struktur der Beurteilungsskala eine wichtige Rolle. So sind die Messergebnisse z.B. nur dann sinnvoll interpretierbar, wenn die Ratingskala Unterschiede in den Ausprägungen der latenten Variablen Sprechkompetenz strukturtreu abzubilden vermag.

Die linke Seite des Diagramms zeigt eine Reihe weniger direkt wirkender distaler Faktoren und damit zugleich weitere potentielle Quellen konstruktirrelevanter Varianz. Hierzu zählen insbesondere Merkmale der Testpersonen, Merkmale der Beurteiler und Merkmale der Situation. Diese Faktoren stehen in Wechselwirkung, und ihr Einfluss auf das Urteil ist nach Eckes (2005, S. 78) „eher indirekt und diffus". Weiterhin können Merkmale der Testpersonen, wie z.B. Geschlecht oder Weltwissen, mit Fähigkeitsunterschieden einhergehen und hierdurch die Leistungsbeurteilung mit bestimmen (vgl. auch Eckes, 2009c).

Die rechte Seite von Abbildung 5 deutet an, wie auf der Basis eines psychometrischen Modells, hier des Multifacetten-Rasch-Modells, der Einfluss wichtiger (proximaler) Faktoren Berücksichtigung finden kann. So erlaubt das Multifacetten-Rasch-Modell z.B. eine Messung der Beurteilerstrenge und -konsistenz und auf dieser Basis die Berechnung korrigierter Fähigkeitsmaße (sog. faire Werte). Auch die Schwierigkeit der Aufgaben und Kriterien als mögliche Quelle konstruktirrelevanter Varianz sowie auch Wechselwirkungen zwischen den Faktoren lassen sich auf diese Weise berücksichtigen (vgl. die ausführliche Darstellung in Eckes, 2009b; weitere Hinweise zur Interpretation der Abbildung 5 finden sich in Eckes (2005, 2009a, 2009b).

Es dürfte deutlich geworden sein, dass die Beurteilung von Sprechleistungen ein höchst komplexer Prozess ist. Insbesondere im Fall der Paarprüfung wird die Komplexität noch dadurch erhöht, dass neben dem *Interlokutor* auch der Prüfungspartner einen entscheidenden Einfluss auf die gezeigte Leistung haben kann. Die individuelle Leistung eines Kandidaten entsteht bei der Paarprüfung stets im Zuge eines sozialen Ko-Konstruktionsprozesses mit dem jeweils anderen Kandidaten und dem *Interlokutor*. Das letztendliche Prüfungsresultat beruht damit auf einem komplexen Wechselspiel insb. zwischen Testaufgaben (z.B. in Form von Bildstimuli), Gesprächspartner, *Interlokutor*, *Assessor* und Beurteilungskriterien (vgl. das komplexe Modell in Csépes, 2009, S. 31, Figure 3).

Wir hatten zuvor erwähnt, dass in den Cambridge-Prüfungsbeschreibungen der Anspruch formuliert wird, die individuelle Leistung jedes Kandidaten unabhängig von der Leistung des anderen Kandidaten zu beurteilen. Angesichts der beschriebenen Ko-Konstruktivität dürfte eine wirklich unabhängige Beurteilung jedoch nur mit Einschränkungen möglich sein. Zudem ist zumindest bei der Beurteilung der

Interaktionskompetenz eine Berücksichtigung der Leistung beider Prüflinge nötig. Dazu bedarf es allerdings einer geeigneten Beurteilungsskala (vgl. Ducasse, 2009).

Zu fordern ist jedoch, dass die Prüfung es jedem Kandidaten ermöglicht, sein maximales Potential zu zeigen, und dass die Beurteilung möglichst fair erfolgt. Um dies zu erreichen, muss z.B. auf die Zusammenstellung der Paare geachtet werden. Es gibt Hinweise, dass insb. die persönliche Beziehung zwischen den Kandidaten, das (wahrgenommene) sprachliche Kompetenzniveau und der (wahrgenommene) Grad der Extraversion/Introversion die Leistung beeinflussen können (vgl. Berry, 2007; O'Sullivan, 2008). Konkret kann dies u.a bedeuten, dass im Fall von Partnern mit sehr unterschiedlichen Kompetenzniveaus der kompetentere Partner möglicherweise nicht seine maximale Leistungsfähigkeit zeigen kann oder dass bei zwei Partnern mit geringer Kompetenz beide Partner ihr Potential nicht voll unter Beweis stellen können (vgl. Foot, 1999 sowie einschränkend Nakatsuhara, 2006). Vor diesem Hintergrund macht O'Sullivan (2008, S. 227ff.) eine Reihe von Vorschlägen für eine adäquate Zusammenstellung von Prüfungspaaren im Kontext des Cambridge FCE. Diese beinhalten u.a. die Empfehlung, die Partnerwahl den Prüfungskandidaten zu überlassen. Entsprechende Vorschläge müssten allerdings im Hinblick auf den deutschen Schulkontext empirisch überprüft werden (vgl. auch Csépes, 2009, S. 56). Weiterhin scheinen extravertierte Personen bei der Paarprüfung tendenziell im Vorteil zu sein, was ein Fairness-Problem darstellen kann (vgl. Berry, 2007, S. 181).

Geht man davon aus, dass sich das volle Leistungsprofil eines Kandidaten bei der Interaktion der Kandidaten untereinander nicht immer deutlich genug zeigt, dann sind mit zunehmender Kompetenzstufe die Prüfer auch zunehmend gefordert, die Kandidaten an die Grenzen ihrer sprachlichen Leistungsfähigkeit zu führen. Dies verlangt jedoch ein entsprechendes Training (vgl. auch Brown, 2005).

Mindestens ebenso wichtig ist ein gründliches Training der Beurteiler. Ein gravierendes Problem sind Unterschiede in der Strenge bzw. Milde. Es wird immer deutlicher, dass Strenge und Milde relativ stabile Persönlichkeitsmerkmale sind, die sich nur schwer nachhaltig verändern lassen. Aus diesem Grund wird empfohlen, die Beurteiler vor allem im Hinblick auf Konvergenz der Interpretation der Beurteilungskriterien und Konsistenz bei deren Anwendung zu schulen. Ist eine valide Interpretation und konsistente Anwendung der Kriterien gewährleistet, könnte man auf der Grundlage einer gemeinsamen Beurteilung einer kleinen Zahl von videografierten Prüfungen durch alle eingesetzten Rater die individuelle Strenge bzw. Milde abschätzen und auf der Basis des Multifacetten-Rasch-Modells die Prüfungsergebnisse entsprechend korrigieren. Hierdurch ließe sich die Fairness der Leistungsbeurteilung deutlich erhöhen.

Eine andere, im schulischen Kontext bisher weit üblichere Methode der Qualitätssicherung beruht auf einer unabhängigen Beurteilung der gleichen produktiven sprachlichen Leistung durch mehrere Lehrende. Dieses Verfahren ist jedoch problematisch. Zum einen gibt es häufig erhebliche Differenzen zwischen den Beurteilern. Außerdem wird nicht ausgeschlossen, dass ein und derselbe Prüfling z.B. durch zwei besonders strenge oder auch besonders milde Beurteiler bewertet wird. Die hieraus resultieren Probleme hinsichtlich der Fairness sind offensichtlich (vgl. Eckes, 2009b, Kap. 3.2.4 sowie auch Johnson, Penny & Gordon, 2009). Sofern es sich praktisch realisieren lässt, sollte deshalb bei der Bewertung produktiver sprachlicher Leistungen eine Qualitätssicherung auf der Basis des Multifacetten-Rasch-Modells zum Einsatz kommen (vgl. Eckes, 2005, 2009a, 2009b).

Abschließend wollen wir noch kurz auf die möglichen Auswirkungen der Vorbereitungszeit auf das Testkonstrukt eingehen. Wie bereits erwähnt, beträgt bei den Goethe-Prüfungen auf den Niveaus B1, B2 und C1 die Vorbereitungszeit jeweils 15 Minuten. Auch bei der Messung der fremdsprachlichen Sprechkompetenz im Fach Französisch durch das IQB sind im standardisierten Ablauf der Prüfungen ein- bis fünfminütige Vorbereitungszeiten angesetzt (vgl. Tabelle 4). In den Cambridge-Prüfungen, wie z.B. PET und FCE, ist dagegen keine Vorbereitungszeit vorgesehen. D.h. die Kandidaten müssen hier deutlicher spontaner als insb. bei den Goethe-Prüfungen reagieren und interagieren. Damit fokussieren die Cambridge-Prüfungen stärker als die entsprechenden Goethe-Prüfungen einen wichtigen Aspekt alltagssprachlicher Kommunikation.

Es gibt eine Reihe von Studien, in denen Effekte der Vorbereitungs- bzw. Planungszeit auf die Qualität der gezeigten Leistung gezeigt werden konnten (vgl. den Überblick in O'Sullivan, 2008, S. 40–44). Die Auswirkungen sind allerdings komplex und nicht immer eindeutig. Auch die Dauer und Art der Planung (strukturiert vs. unstrukturiert) spielen eine Rolle. Zudem gibt es Wechselwirkungen u.a. mit folgenden Variablen: Art der Aufgabe (z.B. dialogische Entscheidungsaufgabe vs. monologisches Erzählen) und Kompetenzniveau der Sprecher. Die Effekte betreffen insb. die Komplexität, Korrektheit und Flüssigkeit der mündlichen Produktionen. Insgesamt scheint zumindest auf höherem Kompetenzniveau und in Abhängigkeit von der jeweiligen Aufgabe mit zunehmender Planungszeit auch die Komplexität und Flüssigkeit (u.a. gemessen anhand der Pausen, Hesitationen und Reformulierungen) und häufig auch die Korrektheit zuzunehmen. Ein Planungseffekt zeigt sich offensichtlich bereits bei Zeiten von einer Minute (vgl. O'Sullivan, 2008, S. 43) und ist somit auch im Fall der Sprechaufgaben des IQB zu erwarten.

Interessant ist in diesem Zusammenhang der mehrfach replizierte Befund, dass die Planungszeit bei wenig fortgeschrittenen Lernern keine oder nur eine minimale positive Auswirkung hat. Horai (2009, S. 39f.) nennt vor dem Hintergrund einer eigenen Studie zu monologischem Sprechen folgende mögliche Erklärungen: a) Die Sprache der Lerner ist nicht hinreichend entwickelt, um von der Planungszeit profitieren zu können. b) Die Lerner haben z.B. lexikalische Probleme. c) Die kognitive Kapazität reicht nicht aus, um gleichzeitig auf die Planung und andere sprachliche Aspekte zu achten. Vor diesem Hintergrund könnte man überlegen, ob auf den unteren Kompetenzstufen bei den Aufgaben des IQB nicht auf Vorbereitungszeiten verzichtet werden könnte. Dagegen spricht jedoch, dass auf Seiten der Lerner Planungsmöglichkeiten den kommunikativen Stress und die wahrgenommene Aufgabenschwierigkeit reduzieren (vgl. die Hinweise in O'Sullivan, 2008, S. 44). Insgesamt gibt es somit Gründe für oder gegen Planungs- bzw. Vorbereitungszeiten bei der Testung von mündlicher Kompetenz. Auf jeden Fall muss man sich darüber im Klaren sein, dass sich durch die Vorgabe von Planungszeiten das gemessene Konstrukt ändern kann.

2.6.6 Fazit und Ausblick

Die Testung des Sprechens anhand der fünf Instrumente Definition des Testkonstrukts, Aufgaben, Prüferleitfaden, standardisierte Prüfungsabläufe und Kodierschema könnte für das Fach Französisch bald einen Innovationsschub bringen, denn in einschlägigen empirischen Untersuchungen (Bittner, 2003; Küster, 2007; Meißner, Beckmann & Schröder-Sura, 2008) wurde übereinstimmend eine aus Schülersicht beklagte Überbetonung formalsprachlicher Vermittlung im Französischunterricht sowie eine Vernachlässigung des Trainings der mündlichen Kommunikationsfähigkeit konstatiert. Eine Fremdsprache „können" heißt für viele Schüler in erster Linie einmal sie sprechen zu können. Die Umsetzung der Testung des Sprechens an der Basis, im Klassenzimmer, sollte bereits einige Jahre vor flächendeckenden Erhebungen erfolgen, da – wie in den anderen sprachlichen Domänen, Hörverstehen, Leseverstehen, Schreiben – damit zu rechnen ist, dass viele Lehrkräfte noch nicht mit den neuen Instrumenten vertraut sind. Bei der Testung des Sprechens kommen überdies organisatorische Herausforderungen (Personal-, Zeit- und Raumbedarf) hinzu. Die bedeutendste Herausforderung für die Implementation großflächiger Testungen dürfte jedoch in der benötigten Schulung der Lehrkräfte liegen, die in der Sekundarstufe I häufig noch nicht mit holistischen und/oder analytischen Bewertungsverfahren im Hinblick auf das zielsprachliche Sprechen vertraut gemacht wurden. Auch die Erfahrungen aus den mündlichen Abiturprüfungen könnten in diesem Zusammenhang weiter genutzt werden.

Aus fachdidaktischer Sicht ist es wünschenswert, bei zukünftigen Testungen die Schülerreaktionen im Hinblick auf interkulturelles Lernen bzw. interkulturelle Fragestellungen auszuwerten und in die Planung des Unterrichts mit einzubeziehen: Welches interkulturelle Wissen und welche interkulturell relevanten Einstellungen zeigen sich in den Schüleräußerungen? Welche Verhaltensmuster werden eventuell deutlich? Hiermit könnte die Forschungslücke im Hinblick auf interkulturelles Lernen im schulischen Kontext weiter geschlossen werden, zu der bereits Ergebnisse im Bereich des Englischen (z.B. Hesse & Göbel, 2007; Hesse, Göbel & Jude, 2008) und Französischen (Eberhardt, 2009) vorliegen. Im Kontext formativer Testungen (vgl. Grotjahn, 2008) wäre es denkbar, interkulturell relevantes Verhalten bzw. interkulturell relevante Einstellungen mit den Schülerinnen und Schüler weiter zu thematisieren und kritisch zu reflektieren (vgl. Caspari, 2007). In einschlägigen Publikationen wird seit langem die Verwendung von Diskussion und Rollenspiel zur Überprüfung des interkulturellen Lernens empfohlen (z.B. Gipps, 1994; Vogt, 2007). Interkulturell relevante Merkmale (z.B. das Vorhandensein von Clichés und Stereotypen) zeigen sich gerade in der mündlichen Interaktion mit großer Deutlichkeit, da die Spontaneität der Sprachproduktion und die Einschränkungen der Planungszeit den Einbau eines kritischen „Filters" häufig verhindern. Durch die Testung des Sprechens im Französischunterricht könnte sich eine neue Chance für den Französischunterricht eröffnen: Die dringend notwendige Neuorientierung im Sinne der Bildungsstandards (praktisches Handlungswissen) kann hier mit der fachdidaktischen Forderung nach gezielter Förderung interkulturellen Lernens auf unmittelbare Weise verbunden werden.

Literatur

American Council on the Teaching of Foreign Languages. (2000). *ACTFL Proficiency Guidelines – Speaking: Revised 1999*. Hastings-on-Hudson, NY: ACTFL.

Berry, V. E. (2007). *Personality differences and oral test performance*. Frankfurt am Main: Lang.

Bittner, C. (2003). Der Teilnehmerschwund im Französischunterricht – eine unabwendbare Entwicklung? Eine empirische Studie am Beispiel der gymnasialen Oberstufe. *französisch heute, 4*, 338–353.

Blume, O.-M. (2007). Sprechen und Schreiben fördern, In H.-L. Krechel (Hrsg.), *Französisch Methodik. Handbuch für die Sekundarstufe I und II* (S. 139–189). Berlin: Cornelsen Scriptor.

Brown, A. (2005). *Interviewer variability in oral proficiency interviews*. Frankfurt am Main: Lang.

CIEP (Centre international d'études pédagogiques) / Europarat. Abteilung für Sprachenpolitik (Hrsg.) (2009). *Mündliche Leistungen: Beispiele für 6 Niveaustufen*. Verfügbar unter: www.ciep.fr/publi_evalcert/dvd-productions-orales-cecrl/videos/francais.php [22.06.09]

Clark, H. H., & Clark, E. V. (1977). *Psychology and language: An introduction to psycholinguistics*. New York: Harcourt Brace Jovanovich.

Clark, H. H. (1996). *Using language*. Cambridge: Cambridge University Press.

Cohen, A. D. & Macaro, E. (Eds.). (2007). *Language learner strategies: Thirty years of research and practice*. Oxford: Oxford University Press.

Csépes, I. (2009). *Measuring oral proficiency through paired-task performance*. Frankfurt am Main: Peter Lang.

De Bot, K. (1992). A bilingual production model: Levelt's speaking model adapted. *Applied Linguistics, 13* (1), 1–24.

Dietrich, R. (2007). *Psycholinguistik* (2., aktual. und erw. Aufl.). Stuttgart: Metzler.

Dlaska, A. & Krekeler, C. (2009). *Sprachtests: Leistungsbeurteilungen im Fremdsprachenunterricht evaluieren und verbessern*. Baltmannsweiler: Schneider Verlag Hohengehren.

Ducasse, A. M. (2009). Raters as scale makers for an L2 Spanish speaking test: Using paired test discourse to develop a rating scale for communicative interaction. In A. Brown & K. Hill (Eds.), *Tasks and criteria in performance assessment: Proceedings of the 28th Language Testing Research Colloquium* (pp. 1–22). Frankfurt am Main: Peter Lang.

Eberhardt, J.-O. (2009). „Flaggen, Baguettes, auch wenn's komisch klingt, das Aussehen der Leute erinnert an Frankreich". Von den Herausforderungen, interkulturelle Kompetenz im Kontext von Fremdsprachenunterricht zu evaluieren. In A. Hu, A. & M. Byram (Hrsg.). (2009). *Interkulturelle Kompetenz und fremdsprachliches Lernen. Modelle, Empirie, Evaluation: Intercultural competence and foreign language learning: models, empiricism, assessment* (S. 253–272). Tübingen: Narr.

Eckes, T. (2005). Evaluation von Beurteilungen: Psychometrische Qualitätssicherung mit dem Multifacetten-Rasch-Modell. *Zeitschrift für Psychologie, 213* (2), 77–96.

Eckes, T. (2009a). Die Beurteilung sprachlicher Kompetenz auf dem Prüfstand: Fairness in der beurteilergestützten Leistungsmessung. In K. Schramm, H. J. Vollmer & K. Aguado (Hrsg.), *Fremdsprachliches Handeln beobachten, messen und evaluieren: Neue methodische Ansätze der Kompetenzforschung und Videographie* (im Druck). Frankfurt am Main: Peter Lang.

Eckes, T. (2009b). Many-facet Rasch measurement. In S. Takala (Hrsg.), *Reference supplement to the manual for relating language examinations to the Common European Framework of Reference for Languages: Learning, teaching, assessment*. Strasbourg: Council of Europe, Language Policy Division.

Eckes, T. (2009c). On common ground? How raters perceive scoring criteria in oral proficiency testing. In A. Brown & K. Hill (Eds.), *Tasks and criteria in performance assessment: Proceedings of the 28th Language Testing Research Colloquium* (pp. 43–73). Frankfurt am Main: Peter Lang.

Europarat (Hrsg.) (2001). *Gemeinsamer europäischer Referenzrahmen für Sprachen: lernen, lehren, beurteilen.* Berlin: Langenscheidt.

Foot, M. (1999). Relaxing in pairs. *ELT Journal, 53* (1), 36–41.

Fulcher, G. (2003). *Testing second language speaking.* London: Longman/Pearson Education.

Garrod, S. & Pickering, M. J. (2007). Automaticity of language production in monologue and dialogue. In A. S. Meyer, L. R. Wheeldon & A. Kroft (Eds.), *Automaticity and control in language processing* (pp. 1–20). Hove, East Sussex: Psychology Press.

Gipps, C. (1994). *Beyond testing: Towards a theory of educational assessment.* London: Falmer Press.

Grotjahn, R. (2008). Tests und Testaufgaben: Merkmale und Gütekriterien. In B. Tesch, E. Leupold & O. Köller, O. (Hrsg.), *Bildungsstandards Französisch: konkret. Sekundarstufe I: Grundlagen, Aufgabenbeispiele und Unterrichtsanregungen* (S. 149–186). Berlin: Cornelsen Scriptor.

Grotjahn, R. (2009). Testen im Fremdsprachenunterricht: Aspekte der Qualitätsentwicklung. *Praxis Fremdsprachenunterricht, 1*, 4–8.

Grotjahn, R. (2010). *Testen und Evaluieren fremdsprachlicher Kompetenzen: Ein Arbeitsbuch.* Tübingen: Narr [erscheint].

He, A. W. & Young, R. (1998). Language proficiency interviews: A discourse approach. In R. Young & A. W. He (Eds.), *Talking and testing: Discourse approaches to the assessment of oral proficiency* (pp. 1–24). Amsterdam: Benjamins.

Hesse, H.-G. & Göbel, K. (2007). Interkulturelle Kompetenz. In B. Beck & E. Klieme (Hrsg.), *Sprachliche Kompetenzen. Konzepte und Messung. DESI-Ergebnisse Band 1.* (S. 256–272). Weinheim: Beltz.

Hesse, H.-G., Göbel, K. & Jude, Nina (2008). *Interkulturelle Kompetenz.* In DESI-Konsortium (Hrsg.), *Unterricht und Kompetenzerwerb in Deutsch und Englisch. Ergebnisse der DESI-Studie* (S. 180–190). Weinheim: Beltz.

Horai, T. (2009). Intra-task comparison in a monologic oral performance test: the impact of task manipulation on performance. In A. Brown & K. Hill (Eds.), *Tasks and criteria in performance assessment: Proceedings of the 28th Language Testing Research Colloquium* (pp. 23–42). Frankfurt am Main: Peter Lang.

Hu, A. & Byram, M. (Hrsg.). (2009). *Interkulturelle Kompetenz und fremdsprachliches Lernen. Modelle, Empirie, Evaluation: Intercultural competence and foreign language learning: models, empiricism, assessment.* Tübingen: Narr.

Johnson, M. (2001). *The art of nonconversation: A reexamination of the validity of the Oral Proficiency Interview.* New Haven: Yale University Press.

Johnson, R. L., Penny, J. A. & Gordon, B. (2009). *Assessing performance: Designing, scoring, and validating performance tasks.* New York: Guilford.

Kieweg, W. (2000). Zur Mündlichkeit im Englischunterricht. *Der Fremdsprachliche Unterricht Englisch, 5*, 4–11.

Kieweg, W. (2007). Sprechaufgaben konzipieren. *Der fremdsprachliche Unterricht Englisch, 5*, 14–17.

KMK (2003). Beschlüsse der Kultusministerkonferenz. *Bildungsstandards für die erste Fremdsprache (Englisch/Französisch) für den Mittleren Schulabschluss. Beschluss vom 04.12.03.* Verfügbar unter: www.kmk.org/bildung-schule/qualitaetssicherung-in-schulen/bildungsstandards/dokumente.html [19.05.09].

KMK (2004). Beschlüsse der Kultusministerkonferenz. *Bildungsstandards für die erste Fremdsprache (Englisch/Französisch) für den Hauptschulabschluss*. Beschluss vom 15.10.04. Verfügbar unter: www.kmk.org/bildung-schule/qualitaetssicherung-in-schulen/bildungsstandards/dokumente.html [19.05.09].

Kormos, J. (2006). *Speech production and second language acquisition*. Mahwah, NJ: Erlbaum.

Küster, L. (2007). Schülermotivation und Unterrichtsalltag im Fach Französisch. Ergebnisse einer schriftlichen Befragung an Berliner Gymnasien. *Französisch heute, 3*, 2007, 210–226.

Levelt, W. J. M. (1989). *Speaking: From intention to articulation*. Cambridge, Mass.: MIT Press.

Levelt, W. J. M. (1999). A blueprint of the speaker. In C. M. Brown & P. Hagoort (Eds.), *The neurocognition of language* (pp. 83–122). Oxford: Oxford University Press.

Luoma, S. (2004). *Assessing speaking*. Cambridge: Cambridge University Press.

Lusar, R. (2006). Kompetenzerwerb im Französischunterricht. In A. Nieweler (Hrsg.), *Fachdidaktik Französisch: Tradition – Innovation – Praxis* (S. 55–62). Stuttgart: Klett.

Meißner, F.-J., Beckmann, C. & Schröder-Sura, A. (2008). *Mehrsprachigkeit fördern, Vielfalt und Reichtum Europas in der Schule nutzen (MES). Zwei deutsche Stichproben einer internationalen Studie in den Klassen 5 und 9 zu Sprachen und Fremdsprachenunterricht*. Tübingen: Narr.

Messick, Samuel. (1989). Validity. In Robert L. Linn (Hrsg.), *Educational measurement* (3rd ed., pp. 1–103). New York: American Council on Education/Macmillan.

Nakatsuhara, F. (2006). The impact of proficiency-level on conversational styles in paired speaking tests. *Research Notes, 25*, 15–20 [auch verfügbar unter: www.CambridgeESOL.org/rs_notes] [21.07.09].

O'Sullivan, B. (2008). *Modelling performance in tests of spoken language*. Frankfurt am Main: Peter Lang.

Poulisse, N. (1997). Language production in bilinguals. In A. M. B. de Groot & J. F. Kroll (Eds.), *Tutorials in bilingualism: Psycholinguistic perspectives* (pp. 201–224). Mahwah, NJ: Erlbaum.

Poulisse, N. (1999). *Slips of the tongue: Speech errors in first and second language production*. Amsterdam: Benjamins.

Saville, N. & Hargreaves, P. (1999). Assessing speaking in the revised FCE. *ELT Journal, 53* (1), 42–51.

Schmitt, N. (Ed.). (2004). *Formulaic sequences: Acquisition, processing and use*. Amsterdam: Benjamins.

Taubenböck, A. (2005). *Vergleich KMK-Bildungsstandards und Lehrpläne – Impulse für die Fächer*. Verfügbar unter: http://projekte.isb.bayern.de/bildungsstandards/fremdsprachen/fremdsprachen.pdf. [19.05.09].

Tschirner, E. (2001a). Die ACTFL Leitlinien mündlicher Handlungsfähigkeit. *Fremdsprachen Lehren und Lernen, 30*, 116–126.

Tschirner, E. (2001b). Die Evaluation fremdsprachlicher mündlicher Handlungskompetenz: Ein Problemaufriss. *Fremdsprachen Lehren und Lernen, 30*, 87–115.

Van Lier, L. (1989). Reeling, writhing, drawling, stretching, and fainting in coils: Oral proficiency interviews as conversation. *TESOL Quarterly, 23* (3), 489–508.

Vogt, K. (2007). Bewertung interkultureller Kompetenzen: die Quadratur des Kreises? *Praxis Fremdsprachenunterricht, 6*, 7–11.

Wolff, D. (2002). *Fremdsprachenlernen als Konstruktion. Grundlagen für eine konstruktivistische Fremdsprachendidaktik*. Frankfurt am Main: Lang.

Kapitel 3:
Erste empirische Befunde –
Französischleistungen in der Sekundarstufe I

Raphaela Porsch & Olaf Köller

3.1 Erste empirische Befunde der Pilotierungsstudie im Fach Französisch (Sekundarstufe I)

Der folgende Beitrag informiert über die Pilotierungsstudie im Fach Französisch, die im Jahr 2007 durchgeführt wurde und in der erstmals Testaufgaben auf der Grundlage der Bildungsstandards für die erste Fremdsprache (KMK, 2003, 2004) zur Testung des Leseverstehens, Hörverstehens und der Schreibkompetenz in der Sekundarstufe I im Fach Französisch eingesetzt wurden. Im Einzelnen werden die Stichprobe, die Itemauswahl, die Itembewertung und die Selektionskriterien für die Items sowie das Testdesign und die durchgeführten Analysen näher erläutert mit dem Ziel, die empirisch-gestützte Aufgabenentwicklung im Projekt Französisch zu dokumentieren.

3.1.1 Ziele der Studie

Die Pilotierungsstudie im Projekt Französisch, die im Zeitraum April bis Juni 2007 stattfand, war die erste Untersuchung der neu entwickelten Items zur Überprüfung der Bildungsstandards in der Gruppe der Schüler[1], die Französisch in der Sekundarstufe I als erste Fremdsprache lernen. Die Ziele der Studie können wie folgt zusammengefasst werden:

- Erprobung eines Itempools zur Messung der kommunikativen Kompetenzen Leseverstehen, Hörverstehen und Schreiben auf der Basis der Bildungsstandards für den Mittleren Schulabschluss (KMK, 2003) und den Hauptschulabschluss (KMK, 2004) und daraus die Auswahl psychometrisch zufriedenstellender Items;
- Erprobung und psychometrische Absicherung von Beurteileranleitungen zur Kodierung von freien Schreibaufgaben und zur Kodierung halboffener Items zum Lese- und Hörverstehen;
- Eine erste Untersuchung zur Kongruenz von empirisch gewonnenen Itemschwierigkeiten und den *a priori* den Items zugeordneten Niveaus A1 bis C1 des Gemeinsamen europäischen Referenzrahmens für Sprachen („GER"; Europarat, 2001);
- Prüfung der Items hinsichtlich ihrer Eignung, Kompetenzzuwächse abzubilden, insbesondere Leistungsunterschiede zwischen Jahrgangsstufen aufzudecken.

---

1 Es wird zur Erleichterung des Lesens durchgehend die männliche Form (Lehrer, Schüler) verwendet.

3.1.2 Stichprobe und Beteiligungsquoten

Die Pilotierungsstudie stellt eine nicht-repräsentative Untersuchung[2] von Schülern der Jahrgangsstufen 8 bis 10 dar, die Französisch als erste Fremdsprache[3] lernen. Sie wurde in fünf Bundesländern und fünf verschiedenen Bildungsgängen durchgeführt (vgl. Tabelle 1). Die Datenerhebung erfolgte durch das *IEA Data Processing and Research Center* (DPC) in Hamburg. Das DPC führt in Deutschland die Feldarbeit zu den großen internationalen Schulleistungsstudien IGLU, PISA und TIMSS durch.

Tabelle 1: Schüler nach Bundesland und Bildungsgang (absolute Häufigkeiten)

Land	Bildungsgang					Gesamt
	Hauptschulen	MBG	Realschulen	Gesamtschulen	Gymnasien	
Saarland	36	870	113	366	281	1.666
Rheinland-Pfalz	-	-	9	-	204	213
Nordrhein-Westfalen	-	-	-	-	237	237
Baden-Württemberg	-	-	-	-	356	356
Hessen	-	-	-	-	225	225
Gesamt	36	870	122	366	1.303	2.697

Anmerkung: MBG = Schulen mit mehreren Bildungsgängen.

Insgesamt sollten 2.917 Schüler an der Testung teilnehmen, 201 waren abwesend und 16 hatten die Schule verlassen, d.h. Daten von 2.700 Schülern gingen in die Auswertung ein. Für die Lese- und Hörverstehensitems lagen 2.697 gültige Fälle vor (diese Schüler hatten mindestens ein Item beantwortet). Für insgesamt 2.655 Fälle lagen weitere Hintergrunddaten vor (u.a. Geschlecht, Noten). Die Ausschöpfungsquoten lagen damit durchgängig über 90 Prozent, so dass Kriterien, wie sie üblicherweise auch in PISA verlangt werden, erreicht wurden.

Die Anzahl der Schüler pro Item betrug minimal 348 und maximal 470, im Durchschnitt beantworteten 395 Schüler ein Item zum Hör- und Leseverstehen, für einzelne Schreibaufgaben war die Zahl geringer. Getestet wurde in zwei Designs bzw. Teilstichproben (vgl. Tabelle 2): Es lagen Daten von 1.272 (von 1.413 angestrebten) Teilnehmern im *Hauptschuldesign* (genannt „HSA") und 1.425 (von 1.504 angestrebten) Schülern im *Design Mittlerer Schulabschluss* (genannt „MSA") vor. HSA-Schüler strebten am Ende der Sekundarstufe I einen Hauptschulabschluss an, MSA-Schüler einen Mittleren Schulabschluss. Mit den HSA-

---

2 Die Stichprobenziehung berücksichtigte nicht den tatsächlichen Anteil von Schülern in den drei Klassenstufen und Schulformen für Französisch als erste Fremdsprache in Deutschland (vgl. Tabellen 1 und 2).

3 97 Prozent der Stichprobe lernen nach eigenen Angaben Französisch als erste Fremdsprache, 3 Prozent als zweite oder dritte Fremdsprache.

Testheften wurden Schüler der Jahrgangsstufen 8 ($N = 826$) und 9 ($N = 446$), mit den MSA-Testheften Schüler der Jahrgangsstufen 9 ($N = 538$) und 10 ($N = 887$) getestet. An der Erhebung beteiligten sich 1.257 Jungen und 1.442 Mädchen. Das Durchschnittsalter lag bei 15.7 Jahren ($SD = 1.01$).

Die Ermittlung der Muttersprache und anderen Informationen zum sozio-ökonomischen Hintergrund erfolgte über Schülerfragebögen. Die Beantwortung der Fragen war nicht in allen Bundesländern verpflichtend, d.h. in vier Bundesländern[4] benötigten die Schüler Elterngenehmigungen für das Ausfüllen der Fragebögen. Da 14 Schüler abwesend waren und 295 Schülern diese Genehmigung fehlte, liegen diese Daten lediglich für 2.390 Schüler der Stichprobe vor. Dies entspricht einer Ausschöpfungsquote von rund 82 Prozent und ist zufriedenstellend im Hinblick auf die Aussagekraft der Daten. Rund 91 Prozent der Schüler, von denen Fragebogendaten vorlagen, gaben als Muttersprache Deutsch an. In Schülerteilnahmelisten, welche die Lehrer auszufüllen hatten, waren neun der 2.700 Schüler als körperlich oder geistig beeinträchtigt gekennzeichnet. Von der Testung ausgeschlossen werden musste aber keiner dieser Schüler.

Tabelle 2: Schüler nach Bildungsgang und angestrebten Abschluss

	Abschluss	
	Hauptschulabschluss	Mittlerer Schulabschluss
Hauptschulen	36	-
MBG	870	-
Realschulen	-	122
Gesamtschulen	366	-
Gymnasien	-	1.303
Gesamt	1.272	1.425

Anmerkung: MBG = Schulen mit mehreren Bildungsgängen.

3.1.3 Instrumente und Untersuchungsdesign

In der Untersuchung wurden drei kommunikative Fertigkeiten in Französisch getestet: Leseverstehen, Hörverstehen und Schreibkompetenz[5]. In Anlehnung an die Bildungsstandards für die erste Fremdsprache (KMK, 2003, 2004) sowie den GER wurden Testaufgaben für die fünf Kompetenzniveaus bzw. Schwierigkeitsstufen A1 bis C1 eingesetzt, wobei der Schwerpunkt auf den Niveaus A2 und B1 lag (vgl. Tabelle 3). Auf Aufgaben der Stufe C2 wurde verzichtet, da davon auszugehen war, dass nur verschwindend geringe Schüleranteile dieses Niveau in den berücksichtigten Jahrgangsstufen erreichen.

Die Aufgaben wurden in der ersten Projektphase am *Centre International d'Etudes Pédagogiques* (CIEP) in Frankreich (vgl. Kapitel 2.1) entwickelt und dem IQB zur Verfügung gestellt. Die Mehrheit der Items in der Pilotierungsstudie wurde in kleinen empirischen Voruntersuchungen (sog. *Präpilotierungen*) zu den

---

4 Eine Verpflichtung bestand lediglich in Hessen.
5 Konstruktbeschreibungen vgl. Kapitel 2.3, 2.4 und 2.5.

einzelnen Kompetenzbereichen bereits erprobt. Dabei wurden 80 bis 100 Schülerantworten pro Item aus A*d-hoc*-Stichproben der Zielgruppe gewonnen. Die Dateneingabe und Auswertung der Daten aus den Präpilotierungen erfolgte direkt am IQB, wobei Itemkennwerte auf der Basis der klassischen Testtheorie ermittelt wurden. Die Items wurden auf Grundlage der statistischen Ergebnisse und den Schülerantworten zu den halboffenen Items von den Aufgabenentwicklern und -bewertern überarbeitet. Aus den Präpilotierungen wurden zudem Kodieranleitungen für die halboffenen Items sowie *Benchmark*-Texte der Schreibaufgaben – kommentierte Beispieltexte, für die Schulung der Kodierer zu den Schreibproduktionen – gewonnen, die für die Auswertung der Texte aus der vorliegenden Studie genutzt werden konnten (vgl. Abschnitt 3.1.5).

Tabelle 3: Items nach *a priori* eingeschätztem GER-Niveau und Kompetenzbereich (absolute und prozentuale Häufigkeiten)

Kompetenzbereich	GER-Niveau					Gesamt
	A1	A2	B1	B2	C1	
Leseverstehen	41 (19.9%)	70 (34.0%)	63 (30.6%)	23 (11.2%)	9 (4.4%)	203
Hörverstehen	31 (20.3%)	60 (39.2%)	43 (28.1%)	14 (9.2%)	5 (3.3%)	157
Schreiben	4 (23.5%)	4 (23.5%)	5 (29.4%)	2 (11.8%)	2 (11.8%)	17

Anmerkung: Prozentangaben addieren sich zeilenweise auf 100 Prozent.

Im HSA-Design wurden Aufgaben für die GER-Niveaus A1 bis B1 eingesetzt, für das MSA-Design wurden Aufgaben der Niveaus A2 bis C1 berücksichtigt. Die Niveaustufen stellen eine *A-priori*-Einstufung durch die Aufgabenentwickler und -bewerter auf der Grundlage von Testspezifikationen für jede Niveaustufe dar. Die Testspezifikationen für die Teilbereiche wurden auf der Grundlage der genannten Dokumente – den Bildungsstandards und dem GER – erarbeitet und um testspezifische Vorgaben ergänzt (vgl. Anhang).

Neben den Items zur Testung der sprachlichen Kompetenz wurden zwei Subskalen (*Figurenanalogien* und *Wortanalogien*) des Kognitiven Fähigkeitstests (KFT; Heller & Perleth, 2000) in den Versionen für die Jahrgangsstufen 8, 9 und 10 eingesetzt. Beide Skalen stellen Indikatoren für schlussfolgerndes Denken im Sinne der Intelligenzdimension *Reasoning* dar. Zusätzlich wurde ein Schüler- und Lehrerfragebogen ausgegeben (vgl. Pant, Vock, Pöhlmann & Köller, 2008).

Als Testdesign wurde ein balanciertes Blockdesign genutzt. Zu diesem Zweck wurden zunächst Blöcke (sog. *Cluster*) von Aufgaben gebildet, deren geschätzte[6] Bearbeitungszeit je 20 Minuten betrug. Insgesamt wurden 38 Testhefte eingesetzt: 14 Testhefte im Hauptschuldesign und 24 Testhefte im Design zum Mittleren

---

6 Für die Bearbeitung der Hörverstehensaufgaben ist die Zeit durch die Länge der Höraufnahmen festgelegt. Die Bearbeitungszeit der Leseverstehensaufgaben richtet sich nach der Anzahl der Items und der Länge des Stimulustextes. Die Angaben basieren zudem auf Rückmeldungen der Schüler aus den Präpilotierungen.

Schulabschluss. Die Anzahl der Testhefte war in der Realisierung höher durch klassenstufenspezifische KFT-Versionen. Ein Block der Lese- und Hörverstehensaufgaben war jeweils 20 Minuten lang, Schreibaufgaben der Niveaus B2 und C1 verlangten 40 Minuten Bearbeitungszeit. Die Items zum Hör- und Leseverstehen wurden auf die Blöcke verteilt, indem neben der Trennung von Kompetenzen und der zeitlichen Vorgabe eine systematische Verteilung der Items hinsichtlich folgender Merkmale vorgenommen wurde: GER-Niveaustufe, Format, Thema der Aufgabe und Textsorte (des Stimulus).

Die Anordnung der Blöcke, die im Durchschnitt 30 Items (N_{Items} Minimum = 24, N_{Items} Maximum = 43) enthielten, erfolgte in einem Multi-Matrix-Design (vgl. Frey, 2007). Ein Multi-Matrix-Design, auch *Cluster-Rotation-Design* genannt, erfordert eine vollständige Verlinkung aller Items bzw. Blöcke/Cluster. Dabei wurden folgende Punkte berücksichtigt:
- Es musste eine relativ hohe Itemzahl eingesetzt werden (insgesamt 360 Items und 17 Schreibaufgaben).
- Dabei musste gleichzeitig Sorge getragen werden, dass die Stichprobengröße pro Item so umfangreich war, dass Itemparameterschätzungen im Raschmodell hinreichend robust sind. Wir wählten hier eine Mindeststichprobengröße von 300 Schülern pro Item.
- Die Testzeit (120 Minuten für die Leistungsitems) war begrenzt, so dass nicht alle Schüler alle einzusetzenden Items in der Testung bearbeiten konnten. Durch das Multi-Matrix-Design konnte dennoch die hohe Itemanzahl in der Gesamtheit realisiert werden.
- Das Multi-Matrix-Design erlaubt eine Auswertung mit Hilfe von IRT-Analysen durch die beschriebene Verlinkung von Testheften, so dass *alle* Personen und *alle* Items einer Teilkompetenz auf einer gemeinsamen Skala abgebildet werden können.
- Die Items wurden Blöcken zugewiesen. Alle Blöcke erschienen mehrmals im Design (am Anfang der Testzeit, am Ende, in der Mitte, etc.). Es wurden dadurch Reihenfolgeeffekte (z.B. durch Ermüdung) vermieden.
- Die Verteilung der verschiedenen Items führt zu einer großen Streuung hinsichtlich der Auswahlkriterien, so dass eine fehlende Vertrautheit mit einem Aufgabenformat bzw. Formateffekte im Mittel nicht die Leistung beeinflusste.

Restriktionen zur Erstellung des Testheftdesigns gab es durch die Testung des Hörverstehens. Testhefte in einer Klasse unterschieden sich in Bezug auf die Aufgaben zum Leseverstehen und zum Schreiben. Die Hörverstehensaufgaben in zwei aufeinander folgenden Testheften im Design waren immer gleich, da das individuelle Hören der Aufgaben nicht möglich war, weil mit Hilfe eines Abspielgeräts in einer Klasse die Hörtexte allen Schülern vorgespielt wurden.

Auffallend ist im nachfolgend aufgeführten MSA-Design (vgl. Tabelle 5), dass die Schüler lediglich Items aus zwei Kompetenzbereichen zu bearbeiten hatten. Mit Hilfe von mehrdimensionalen IRT-Skalierungen und der Anwendung der *Plausible-Value*-Technik werden jedoch Fähigkeitsschätzungen für alle drei Kompetenzen eines jeden Schülers möglich (Wu, 2005). Die Beschränkung auf zwei Kompetenzbereiche begründet sich in der Berücksichtigung der Schreibblöcke, die 40 Minuten in Anspruch nahmen (Aufgaben zur Testung der Niveaus B2 und C1). Für die anschließende Skalierung ist es notwendig, dass Items einer Teilkompetenz ausreichend verlinkt sind. Diese Bedingung konnte nicht erfüllt werden, wenn in den Testheften des MSA-Designs Blöcke aufgenommen wurden, so dass jeder Schüler lediglich Aufgaben aus zwei Bereichen zu bearbeiten hatte.

Im Folgenden werden die zwei (miteinander verlinkten) Designs der Testhefte für die HSA- und MSA-Schüler dargestellt und anschließend die Reliabilitäten der verwendeten Blöcke zum Lese- und Hörverstehen aufgeführt. Die Tabelle 4 zeigt das HSA-Design, bei dem acht Lese-, Hör- und Schreibblöcke auf 14 Testhefte verteilt wurden. Sechs Blöcke à 20 Minuten Testzeit resultieren so in 120 Minuten Gesamttestdauer. Man erkennt unmittelbar, dass die Blockpositionen nicht vollständig variiert wurden, dies hätte zu einer Inflation der Testheftvarianten geführt. Die fett und kursiv gedruckten Blöcke fanden auch im MSA-Design Verwendung, so dass die gemeinsame Skalierung der Schüler aus beiden Designs möglich war.

Tabelle 4: Testdesign für Schüler in einem HSA-Bildungsgang (8. und 9. Jahrgangsstufe)

Testheft	Block 1	Block 2	Block 3	Block 4	Block 5	Block 6
TH1	*H1*	L6	S4	H2	L7	S5
TH2	*H1*	*L1*	S6	H2	L2	S7
TH3	S6	H2	*L8*	S5	H3	L7
TH4	*S8*	H2	L2	S7	H3	L3
TH5	L2	S7	H3	*L1*	S6	H4
TH6	L4	S2	H3	L3	*S1*	H4
TH7	H5	L3	*S8*	H4	L2	S7
TH8	H5	L5	S3	H4	L4	S2
TH9	*S1*	H6	L4	S2	H5	L3
TH10	S3	H6	L6	S4	H5	L5
TH11	L4	S2	H7	L5	S3	H6
TH12	L6	S4	H7	L7	S5	H6
TH13	H7	L5	S3	*H8*	L6	S4
TH14	H7	L7	S5	*H8*	*L8*	S6

Anmerkungen: Blöcke, welche das HSA- und MSA-Design verbinden, sind fett und kursiv gedruckt; TH: Testheft; H: Höritems; L: Leseitems; S: Schreibaufgaben.

Tabelle 5: Testdesign für Schüler in einem MSA-Bildungsgang (9. und 10. Jahrgangsstufe)

Testheft	Block 1	Block 2	Block 3	Block 4	Block 5	Block 6
TH15	*H8*	*L8*	H12	L9	H9	L12
TH16	*H8*	L12	H12	L11	H9	L10
TH17	L10	H9	L9	H13	L13	H10
TH18	*L1*	H9	L13	H13	L11	H10
TH19	H12	L11	H10	L10	H11	L12
TH20	H12	L12	H10	*L8*	H11	L9
TH21	L13	*H1*	*L1*	H11	L11	H13
TH22	L9	*H1*	L10	H11	L13	H13
TH23	*H8*	*S8*	H12	H9	S9	
TH24	*H8*	S10	H12	H9	S11	
TH25	H13	S10	H9	S9		H10
TH26	H13	S12	H9	S11		H10
TH27	H10		S13	H11	S12	H12
TH28	H10		S15	H11	S14	H12
TH29		S13	*H1*	H13	S14	H11
TH30		S15	*H1*	H13	*S1*	H11
TH31	*L8*	*S8*	L9	S9		L12
TH32	L12	S14	L11	S15		L10
TH33	L13		S9	L9	S10	L10
TH34	*L1*		S15	L13	*S1*	L11
TH35	L10	S12	L12		S13	L11
TH36	L12	S10	L9		S11	*L8*
TH37	L11		S13	*L1*	S14	L13
TH38	L9		S11	L13	S12	L10

Anmerkungen: Blöcke, welche das HSA- und MSA-Design verbinden, sind fett und kursiv gedruckt; TH: Testheft; H: Höritems; L: Leseitems; S: Schreibaufgaben.

Tabelle 6: Cronbachs Alpha (α) testheftweise (TH) für Blöcke von Items zum Lese- und Hörverstehen; Hören und Lesen getrennt und gemeinsam

	Hörverstehen			Leseverstehen			Lesen und Hören		
TH	N	Itemzahl	α	N	Itemzahl	α	N	Itemzahl	α
1	94	43	.81	94	32	.76	94	75	.88
2	94	34	.64	94	32	.74	94	66	.81
3	91	41	.76	91	37	.84	91	78	.86
4	95	36	.66	95	37	.83	95	73	.85
5	95	34	.68	95	35	.85	95	69	.87
6	94	37	.68	94	35	.84	94	72	.86
7	85	36	.77	85	30	.83	85	66	.88
8	84	37	.48	84	30	.82	84	67	.80
9	96	37	.77	96	28	.80	96	65	.87
10	97	39	.74	97	28	.84	97	67	.87
11	90	37	.57	90	31	.80	89	68	.82
12	90	43	.87	90	31	.84	90	74	.92
13	85	39	.51	85	30	.56	85	69	.64
14	83	41	.67	83	30	.58	83	71	.75
15	51	42	.61	51	31	.64	51	73	.71
16	50	31	.65	50	31	.66	50	62	.76
17	51	32	.77	51	24	.71	51	56	.86
18	52	34	.79	52	24	.77	52	58	.87
19	49	31	.65	49	26	.63	49	57	.76
20	44	42	.63	44	26	.75	44	68	.81
21	46	34	.74	46	30	.71	46	64	.84
22	46	32	.56	46	30	.77	46	62	.81
23	70	NA	NA	70	31	.71	NA	NA	NA
24	71	NA	NA	71	31	.67	NA	NA	NA
25	60	NA	NA	60	24	.66	NA	NA	NA
26	60	NA	NA	60	24	.73	NA	NA	NA
27	55	NA	NA	55	26	.63	NA	NA	NA
28	61	NA	NA	61	26	.73	NA	NA	NA
29	64	NA	NA	64	30	.64	NA	NA	NA
30	61	NA	NA	61	30	.71	NA	NA	NA
31	69	42	.67	NA	NA	NA	NA	NA	NA
32	64	31	.72	NA	NA	NA	NA	NA	NA
33	62	32	.53	NA	NA	NA	NA	NA	NA
34	63	34	.70	NA	NA	NA	NA	NA	NA
35	64	31	.72	NA	NA	NA	NA	NA	NA
36	62	42	.78	NA	NA	NA	NA	NA	NA
37	75	34	.69	NA	NA	NA	NA	NA	NA
38	75	32	.72	NA	NA	NA	NA	NA	NA

Anmerkungen: NA = im Testheft (TH; erste Spalte) finden sich keine Aufgaben zur Testung dieser Kompetenz; *N*: Stichprobengröße pro Testheft.

Die Analysen zu den Reliabilitäten der Hör- und Leseverstehensblöcke sind in der Tabelle 6 aufgeführt. Im Durchschnitt liegt Cronbachs Alpha für die Hörverstehensitems eines Testheftes bei .68, für die Leseverstehensitems bei .73 und bei gemeinsamer Skalierung der Lese- und Hörverstehensitems bei .77. Stellt man in Rechnung, dass es sich um die Ergebnisse einer Pilotierungsstudie handelt, so dass viele Items noch ungünstige psychometrische Kennwerte haben, so sind diese Befunde äußerst befriedigend. Die Variation in den Reliabilitäten ist im Übrigen nur gering durch die unterschiedlichen Itemzahlen pro Heft erklärbar. So korrelieren Testlänge und Reliabilität im Lesen zu $r = .17$ und im Hören zu $r = .38$. Im Folgenden wird ausgeführt, welche Schritte unternommen wurden, um ungeeignete Items zu eliminieren.

3.1.4 Itemanalysen und Itemselektion (Lese- und Hörverstehen)

Die Pilotierungsstudie zielte auf die Identifikation und den Ausschluss psychometrisch ungeeigneter Items ab. Ungeeignete Items waren solche,
- die zu schwer oder leicht waren,
- deren Distraktoren unerwünschten Eigenschaften aufwiesen (d.h. zu häufig oder gar nicht gewählt wurden),
- die nicht modelkonform zum gewählten IRT-Modell (Raschmodell: Ein-Parameter-Modell) waren und
- die Subgruppen trotz gleicher Fähigkeiten bevor- oder benachteiligten (*Differential Item Functioning*, „DIF").

Zur Identifikation dieser Itemeigenschaften wurden folgende Analysen durchgeführt:
- Distraktoranalysen bzw. Prüfung der Antworthäufigkeiten,
- Ermittlung der Itemschwierigkeiten (relative Lösungshäufigkeit) und der Trennschärfen,
- IRT-Skalierungen (1PL-Modelle, ein-/mehrdimensional, Multifacettenmodelle) und
- DIF-Analysen zum Geschlecht und Abschluss.

In den nachfolgenden Abschnitten werden die Kriterien zur Identifikation ungeeigneter Items und die Analysen zur Ermittlung der Kennwerte der klassischen und der probalistischen Testtheorie beschrieben. Es wird weiterhin der Zusammenhang von Itemformat und ermittelten Itemschwierigkeiten sowie der Zusammenhang von *a priori* zugeordneten GER-Niveaustufen der Items und den Itemschwierigkeiten untersucht.

Kriterien zur Identifikation ungeeigneter Items

Die nachfolgend aufgeführten Kriterien zur Identifikation ungeeigneter Items im Bereich des Hör- und Leseverstehens wurden angesetzt:
- Als problematische Distraktoren bzw. Optionen werden solche definiert, für die Antworten mit einer Häufigkeit größer/gleich 95 Prozent oder kleiner/gleich 5

Prozent vorliegen. Das heißt, diese Optionen wurden von sehr wenigen oder sehr vielen Schülern gewählt und sind damit als Distraktoren, im Sinne einer Ablenkung von der Richtigoption, ungeeignet.
- Extrem leichte und schwere Items werden ausgeschlossen. Es gilt, dass Items mit relativen Lösungshäufigkeiten ≥ .05 oder ≤ .95 nicht in der Lage sind, die Fähigkeiten der getesteten Schüler differenziell abzubilden. Sie gingen nicht in die nachfolgenden IRT-Skalierungen ein[7]. Entsprechend den Disktraktoranalysen weisen Items mit diesen Merkmalen i.d.R. eine geringe Diskrimination auf, d.h. sie trennen gering zwischen Personen mit unterschiedlichen Fähigkeiten.
- Die Trennschärfe der Items (d.h. ob die Items zwischen guten und schlechten Schülern trennen können) sollte mindestens .15 betragen.
- Die Items wurden auf der Basis von IRT-Modellen geprüft, insbesondere wurde die Passung zum 1-PL analysiert. Man erhält in diesen Analysen, die mit der Software ConQuest (Wu, Adams, Wilson & Haldane, 2007) durchgeführt wurden, neben den Itemschwierigkeiten für jedes Item zwei Modellfitmaße: den Infit und den Outfit. Sie werden über die Abweichungen der beobachteten Itemfunktionen zu den aufgrund des Testmodells erwarteten Itemfunktionen gebildet. Das Outfit-Maß scheint sensibler für Modellabweichungen bei sehr leichten und sehr schweren Items zu sein, wohingegen das Infit-Maß sensibler für Modellverletzungen bei mittelschweren Items zu sein scheint. Bei perfekter Modellpassung liegen In- und Outfit bei Eins. Festgelegt wurde, dass Items mit einer Abweichung von maximal plus bzw. minus .15 von Eins toleriert werden.
- Ein Ziel für die Testkonstruktion ist die Erstellung eines möglichst fairen Tests bei Nichtbenachteiligung von Subgruppen. *Differential Item Functioning* (vgl. Holland & Wainer, 1993) tritt auf, wenn verschiedene Gruppen der Population bei gleicher Fähigkeit unterschiedliche Lösungswahrscheinlichkeiten für ein Item besitzen. Als Kriterium für DIF einzelner Items, d.h. ob Items für eine Subgruppe trotz gleicher Fähigkeiten leichter oder schwieriger sind, wurde die Grenze | DIF | > .60 angesetzt, wobei festgelegt wurde, dass eine statistische Signifikanz innerhalb eines Konfidenzintervalls von 90 Prozent vorliegen muss. Geprüft wurde für die Items zum Lese- und Hörverstehen, ob sich Mädchen und Jungen in ihrer Lösungswahrscheinlichkeit unterscheiden. Da lediglich neun Prozent der getesteten Schüler nicht-deutscher Herkunft waren, war der Anteil an Antworten für ein Item für diese Gruppe zu gering, um robuste Schätzungen für das Auftreten von DIF für Schüler deutscher und nicht-deutscher Herkunft zu erhalten. Für Items, die als Anker zwischen der MSA- und HSA-Stichprobe eingesetzt wurden, wurden ebenfalls DIF-Analysen durchgeführt mit dem Ziel festzustellen, ob die Itemschwierigkeiten über die verschiedenen Abschlüsse generalisiert werden können.

---

[7] Nicht interpretierbare oder nicht bearbeitete Items wurden als Falschlösungen in den Analysen behandelt.

IRT-Analysen der Antworten der Lese- und Hörverstehensitems

Die IRT-Skalierungen wurden wie zuvor erwähnt mit dem Programm ConQuest (Version 2.0; Wu et al., 2007) durchgeführt. Die Analysen zu Kennwerten der klassischen Testtheorie und die Datenaufbereitung erfolgten mit dem Programm SPSS (Version 15.0) und dem frei verfügbaren Programm R (Version 2.8.0). Zunächst wurden alle Items mit extremen Schwierigkeiten ermittelt und von den weiteren Skalierungen ausgeschlossen.

Die Skalierung der Lese- und Hörverstehensitems erfolgte in einem ersten Schritt gemeinsam für beide Stichproben bzw. Abschlüsse, den Items aus dem HSA- und dem MSA-Design. Dazu wurden alle Items und Personen mit Hilfe eines ein- bzw. zweidimensionalen Raschmodels skaliert. Die DIF-Analysen ergaben, dass 25 der 35 Leseverstehensitems und 19 der 26 Hörverstehensitems ein signifikantes DIF aufwiesen, Itemschwierigkeiten waren demnach in diesen Fällen nicht zwischen den Gruppen invariant.

Tabelle 7: Fitwerte von Items zum Hörverstehen in unterschiedlichen 1-PL-Modellen

	Outfit			Infit		
	gemeinsame Skalierung	HSA	MSA	gemeinsame Skalierung	HSA	MSA
Item 1	1.41	1.23	1.04	1.24	1.04	1.01
Item 2	1.44	1.77	1.02	1.08	1.15	1.03

In Tabelle 7 ist beispielhaft für zwei Hörverstehensitems aufgeführt, wie sich die Modellpassungsmaße bei unterschiedlicher Skalierung verhalten. Bei einer gemeinsamen Skalierung (alle Items im zweidimensionalen Modell) würden die Items nicht den aufgeführten Kriterien entsprechen, bei einer Skalierung getrennt nach den zwei Abschlüssen weisen die Infit-Maße generell auf Modellpassung hin, auch die Outfit-Maße verbessern sich. Entsprechend den Ergebnissen der Skalierungen und der DIF-Analysen zum unterschiedlichen Verhalten von Items je nachdem, in welchem Design sie eingesetzt werden, wurde schließlich eine getrennte Skalierung nach Abschlüssen und den zwei Kompetenzen Lesen und Hören präferiert. Um jedoch die zwei Skalen zusammenzuführen, d.h. um Schüler und Items aus beiden Designs auf einer Skala abbilden zu können (z.B. für eine gemeinsame Berichterstattung oder ein Standard-Setting mit allen Items), kann die *Equating*-Methode von Haebara (1980) angewendet werden. Dieses Verfahren wird üblicherweise angewendet um Verzerrungen bei den Schätzungen der Item- und Personenparameter auf einer gemeinsamen Skala zu minimieren Dazu wird ein mittlerer Shiftparameter ermittelt, ermöglicht durch die gemeinsamen Items in beiden Designs. Damit werden die Itemschwierigkeiten und Personenparameter eines Designs auf die Metrik des anderen Designs verschoben. In der 2008 durchgeführten Normierungsstudie im Projekt Französisch (vgl. Kapitel 3.2) wurde in einem Design getestet, d.h. nur Schüler die den Mittleren Abschluss anstreben, so dass ein *Equating*-Verfahren nicht angewendet werden musste.

Auf der Grundlage aller statischen Kennwerte und unter Berücksichtigung des Testkonstrukts und von fachdidaktischen Prämissen wurden Items
a) ausgewählt, die ohne Änderungen in die Normierungsstudie eingingen und auf deren Grundlage die Personenfähigkeitsschätzungen basieren;
b) überarbeitet (z.B. Distraktoren ersetzt) oder geeignete Stimuli werden den Aufgabenentwicklern für die Neuentwicklung von Items angeboten oder
c) für Schulungen ausgewählt oder für künftige Studien ausgeschlossen.

In einer zweiten Skalierung ohne diese „problematischen" Items zeigte sich, dass alle Modellfitmaße der verbliebenen Items den definierten Kriterien entsprechen. Die Tabelle 8 listet die ursprünglichen Itemzahlen auf und die Reduzierung des Pools in Folge der oben spezifizierten Kriterien zur Itemselektion. Erkennbar ist, dass die Zahl der für die Normierungsstudie selektierten Items im MSA-Design mit 88 Prozent höher ist als im HSA-Design, wo Quoten von 74 bzw. 78 Prozent erreicht werden. Für beide Designs kann aber festgehalten werden, dass relativ wenige Items verloren wurden. Dies rührt zu einem gewissen Maß daher, dass dieser Pilotierungsstudie Vorstudien mit kleineren Stichproben vorgeschaltet wurden, so dass die Items bereits eine erste Phase der Optimierung hinter sich hatten, bevor sie in die Pilotierungsstudie gingen.

Tabelle 8: Itemzahlen vor und nach der Selektion

	Hörverstehen		Leseverstehen	
	HSA	MSA	HSA	MSA
Items gesamt	157		203	
Items getrennt nach Designs	125	69	151	87
p-Wert < .05 oder >. 95	13	4	1	3
Substanzieller Infit oder Outfit/ Geschlechter-DIF	20	11	17	7
Items in der 2. Skalierung	92	54	133	77
Prozentsatz selektierter Items (Basis: Items getrennt nach Design)	73.6%	78.3%	88.1%	88.5%

Anmerkungen: p-Wert: relative Lösungshäufigkeit eines Items; DIF: Differential Item Functioning; HSA: Testitems im Design für den Hauptschulabschluss; MSA: Testitems im Design für den Mittleren Schulabschluss.

Zusammenhang von Itemformat und Itemschwierigkeit

Für die Testung der Schüler wurden Items zum Hör- und Leseverstehens entwickelt und eingesetzt, die vor allem vier Itemformate umfassen: *Multiple-Choice-Items* (eine Richtigantwort bei vier Optionen), Ankreuzitems mit drei Optionen richtig – falsch – nicht im Text, Zuordnungsaufgaben, für die Schüler z.B. Bildern kurze Aussagen zuordnen sollen sowie Items, die eine Kurzantwort verlangen, die elementare sprachproduktive Fertigkeiten erfordern. Aus den Präpilotierungen im Projekt Französisch war bekannt, dass die Schüler mit diesen geschlossenen und halboffenen Itemformaten weitgehend vertraut sind. Dennoch wurden Analysen zum Zusammenhang zwischen Antwortformat und Itemschwierigkeit vorgenommen. Die MC-Items und die Ankreuzitems wurden dazu zu einer Kategorie zusammengefasst. Es zeigt sich, dass kaum Varianz der Itemschwierigkeiten durch die verschiedenen Formate vorhergesagt werden kann. So liegt das korrigierte η^2 aus einer einfaktoriellen Varianzanalyse für die 133 Leseverstehensitems im HSA-Design bei .03. Die Antwortformate sind demnach nicht für die Schwierigkeit prädiktiv. Für die Items zum Hörverstehen kann das Ergebnis repliziert werden. Ein etwas anderes Bild ergibt sich bei den Trennschärfen. Hier zeigt sich beispielsweise im HSA-Design, dass Items mit Kurz-Antworten (mittlere Trennschärfe: .38) signifikant höhere Trennschärfen aufwiesen als MC-Items (mittlere Trennschärfe: .24). halb-offene (mittlere Trennschärfe: .31) lagen dazwischen und unterschieden sich von den beiden anderen Itemgruppen nicht signifikant.

Zusammenhang der GER-Niveaustufenzuordnung und den Itemschwierigkeiten

Die Entwicklung der Testaufgaben basierte explizit auf dem GER unter Berücksichtigung der Stufen A1 bis C1 (s.o.). Die verwendeten Deskriptoren für die verschiedenen Niveaustufen stammen entweder direkt auf dem GER oder stellen Ergänzungen dar, die für den Aufgabenentwicklungsprozess in Deutschland erstellt wurden (vgl. Anhang). Als Folge liegt für jeden Aufgabenstamm eine *A-priori*-Zuordnung zu einem GER-Niveau vor. Will man die Validität dieser Zuordnungen analysieren, so bieten sich Zusammenhangsanalysen mit den empirisch gewonnenen Itemschwierigkeiten an. Die Validität ist dann gegeben, wenn mit steigender GER-Stufe auch die Itemschwierigkeiten ansteigen. Für das Fach Englisch haben Leucht, Harsch und Köller (2009a) zeigen können, dass die *A-priori*-Zuordnung zu GER-Stufen in der Tat signifikante Anteile der Schwierigkeitsvarianz in den Items erklären kann. Bei Leucht et al. wurden im Lesen 28 Prozent und im Hören 16 Prozent der Schwierigkeitsvarianz durch die *A-priori*-Zuordnung der Items zum GER erklärt. Die Analysen beschränkten sich dabei auf die MSA-Stichprobe, die im Rahmen der Aufgabennormierung im Fach Englisch getestet wurde.

Die Abbildung 1 zeigt zunächst das Zusammenspiel von GER-Zuordnung und Itemschwierigkeit. In beiden Kompetenzbereichen nimmt erwartungskonform die mittlere Itemschwierigkeit mit steigender GER-Stufe zu, der Effekt ist allerdings im Hören markanter. Führt man einfaktorielle Varianzanalysen durch, in denen die GER-Stufen die unabhängige Variable und die Itemschwierigkeiten die abhängige Variable bilden, so ergibt sich für das Hören eine Effektstärke $\eta^2 = .18$, für das Lesen eine Effektstärke von $\eta^2 = .05$. Die Befunde zum Hören fallen demnach ähnlich aus wie bei Leucht et al., für das Lesen ist die aufgeklärte Varianz mit 5 Prozent unerwartet gering. Erklären lässt sich der relativ geringe Zusammenhang im Lesen u.a. damit, dass es „Ausreißer" bei den Items gibt, welche die Varianz der Itemschwierigkeiten innerhalb der GER-Stufen deutlich erhöhen.

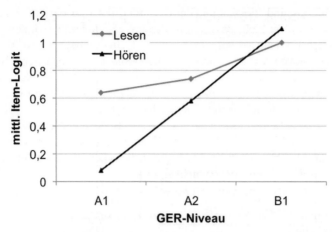

Abbildung 1: Zusammenhang von empirisch gewonnen Itemschwierigkeiten und
A-priori-Zuordnungen zum GER – HSA-Design

Ein Beispiel für einen „Ausreißer" stellt die Leseaufgabe „Horaires d'ouverture" (vgl. Abbildung 2) dar. Der Schüler muss aus einer kurzen Anzeige mit einfachem Sprachmaterial eine Information direkt entnehmen. Dies entspricht den Anforderungen für das Niveau A1, aber es ist das schwerste Item in der HSA-Stichprobe zum Leseverstehen und konnte nur von wenigen Schülern gelöst werden ($p = .09$). Diskussionswürdig ist die Antwortalternative B, die von 18 Prozent der Schüler gewählt wurde. Für die Lösung dieses Items ist möglicherweise der Rekurs auf Kombinatorik oder/und Weltwissen nötig. Den Schülern, die regelmäßig eine Bibliothek besuchen, fällt das Verständnis und das Lösen der Aufgabe unter Umständen leichter. Das Item testet also neben dem Leseverstehen möglicherweise eine weitere Teilkompetenz, so dass es als ungeeignet für die Testung des Leseverstehens in Französisch angesehen werden muss. Diese Annahme muss jedoch in weiteren Studien geprüft werden. Geeignet erscheinen in diesem Zusammenhang Untersuchungen, die auf Methoden wie Lautdenken-Protokolle zurückgreifen, um zu erforschen, auf welche Strategien und Wissensbestände Lerner bei der Aufgabenbearbeitung zurückgreifen.

> **Horaires d'ouverture**
>
> **Lis le document. Choisis la bonne réponse et mets une croix dans la case correspondante ☒.**
>
> Lies das Dokument. Wähle die richtige Antwort und kreuze das dazugehörige Feld an ☒ !

Horaires d'ouverture de la bibliothèque :

Lundi-vendredi : 9h à 18h
Samedi : 9h à 12h

▸ Quand peut-on aller à la bibliothèque ?

☐ **A :** Le matin avant 9 heures.

☐ **B :** Le soir après 18 heures.

☐ **C :** Le mardi après 10 heures.

☐ **D :** Le samedi à 12 heures.

Abbildung 2: Beispiel für eine eingesetzte Leseaufgabe mit erwartungswidrig hoher Schwierigkeit

Für die Lese- und Hörverstehensitems, die im Design zum Mittleren Abschluss eingesetzt wurden, zeigt die Abbildung 3 die Befunde. Wenigstens drei Besonderheiten fallen dort auf:

- Die Ergebnisse sind für das Hör- und Leseverstehen quasi identisch.
- Der Zusammenhang zwischen Itemschwierigkeiten und GER-Stufen ist enger als im HSA-Design. Im Hören werden 37 Prozent, im Lesen 36 Prozent der Varianz in den Itemschwierigkeiten durch die GER-Stufen erklärt (η^2 aus einfaktoriellen Varianzanalysen, s.o.).
- Dies gilt allerdings nicht mehr für die Differenz zwischen den Stufen B2 und C1. Dieses letzte Ergebnis beruht vermutlich darauf, dass es in der getesteten Gruppe nur wenige Schüler gibt, die Items auf den Niveaustufen B2 und C1 lösen können, so dass im oberen Schwierigkeitsbereich der Test nicht mehr differenzierte.

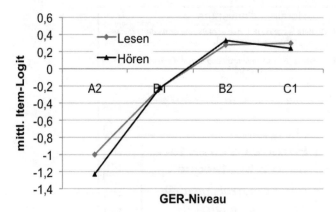

Abbildung 3: Zusammenhang von empirisch gewonnen Itemschwierigkeiten und *A-priori*-Zuordnungen zum GER (MSA-Design)

Zusammenfassung

Die hier vorgestellten Ergebnisse der Item- und Skalenanalysen in den Kompetenzbereichen Lesen und Hören lassen sich folgendermaßen zusammenfassen:

- Die Skalierungsanalysen auf der Basis der klassischen Testtheorie und der *Item-Response-Theory* führten zu einem Ausschluss von rund 12 Prozent der MSA- und ca. 25 Prozent der HSA-Items. Diese relativ geringen Ausschlussquoten rühren vermutlich daher, dass viele der Items bereits in kleineren Voruntersuchungen erprobt und optimiert worden waren.
- Der geringe Anteil psychometrisch schwacher Items kann als der Grund gelten, dass die eingesetzten 20-Minuten-Blöcke zum Lese- und Hörverstehen relativ hohe Reliabilitäten aufwiesen.
- Für die Verlinkungsitems zwischen HSA- und MSA-Stichprobe ergab sich bei vielen Items signifikantes DIF. Als Konsequenz wurden getrennte IRT-Skalierungen mit anschließendem *Equating* durchgeführt, um trotz des DIF beide Gruppen auf einer gemeinsamen Metrik abbilden zu können.
- In Zusammenhangsanalysen zwischen empirischer Itemschwierigkeit und den *a priori* vorgenommenen Zuordnungen zu GER-Stufen zeigte sich in der MSA-Stichprobe, dass mehr als ein Drittel der Schwierigkeitsvarianz durch die GER-Niveaustufenzuordnung erklärt werden konnten. Dies ist im Vergleich zu anderen Studien (z.B. Leucht et al., 2009a) sehr viel. Allerdings wurde deutlich, dass sich die Stufen B2 und C1 nicht hinsichtlich der empirischen Schwierigkeiten unterschieden. Dies wurde auf einen Bodeneffekt auf Seiten der Schüler zurückgeführt, für welche die B2 und C1-Items zu schwer waren.
- In der HSA-Stichprobe fielen die Befunde weniger zufriedenstellend aus, dies galt insbesondere für das Leseverstehen, wo nur fünf Prozent der Schwierigkeitsvarianz durch die GER-Zuordnung erklärt werden konnten. Dies wurde vor allem auf einzelne Ausreißer-Items zurückgeführt, die erwartungswidrig extrem schwer waren.

In der Gesamtschau zeigen die Ergebnisse, dass es gelungen ist, einen Itempool zu generieren, der sich psychometrisch bewährt hat. Die Ergebnisse der Normierungsstudie und weiterer Studien werden zeigen, ob sich diese Befunde bestätigen lassen.

3.1.5 Befunde zu den Schreibaufgaben

Insgesamt wurden in der Untersuchung 17 Schreibaufgaben eingesetzt, zehn Aufgaben im HSA- und neun Aufgaben im MSA-Design. Die Aufgaben wurden gemäß dem *Uni-Level*-Ansatz erstellt und bewertet, d.h. die Textproduktionen wurden entsprechend den spezifischen Kodieranweisungen für jede Aufgabe entsprechend der intendierten Niveaustufe kodiert (vgl. Kapitel 2.5.4). Im Folgenden werden das Test- und Raterdesign der Schreibaufgaben, Befunde der Beurteilerübereinstimmung auf Grundlage von Mehrfachbeurteilungen der Textproduktionen, ausgewählte deskriptive Befunde der Schreibproduktionen und erste Ergebnisse der IRT-Analysen der Schreibproduktionen präsentiert.

Test- und Raterdesign der Schreibaufgaben

Die 17 Aufgaben der GER-Niveaus A1 bis C1 wurden 15 Schreibblöcken à 20 bzw. 40 Minuten zugeordnet. Für die Bearbeitung der einzelnen Aufgaben hatten die Schüler 10 bis 40 Minuten Zeit, abhängig von der intendierten Niveaustufe (vgl. Tabelle 9). Jeder Block im Testdesign enthält eine Aufgabe. Eine Ausnahme stellen A1-Aufgaben dar, die aufgrund der Bearbeitungszeit von 10 Minuten keinen Block füllen, so dass zwei Aufgaben einen Block umfassen. Die Blöcke werden zu Testheften zusammengesetzt, so dass Schüler zwei bis drei Schreibaufgaben insgesamt während der Testung zu bearbeiten hatten (vgl. Testdesign: Abschnitt 3.1.3).

Tabelle 9: Anzahl eingesetzter Schreibaufgaben nach GER-Niveaus und Bearbeitungszeiten

GER-Niveaustufe	Anzahl Aufgaben	Zeit pro Aufgabe
A1	4	10 min
A2	4	20 min
B1	5	20 min
B2	2	40 min
C1	2	40 min

In Tabelle 10 sind die Aufgaben mit Nummer, Name, GER-Niveaustufe und Textsorte aufgeführt sowie die Zuordnung zu einem Block und Design. Die Testteile bzw. Blöcke W1 und W8 wurden Schülern im HSA- und MSA-Design vorgelegt. Sie dienten als Verlinkungs-/Ankeritems für die gemeinsame Abbildung der Schülerfähigkeiten auf einer Skala.

Tabelle 10: Eingesetzte Schreibaufgaben nach Niveaustufe, Textsorte, Block, Design

Nummer	Aufgabenname	Niveau	Textsorte	Block/Design
PE003	Texte de présentation	A1	Text für mündliche Präsentation: Vorstellung der eigenen Person	W3/HSA
PE004	Emploi du temps	A1	Persönlicher Brief	W6/HSA
PE005	Pauvre Juliette	A1	Persönlicher Brief	W6/HSA
PE006	Répondre à Amandine	A1	Persönlicher Brief	W3/HSA
PE008	Star Allemande	A2	Persönlicher Brief	W1/HSA+MSA
PE009	Anniversaire de Christophe	A2	Persönlicher Brief	W4/HSA
PE012	Journée idéale	A2	Beschreibung/kreatives Schreiben	W5/HSA
PE013	Cadeau d'anniversaire	A2	Persönlicher Brief	W12/MSA
PE017	Le film de l'année	B1	Antwort im Internetforum	W14/MSA
PE018	Police à l'école	B1	Brief an eine Zeitschrift	W2/HSA
PE020	Se fâcher avec un ami	B1	Persönlicher Brief: Problembeschreibung	W8/HSA+MSA
PE023	Magazine perdu	B1	persönliches Entschuldigungsschreiben	W10/MSA
PE025	Les coutumes allemandes	B1	Antwort im Internetforum	W7/HSA
PE028	Quitter l'école à 14 ans ?	B2	Antwort im Internetforum: Meinung äußern/ argumentieren	W11/MSA
PE030	Promouvoir la langue allemande	B2	Aufsatz/Erörterung	W13/MSA
PE031	Les 30 jours…	C1	Aufsatz/Erörterung	W9/MSA
PE032	Bourse d'étude en France	C1	Motivationsschreiben (offizieller Brief/ Bewerbung)	W15/MSA

Die Anzahl der Schülertexte pro Aufgabe betrug 350 bis 400. Sie wurden von Studierenden der Universität Hamburg, die Französisch als ihre Muttersprache sprachen, beurteilt. Diese wurden in mehreren Trainingseinheiten zur Beurteilung aller 17 Aufgaben geschult. Ein Teil der Schülertexte wurden vierfach (42 bis 60 Texte einer Aufgabe) und alle übrigen einmal kodiert. Die einmal zu bewertenden

Texte wurden auf alle Beurteiler per Zufall verteilt. Die Gesamtanzahl der kodierten Texte über alle Aufgaben war etwa gleich für alle acht Beurteiler. Durch die verschiedenen Kombinationen von Beurteilerpaaren zu Aufgaben sollte eine Konfundierung von Beurteilern und Aufgaben vermieden werden, d.h. Kodierungen von Schülerleistungen im Hinblick auf die Gesamtpopulation sollten nicht von dem zugeteilten Beurteiler abhängen. Welche Texte von welchen Beurteilern mehrfach kodiert werden sollten, wurde mit Hilfe eines ausbalancierten Designs festgelegt. Da aus Kostengründen nicht alle Rater alle Texte beurteilen konnten, wurde ein unvollständiges Blockdesign (vgl. Hoyt, 2000) erstellt. Ziel dieser systematischen Zuordnung war es, dass Beurteiler Aufgaben für alle Niveaustufen aus beiden Designs für eine Beurteilung erhielten. Dazu wurden zuerst die Schreibblöcke, die ein oder zwei Aufgaben enthielten, so genannten Bookletvarianten zugeordnet (vgl. Tabelle 11). Diese bezeichnen die Versionen von kombinierten Blöcken, die im Testheftdesign vorkamen.

Tabelle 11: Zuordnung von Schreibblöcken zu Bookletvarianten

Booklet	GER-Niveau	Erster Block	Zweiter Block	Design
1	A2/B1	W1	W2	**HSA**
2	A1/B1	W2	W3	
3	A1/A2	W3	W4	
4	A2	W4	W5	
5	A1/A2	W5	W6	
6	A1/B1	W6	W7	
7	B1	W7	W8	
8	B1/C1	W8	W9	**MSA**
9	B1/C1	W9	W10	
10	B1/B2	W10	W11	
11	A2/B2	W11	W12	
12	A2/B2	W12	W13	
13	B1/B2	W13	W14	
14	B1/C1	W14	W15	
15	A2/C1	W15	W1	

Anmerkungen: HSA: Design für die Stichprobe, welchen den Hauptschulabschluss anstrebte; MSA: Design für die Stichprobe, welchen den Mittleren Schulabschluss anstrebte.

In einem nächsten Schritt wurden jeder Bookletvariante vier Beurteiler zugeordnet. Da die Aufteilung von 15 Blöcken auf acht Rater kein Design erlaubt, dass eine gleichmäßige Verteilung der Rater ermöglicht – beispielsweise mit Hilfe eines *Youden Square* oder *Latin Square Designs* – wurde bei der Verteilung darauf geachtet, dass eine Kombination aus drei bzw. vier Beurteilern nur einmal für alle 17 Aufgaben bzw. 15 Bookletvarianten vorkommt (vgl. Tabelle 12). Die Zuordnung von Beurteilern innerhalb eines Designs ist notwendig, so dass (1) subjektive Einflüsse bei der Bewertung der Schreibproduktionen im Mittel verringert werden und (2) in dem eine Verlinkung zwischen den Ratern im Design besteht, wird die anschließende Auswertung mit Hilfe von Multifacettenmodellen möglich. Verlinkt heißt beispielsweise, dass Beurteiler 2 der Bookletvariante 1 und 2 gleichermaßen zugeordnet ist. Beurteiler 3 kodiert ebenfalls Aufgaben aus der Bookletvariante 2, so dass eine Verlinkung zwischen den beiden Beurteilern durch gemeinsam kodierte Aufgaben besteht.

Tabelle 12: Zuordnung von Bookletvarianten zu Beurteilern für die Mehrfachkodierungen

Rater	Bookletvarianten														
	HSA									MSA					
	1	2	3	4	5	6	7	8	9	10	11	12	13	14	15
1	x		x	x	x		x		x				x		x
2	x	x					x	x	x		x	x	x		
3		x	x			x			x	x		x			x
4		x	x	x				x	x	x	x			x	
5			x	x				x			x	x		x	x
6	x			x	x	x					x	x	x		
7		x	x			x	x	x		x			x	x	
8	x						x	x	x		x			x	x

Anmerkungen: HSA: Design für die Stichprobe, welchen den Hauptschulabschluss anstrebte; MSA: Design für die Stichprobe, welchen den Mittleren Schulabschluss anstrebte.

Befunde der Beurteilerübereinstimmung

Da Schreibproduktionen die Einschätzung durch geschulte Bewerter bzw. Rater verlangen und damit im Vergleich zu halboffenen oder geschlossenen Aufgabenformaten die Bewertung subjektiven Einflüssen unterliegt, wird der Bewertungsprozess in der Regel kontrolliert. Dies wird möglich durch Doppel- bzw. Mehrfachbewertungen, d.h. ein Teil oder alle Textproduktionen werden von zwei oder mehr Personen bewertet. Mehrfachratings von einem Schülertext erlauben neben der Überprüfung der Interrater-Übereinstimmung und damit dem Hinweis, dass verschiedene Beurteiler die Bewertungskriterien gleichermaßen verstanden haben, die Anwendung von Modellen, die Milde- und Strengetendenzen der Rater bei der Schätzung der Personenparameter berücksichtigen (sog. Multifacettenmodelle).

Die Übereinstimmung zwischen den Ratern, die Interraterübereinstimmung, kann mit Hilfe verschiedener Maße quantifiziert werden. Häufig wird der Prozentsatz der absoluten und der näheren Übereinstimmung angegeben. Es stellt das einfachste Übereinstimmungsmaß dar und gibt den prozentualen Anteil der Fälle, in denen zwei Rater ein identisches Urteil abgeben (Fleiss, 1973). Es wird für kategoriale Daten angewendet und wird berechnet als Quotient aus der Anzahl der übereinstimmend bewerteten Schülertexte und der Anzahl aller bewerteten

Schülertexte multipliziert mit 100. Daneben gibt es weitere Maße wie die Korrelation bzw. die gleiche Rangreihe der Rater in Bezug auf die vergebenen Kodes, Cronbachs α (Alpha) oder Cohens κ (Kappa) als ein zufallsbereinigtes Maß der Raterübereinstimmung, welches das Verhältnis der beobachteten zu der nur zufällig erwartbaren Übereinstimmung berücksichtigt, oder die Varianzhomogenität der Rater (vgl. z.B. Lehmann & Hartmann, 1987). Als Kriterien für die ausreichende Höhe von Zuverlässigkeitsmaßen werden in der Literatur nur grobe Richtwerte formuliert, zugleich wird über die Anwendbarkeit der verschiedenen Maße diskutiert (vgl. Wirtz & Caspar, 2002). Die ermittelten Maße dienen während des Trainings der Beurteiler dazu, deren Vergabe von Kodes zu prüfen. Bei starken Abweichungen zwischen den Beurteilern werden Fehlerquellen identifiziert und es kann seitens des Schulungspersonals interveniert werden, indem z.B. Schwierigkeiten anhand ausgewählter Texte, die zu starken Abweichungen führten, diskutiert werden. Es wird davon ausgegangen, dass stark abweichende Urteile auf Schwierigkeiten bei der Anwendung bzw. dem Verständnis von Kodieranweisungen zurückzuführen sind. In Ergebnisberichten werden dagegen Maße der Interraterübereinstimmung im Hinblick auf die erzielte Reliabilität der Messungen berichtet.

Während der Schulung der Rater, die in Zusammenarbeit mit dem IQB und Mitarbeitern des *Centre International d'Etudes Pédagogiques* (CIEP) und dem *IEA-Data Processing and Research Center* (DPC) stattfand, wurden mit Hilfe der Mehrbeurteilungen die Übereinstimmungen kontinuierlich geprüft. Für die finalen Mehrfachkodierungen wurde die mittlere Übereinstimmung (PÜ) der vier Ratings für jedes Kriterium zu einer Aufgabe ermittelt und die Interrater-Reliabilität ausgedrückt als Cohens κ (Kappa). In diesem Fall wurde das ungewichtete Kappa gewählt, d.h. Abweichungen von mehr als 1 werden nicht stärker berücksichtigt, da auch die Vergabe der Kodes 8 (nicht interpretierbar im Sinne der Aufgabenstellung) und 9 (keinen Text geschrieben) in die Auswertung einbezogen wurden. Kappa, ursprünglich für die Angabe der Übereinstimmung zweier Beurteiler, wurde in diesem Fall für alle Rater ermittelt und der Median als durchschnittliche Übereinstimmung zwischen allen Beurteilern berichtet (vgl. Roth, 1984). Da es sich um die Feststellung bzw. Dokumentation handelt, ob Beurteilungen nicht rein zufälligen Mustern entsprechen, die nach den Kodierungen geprüft wurden und keine Intervention innerhalb einer Schulung stattfindet, wird auf eine paarweise Angabe verzichtet. Als Faustregel wird in der Literatur angegeben (vgl. Wirtz & Caspar, 2002, S. 59), dass κ größer .75 eine sehr gute Übereinstimmung signalisiert, zwischen .60 und .75 eine gute Übereinstimmung und zwischen .4 und .6 einen akzeptablen Wert darstellt, wobei Übersax (2000–2008) kritisch zur Angabe von Richtlinien anmerkt, dass die Ausprägung der Kappa-Werte auch von der Anzahl der Skalenkategorien und Besetzung von Zellen bzw. Varianz der Schreibleistungen der Stichprobe abhängt.

Die Kodierer hatten entsprechend den Kodieranweisungen die Textproduktionen nach folgenden Kriterien zu bewerten (Erläuterung des Kodierschemas: vgl. Kapitel 2.5.4):

- Gesamteindruck (Impression globale)
- Inhalt bzw. Sprechakte (*Contenu/Actes de paroles*)
- Textsorte (Genre de texte)
- Adressatengerechtheit (Adéquation au destinataire)
- Organisation: Textaufbau (*Organisation du texte*), Kohärenz und Kohäsion (*Cohérence et Cohésion*), Themenaufbau (*Développement thématique*)
- Lexik: Variabilität (*Lexique – étendue*)
- Lexik: Richtigkeit der Verwendung (*Lexique – usage approprié*)
- Grammatik-Variabilität (*Grammaire fonctionnelle*)
- Grammatik-Richtigkeit der Verwendung (*Grammaire norme*)
- Orthographie (Orthographe lexicale)

Einzelne Kriterien, insbesondere die Umsetzung der benötigten Textsortenspezifika und die Organisation des Textes, fanden erst für Aufgaben ab dem Niveau B1 Berücksichtigung. Das Kodierschema sieht vor, dass der Beurteiler eines Schülertextes je nach Kriterium entweder entscheiden muss, ob ein Merkmal vorhanden oder nicht vorhanden ist (dichotome Variablen; Kode 0 bzw. 1), oder ob bestimmte im Schülertext gezeigten Leistungen dem angestrebten GER-Niveau gemäß dem *Uni-Level*-Ansatz entsprechen, darunter oder darüber liegen (polytome Variablen; Kodes 1 bis 3 plus Kode 0: Wortanzahl minus 10 Prozent der geforderten Mindestzahl).

In Tabelle 13 sind für jede Aufgabe, zusammengefasst aus allen bewerteten Kriterien, Cohens κ und die prozentuale Übereinstimmung angegeben. Kappa liegt zwischen .25 und .63 und im Mittel bei .50. Damit werden im Mittel zufriedenstellende Übereinstimmungskoeffizienten erreicht. Ohne Frage signalisieren die Koeffizienten aber auch, wie schwierig es offensichtlich ist, trotz intensiven Beurteilertrainings in Bereiche zu kommen, in denen gute Kappa-Werte erreicht werden bzw. wie sensibel Kappa auf Abweichungen reagiert.

Die prozentuale Übereinstimmung der Kodierungen verschiedener Beurteiler beträgt im Mittel 72 Prozent, was als zufriedenstellend angesehen werden kann, jedoch ist die Menge an mehrfach kodierten Texten relativ gering und die Werte differieren stark je nach Aufgabe und Kriterium. Aus Gründen der Übersichtlichkeit wird hier auf eine detaillierte Darstellung der Übereinstimmung für alle Kriterien und Aufgaben verzichtet. Ersichtlich wird aus den gemittelten Werten der Übereinstimmung, dass in der Tendenz diese mit steigender Schwierigkeit bzw. *a priori* zugeordneten GER-Niveau und damit der Länge des zu schreibenden Textes abnimmt.

Tabelle 13: Mittlere Übereinstimmungen der Mehrfachkodierungen der 17 Schreibaufgaben

Aufgabe	PÜ	κ	GER-Niveau	Mindestwortzahl
PE003	.75	.63	A1	30
PE004	.75	.60	A1	30
PE005	.73	.61	A1	30
PE006	.72	.60	A1	30
PE008	.77	.65	A2	40
PE009	.77	.66	A2	40
PE012	.77	.53	A2	40
PE013	.71	.33	A2	40
PE017	.74	.35	B1	60
PE018	.72	.56	B1	60
PE020	.69	.55	B1	60
PE023	.73	.45	B1	60
PE025	.77	.49	B1	60
PE028	.68	.40	B2	100
PE030	.60	.25	B2	100
PE031	.69	.39	C1	100
PE032	.68	.48	C1	100

Anmerkungen: Aufgabenbeschreibungen vgl. Tabelle 10; PÜ: Prozentuale Übereinstimmung; κ: Cohens Kappa.

Deskriptive Befunde der Schreibproduktionen

Die Anzahl der vergebenen Kodes für ein Kriterium schwankt stark je nach Aufgabe, so dass die Ergebnisse für jede Aufgabe nicht dargestellt werden, sondern stattdessen auffallende Befunde vorgestellt werden. Problematisch ist vor allem im Hinblick auf eine Analyse der Schülerkompetenzen, dass bis zu 60 Prozent der Schülertexte aus dem HSA-Design, also Texte der Aufgaben der GER-Niveaus A1 bis B1, den Kode 8 (nicht interpretierbar im Sinne der Aufgabenstellung) oder den Kode 9 (kein Text geschrieben) erhielten. Die Schwierigkeit besteht in der Entscheidung, ob Schüler die Testteilnahme verweigerten oder nicht über ausreichende Schreibkompetenzen in der Fremdsprache Französisch verfügen. Auf diese Problematik wird im nachfolgenden Abschnitt weiter eingegangen.

Tabelle 14: Prozentualer Anteil an Textproduktionen, die das GER-Niveau der Aufgaben unterschritten, erreichten oder überschritten – Kriterium „Orthographie"

Aufgabe	GER-Niveau	Niveau nicht erreicht	Niveau erreicht	über dem Niveau
		l'orthographe lexicale est très approximative et demande un effort au lecteur	*production écrite généralement compréhensible tout du long*	*maîtrise de l'orthographe au-delà de ce qu'on peut attendre en ce niveau*
PE003		.71	65.96	0
PE004	A1	0	2.63	47.37
PE005		0	5.61	53.74
PE006		0	6.54	67.29
PE008		0	8.37	68.84
PE009	A2	1.5	8.27	43.61
PE012		0	6.25	53.13
PE013		0	7.97	89.64
PE017		0	30.12	66.41
PE018		0	21.88	26.56
PE020	B1	.48	26.92	50.96
PE023		.41	14.94	80.91
PE025		0	3.51	10.53
PE028	B2	1.96	35.69	59.22
PE030		6.67	44.71	46.67
PE031	C1	34.17	44.58	6.25
PE032		35.78	46.98	9.05

Anmerkungen: Die fehlenden Prozente sind dem Kode 0 zuzuordnen. Dieser Kode bezeichnet Texte, die deutlich unter der Mindestwortanzahl lagen, so dass keine valide Aussage getroffen werden konnte.

Bemerkenswert ist bei der Betrachtung der Häufigkeit von Kodes, dass für das Kriterium Orthographie (vgl. Tabelle 14) sehr häufig die Kodes 2 und 3 vergeben werden konnten, entsprechend den Deskriptoren im GER bzw. in den Bildungsstandards wurde das angestrebte Niveau erreicht oder häufig sogar überschritten. Dieses Ergebnis ist besonders bemerkenswert, wenn man die Beschreibungen im Referenzrahmen rekapituliert. Auf den Niveaus A1 bis B1 verlangt der GER noch nicht die vollständige „Beherrschung der Orthographie" (vgl. Europarat, 2001,

S. 118), sondern lediglich die Verständlichkeit der Mitteilung. Erst auf den höheren Niveaus wird vom Referenzrahmen die Richtigschreibung von Wörtern erwartet.

Im Vergleich dazu resultierten deutlich weniger Texte, die in den sprachlichen Dimensionen Lexik und Grammatik, auf oder über den Niveaus des GER lagen. Eine Erklärung hierfür könnte die gängige Unterrichtspraxis im Fach Französisch sein. Die Ergebnisse legen nahe, dass Französischlehrer von Beginn an im Unterricht großen Wert auf die auf die Korrektschreibung von Wörtern legen, so dass Schüler in den Klassenstufen 8 bis 10 wie in dieser Untersuchung bereits über hohe Kompetenzen in der Schreibung auf Französisch verfügen. Dieses Vorgehen zeigt sich in den guten schriftlichen Leistungen der Schüler in Bezug auf die Bewertung der Rechtschreibung. Die Schüler zeigen dieses Niveau jedoch nicht für andere Teilkompetenzen, welche mit Hilfe des Kodiersystems erfasst wurden.

Erste Ergebnisse der IRT-Analysen der Schreibproduktionen

Die Anwendung von IRT-Modellen ist der zurzeit gebräuchlichste Ansatz, um Daten im *large-scale* Bereich zu skalieren, die auf Grundlage von Multi-Matrix-Designs gewonnen wurden. Im Vergleich zu den Items zum Lese- und Hörverstehen, deren Antworten als dichotome Daten (richtig bzw. falsch) für die Auswertung vorliegen, so dass das einfache Raschmodell (Rasch, 1960/80) angewendet werden kann, stehen für polytome Daten wie in dieser Untersuchung zu den Textproduktionen, mehrere IRT-Modelle aus der Gruppe der 1-PL-Modelle zur Verfügung. Im Folgenden werden die zur Verfügung stehenden Modelle kurz vorgestellt, der Umgang mit nicht bearbeiteten und nicht interpretierbaren Textproduktionsaufgaben erläutert und schließlich erste Ergebnisse der Skalierungen zu den Schreibprodukten vorgestellt.

IRT-Modelle für dichotome und polytome Daten

Grundsätzlich ist für die vorliegende Datenauswertung möglich, die Kategorien bzw. Kodes 0 bis 3 der sprachlichen Kriterien und des Globaleindrucks (alle weiteren Kriterien sind dichotom, vgl. Kapitel 2.5.4) in der mehrstufigen Form zu modellieren oder Kategorien zusammenzufassen. Das bedeutet im letzteren Fall, dass die Kodes 0 (zu wenig Text auf Französisch) und 1 (unter dem Niveau) auf 0 kodiert (das angestrebte Niveau wurde nicht erreicht) werden und die Kodes 2 (das Niveau erreicht) und 3 (über dem Niveau) zu 1 (das Niveau wurde erreicht). Im Falle einer Dichotomisierung kann das einfache Raschmodell angewendet werden. Ohne die Zusammenlegung von Kategorien ist die Anwendung des *Ratingskalen-Modells* (Andrich, 1978) oder des *Partial-Credit-Modells* (Masters, 1982) möglich. Diese drei Modelle sind für die Modellierung von Antworten zu Schreibaufgaben empfehlenswert, wenn die absolute Anzahl der Mehrfachratings gering ist und damit keine stabilen Ratereffekte identifiziert werden können oder keine Mehrfachratings vorliegen und die Ratings der Textproduktionen als reliabel eingestuft wurden. Wenn ausreichend Mehrfachantworten vorliegen, können spezifische Beurteilercharakteristiken – insbesondere Strenge- oder Mildetendenzen – modelliert werden, indem Multifacettenmodelle (Linacre, 1989/94) eingesetzt werden, die gleichermaßen für die Skalierung von polytomen Daten geeignet sind.

Umgang mit nicht bearbeiteten Textproduktionsaufgaben

Für eine Anwendung eines Multifacettenmodells auf die Daten mit dem IRT-Programm ACER ConQuest war problematisch, dass für Einzelratings bei über 15.000 Kodierungen die Kodes 8 (keine auswertbare Antwort im Sinne der Aufgabe) und 9 (keine Antwort) – im Folgenden *non-responses* genannt – vergeben werden mussten. Diese fehlenden oder nicht interpretierbaren Antworten lagen vor allem für die A1- und A2-Aufgaben vor, die im HSA-Design eingesetzt wurden. Wenn zu Aufgaben keine kodierbaren Texte vorliegen, ist es nicht möglich, Strenge- und Mildetendenzen für die Rater dieser Textproduktionen zu modellieren.

Für die Lösung dieser Problematik werden im Folgenden zwei Anwendungen[8] von Multifacettenmodellen vorgestellt:

(1) Skalierung ohne non-responses

Eine Möglichkeit für die Multifacettenmodellierung im Hinblick auf die fehlenden Daten ist das Entfernen *non-responses* aus dem Datensatz. Dazu werden entweder die Daten der Personen entfernt, für die ein *non-response* vorliegt (listenweises Entfernen) oder nur für die Aufgabe einer Person, für die ein *non-response* vorliegt (likelihood-basierter Ansatz). Beide Vorgehensweisen führen dazu, dass Textproduktionen mit den Kodes 8 und 9 nicht in die Berechnung von Personenparametern und Itemschwierigkeiten eingehen und damit zu einer extremen Verringerung der Stichprobengröße bzw. der Daten, die für die Analysen zur Verfügung stehen. Wenn die Daten nicht zufällig fehlen (MCAR; vgl. Lüdtke, Robitzsch, Trautwein, & Köller, 2007), führt dieses Vorgehen zu verzerrten Schätzungen. Bei einem listenweisen Entfernen werden die betreffenden Aufgaben bzw. Items als zu leicht eingestuft und im likelihood-basierten Ansatz einige Aufgaben als zu schwer. Zudem zeigt sich keine Entsprechung von Itemschwierigkeit und *a priori* vorgenommener GER-Niveaustufenzuordnung.

(2) Multifacettenmodellierung nach Erstellung eines Pseudorater-Datensatzes

Im Datensatz wird für jeden Rater eine Bezeichnung geführt, so dass Abweichungen von anderen Beurteilern und individuelle Milde-/Strengetendenzen zugeordnet werden können. Die *non-responses* wurden jedoch von der Testadministration identifiziert. Dieser „künstliche" Rater wird nachfolgend „Pseudorater" benannt. Für den Pseudorater liegen keine auswertbaren Texte bzw. Kodierungen vor, um das Auftreten von Milde-/Strengetendenzen identifizieren zu können.

Mit dem Programm R wurde eine prozentuale Aufteilung der *non-responses* im Datensatz vorgenommen, die auf den Pseudorater zurückgehen. Diese werden auf alle Beurteiler einer Aufgabe verteilt – je nach der Häufigkeit der tatsächlich vor-

---

8   Ein weiterer Ansatz bietet ein alternatives Modell in WinBUGS (Spiegelhalter, Thomas, Best & Lun, 2007). Es erlaubt Rater(haupt)effekte in einem Multifacettenmodell nur dann zu aktivieren, wenn die Kodes 0 und 1 (in einem dichotomen Fall) vergeben wurden, d.h. für auswertbare bzw. gültige Daten. Damit wird zudem eine Homogenisierung von Ratereffekten vermieden, wie sie im zweiten Fall auftreten kann (vgl. Oehler & Robitzsch, 2009).

genommenen Kodierungen für eine Aufgabe. In der Tabelle 15 ist die Aufteilung der *non-responses* des Pseudoraters auf die sieben Beurteiler für eine Aufgabe illustriert: Entsprechend des prozentualen Anteils jedes Beurteilers an einer Aufgabe bzw. eines Kriteriums wurden die *non-responses* des Pseudoraters verteilt. Dieses Vorgehen ermöglicht die gemeinsame Skalierung der Einzel- und Mehrfachbeurteilungen mit Multifacettenmodellen mit herkömmlichen Programmen wie ACER ConQuest.

Tabelle 15: Datenbasierte Aufteilung von non-responses zu Beurteilern

Rater	# Kodierungen	Anteil in %	Anteil in % nach der Zuordnung
*Pseudorater**	100	.19	NA
Rater 1	56	.11	.13
Rater 2	56	.11	.13
Rater 3	58	.11	.14
Rater 4	63	.12	.15
Rater 5	50	.10	.12
Rater 6	88	.17	.21
Rater 7	45	.09	.11

Anmerkungen: Die Gesamtanzahl an Kodierungen setzt sich aus den Einzel- und Mehrfachbeurteilungen zusammen. *Der Pseudorater hat lediglich non-responses (Kodes 8 und 9) vergeben.

Generell kann die Studienleitung (1) Texte, die eine *non-response* in der Bewertung zur Folge haben (Kode 8 und 9), zufällig an die Rater im Rahmen der Bewertung aller Texte geben, wobei bei hohen *non-response* Anteilen von einer Verzerrung der Interrater-Übereinstimmung auszugehen ist oder (2) aus ökonomischen Gründen diese zufällig den Ratern im finalen Datensatz zuordnen. Der Umgang mit den fehlenden oder/und ungültigen Daten aus Schreibaufgaben hängt davon ab, ob Mehrfachkodierungen vorliegen oder nicht und wenn ja, wie hoch der Anteil ist. Die Frage ist ferner, was für die Auswertung relevant ist: Ratereffekte zu identifizieren, Itemschwierigkeiten oder/und Personenparameter zu ermitteln und damit die Entscheidung über das adäquate Analysemodell.

Erste Ergebnisse der Skalierung von Daten der Textproduktion

Entsprechend dem Vorgehen zu den Antworten der Lese- und Höraufgaben (vgl. Abschnitt 3.1.4) wurden die Daten zu den Schreibaufgaben getrennt nach den Designs (HSA und MSA) ausgewertet. Der Einsatz von Multifacettenmodellen gelang jedoch nicht für alle Kriterien, so dass schließlich für die Ermittlung von Personenparametern alle Items bzw. Kodierungen, nach den Designs getrennt, mit Hilfe von *Partial-Credit-Modellen* skaliert wurden. Gründe lagen einerseits in der geringen Anzahl der Mehrfachbeurteilungen je Kodierer und andererseits darin, dass einige Kodes für einzelne Kriterien, insbesondere der Kode 3 für die B2- und C1-Aufgaben, nicht oder nur selten verwendet werden konnten. Diese Schwierigkeit wird jedoch auch in der Anwendung mit *Partial-Credit-Modellen* deutlich, wenn aufgabenübergreifend Auswertungen erfolgen (vgl. Kapitel 3.3).

Tabelle 16: Itemschwierigkeiten (Globaleindruck) nach Design und Schreibaufgabe

Aufgabe	GER-Niveau	Schwierigkeit (logit-Skala) im HSA-Design	Schwierigkeit (logit-Skala) im MSA-Design
PE005	A1	2.20	-
PE006	A1	2.81	-
PE003	A1	2.96	-
PE008	A2	3.30	-2.57
PE004	A1	3.51	-
PE009	A2	3.80	-
PE012	A2	4.23	-
PE020	B1	4.35	-0.54
PE018	B1	4.77	-
PE025	B1	5.82	-
PE013	A2	-	-2.27
PE017	B1	-	-1.10
PE023	B1	-	-0.32
PE030	B2	-	-0.03
PE028	B2	-	0.20
PE031	C1	-	2.17
PE032	C1	-	2.27
		Varianz der Itemparameter = 1.12 Mittlere Itemschwierigkeit = 3.77 Varianz Personenparameter = 3.98	Varianz der Itemparameter = 2.84 Mittlere Itemschwierigkeit = -.24 Varianz Personenparameter = 2.28

Anmerkungen: Logit-Skala; Model in ConQuest: item + steps + rater; Kodes 0 bis 3; Mittlere Personenfähigkeit auf 0 fixiert; GER-Niveaus stellen *a priori* vorgenommene Zuordnung der Aufgaben dar.

In der Tabelle 16 sind die Ergebnisse aus Multifacettenmodellen (Berücksichtigung von Raterhaupteffekten) für den Globaleindruck dargestellt. In beiden Designs wurden die Personenparameter auf Null fixiert. Im HSA-Design liegt der mittlere Item-Logit bei 3.77, woraus geschlossen werden kann, dass die Schreibaufgaben für die HSA-Gruppe deutlich zu schwer waren. Dies rührt vor allem daher, dass viele Texte die Kodes 8 und 9 erhielten (s.o.) und für die Skalierungsläufe wie üblich diese Kodes auf Null rekodiert wurden, d.h. als Falschantworten angesehen werden. Gleichwohl ist auch erkennbar, dass die Logits mit steigendem GER-Niveau zunehmen, d.h. die Aufgaben in der Tat schwerer werden. Trotz dieser Validitätshinweise sind sicherlich weitere Studien mit einer Reduzierung von *non-response* Bewertungen nötig, um die Gültigkeit der Ergebnisse zu stützen.

Für das MSA-Design ergibt sich ein deutlich günstigeres Bild. Der mittlere Item-Logit (-.24) liegt dicht am Mittelwert der Personen, so dass eine enge Passung zwischen Personenfähigkeiten und Itemschwierigkeiten vorliegt.

In Abbildung 4 ist der Zusammenhang von Itemschwierigkeiten und GER-Niveaustufe für das Kriterium Globaleindruck im MSA-Design ($N = 1.037^9$) noch einmal veranschaulicht. Deutlich wird, dass die Schwierigkeiten sich entsprechend den *a priori* zugewiesenen GER-Niveaustufen anordnen lassen. Die quadrierte Korrelation liegt hier bei $r^2 = .94$. Auffallend sind allerdings die relativ geringen Abstände der Schwierigkeiten auf der Logitskala zwischen zwei Niveaustufen. Eine Ausnahme bilden hier die C1-Aufgaben, die deutlich schwieriger als die B2-Aufgaben sind. Hier ist allerdings zu bedenken, dass in der Stichprobe nur etwa vier Prozent der Schüler für den Globaleindruck das Niveau C1 erreicht haben (Kode 2 oder 3).

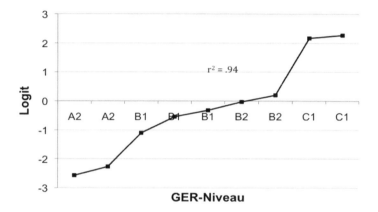

Abbildung 4: Itemschwierigkeiten der Schreibaufgaben (nur Globalrating) in Abhängigkeit von der *a priori* vorgenommenen Zuordnung zu GER-Stufen; MSA-Design

Zusammenfassung

In diesem Kapitel sollte deutlich werden, dass die Kodierung von offenen Schreibaufgaben eine große Herausforderung für die Kompetenzdiagnostik im Bereich der Fremdsprachen darstellt. Im Rahmen unserer Arbeiten wurde der *Uni-Level*-Ansatz herangezogen, bei dem ein Schreibimpuls gegeben wird und die daraus resultierenden Produkte der Probanden lediglich hinsichtlich des Erreichens eines GER-Niveaus beurteilt werden (vgl. Kapitel 2.5.4). Dabei fanden pro Text unterschiedliche Beurteilungsdimensionen Berücksichtigung (u.a. sprachliche Richtigkeit, Inhalt, Organisation).

Bevor überhaupt die Auswertungsobjektivität für diese Maße bestimmt werden konnte, stellten die großen Mengen fehlender Werte im Hauptschuldesign ein Problem dar. Bei vielen Schülern ließen sich die Textprodukte überhaupt nicht

---

9   Die geringere Anzahl der Personen im Vergleich zu den Hör- und Leseverstehensaufgaben ergibt sich aus dem Design, welches nicht für alle Personen die Bearbeitung von Schreibaufgaben vorsah (vgl. Abschnitt 3.1.3).

auswerten, da kein Text im Sinne der Aufgabenstellung produziert worden war. Die große Zahl fehlender Werte wirkte sich vor allem im HSA-Design aus. Dort ergab sich weiterhin eine hohe Diskrepanz zwischen mittlerer Itemschwierigkeit und Personfähigkeit. Darin spiegelte sich wieder, dass die Aufgaben vermutlich viel zu schwer für die Zielgruppe waren, immer vorausgesetzt, *non-response* trat als Folge mangelnder Kompetenz auf. Hier wird es sicherlich weiterer Studien bedürfen, um die Validität der Befunde zu prüfen. Zudem bedarf es der Diskussion über die Gründe seitens der Schüler im Rahmen dieser *large-scale* Untersuchung (k)einen Text zu verfassen. Da die Aufgaben in zahlreichen Vorstudien erprobt wurden und bei Schülern, die den Mittleren Schulabschluss dieses Verhalten kaum auftrat (vgl. auch Kapitel 3.3), muss über Mittel der Motivation zur Teilnahme an solchen Untersuchungen vor allem der Hauptschüler in Zukunft reflektiert werden.

Völlig anders fielen die Befunde im MSA-Design aus: Itemschwierigkeiten und Personfähigkeiten lagen im Mittel dicht beieinander und die Entsprechung zwischen *a priori* zugewiesenen GER-Stufen und empirischer Itemschwierigkeit war sehr hoch. Man kann hier leicht den Eindruck gewinnen, dass das von uns etablierte Aufgabenparadigma auf leistungsstärkere Lerngruppen in der Schule gut anwendbar ist.

Sofern Texte vorlagen, zeigten die Analysen zu Interraterübereinstimmungen bestenfalls zufriedenstellende Übereinstimmungskoeffizienten. Diese fielen umso schlechter aus, je höher das GER-Niveau der Aufgaben lag. Dies wird auf die komplexeren und längeren Texte bzw. die geforderten Textsorten rückgeführt.

Die dargestellten Befunde zu den Aufgabenschwierigkeiten sollen lediglich als Arbeitsergebnisse verstanden werden: Vorgestellt wurden die Ergebnisse auf Bewertungen, die auf ein holistisches Urteil vor den analytischen Kriterien beruhen (*Impression globale*). Für die Textproduktionen aus der Normierungsstudie ein Jahr später im Jahr 2008 wurde von den Juroren verlangt, dass sie zusätzlich nach der Bewertung der unterschiedlichen Beurteilungsdimensionen ein Gesamturteil (*Évaluation globale*) abgeben. Analysen zum Zusammenhang der beiden holistischen Urteile und den analytischen Kriterien werden im Kapitel 3.3 präsentiert.

3.1.6 Weitere Validitätsbefunde

In den vergangenen Abschnitten konnte gezeigt werden, dass es im Rahmen unserer Arbeiten gelungen ist, einen Aufgabenpool für die Kompetenzbereiche Leseverstehen, Hörverstehen und Schreiben aufzubauen, dessen Aufgaben/Items sich insofern psychometrisch bewährt haben, als sie sich in großer Zahl als raschhomogen erwiesen und infolge der großen Schwierigkeitsstreuung ein breites Kompetenzspektrum auf Seiten der Schüler abdecken können. Wenigstens für den MSA konnte darüber hinaus die gute Passung zwischen den *a priori* zugewiesenen Niveaustufen des GER und den empirisch gewonnenen Itemschwierigkeiten belegt werden. Im Folgenden sollen noch einige Befunde präsentiert werden, die Hinweise auf die Validität des Pools geben. Wir beginnen mit Zusammenhangsanalysen zwischen dem Hör- und Leseverstehen, betrachten anschließend Korrelationen der drei Testbereiche mit Schulnoten und präsentieren abschließend Befunde zu Jahrgangsunterschieden.

Der Zusammenhang von Lese- und Hörverstehensleistungen

Die Frage nach der Dimensionalität von Fremdsprachenkompetenzen hat eine lange Forschungstradition, allerdings in erster Linie für das Fach Englisch. Frühe Untersuchungen für das Englische als Zweit- bzw. Fremdsprache führte Oller (1976) durch. Er interpretierte seine Befunde für verschiedene Sprachtests, unter anderem für den TOEFL (*Test of English as a Foreign Language*) so, dass den Leistungen der Probanden in verschiedenen Sprachtests jeweils ein einziger Generalfaktor zu Grunde liegen müsse. In der einschlägigen Literatur wird diese Annahme unter dem Begriff der „unitary competence hypothesis" diskutiert. Das Vorgehen von Oller wurde jedoch aus methodischer Sicht verschiedentlich kritisiert (vgl. Vollmer & Sang, 1983). Arbeiten des *Max-Planck-Instituts für Bildungsforschung* in den 1980er Jahren (Sang, Schmitz, Vollmer, Baumert & Roeder, 1986) konnten dann Belege liefern, wonach unterschiedliche Teilkompetenzen analytisch trennbar waren, wiewohl sich auch hohe Korrelationen zwischen den Kompetenzbereichen ergaben. So wurde gezeigt, dass das Generalfaktormodell über verschiedene Stichproben oder verschiedene analytische Zugänge hinweg nicht invariant blieb (Sang et al., 1986). Für den TOEFL fanden Köller und Trautwein (2004) in einer Abiturientenstichprobe eine Korrelation zwischen Hör- und Leseverstehen von $r = .81$. In eine ähnliche Richtung gehen die Befunde von Leucht, Retelsdorf, Möller & Köller (2009b), die in der Sekundarstufe für das Fach Englisch eine Korrelation zwischen beiden Dimensionen in Höhe von $r = .85$ fanden. Die Arbeit von Leucht et al. hat für uns eine besondere Relevanz, da auch dort der Itempool auf den Bildungsstandards basiert und die untersuchten Schüler vergleichbar mit unserer Stichprobe sind. Leucht et al. verweisen auf die einschlägige Literatur zum Textverstehen, in der argumentiert werden, dass die Informationsverarbeitungsprozesse beim Lesen und Hören in der Tat ganz ähnlich sind, so dass sehr hohe Korrelationen auch theoretisch plausibel sind. Entsprechend diesen Befunden erwarteten auch wir hohe Korrelationen zwischen beiden rezeptiven Kompetenzbereichen.

Entsprechend wurden für die getrennten Designs zweidimensionale Raschmodelle berechnet, um den Zusammenhang zwischen den Dimensionen auf latenter Ebene festzustellen. Der Zusammenhang ist im HSA-Design relativ hoch. Im HSA-Design ergab sich eine Korrelation von $r = .73$, im MSA-Design von $r = .59$. Beide Koeffizienten sind hoch signifikant ($p < .001$), fallen aber doch niedriger aus, als dies in vergleichbaren Analysen für das Fach Englisch der Fall war. Es ergibt sich demnach eine gewisse Evidenz für die Trennbarkeit beider Teilkompetenzen im Fach Französisch, die substanziellen Korrelationen weisen aber auch auf die vergleichbaren Informationsverarbeitungsprozesse in beiden Kompetenzbereichen hin.

Korrelation der Leistung mit den Noten

Die Korrelation der Noten (letzte Zeugnisnote vor der Testung) mit den Personparametern aus eindimensionalen Raschskalierungen (*Weighted Maximum Likelihood Estimates*, „WLEs", vgl. Rost, 2004) können Hinweise auf die diskriminante und die konvergente Validität (vgl. Messick, 1995) geben. Erwartet wurden relativ hohe Korrelationen der Testergebnisse mit der Französischnote (*konvergente Validität*) bei vergleichsweise geringeren Korrelationen mit der Deutsch- und Mathematiknote (*diskriminante Validität*). Die Tabelle 17 zeigt die Befunde, wiederum getrennt nach dem Design. Alle Koeffizienten sind negativ, da steigende Noten Indikatoren sinkender Leistungsniveaus sind.

Tabelle 17: Korrelationen zwischen den Testleistungen (Personenfähigkeiten aus eindimensionalen Skalierungen) und den Noten (1-6)

Noten	Testleistungen		
	Hörverstehen	Leseverstehen	Schreiben
Deutsch	-.22/-.25	-.19/-.34	-.22/-.30
Mathematik	-.16/-.22	-.13/-.27	-.12/-.17
Französisch	-.27/-.33	-.32/-.37	-.41/-.44

Anmerkungen: Koeffizienten vor dem Schrägstrich aus dem HSA-Design, hinter dem Schrägstrich aus dem MSA-Design; alle Korrelationskoeffizienten sind hoch signifikant ($p < .001$); Variablen wurden am Klassenmittelwert zentriert; Testleistungen stellen WLEs dar.

Das Ergebnismuster lässt sich folgendermaßen zusammenfassen:
- Für beide Designs ergibt sich erwartungskonform, dass alle drei Leistungsindikatoren die höchste Korrelation mit der Französischnote aufweisen, gefolgt von der Korrelation mit der Deutschnote. Der geringste Zusammenhang ergibt sich mit der Mathematiknote.
- Die gefundenen Korrelationen fallen eher moderat aus, hinsichtlich des Zusammenhangs mit der Französischnote wären höhere Koeffizienten im Sinne einer klareren Bestätigung der konvergenten Validität wünschenswert gewesen.
- Im MSA-Design fallen die Koeffizienten durchgängig etwas höher aus. Ob dies Folge der höheren Zuverlässigkeit der Tests oder der Noten in den Bildungsgängen, die zum MSA führen, ist, kann hier nicht entschieden werden.
- Die Koeffizienten fallen für die Bereiche Schreiben und Lesen höher aus als für das Hörverstehen. Hierin spiegelt sich vermutlich die Unterrichtspraxis in Französisch, in der typischerweise die Arbeit mit (gelesenen) Texte dominiert, wider.

Leistungsunterschiede zwischen Jahrgangsstufen

In einem letzten Schritt wurde geprüft, ob sich in den drei getesteten Teilkompetenzen Differenzen zwischen benachbarten Jahrgangsstufen identifizieren lassen. Ausgehend von der Prämisse, dass der Fremdsprachenunterricht im Verlauf eines Schuljahres zu substanziellem Kompetenzzuwachs führt, wurde getestet, ob die von uns entwickelten Instrumente sensibel sind, solche Zuwächse auch aufzudecken. Mittlerweile existieren viele Befunde, wonach je nach Fach mit Kompetenzzuwächsen in der Größenordnung von einer viertel bis halben Standardabweichung (Effektstärke d) über ein Schuljahr zu rechnen ist (u.a. Deutsches PISA-Konsortium, 2006). Mit Hilfe von Regressionsanalysen in ACER ConQuest, in denen die Leistungsscores messfehlerkorrigiert analysiert werden, wurde die Leistungsdifferenz zwischen 8. und 9. Jahrgangsstufe (HSA) bzw. zwischen der 9. und 10.

Jahrgangsstufe (MSA) festgestellt. Die entsprechenden Befunde finden sich in der Tabelle 18.

Tabelle 18: Leistungsunterschiede zwischen Klassenstufen (Latente Regressionsanalysen)

	8. ⇒ 9. Jg. (HSA-Design)	9. ⇒ 10. Jg. (MSA-Design)
Hörverstehen	.20	-.71
Leseverstehen	.15	-.46
Schreiben	-.14	-.33

Anmerkungen: Jg. = Jahrgangsstufe.

Der Kompetenzzuwachs von der 8. zur 9. Jahrgangsstufe ist im HSA-Design gering, er liegt in den rezeptiven Kompetenzen bei einer sechstel bis fünftel Standardabweichung. Für die Schreibkompetenz der HSA-Schüler von Klasse 8 zu 9 ist sogar ein leichter Rückgang der Leistungen im Mittel festzustellen. Generell ist allerdings bei den Befunden zum Schreiben zu bedenken, dass hier im HSA-Design viele fehlende Werte vorlagen, welche die Validität der Ergebnisse fraglich erscheinen lassen. Weiterhin ist zu berücksichtigen, dass Französischlerner in der Sekundarstufe I zum Beispiel im Saarland in der 9. Klasse nur noch zwei Unterrichtsstunden pro Woche zur Verfügung haben.

Im Vergleich der Schüler der 9. und 10. Jahrgangsstufe im MSA-Design ist ein deutlicher Zuwachs, insbesondere für die Hörverstehensleistungen festzustellen. Dieser liegt beim Schreiben und Lesen in der erwarteten Größenordnung (d = .33 bzw. .46), im Hören aber erheblich höher. Insgesamt scheint demnach der von uns entwickelte Itempool hinreichend sensibel zu sein, um Kompetenzzuwächse im Laufe eines Schuljahres aufzudecken. Die hohen Gewinne könnten aber teilweise auch daher rühren, dass speziell im Saarland viele Schüler nach der 9. Jahrgangsstufe Französisch abwählen und die verbleibende Gruppe in der 10. Jahrgangsstufe dann eine positive Selektion darstellt.

3.1.7 Zusammenfassung und Ausblick

In diesem Kapitel wurden psychometrische Analysen des neu entwickelten Itempools in den drei Teilkompetenzen Leseverstehen, Hörverstehen und Schreiben vorgestellt. Es ist dies unseres Wissens der erste in Deutschland realisierte Versuch, Französisch-Kenntnisse auf breiter empirischer Basis in der Sekundarstufe I zu überprüfen. Berücksichtigt wurden die Jahrgangsstufen 8 bis 10. Schüler unserer Stichprobe strebten einen Hauptschulabschluss (HSA) oder einen Mittleren Schulabschluss (MSA) an. Die Befunde zeigen insgesamt, dass es gelungen ist, einen reliablen und validen Itempool zu generieren, aus dem allerdings unbestritten viele Items eliminiert werden mussten, weil sie die von uns gesetzten Gütekriterien nicht erfüllten. Wir wollen nicht noch einmal alle Befunde rekapitulieren, vielmehr erscheint uns ein Problem besonders virulent, das sich auf die unterschiedlichen Bildungsgänge bezieht. Durchgängig zeigten sich günstigere Befunde im MSA-Design, dies betraf die Fitstatistiken sowie das Zusammenspiel mit Noten und den *a priori* vorgenommenen Zuordnungen der Items zu GER-Stufen. Weiterhin zeigten DIF-Analysen, dass es schwierig war, Items, die in beiden Designs eingesetzt wurden, auf einer gemeinsamen Metrik abzubilden. Beim Schreiben stellte im HSA-Design *non-response* ein erhebliches Problem dar, wodurch in diesem Bereich die Validität der Befunde kritisch hinterfragt werden muss. Hier ist die generelle Frage zu stellen, welche Chancen das *large-scale Assessment* im Fach Französisch in Bildungsgängen, die zum HSA führen, bietet. Anstelle diagnostisch wertvoller Informationen hat die Testung womöglich eher überforderte Schüler zur Folge, die es womöglich auch in der Schule nie gelernt haben, in längeren Absätzen in der ersten Fremdsprache zu schreiben. Für zukünftige Testungen, so wie wir es in der Itemnormierung und im Ländervergleich realisiert haben, scheint die Beschränkung auf MSA-Bildungsgänge geboten zu sein. Für den HSA-Bereich scheinen die Anstrengungen im Bereich der Qualitätsentwicklung zentraler als die in der Qualitätssicherung zu sein.

Literatur

Andrich, D. A. (1978). A rating formulation for ordered response categories. *Psychometrika, 43*, S. 561–73.

Frey, A. (2007). *Composition of Booklets in Large-Scale Assessments*. Vortrag auf der Summer Academy (Educational Measurement) am MPI, Berlin, 23. Juli–1. August.

Europarat (Hrsg.) (2001). *Gemeinsamer europäischer Referenzrahmen für Sprachen: lernen, lehren, beurteilen*. Berlin/München/Wien/Zürich/NY: Langenscheidt.

Fleiss, J. L. (1973). *Statistical Methods for Rates and Proportions*. NY: Wiley.

Haebara, T. (1980). Equating logistic ability scales by a weighted least squares method. *Japanese Psychological Research, 22*, 144–149.

Heller, K. A. & Perleth, C. (2000). *Kognitiver Fähigkeitstest für 4. bis 12. Klassen. Revision: KFT 4-12+R. Manual*. Göttingen: Beltz-Test.

Holland, W. & Wainer, H. (1993). *Differential Item Functioning: Theory and Practice*. Hillsdale, NJ: Lawrence Erlbaum Associates.

Hoyt, W. T. (2000). Rater bias in psychological research: When is it a problem and what can we do about it? *Psychological Methods 5*, 64–86.

KMK (2003). Beschlüsse der Kultusministerkonferenz. Bildungsstandards für die erste Fremdsprache (Englisch/Französisch) für den Mittleren Schulabschluss. Beschluss vom 04.12.03. Verfügbar unter: www.kmk.org/bildung-schule/qualitaetssicherung-in-schulen/bildungsstandards/dokumente.html [23.07.09].

KMK (2004). Beschlüsse der Kultusministerkonferenz. Bildungsstandards für die erste Fremdsprache (Englisch/Französisch) für den Hauptschulabschluss. Beschluss vom 15.10.04. Verfügbar unter: www.kmk.org/bildung-schule/qualitaetssicherung-in-schulen/bildungsstandards/dokumente.html [23.07.09].

Köller, O. & Trautwein, U. (2004). Englischleistungen von Schülerinnen und Schülern an allgemein bildenden und beruflichen Gymnasien. In O. Köller, R. Watermann, U. Trautwein & O. Lüdtke (Hrsg.), *Wege zur Hochschulreife in Baden-Württemberg. TOSCA - Eine Untersuchung an allgemein bildenden und beruflichen Gymnasien* (S. 285–326). Opladen: Leske + Budrich.

Lehmann, R. H. & Hartmann, W. (1987). *The Hamburg Study of Achievement in Written Composition. National Report for the IEA International Study of Achievement in Written Composition*. 2 vols. Hamburg (School of Education).

Leucht, M., Harsch, C. & Köller, O. (2009a, im Druck). Schwierigkeitsgenerierende Merkmale von Items zum Lese- und Hörverstehen im Fach Englisch. Erscheint in: *Diagnostica*.

Leucht, M., Retelsdorf, J., Möller, J. & Köller, O. (2009b, eingereicht). Zur Dimensionalität rezeptiver Kompetenzen im Fach Englisch. Eingereicht in: *Zeitschrift für Pädagogische Psychologie*.

Linacre, J. M. (1994). *Many-Facet Rasch Measurement*. Chicago: MESA Press (publiziert im Original 1989).

Lüdtke, O., Robitzsch, A., Trautwein, U. & Köller, O. (2007). Umgang mit fehlenden Werten in der psychologischen Forschung: Probleme und Lösungen. *Psychologische Rundschau, 58*, 103–117.

Masters, G. N. (1982). A Rasch model for partial credit scoring. *Psychometrika, 47*, 149–74.

Messick (1995). Standards of validity and the validity of standards in performance assessment. *Educational Measurement: Issues and Practice, 14*(4), 5–8.

Oehler, R. & Robitzsch, A. (2009). *Umgang mit nicht bearbeiteten Textproduktionsaufgaben – Konsequenzen bei der Anwendung von Multi-Facetten-Raschmodellen*. Vortrag auf der AEPF. Landau, 23.-25. März.

Oller, J. W. (1976). Evidence of a general language proficiency factor: An expectancy grammar. *Die Neuen Sprachen, 76*, 165–174.

Pant, H. A., Vock, M., Pöhlmann, C. & Köller, O. (2008). Eine modellbasierte Erfassung der Auseinandersetzung von Lehrkräften mit den länderübergreifenden Bildungsstandards. In E.-M. Lankes (Hrsg.), *Pädagogische Professionalität als Gegenstand empirischer Forschung* (S. 245–260). Münster: Waxmann

PISA-Konsortium (Hrsg.) (2006). PISA 2003. Der Bildungsstand der Jugendlichen in Deutschland – Ergebnisse des zweiten internationalen Vergleichs. Münster: Waxmann.

Rasch, G. (1980). *Probalistic models for some intelligence and attainment tests*. Chicago: University of Chicago Press (publiziert im Original 1960).

Rost. J. (2004). *Testtheorie – Testkonstruktion*. Bern: Huber.

Roth, E. (1984). *Sozialwissenschaftliche Methoden*. München: Oldenburg.

Sang, F. & Vollmer, H. J. (1978). *Zur Struktur von Leistungsdimensionen und linguistischer Kompetenz des Fremdsprachenlernens*. Berlin: Max-Planck-Institut für Bildungsforschung.

Sang, F., Schmitz, B., Vollmer, H. J., Baumert, J. & Roeder, P. M. (1986). Models of second language competence: A structural equation approach. *Language Testing, 3*, 54–79.

Spiegelhalter, D., Thomas, A., Best, N. & Lunn, D. (2007). *OpenBugs User Manual. Version 3.0.2*. Verfügbar unter: www.mathstat.helsinki.fi/openbugs/ [20.07.09].

Übersax, J. S. (2000–2008). S*tatistical methods for rater agreement*. Verfügbar unter: http://ourworld.compuserve.com/homepages/jsuebersax/agree.htm [19.05.09].

Vollmer, H. J. & Sang, F. (1983). Competing hypotheses about second language ability: a plea for caution. In J. Oller (Hrsg.), *Issues in language testing research* (S. 29–79). Rowley, MA: Newbury House.

Wirtz. M. & Caspar. F. (2002). *Beurteilerübereinstimmung und Beurteilerreliabilität. Methoden zur Bestimmung und Verbesserung der Zuverlässigkeit von Einschätzungen mittels Kategoriensystemen und Ratingskalen*. Göttingen/Bern/Toronto/Seattle: Hogrefe.

Wu, M. L., Adams, R. J., Wilson, M. R. & Haldane, S. A. (2007). *ACER ConQuest Version 2.0. Generalized item response modelling software. Manual*. Melbourne: Australian Council for Educational Research.

Wu, M. (2005). The role of plausible-values in large-scale surveys. *Studies in Educational Evaluation, 31*, 114–128.

Raphaela Porsch, Bernd Tesch & Olaf Köller

3.2 Die Entwicklung von Kompetenzstufenmodellen zum Lese- und Hörverstehen im Fach Französisch

In diesem Kapitel berichten wir über die Festlegung von Kompetenzstufen im Lese- und Hörverstehen im Fach Französisch. Das dazu notwendige Standard-Setting fand im April 2009 statt[1]. Die zugrunde liegenden Daten stammen aus der Normierungsstudie des Jahres 2008. Die Studie soll eingangs näher beschrieben werden. Im Anschluss daran wird der Prozess des Standard-Settings erläutert, wobei auf die gewählte Methode, die Zusammensetzung der Teilnehmer, die verwendeten Dokumente sowie die Ergebnisse eingegangen wird.

3.2.1 Die Normierungsstudie

Als Folge der Beschlüsse der Kultusministerkonferenz vom 15.12.2004 fand im Jahr 2008 die Normierung der Aufgaben zu den Bildungsstandards für Deutsch und die erste Fremdsprache (Englisch/Französisch) in der Sekundarstufe I statt. Die Normierungsstudie im Fach Französisch wurde in den Klassenstufen 9 und 10 für den Mittleren Schulabschluss (vgl. KMK, 2003) durchgeführt. Ergänzend fand im Zuge der Normierungsstudie ein erster Ländervergleich für das Fach Französisch statt. Dieser Ländervergleich beschränkte sich ebenfalls auf den Mittleren Schulabschluss und ergänzte die Stichprobe in der 9. Jahrgangsstufe um weitere 100 Schulen.

3.2.1.1 Stichprobe und Beteiligungsquoten

Insgesamt wurden im Rahmen der Normierungsstudie in einer nach Land, Bildungsgang und Jahrgangsstufe repräsentativen Stichprobe Leistungsdaten von $N = 3.602$ Schülern der 9. und 10. Jahrgangsstufe erhoben. Die zusätzlich für den Ländervergleich getestete Stichprobe bestand aus $N = 4.385$ Schülern. Getestet wurde in insgesamt sechs Bundesländern (vgl. Tabelle 1). Das Alter der Schüler in der Normierungsstudie lag im Durchschnitt bei $M = 16.03$ Jahren ($SD = .84$). Der Anteil der Mädchen lag bei 59,6 Prozent ($N = 2.145$), wobei für 0,9 Prozent ($N = 30$) der Schüler keine Geschlechtsangabe vorlag. Fast alle Schüler (99,4%) lernten Französisch als erste Fremdsprache. 95,7 Prozent der Schüler gaben an, dass sie normalerweise Deutsch zuhause sprechen. Immerhin 20,5 Prozent der Schüler hatten bilingualen Unterricht. Die Schüler stammen aus drei Bildungsgängen (vgl. Tabelle 2).

---

1 Ein besonderer Dank gilt Prof. Eynar Leupold für die Unterstützung bei der Vorbereitung.

Tabelle 1: Schüler der Normierungsstichprobe nach Jahrgangsstufe und Bundesland

Land	9. Jahrgangsstufe	10. Jahrgangsstufe	Gesamt
Saarland	453	389	842
Rheinland-Pfalz	390	376	766
Nordrhein-Westfalen	231	176	407
Berlin	128	125	253
Baden-Württemberg	439	421	860
Hessen	253	221	474
gesamt	1.894	1.708	3.602

Tabelle 2: Schüler der Normierungsstichprobe nach Bildungsgang und Jahrgangsstufe

Bildungsgang	9. Jahrgangsstufe	10. Jahrgangsstufe	Gesamt
MBG	284	258	542
Realschulen	145	122	267
Gymnasien	1.465	1.328	2.793
gesamt	1.894	1.708	3.602

Anmerkung: MBG = Schulen mit mehreren Bildungsgängen (inkl. Integrierte Gesamtschulen).

3.2.1.2 Testdesign und Instrumente

Getestet wurden die folgenden fremdsprachlichen Kompetenzen in Französisch: Schreiben (12 Aufgaben), Leseverstehen (184 Items), Hörverstehen und Hör-Seh-Verstehen (gesamt 183 Items). Die Aufgaben und die ihnen zugewiesenen Items berücksichtigen verschiedene Antwortformate (offen, halboffen, geschlossen), Textsorten und Themen. Weiterhin variierten sie in den kognitive Anforderungen und ließen sich aufgrund von *A-priori*-Einschätzungen den Niveaustufen A1 bis C1 des Gemeinsamen europäischen Referenzrahmens für Sprachen („GER"; Europarat, 2001) zuordnen (Beschreibung der Testkonstrukte: vgl. Kapitel 2). Die Items wurden Blöcken à 20 Minuten (Ausnahme drei Schreibaufgaben der Niveaustufen B2 und C1: 40 Minuten) zugewiesen. Diese Blöcke wurden mit Hilfe eines Multi-Matrix-Designs auf insgesamt 28 Testhefte verteilt, wobei in jedem Testheft zwei oder mehr Kompetenzen getestet wurden. Die Testzeit pro Schüler betrug insgesamt 120 Minuten. Hintergrunddaten wurden über Schülerteilnahmelisten, die von den Lehrkräften bzw. Schulkoordinatoren auszufüllen waren, erhoben, sowie mit Hilfe eines Schülerfragebogens.

3.2.1.3 Itemauswahl für die Testung des Lese- und Hörverstehens

Die Auswertung der Normierungsdaten auf der Basis von Item-Response-Modellen erfolgte in zwei Schritten. Erste Skalierungen dienten der Überprüfung der psychometrischen Qualität der verwendeten Items. Dies geschah, obwohl schon alle Items in einer umfangreichen Pilotierungsstudie erprobt worden waren, um sicherzustellen, dass in den folgenden Auswertungen nur Items berücksichtigt wurden, die sich auch in der Normierungsstudie als raschhomogen erwiesen hatten. Die verbliebenen (raschhomogenen) Items wurden dann erneut kalibriert, um finale Schwierigkeitsparameter zu erhalten und um Hintergrund- bzw. Kontrollvariablen zur Schätzung von *Plausible Values* berücksichtigen zu können. Insgesamt gingen von $N = 2.684$ (Lesen) bzw. $N = 3.397$ (Hören) Schülern gültige Daten in die Skalierungen ein. Zu allen berücksichtigten Schülern lagen die notwendigen Hintergrundinformationen für die Berechnung von *Plausible Values* unter Berücksichtigung eines Hintergrundmodells vor. Die dazu verwendeten Variablen waren Geschlecht, Klassenstufe, Schulform (GY vs. andere) und die Zugehörigkeit zu einem der sechs Bundesländer.

Für die Auswahl der Lese- und Hörverstehensitems wurden verschiedene Kriterien herangezogen (vgl. Kapitel 3.1). Im Einzelnen verwendeten wir folgende Schwellen und Toleranzen. Die Trennschärfe der Items sollte größer als .25 sein, auf jeden Fall aber nicht unter .15 fallen. Der Infit sollte um nicht mehr als .25 vom optimalen Wert Eins abweichen. Die Schwierigkeit eines Items zum Leseverstehen sollte idealerweise im Bereich von -2.5 bis +2.5 Logits liegen (Varianz der Population von ca. .88 auf der Logit-Skala). Die Varianz der Population für das Hörverstehen war allerdings höher (1.24), so dass der Bereich von -3.5 bis +3.5 Logits für die Auswahl in Bezug auf die Itemschwierigkeiten herangezogen wurde. Ferner wurden getrennt für beide Kompetenzen Analysen zu differenziellen Itemfunktionen (*Differential Item Functioning*, „DIF") bei Jungen und Mädchen durchgeführt und solche Items ausgeschlossen, die das eine oder andere Geschlecht bei gleicher Fähigkeit bevor- oder benachteiligen. Als Kriterium für signifikanten DIF einzelner Items wurde die Grenze I DIF I > .60 angesetzt, wobei festgelegt wurde, dass eine statistische Signifikanz innerhalb eines Konfidenzintervalls von 90 Prozent vorliegen muss.

Aufgrund der Analysen gingen in die finale Berechnung der Personenparameter unter Berücksichtigung der Kontrollvariablen 141 Items zum Leseverstehen und 131 Items zum Hörverstehen ein. Es erfolgte dann eine Transformation der Item- und Personenparameter von der Logit-Skala auf die Berichtsskala mit einem Mittelwert $M = 500$ und der Standardabweichung $SD = 100$ (in der 9. Jahrgangsstufe). Die Itemparameter wurden bei einer *Response Probability* (Antwortwahrscheinlichkeit) von $RP = .625$ (vgl. PISA-Konsortium, 2003) festgelegt. Dies bedeutet beispielsweise für ein Item mit einer Schwierigkeit von 480, dass eine Person mit einem Fähigkeitsparameter von 480 dieses Item mit einer Wahrscheinlichkeit von $p = .625$ löst. Bei Personen mit höheren Fähigkeitsparametern liegt die Lösungswahrscheinlichkeit höher, bei Personen mit geringeren Fähigkeiten liegt die Lösungswahrscheinlichkeit entsprechend niedriger. Weiterhin wurden bei der Skalierung Stichprobengewichte (Klassenstufe, Bundesland, Schulform) berücksichtigt, die vom *IEA Data Processing and Research Center* (DPC) in Hamburg zur Verfügung gestellt wurden.[2] Mit dieser Gewichtung wurde gewährleistet, dass die Skalierungen mit einer repräsentativen Stichprobe durchgeführt wurden.

Itemauswahl für das Standard-Setting

Auf Grundlage der ermittelten Itemschwierigkeiten wurden die Items aufsteigend sortiert (vgl. Abschnitt 3.2.2.2: Bookmark-Methode). Aus dieser Liste wurden Items ausgewählt, die für das zweitägige Standard-Setting den Teilnehmern zur Verfügung gestellt werden sollten. Aufgrund zeitlicher Einschränkungen – die Teilnehmer mussten alle Items plus Hörstimuli vor der Standardsetzung rezipieren – wurde die Anzahl der Items verringert. Die Items sollten in ihren Schwierigkeiten breit streuen und sich qualitativ unterscheiden. Das heißt bei einer Anzahl von Items mit gleicher oder nahezu gleicher Schwierigkeit wurde eine Auswahl getroffen, die eine Vielfalt an Themen, kognitiven Anforderungen bzw. Lese- oder Hörverhalten (z.B. Globalverstehen, Detailverstehen, inferierendes Verstehen), Textsorten und Itemformaten berücksichtigt. Folgende Anzahlen an Items – geordnet nach den *A-priori*-Einstufungen auf einem GER-Niveau[3] – wurde den Teilnehmern des Standard-Settings zur Verfügung gestellt:

Tabelle 3: Items im Standard-Setting nach *A-priori*-GER-Niveaus und Teilkompetenzen

	A1	A2	B1	B2	C1	Gesamt
Leseverstehen	9	26	24	17	12	88
Hörverstehen	22	25	16	8	2	73

3.2.2 Das Standard-Setting im Projekt Französisch

Ein Standard-Setting-Verfahren dient der Festsetzung von Trennwerten zwischen Niveaustufen. Auf der Grundlage von IRT-Skalierungen liegen dazu empirische Itemschwierigkeiten vor, die den fünf Niveaustufen A1 bis C1 des Referenzrahmens zugeordnet werden sollen. Während des Standard-Settings sollen diejenigen Items markiert werden, die einen qualitativen „Sprung" zu einem nächst höheren Kompetenzniveau anzeigen. In Bezug auf die datengestützte Festlegung von Kompetenzstufen besteht die Herausforderung, dass eine kontinuierliche Skala (vgl. Abbildung 1) in Stufen eingeteilt werden muss. Diese Stufen unterscheiden sich qualitativ, die Schwierigkeiten von Items und die Fähigkeiten von Personen

---

2 Mit besonderem Dank an Jens Gomolka vom DPC in Hamburg.
3 Die Einstufungen sind mit Hilfe der Deskriptoren des GER vorgenommen worden, sie sind jedoch nur unter Vorbehalt „korrekt". Ein Teil der Items wurde in der 1. Arbeitsphase vom CIEP (vgl. Kapitel 2.1) erstellt. Dabei wurde allen Items einer Aufgabe das gleiche GER-Niveau zugeordnet, wobei ursprünglich vom CIEP das Prinzip verfolgt wurde, dass eine Aufgabe in der Mehrheit lediglich ein Item umfasst. In dem Augenblick, wo jedoch mehrere Items pro Aufgabe generiert werden und damit unterschiedliche empirisch ermittelte Schwierigkeiten nachgewiesen sind, müssen entsprechende Differenzierungen in Bezug auf die GER-Niveaus vorgenommen werden.

steigen an und es gibt einen Mittelpunkt (in der Abbildung bei 0), der eine mittlere Schwierigkeit kennzeichnet.

Die Abbildung 1 illustriert die Festlegung von so genannten *Cut-Scores*, Trennwerten auf einer kontinuierlichen Skala, um theoretisch definierte Kompetenzstufen voneinander abzugrenzen. Diese Trennwerte zur Ermittlung von Kompetenzstufenskalen werden durch Experten gesetzt. Die Kompetenzstufen in Französisch reichen von A1 bis C1, d.h. vier Trennwerte bzw. Items, die das nächste Niveau markieren, müssen ausgewählt werden.

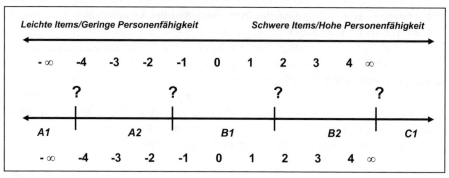

Abbildung 1: Kompetenzstufensetzung auf Grundlage einer kontinuierlichen Skala

3.2.2.1 Teilnehmer des Standard-Setting-Verfahrens

Die Zusammenstellung bzw. Auswahl an Panellisten stellt eine kritische Komponente für das Gelingen eines Standard-Settings dar – einerseits im Hinblick auf die Reliabilität der Kompetenzstufen und anderseits in Bezug auf die Rezeption der Ergebnisse in der Öffentlichkeit. Für die Durchführung der Aufgabe war es grundsätzlich notwendig, dass die Teilnehmer über hohe rezeptive Französischkenntnisse verfügen, mit erwartbaren Kompetenzen von Französischlernern in der Sekundarstufe I und mit Fragen der Testerstellung vertraut sind. Um diesen Anforderungen gerecht zu werden, wurde auf die Expertise verschiedener Personen im Bildungswesen gesetzt: erfahrene Lehrkräfte im Fach Französisch, Fachdidaktiker der Romanistik, Experten im Bereich der Psychometrie und Testentwicklung, Vertreter von Landesinstituten, Ministerien oder anderen administrativen Bildungseinrichtungen. Insgesamt nahmen 19 Experten (10 weiblich) an einer dreitägigen Veranstaltung teil. Die Mehrzahl der Teilnehmer war zwischen 50 und 59 Jahre alt und kam bis auf einen Vertreter aus dem Nachbarland Österreich aus Bildungseinrichtungen in Deutschland. Alle Teilnehmer waren mit der Erstellung, Bewertung oder Auswertung von Testaufgaben im Fach Französisch vertraut. Am Standard-Setting im Fach Französisch waren auch einige Aufgabenentwickler als Vertreter der Französischlehrkräfte an der Setzung der Kompetenzstufen beteiligt. Erwartet wurde für die hohen Anforderungen an die Ergebnisse der Arbeitstagung, dass alle Teilnehmer konzeptuell mit den Aufgaben und -formaten vertraut bzw. das Grundlagenwissen im Bereich des Testens vorhanden sind. Diese Voraussetzung erfüllten die Aufgabenentwickler in besonderer Weise, wobei ca. die Hälfte der Aufgaben lediglich von ihnen selbst oder ihren Kollegen erstellt worden waren, da in der ersten Arbeitsphase Items vom *Centre International d'Etudes Pédagogiques* (CIEP) in Frankreich entwickelt worden waren (vgl. Kapitel 2.1).

Die Teilnehmer des Standard-Settings schätzten vor Beginn ihre Vertrautheit mit dem Referenzrahmen auf einer aufsteigenden Skala von 1 („nicht zutreffend") bis 4 („sehr zutreffend") als sehr hoch ein ($M = 3.35$, $SD = .49$). Die Panellisten waren zudem mit der Erstellung von Testaufgaben zur Bewertung von Schülerleistungen im Rahmen von Schulleistungsstudien ($M = 3.60$, $SD = .50$) und Verfahren der empirischen Schulleistungsmessung ($M = 3.05$, $SD = .69$) vertraut, wobei zwei Teilnehmer angaben, dass sie über keine Erfahrungen im letztgenannten Bereich verfügen. Ihre rezeptiven Französischkenntnisse schätzten alle Teilnehmer auf dem Niveau C1 oder C2 ein.

3.2.2.2 Die Bookmark-Methode

Die 1996 eingeführte Bookmark-Methode ist die zurzeit am häufigsten verwendete Methode zum Standard-Setting (vgl. weitere Verfahren Cizek & Bunch, 2007). Sie hat das Ziel, reliable Trennwerte zwischen Kompetenzstufen auf einer kontinuierlichen Skala zu setzen. Der Begriff stammt aus dem Englischen: Panellisten – am Standard-Setting teilnehmende Experten im Hinblick auf die getesteten Kompetenzen – markieren die Trennwerte (*Cut-Offs*) bzw. setzen einen *Marker* zwischen Items bei den Aufgaben in einem Testheft, welche aus ihrer Sicht die Grenze zwischen zwei Kompetenzstufen definieren. Die Items werden in einem *Ordered Item Booklet* (OIB) präsentiert. OIBs sind Hefte mit Items zu einzelnen Kompetenzen, in diesem Fall zum Hör- und Leseverstehen, in denen die Items nach aufsteigenden Schwierigkeiten geordnet sind (vgl. Abbildung 2). Da zu Aufgaben auch mehrere Items gehören können, die eine unterschiedliche Schwierigkeit aufweisen, erscheinen die betreffenden Aufgabenstimuli mehrmals im OIB. Panellisten erhalten für das Standard-Setting alle Testmaterialien – für Hörverstehensaufgaben zusätzlich die Transkripte und Hördokumente – mit Lösungen bzw. den verwendeten Kodieranweisungen zu den halboffenen Items.

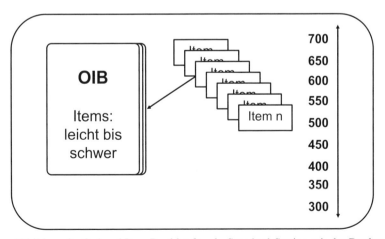

Abbildung 2: Ordered Item Booklet für ein Standard-Setting mit der Bookmark-Methode

Üblicherweise werden die Itemschwierigkeiten über eindimensionale IRT-Modelle gewonnen. Die dabei gewonnene kontinuierliche Skala stellt die Grundlage für die graphische Darstellung der Kompetenzstufen dar. Die Aufgabe der Experten besteht darin, die Skala in Abschnitte bzw. Kompetenzstufen einzuteilen. Daneben stellt die Zusammenstellung der OIB eine kritische Komponente für das Gelingen des Standard-Settings dar. Die Itemauswahl für die OIB sollte verschiedene Kriterien berücksichtigen: Itemfitwerte bzw. psychometrisch hochwertige Items innerhalb festgelegter Toleranzbereiche, eine Variabilität bezüglich Inhalten, Formaten und kognitiven Prozessmerkmalen der Items. Die Aufgabe der Panellisten besteht darin, eine *Bookmark* bzw. Trennmarke zwischen zwei Items zu setzen bzw. das Item zu markieren, das ein Schüler auf dem nächst höheren Kompetenzniveau mit einer Lösungswahrscheinlichkeit von mindestens $p = .625$ lösen kann.

Das Standard-Setting stellt ein konsensuelles Verfahren dar und besteht aus mehreren Schritten. Nach der Erläuterung der Bookmark-Methode und der Vorstellung der Datengrundlage steht die Vertrautmachung der Panellisten mit den Deskriptoren. In einer Diskussion soll geklärt werden, über welche Kompetenzen Schüler auf einzelnen Niveaustufen verfügen. Nach diesem „Training" findet ein Standard-Setting in der Regel in drei Runden (nach Karantonis & Sireci, 2006) statt:

1. Die Panellisten lesen alle Items im OIB, diskutieren bei Bedarf in Kleingruppen „(a) what knowledge, skills, and abilities must be applied to correctly respond to a given item, and (b) what makes each item progressively more difficult than the previous item in the booklet" (Mitzel, Lewis, Patz & Green, 2001, S. 253). Sie setzen dann individuell Trennwerte.
2. Die Teilnehmer erhalten ein Feedback zu ihren Setzungen, indem zum Beispiel die Spannweite der Trennwerte oder anonym alle Werte mitgeteilt und diese gemeinsam diskutiert werden. Die Trennwerte werden erneut gesetzt und können auch aus Runde 1 übernommen werden.
3. Die Impact-Daten werden präsentiert. Auf der Basis der Normierungsdaten wird der Anteil der Schüler auf jeder Kompetenzstufe berechnet. Die Impact-Daten werden zunächst in Kleingruppen, anschließend in der Gesamtgruppe diskutiert und es erfolgt danach die finale Standardsetzung.

Von diesem Vorgehen kann auch abgewichen werden, indem beispielsweise die zweite Setzung in Kleingruppen stattfindet. Da es sich um ein konsensuelles Verfahren handelt, besteht zweifellos die Gefahr, dass einzelne Panellisten dominieren und damit die Kompetenzstufensetzung entsprechend beeinflussen.

Zusammenfassend wird die Bookmark-Methode als ein Standardverfahren angesehen, das für die Panellisten die kognitiven Anforderungen im Vergleich zu anderen Methoden reduziert. Ein Diskussionsgegenstand ist neben der Angabe über die Höhe der Lösewahrscheinlichkeit[4] der Probanden die Erkenntnis, dass die Methode zu relativ niedrigen Grenzen für untere Kompetenzstufen führen kann (Green, Trimble & Lewis, 2003). Zudem berichten Studien (vgl. Karantonis &

---

4 Laut Karantonis und Sireci (2006) werden in den Verfahren unterschiedliche Wahrscheinlichkeiten angegeben, wobei häufig ein Wert von $p = .67$ vorgegeben wird.

Sireci, 2006) über Panellisten, welche die Reihenfolge von Items ablehnen bzw. einzelne Items in Bezug auf ihre Schwierigkeit an einer anderen Stelle im OIB wünschen. Diese Ablehnung ist nur durch eine genaue Einführung in die Methode und eine sensible Itemauswahl zu verringern. Vorgeschlagen wird auch eine Rückmeldung mit Hilfe von Fragebögen, so dass Unstimmigkeiten in Bezug auf die Setzung der Trennwerte identifiziert werden können.

3.2.2.3 Vorbereitung und Durchführung des Standard-Settings

Erprobung des Verfahrens

Im September 2008 fand bereits ein erstes Standard-Setting im Projekt Französisch statt. Das Ziel der ersten Veranstaltung bestand darin, das gewählte Verfahren zu erproben bzw. seine Tauglichkeit im Hinblick auf die Standardsetzung zur Normierungsstudie (2008) zu prüfen sowie die Teilnehmer entsprechend auszubilden, die als Experten in der Mehrzahl auch am zweiten Standard-Setting beteiligt wurden. Für die Vertrautmachung mit den Deskriptoren des GER wurden den Panellisten in dieser Veranstaltung ein Testheft mit typischen Items vorgelegt und eine Übung – ein „GER-Puzzle" – durchgeführt, in der die Teilnehmer Deskriptoren getrennt nach den drei Kompetenzbereichen Lesen, Hören und Schreiben den GER-Niveaus zuordnen sollten. Anschließend wurde über Schwierigkeiten bei dieser Zuordnungsübung gesprochen und einzelne Deskriptoren diskutiert.

Bei dieser ersten Erprobung der Bookmark-Methode konnten vor allem zwei Herausforderungen deutlich identifiziert werden:
1. Die Tatsache, dass bestimmte Aufgaben (Texte bzw. Hörsequenzen) gleich an mehreren Stellen im OIB erscheinen, weil die verschiedenen Items sehr unterschiedliche Schwierigkeitswerte aufweisen, stieß bei den Teilnehmern auf erhebliche Verständnisprobleme. Sie mussten festzustellen, dass ein bestimmter Stimulus zusammen mit einem bestimmten Item etwa auf Niveau A2 eingestuft werden kann und somit entsprechend weit vorne im OIB auftaucht, derselbe Text jedoch mit einem anderen Item später wieder erscheint und dann auf Niveau B1 eingestuft wird.
2. Dies verweist auf die Thematik der schwierigkeitsgenerierenden Merkmale. Es wurde in diesem ersten Durchlauf nicht hinreichend deutlich, dass die Schwierigkeit einer Aufgabe auf drei verschiedene Quellen zurückgehen kann, nämlich auf den Stimulus, auf das Item oder auf die Interaktion von Stimulus und Item. Typische schwierigkeitsgenerierende Merkmale eines Lesestimulus sind in folgenden Bereichen anzutreffen (vgl. Alderson, 2000; Grotjahn, 2001; Buck, 2001; Leucht, Harsch & Köller, 2009; vgl. auch Kapitel 2.3 und 2.4 in diesem Band): Wortschatz, Inhalt, (rhetorische) Organisation, Textkomplexität, Bezüge auf Wissensbestände bzw. notwendiges Vorwissen, die Anzahl wenig vertrauter Wörter, die Anzahl der Inhaltswörter oder funktionale Details, die Haltungen oder Gefühle bezeichnen. Typische schwierigkeitsgenerierende Merkmale eines Leseitems sind dagegen z.B. die erforderlichen kognitiven Operationen, äußere Bedingungen des Leseverstehens wie das Vorhandensein visueller Hilfen oder Komplexität und Wortzahl der Items. Interaktionen von Stimulus und Items, die

schwierigkeitsgenerierend sein können, sind im Bereich des Leseverstehens zu finden, wenn beispielsweise relevante Informationen redundant präsentiert werden oder die Anzahl lexikalischer Überlappungen zwischen relevanter Information und richtiger Antwort gering ist.

Die Diskussion der Experten im Hinblick auf die Frage „Was macht eine Aufgabe schwierig – der Stimulus, das Item oder beides?" wirkte sich wiederum unmittelbar auf die Wahrnehmung der *Ordered Item Booklets* aus. Diese wurden in ihrer Plausibilität global von einigen Teilnehmern in Frage stellt, vor allem den Experten, die selbst noch über geringe praktische Erfahrung im Generieren von Testaufgaben besaßen. Teilnehmer dagegen, die mit Testaufgaben und ihren Eigenschaften enger vertraut waren, vermochten eher einen neutralen Standpunkt einzunehmen und anzuerkennen, dass sie nicht wüssten, was genau ein Item misst bzw. das Messergebnis als solches als gegeben anzuerkennen. Im Extremfall wurde vereinzelt auch die Itemqualität in Frage gestellt, was verschiedene Gründe hatte. Zum einen vermochte es nicht immer zu überzeugen, dass zu einem als komplex bzw. inhaltlich anspruchsvoll eingestuften Stimulus Items konstruiert wurden, die „lediglich" ein Detailverstehen verlangten oder Items, die nach Details fragten, die als irrelevant im Hinblick auf die Hauptaussagen des Textes betrachtet wurden.

Ferner wurde eine Häufung von Aufgaben beanstandet, die das Verstehen von Detailinformationen abfragten, so dass in der Testung komplexeres inferierendes Verstehen nach Meinung einiger Teilnehmer zu kurz gekommen sei. Schließlich wurde kritisiert, dass die Textlänge des Leseverstehens generell unter dem läge, was beim Mittleren Schulabschluss in den Bundesländern verlangt würde und dass literarische Textsorten unterrepräsentiert seien. Manche Teilnehmer befürchteten aus diesem Grund eine ungünstige didaktische Signalwirkung auf die Unterrichtspraxis im Falle einer Veröffentlichung dieser Aufgaben.

Folgende Konsequenzen wurden deshalb für das zweite Standard-Setting gezogen:
- Es wurde eine erste Analyse von Forschungsarbeiten durchgeführt, die schwierigkeitsgenerierende Merkmale von Aufgaben zu identifizieren versuchen. Den Teilnehmern wurde diese Ergebnisse präsentiert und mit Hilfe von zwei Aufgaben die Interaktion zwischen Text und Item verdeutlicht.
- Die Probleme der Zusammenstellung der *Ordered Item Booklets* wurden seitens des IQB festgehalten. In der Vorbereitung des zweiten Standard-Settings wurde deutlich stärker auf die Repräsentativität von Aufgaben im Hinblick auf die unterschiedlichen Formate, Inhalte, Textlängen und kognitiven Anforderungen geachtet (vgl. Abschnitt 3.2.1.3). Trotzdem muss darauf verwiesen werden, dass die präsentierten Aufgaben lediglich eine Auswahl aus einem Itempool darstellen, der bis dato mehrere hundert Aufgaben umfasst. Überdies wurde die Itemzahl deutlich erhöht.
- In ergänzenden Deskriptoren wurde auch auf die spezifischen Merkmale von Testaufgaben eingegangen, das heißt Merkmale, die das Lese- oder Hörverstehen unterstützen können wie z.B. besondere – auch graphische – Hervorhebungen oder Betonungen oder die sie erschweren können wie etwa Hintergrundgeräusche im Bereich des Hörverstehens. Zudem wurde in den ergänzenden Deskriptoren auch die erwartete Textlänge für das Leseverstehen an die curricularen Gegebenheiten bzw. die unterrichtliche Praxis angepasst. So

ist etwa auf Niveau A2 im Gegensatz zu Niveau A1 durchaus zu erwarten, dass Schülerinnen und Schüler nicht nur sehr kurze Texte, sondern auch Textstellen aus längeren Texten zu vertrauten Themen aus ihrer Lebenswelt lesen.

Bereitstellung von Materialien

Den Teilnehmern standen folgende Materialien im zweiten Standard-Setting zur Verfügung:
- Zwei OIBs (Leseverstehen, Hörverstehen) – Hefte, in denen die Items nach Itemschwierigkeit geordnet präsentiert werden, wobei die Richtiglösungen und die Kodieranweisungen für die halboffenen Aufgaben präsentiert werden und für die Items zum Hörverstehen die Transkripte und Hördokumente.
- Fragebögen für die Teilnehmer (persönlicher Hintergrund, Rückmeldefragebögen zu den Kompetenzen, ein Fragebogen zur Rückmeldung über die Veranstaltung).
- Eine Auflistung schwierigkeitsgenerierender Merkmale des Lese- und Hörverstehens (s.o.). Hiermit wurde dem im ersten Standard-Setting beobachteten Umstand Rechnung getragen, dass die Teilnehmer keine klaren Vorstellungen über diejenigen Faktoren besaßen, die eine Aufgabe tatsächlich schwierig machen (können).
- Eine Synopse von Deskriptoren, auf die nachfolgend näher eingegangen wird.

Deskriptoren und die Anbindung an den GER

Der GER selbst gibt einige konkrete Hinweise auf die Generierung von Sprachkompetenzskalen und empfiehlt eine Verbindung verschiedener Methoden, darunter intuitive, qualitative und quantitative Methoden. Ausgangspunkt ist in jedem Fall die Formulierung von Deskriptoren und ihre Überprüfung durch Experten. Das Standard-Setting als abschließender Validierungsschritt für Kompetenzskalen wird dagegen im GER nicht explizit erwähnt.

Die für das Standard-Setting bereitgestellten Deskriptoren umfassten in tabellarischer Form präsentiert jeweils für das Lesen und Hören (vgl. Anhang): (1) Deskriptoren des GER (Globalskala sowie Auszüge aus dem Dialang-Raster zur Selbstbeurteilung), (2) Deskriptoren der Bildungsstandards (für Niveau A2 die Deskriptoren des Hauptschulabschlusses, für Niveau B1 die Deskriptoren des Mittleren Schulabschlusses) sowie ergänzende Deskriptoren.

Zuständig für die Erstellung dieser ergänzenden Deskriptoren war eine Expertenrunde, die zwischen erstem und zweitem Standard-Setting am IQB einberufen worden war. Sie hatte den primären Auftrag, Deskriptorenvorschläge für Zwischenstufen im Bereich der unteren Niveaus (A1, A2 und B1) im Hinblick auf die Verwendung in den Vergleichsarbeiten der achten Jahrgangsstufe zu machen. Das dabei erstellte Gerüst ergänzender Deskriptoren wurde anschließend durch IQB-Projektmitarbeiter unter externer Beratung in die den Teilnehmern des Standard-Setting vorgelegte Fassung gebracht und bildet den internen Diskussionsstand zu dieser Frage ab. Allen Experten war in dieser Diskussion klar geworden, dass Forschungsarbeiten notwendig sind, welche die sprachspezifischen Besonderheiten genauer erfassen müssen. Als Beispiel sei auf die für das Französische vergleichsweise geringere Segmentierung der Lautkette verwiesen.

Wie bereits angedeutet, war die Notwendigkeit der Erstellung ergänzender Deskriptoren zum GER im ersten Standard-Setting augenfällig geworden, da die Deskriptoren des GER wie auch die Deskriptoren der Bildungsstandards handlungsbezogen sind, in dem Sinne, dass sie konkrete Könnensaussagen beinhalten, jedoch nicht bezogen auf das Lösen einer Testaufgabe. So lautet die Beschreibung für das Hörverstehen auf dem Eingangsniveau A1 im GER aus der Globalskala (Europarat, 2001, S. 72):

„Kann verstehen, wenn sehr langsam und sorgfältig gesprochen wird und wenn lange Pausen Zeit lassen, den Sinn zu erfassen".

Der ergänzende Deskriptor des IQB lautet für dieses Niveau:

„Die Schülerinnen und Schüler können Eigennamen, häufig gebrauchte Wörter, Ausdrücke, ritualisierte Anweisungen sowie kurze Textzusammenhänge verstehen, sofern es sich um vertraute Themen und Situationen handelt. Die dafür notwendige Information ist stark hervorgehoben (durch Pausen, Salienz, Betonung/Intonation, syntaktische Strukturen, Redundanzen/Wiederholungen, u.a.)."

Hier wurden einerseits Formulierungen aus Dialang übernommen, die den Aufgabenentwicklern konkretere Hinweise auf die Handlungsbezüge geben sollten, andererseits aber wurde der Versuch unternommen, den Spezifika der Testaufgaben Rechnung zu tragen. Das Lösen einer Testaufgabe unterscheidet sich von realen Handlungssituationen oft durch die mangelnde Interaktivität (interaktiver *Repair* etwa durch Nachfragen ist nicht möglich) sowie durch die Abwesenheit nonverbaler Signale. Im Gegenzug ist relevante Information in Testaufgaben u.U. durch Pausen, *Salienz* etc. markiert, was dafür spricht, diese Merkmale für das Eingangsniveau auch aufzunehmen. Auch rein pragmatisch gesehen schien es sinnvoll, die Deskriptoren so zu komprimieren, dass bei der Arbeit mit den *Ordered Item Booklets* auf einen Blick zentrale Niveaumerkmale in Erinnerung gerufen werden konnten. Bezüglich der GER-Skalen wurde im zweiten Standard-Setting zudem auf eine Wiedergabe von Subdimensionen zugunsten der Globalskala verzichtet.

Auf die Nutzung der Schweizer Deskriptoren zu den sogenannten „Basisstandards" (vgl. Kapitel 1.4), auf die das IQB auf Grund einer Absprache mit den Autoren in der Entwurfsfassung vom 12.01.2009 zurückgreifen konnte, wurde dagegen verzichtet, da davon auszugehen war, dass eine weitere Deskriptorenkategorie neben GER, Bildungsstandards und ergänzenden IQB-Deskriptoren ein zeitökonomisches Arbeiten eher erschwert hätte.

Durchführung

Für die praktische Durchführung des Standard-Settings im April 2009 wurde auf Grundlage der Erkenntnisse der Versuchsphase im September 2008 ein leicht modifiziertes Verfahren angewendet:
- Beschränkung auf zwei Domänen, Lesen und Hören. Die Sinnhaftigkeit einer Wiederholung des Standard-Settings zum Schreiben wurde durch den mittlerweile vorliegenden Beschluss der KMK vom Dezember 2008 hinfällig, sich auf die beiden rezeptiven Domänen zu beziehen. Auch hatte sich bereits 2008 ge-

zeigt, dass ein testzentriertes Verfahren wie die Bookmark-Methode für die Entwicklung eines Kompetenzstufenmodells zum Schreiben auf Grund der geringen Itemzahl (in der Normierungsstudie 12 Aufgaben) wenig geeignet scheint. Empfehlenswert wäre für zukünftige Standard-Setting-Verfahren zum Schreiben die Anwendung einer testleistungszentrierten Methode, einer Methode also, welche die konkreten Schreibproduktionen von Schülern zum Ausgangspunkt einer Schwellenwertbestimmung nimmt.
- Erhöhung der Itemzahl auf 88 Lese- und 73 Hörverstehensitems (vgl. Abschnitt 3.2.1.3).
- Beschränkung der Vertrautmachung mit den Referenzdokumenten (GER, Bildungsstandards) auf die Erläuterung der Deskriptorensynopse in Verbindung mit der Präsentation einer Beispielaufgabe zum Hör- und Leseverstehen. In diesem Zusammenhang wurde auch die Thematik der schwierigkeitsgenerierenden Merkmale (s.o.) beispielhaft besprochen. Es wurde davon ausgegangen, dass alle Teilnehmer bereits durch ihre Mitwirkung am ersten Standard-Setting ein halbes Jahr zuvor hinreichend mit den Referenzdokumenten vertraut waren.
- Ausweitung der Bearbeitungszeiten für Lesen und Hören auf jeweils einen vollen Tag.

Nicht modifiziert werden konnte hingegen die Arbeit mit Aufgaben, deren Items unterschiedliche empirische Schwierigkeitswerte aufwiesen. Dieser Umstand erwies sich genau wie beim „Probe"-Standard-Setting im Herbst 2008 als eine besondere Herausforderung für die Teilnehmer. Auch wenn nun besonders auf eine breitere Streuung der Items über die gesamte Skala geachtet wurde, fiel die Anzahl der im oberen Leistungsbereich zur Verfügung stehenden Items wieder geringer aus (Kompetenzbereich C1). Diese führte erwartungsgemäß zu größeren Schwierigkeiten bei der Schwellenfestsetzung. Insbesondere für die Entwicklung der Kompetenzstufen zum Hörverstehen konnte das Plenum sich nicht auf eine Schwellensetzung von B2 zu C1 einigen, da von sieben Kleingruppen lediglich drei und eine vierte Gruppe nur mit Bedenken einen solchen Übergang auf Grund der Itemlage vornehmen wollte.

Abweichend vom ersten Standard-Setting wurde diesmal auf eine vierte Konsensrunde verzichtet, dafür jedoch etwas mehr Zeit für die Diskussionen gelassen, was sich insgesamt als sinnvoll herausstellte. Nach jeder Konsensrunde wurden die Ergebnisse in einer speziell konzipierten Software erfasst, die es erlaubte, auf einen Blick zu erkennen, auf welche Schwellen sich die Gruppen geeinigt hatten und welche Konsequenzen damit für die Verteilung der Schüler auf die Stufen verbunden waren. In der ersten Runde setzte jeder Teilnehmer für sich alleine die Schwellen, in der zweiten Runde wurden sieben Gruppen aus je drei Teilnehmern gebildet, die somit sieben Konsenswerte ermittelten, und in der dritten Runde wurden die sieben Teilgruppen noch einmal zu zwei Großgruppen zusammengefasst, deren Schwellenwerte abschließend im Plenum verglichen und zusammengeführt wurden.

Nach der Bearbeitung einer Domäne wurde den Teilnehmern jeweils ein Fragebogen vorgelegt, der ihre Einschätzung zum Ablauf, zur gewählten Methode, zu den Deskriptoren, zur Güte der erzielten Ergebnisse und zur Rezeption der Ergebnisse in der Öffentlichkeit abfragte (vgl. Abschnitt 3.2.2.6). Ein weiterer allgemeiner Fragebogen war den Hintergrunddaten gewidmet, das heißt u.a. Auskünften bezüglich der Vertrautheit mit den Deskriptoren des GER und mit den Verfahren schulischer Leistungsmessung, Auskünften über die eigenen Französischkenntnisse und zu den Quellen des eigenen Fachwissens.

3.2.2.4 Cut-Scores und Stufenbreiten im Lese- und Hörverstehen

Für die empirisch gewonnenen Skalen für Hören und Lesen wurden ein Mittelwert von $M = 500$ und eine Standardabweichung von $SD = 100$ in der 9. Jahrgangsstufe festgelegt. Mit dieser Skalendefinition wurde dem Vorgehen in PISA gefolgt. Indem die Skalierung auf der Grundlage des Raschmodells erfolgte, konnten die Fähigkeiten der Schüler in direkte Beziehung zu den Aufgabenschwierigkeiten gesetzt werden, konkret lagen die Personen- und Itemparameter auf einer gemeinsamen Skala. So war eine inhaltliche Beschreibung von Bereichen der Skala und letztlich eine Setzung von Standards aufgrund inhaltlicher Kriterien möglich. Im Rahmen des Standard-Setting Verfahrens wurden die Skalen für beide rezeptive Kompetenzen unter Berücksichtigung der Niveaus A1 bis C1 in fünf Intervalle eingeteilt.

Die Ausführungen des Europarats (2001) zum GER implizieren, dass es für Fremdsprachenlerner zunehmend schwerer wird, im Laufe des Kompetenzerwerbs die nächste Stufe zu erreichen. Im Hinblick auf die festzulegenden *Cut-Scores* ließen sich daraus wenigstens zwei unterschiedlichen Folgerungen ziehen:
1) Fremdsprachenlerner kommen auf dem Leistungskontinuum zunehmend langsamer voran. Sie müssen beispielsweise mehr Lernzeit aufbringen, um vom unteren bis zum oberen Ende der Stufe B2 zu gelangen, als dies auf den Niveaus A2 oder B1 der Fall ist. Unter dieser Annahme können die Stufenbreiten durchaus identisch sein.
2) Fremdsprachenlerner zeigen auf allen Stufen das gleiche Lerntempo, dadurch aber, dass die Stufenbreiten zunehmen, benötigen sie mehr Zeit, die oberen Stufen zu durchlaufen als die unteren.

Bereits im Rahmen des Standard-Settings im Fach Englisch hatte sich keine Evidenz für die zweite Annahme ergeben, vielmehr wurden dort von den Panellisten die *Cut-Scores* so gesetzt, dass weitgehend gleich breite Intervalle resultierten. Für das Standard-Setting im Fach Französisch bedeutete dies, dass ebenfalls gleich breite Intervalle angestrebt wurden. Darüber hinaus wurden weitere Festlegungen für die finale Definition der *Cut-Scores* getroffen, die auch schon in anderen Fächern, für die Standards der KMK existieren, Anwendung gefunden hatten:
- Die Stufe A1 sollte nach unten, die Stufe C1 nach oben offen sein.
- Die Stufengrenzen sollten auf Zehner gerundet werden (z.B. 290 statt 285).
- Die letztendliche Entscheidung über die Gültigkeit der *Cut-Scores* sollte durch das Plenum der Kultusministerkonferenz gefällt werden.

Hörverstehen

Das Standard-Setting im Bereich des Hörverstehens ergab unter Berücksichtigung der gerade genannten Kriterien die in Tabelle 4 aufgeführten Stufengrenzen. In der Tabelle sind neben den finalen („geglätteten") *Cut-Scores* auch die von den Panellisten tatsächlich gesetzten Grenzen aufgeführt. Dabei wird deutlich, dass nur marginale Modifikationen vorgenommen wurden, die am ehesten noch im Bereich B2/C1 nennenswert sind und implizieren, dass die Grenze zu C1 etwas zu liberal gesetzt wurde.[5]

Tabelle 4: Befunde aus dem Standard-Setting im Kompetenzbereich Hören: Cut-Scores

Grenze	Finaler Cutscore	Im Standard-Setting ermittelter Cutscore
A1/A2	300	298
A2/B1	430	428
B1/B2	560	572
B2/C1	690	724

Die Intervallbreiten liegen bei 130 Punkten. Die Differenz zwischen der 9. und 10. Jahrgangsstufe beträgt 47 Punkte und entspricht ca. einer halben Standardabweichung. Trotz des querschnittlichen Charakters der Daten interpretieren wir dies als Kompetenzzuwachs über ein Schuljahr. Bei einer Intervallbreite von 130 Punkten impliziert diese Differenz zwischen den Jahrgängen, dass im Durchschnitt mehr als zwei Schuljahre benötigt werden, um vom unteren bis zum oberen Ende einer Stufe zu gelangen. Die Abbildung 3 zeigt, wie sich die Schüler der 9. und 10. Jahrgangsstufe, die einen Mittleren Schulabschluss anstreben, auf die fünf Stufen verteilen.

In beiden Jahrgangsstufen ist der Anteil der Schülerinnen und Schüler, die auf den Niveaus A1 liegen, zu vernachlässigen. Die große Mehrzahl der Schülerinnen und Schüler in der 10. Jahrgangsstufe (79%) erreicht die Stufen B1 und B2, in der 9. Jahrgangsstufe liegen die meisten Schülerinnen und Schüler (74%) auf dem Niveau B1 oder darüber. Die von der KMK festgelegt Standards für den Mittleren Schulabschluss sehen B1/B1+ als Ziel der Sekundarstufe I an. Dieses Ziel wird – vertraut man den Befunden in Abbildung 3 – von der großen Mehrzahl der Schüler am Ende der 10. Jahrgangsstufe erreicht. Gewertet werden diese Ergebnisse als Resultat gelingender schulischer und außerschulischer Lehr- und Lernprozesse. Allerdings muss bei der Bewertung der Befunde auch berücksichtigt werden, dass die Gruppe der Schüler mit Französisch als erster Fremdsprache zu großen Anteilen des Gymnasium besucht und insgesamt eine positiv selegierte Gruppe darstellt.

---

5 Für die unten berichtete Verteilung der getesteten Schüler auf die Stufen hat dies zur Folge, dass sich die Anteile auf der Stufe C1 in etwa halbieren, anstelle der in Abbildung 3 berichteten 8.1 Prozent der Zehntklässler würde ein Cutscore von 720 zu 4,3 Prozent führen. Entsprechend würden die Zahlen auf Stufe B2 leicht ansteigen.

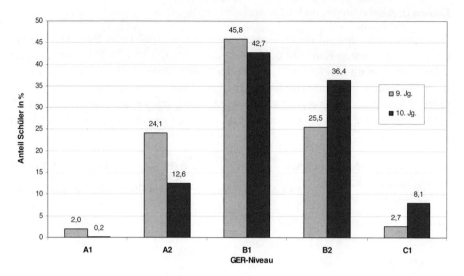

Abbildung 3: Schüler (in Prozent) nach GER-Niveau und Jahrgangsstufe (Hörverstehen)

Die besondere Bedeutung des Gymnasialanteils für die Befunde belegen die Befunde in Tabelle 5, in der die Verteilung auf die GER-Stufen nach Jahrgangsstufe und Bildungsgang aufgebrochen ist. Sichtbar ist dort, dass im Bereich Hörverstehen das Gymnasium einen deutlichen Vorsprung vor den übrigen Bildungsgängen hat. Die große Mehrheit der Gymnasiasten erreicht bereits in der 9. Jahrgangsstufe das Anforderungsniveau B1 oder liegt darüber. Für die Schüler anderer Bildungsgänge zeigt sich noch in der Klasse 10, dass 43,5 Prozent unter dem Niveau liegen bzw. lediglich etwas mehr als die Hälfte der Schüler das Niveau B1 im Bereich Hörverstehen erreicht oder überschritten haben. Damit werden in den nicht-gymnasialen Bildungsgängen die Ziele der Sekundarstufe I häufig nicht erreicht.

Tabelle 5: Schüleranteile nach GER-Stufe je Jahrgangsstufe und Schulform (Hörverstehen)

Kompetenzniveau	9. Jahrgangsstufe		10. Jahrgangsstufe		Gesamt
	Gymnasien	Andere	Gymnasien	Andere	
C1	3.8%	0.0%	10.7%	0.2%	5.2%
B2	36.0%	2.0%	45.8%	7.6%	30.5%
B1	50.3%	35.8%	40.8%	48.7%	44.4%
A2	9.8%	55.7%	2.7%	42.7%	18.8%
A1	0.0%	6.4%	0.0%	0.8%	1.2%
gewichtete Fallzahlen	8.022	3.600	7.444	2.425	21.491

Anmerkung: Schätzungen beruhen auf den Daten der Normierung. Fallzahlen stellen Populationszahlen dar.

Leseverstehen

Der Maßstab wurde auch im Lesen durch einem Mittelwert von $M = 500$ und einer Standardabweichung von $SD = 100$ in der 9. Jahrgangsstufe definiert. Die Mittelwertsdifferenz zwischen der 9. und der 10. Jahrgangsstufe lag (ähnlich wie bei Hörverstehen) bei 46 Punkten und entspricht etwa einer halben Standardabweichung. Die Intervallbreite wurde unter Berücksichtigung aller oben aufgeführten Erwägungen auf 110 Punkte festgesetzt. Die Tabelle 6 gibt einen Überblick über die festgelegten Grenzen.

Tabelle 6: Befunde aus dem Standard-Setting im Kompetenzbereich Lesen: Cut-Scores

Grenze	Finaler Cut-Score	Im Standard-Setting ermittelter Cut-Score
A1/A2	330	327
A2/B1	440	404
B1/B2	550	517
B2/C1	660	690

Dort ist sichtbar, dass sich im Lesen in der Tat Evidenz dafür ergab, dass die Stufen mit zunehmender Schwierigkeit breiter werden. Im Sinne der Kommunizierbarkeit, der Vergleichbarkeit mit dem Hörverstehen und den entsprechenden Befunden in Englisch wurden aber Anpassungen auf identische Intervallbreiten vorgenommen. Die Gegenüberstellung der beiden Spalten mit den *Cut-Scores* in Tabelle 5 impliziert, dass durch diese „Glättungen" der Werte die Anteile in den Bereichen A2 und C1 leicht überschätzt, wohingegen sie auf Stufe B2 unterschätzt werden.

Die Abbildung 4 zeigt, wie sich die Schüler der 9. und der 10. Jahrgangsstufe, die einen Mittleren Schulabschluss anstreben, auf die letztendlich festgelegten fünf Stufen im Kompetenzbereich Lesen verteilen. In der 10. Jahrgangsstufe ist der Anteil der Schülerinnen und Schüler, die auf der Stufe A1 liegen und damit auf einem unteren Niveau der elementaren Sprachverwendung verharren, unter zwei Prozent sehr gering. Auf dem Niveau A2 liegt rund ein Siebtel der untersuchten Jugendlichen. Das Niveau B1 oder ein höheres erreichen über 84 Prozent der Schülerinnen und Schüler der 10. Jahrgangsstufe. Erwartungsgemäß ergibt sich eine ungünstigere Verteilung in der 9. Jahrgangsstufe. Hier liegen etwa zwei Drittel der Schülerinnen und Schüler auf dem Niveau B1 oder darüber. Unterhalb des Niveaus B1 liegen noch 28 Prozent. Wiederum ist bei der Interpretation der Befunde zu berücksichtigen, dass die Population der Schüler mit der ersten Fremdsprache Französisch positiv selegiert ist und zu großen Teilen aus Gymnasiasten besteht.

Bricht man die Stichprobe erneut nach Bildungsgängen auf, so zeigt sich ein deutlich differenzierteres Bild, das in Tabelle 7 dargestellt ist. Es zeigt sich dort, dass große Anteile der Schülerinnen und Schüler in den nicht-gymnasialen Bildungsgängen in der 9. (65%) und 10. Jahrgangsstufe (48%) das in den KMK-Bildungsstandards formulierte B1-Niveau verfehlen. In der 10. Jahrgangsstufe des Gymnasiums erreichen dagegen fast alle Schüler mindestens das Niveau B1. Insgesamt zeigt sich danach, dass in der Gruppe der Schüler mit Französisch als erster Fremdsprache recht hohe Leistungsniveaus erreicht werden, dies aber vor allem ein Effekt des großen Gymnasiastenanteils ist. Unterscheidet man nach Bildungsgängen, so ergeben sich in den nicht-gymnasialen Bildungsgängen ernüchternde Befunde.

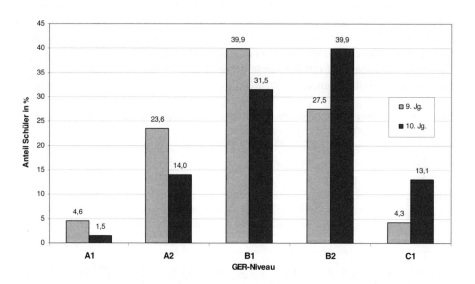

Abbildung 4: Schüleranteile nach GER-Stufe und Jahrgangsstufe (Leseverstehen)

Tabelle 7: Schüleranteile nach GER-Stufe je Jahrgangsstufe und Schulform (Leseverstehen)

Kompetenzniveau	9. Jahrgangsstufe		10. Jahrgangsstufe		Gesamt
	Gymnasien	Andere	Gymnasien	Andere	
C1	6.3%	0.0%	17.5%	0.0%	8.4%
B2	37.3%	5.7%	49.5%	10.9%	33.2%
B1	44.6%	29.4%	28.3%	40.9%	36.1%
A2	11.4%	51.0%	4.7%	42.0%	19.2%
A1	0.4%	13.9%	0.0%	6.2%	3.2%
gewichtete Fallzahlen	8.022	3.600	7.444	2.425	21.491

Anmerkung: Schätzungen beruhen auf den Daten der Normierung. Fallzahlen stellen Populationszahlen dar.

3.2.2.5 Rückmeldungen der Teilnehmer zum Standard-Setting

Wie in der Beschreibung der Materialien aufgeführt, wurde den Teilnehmern nach Festlegung der Stufengrenzen ein Fragebogen vorgelegt, der ihre persönliche Einschätzung zum Ablauf, der angewendeten Methode, den zur Verfügung gestellten Deskriptoren und nach ihrer Einschätzung im Hinblick auf das eigene Vertrauen in die gesetzten Grenzen und das Vertrauen der Öffentlichkeit in die Ergebnisse (vgl. Tabelle 8). Die Auswertung dieser Fragebögen dient einerseits der Ergebnisvalidierung, andererseits kann sie der weiteren Forschung zum Standard-Setting auf Grundlage der Bookmark-Methode dienen. Alle Items mussten auf einer vierstufigen Skala beantwortet werden. Die entsprechenden Labels der vier Antwortkategorien sind in Tabelle 8 aufgeführt.

Tabelle 8: Rückmeldung der Teilnehmer des Standard-Settings zum Ablauf, dem Einsatz der Bookmark-Methode, den Deskriptoren, ihrem Vertrauen in die Ergebnisse und der Rezeption in der Öffentlichkeit; Itemmittelwerte und (in Klammer) Standardabweichungen

	Hören	Lesen
Ablauf		
1. Die Arbeitsanweisungen in dieser Runde waren sehr unklar/unklar/klar/sehr klar.	3.11 (.57)	3.15 (.59)
2. Die für die Grenzziehungen angesetzte Zeit in dieser Runde war viel zu knapp/zu knapp/genau richtig/zu lang/viel zu lang.	3.00 (.33)	2.90 (.55)
3. Das Material zum Standard-Setting (OIBs, Deskriptoren, etc.) betrachte ich für meinen Arbeitsauftrag als sehr ineffektiv/ineffektiv/effektiv/sehr effektiv.	3.21 (.54)	

Fortsetzung Tabelle 8

	Hören	Lesen
Bookmark-Methode		
4. Die Standard-Setting Methode halte ich bezüglich dieser Teilkompetenz für sehr ineffektiv/ineffektiv/effektiv/sehr effektiv.	3.00 (.38)	2.79 (.54)
5. Die Wirksamkeit der Standard-Setting Methode betrachte ich als sehr ineffektiv/ineffektiv/effektiv/sehr effektiv.	2.95 (.40)	
6. Das Verfahren zum Standard-Setting ermöglichte es mir in dieser Runde, die Grenzen zwischen Niveaustufen nach meinem eigenen Urteil einzuziehen (überhaupt nicht zutreffend/nicht zutreffend/zutreffend/sehr zutreffend).	3.11 (.57)	3.05 (.60)
7. Das Standard-Setting Verfahren ermöglichte es mir in dieser Runde, dafür mein professionelles Wissen einzusetzen (überhaupt nicht zutreffend/nicht zutreffend/zutreffend/sehr zutreffend).	3.26 (.45)	3.15 (.37)
8. Ich konnte gut mit dem Konzept arbeiten, dass ein Item genau die Grenze zweier Niveaustufen (z.B. zwischen A1/A2) markieren kann (überhaupt nicht zutreffend/nicht zutreffend/zutreffend/sehr zutreffend).	2.83 (.51)	2.50 (.61)
9. Es ist meiner Meinung nach sinnvoll, das Überschreiten einer Grenzlinie vom Erreichen einer 62.5-prozentigen Richtigkeit abhängig zu machen (überhaupt nicht zutreffend/nicht zutreffend/zutreffend/sehr zutreffend).	3.05 (.52)	3.11 (.47)
Deskriptoren für die Setzung der Trennwerte		
10. Die Deskriptoren des GER sind ein gutes Hilfsmittel zur Grenzziehung zwischen den Niveaustufen für diese Teilkompetenz (überhaupt nicht zutreffend/nicht zutreffend/zutreffend/sehr zutreffend).	2.67 (.49)	2.70 (.47)
11. Die Deskriptoren des IQB sind ein gutes Hilfsmittel zur Grenzziehung zwischen den Niveaustufen für diese Teilkompetenz (überhaupt nicht zutreffend/nicht zutreffend/zutreffend/sehr zutreffend).	2.89 (.47)	2.90 (.55)
12. Die Deskriptoren der Bildungsstandards für die erste Fremdsprache sind ein gutes Hilfsmittel zur Grenzziehung zwischen den Niveaustufen für diese Teilkompetenz (überhaupt nicht zutreffend/nicht zutreffend/zutreffend/sehr zutreffend).	2.72 (.46)	2.70 (.47)
Vertrauen in die Ergebnisse		
13. Ich denke, dass in dieser Runde meine Niveaueinstufungen mit den Niveaus des GER übereinstimmen (überhaupt nicht zutreffend/nicht zutreffend/zutreffend/sehr zutreffend).	2.95 (.40)	3.00 (.47)

Fortsetzung Tabelle 8

	Hören	Lesen
14. Ich fühlte mich dazu genötigt, ähnliche Grenzziehungen vorzuschlagen wie die anderen Teilnehmer (überhaupt nicht zutreffend/nicht zutreffend/zutreffend/sehr zutreffend).	1.84 (.50)	2.16 (.76)
15. Beim Einziehen von Trennlinien zwischen den Niveaustufen war ich mir meistens sehr unsicher/unsicher/sicher/sehr sicher.		2.89 (.32)
16. Die entwickelten Grenzziehungen zwischen den Niveaustufen sind reliabel (überhaupt nicht zutreffend/nicht zutreffend/zutreffend/sehr zutreffend).		2.89 (.32)
Rezeption in der Öffentlichkeit		
17. Die entwickelten Grenzziehungen zwischen den Niveaustufen würden von der Fachöffentlichkeit als valide und reliabel anerkannt (überhaupt nicht zutreffend/nicht zutreffend/zutreffend/sehr zutreffend).		2.69 (.48)
18. Die entwickelten Grenzziehungen zwischen den Niveaustufen werden von den Verantwortlichen in den Bildungsministerien der Bundesländer als valide und reliabel anerkannt (überhaupt nicht zutreffend/nicht zutreffend/zutreffend/sehr zutreffend).		2.69 (.48)

Anmerkung: Jeweils vier Optionen bis auf Frage 2; Fragen 3, 5, 15-18 kompetenzunabhängig formuliert; $N = 19$.

Die Ergebnisse lassen erkennen, dass das Verfahren insgesamt von den Teilnehmern als geeignet eingeschätzt wird. Deutlich wird jedoch, dass das Verfahren geringfügig positiver beurteilt wurde als die Ergebnisse. Mit anderen Worten, einige Teilnehmer betrachteten die Vorgehensweise zwar als angemessen, konnten aber nicht mit Gewissheit angeben, dass die Ergebnisse zureffend und zuverlässig sind und in der Fachöffentlichkeit als valide und reliabel anerkannt werden. Dieser tendenziell gegensätzliche Befund mag auf den ersten Blick erstaunen, verrät jedoch im Rückblick auf die Diskussionen während der Arbeitstagung Unsicherheiten bezüglich der Qualität der verwendeten Items. In den offenen Rückmeldefeldern, die den Teilnehmern Gelegenheit zur freien Meinungsäußerung bot, wurde überdies vereinzelt der Konsensdruck des Verfahrens angesprochen.

Interessante Antworten und für weitere Forschungsprojekte relevante Antworten ergab zudem die Frage an die Experten, welche die wichtigsten Kriterien waren, die sie zur Grenzziehung herangezogen haben. Die Antworten lassen sich vier Gruppen zuordnen:

Merkmale des Textes, der Items und der Interaktion wie
- Sprechgeschwindigkeit,
- Textliche Kriterien (Varietät, Performanz, Textdichte),
- Textlänge,
- Sprechgeschwindigkeit,
- Länge u. Komplexität der Sprechtexte,

- Inhaltsbereich der Texte,
- Art der erfragten Textinformationen (implizit vs. explizit),
- erforderter Hörstil (selektiv, detailliert, global),
- Vertrautheit, Komplexität, Abstraktheit von Themen, Wortschatz und Strukturen.
- Erfahrungen aus dem Unterricht oder/und der Testentwicklung.
- Kenntnisse über weitere Tests wie DELF oder die Anforderungen im Abitur.
- Deskriptoren des GER und der Bildungsstandards.

Forschungen zum Standard-Setting sollten u.a. der Frage der Hierarchisierung der Kriterien nachgehen, da im Moment noch unklar ist, welche Kriterien tatsächlich den Ausschlag geben. Für zukünftige Standard-Setting-Verfahren wäre zu entscheiden, ob eine gezielte domänenspezifische Schulung sinnvoll und notwendig wäre, da es offensichtlich so ist, dass auch Kriterien einen Einfluss auf das Urteil der Experten ausübten, die laut Forschungsergebnissen nicht prädiktiv für die Itemschwierigkeiten sind, wie z.B. die Sprechgeschwindigkeit (vgl. Leucht, Harsch & Köller, 2009).

Notwendig erscheint vor allem in Bezug auf die Gültigkeit der in diesem Beitrag vorgestellten Kompetenzstufenmodelle im Sinne einer Validierung zukünftig weitere Maßnahmen durchzuführen. Dazu gehört vor allem die Anwendung mindestens einer weiteren Methode eines Standard-Setting Verfahrens (vgl. Cizek & Bunch, 2007), aber auch Analysen zur Interaktion von Item- und Personenmerkmalen im Hinblick auf die ermittelten Lösungswahrscheinlichkeiten. In diesem Zusammenhang sei zudem auf die Weiterentwicklung der testaufgabenspezifischen Deskriptoren zu den fünf Kompetenzniveaus verwiesen (vgl. Anhang).

3.2.3 Fazit und Ausblick

Die Kompetenzstufenmodelle für das Fach Französisch bilden ein überfälliges Glied in der Architektur des Bildungsmonitorings. Sie erlauben es der Bildungsadministration, die bereits in der Expertise von Klieme und seinen Kollegen (Bundesministerium für Bildung und Forschung, 2003) aufgegriffene Forderung nach der Festlegung von Mindeststandards einzulösen. Ebenso wichtig erscheint die Bedeutung solcher Modelle für die weitere fachdidaktische Füllung der Kompetenzorientierung: Wie sollen Aufgaben beschaffen sein, welche die notwendige innere Differenzierung von Lerngelegenheiten anbahnen können? Welche differenziert darzustellenden Schwierigkeiten sind durch Aufgaben abzubilden? Wie sind in einem konstruktivistischen Lehr-Lernansatz Unterrichtsarrangements zu denken, die an realistischen Zielen für jeden einzelnen Lerner orientiert sind (Mindest-, Regel-, Optimalziele)? Wie können sprachliche Stufungen in einem integrierten Ansatz mit interkulturellen und methodischen Lerninhalten verknüpft werden, vielleicht sogar mit entsprechenden Stufungen in „schwer messbaren" Kompetenzfeldern (vgl. Frederking, 2008), wobei das sprachliche Kompetenzerlebnis selbst bereits als interkulturelles und methodisches Lernen gedeutet werden kann (vgl. Caspari & Schinschke, 2007). Hier eröffnet sich ein breites Feld zukünftiger empirischer Forschungen, in denen die Fachdidaktiken aufgefordert sind, eng mit den

Erziehungswissenschaften bzw. der empirischen Bildungsforschung zu kooperieren.

Die Rückmeldungen zum Standard-Setting zeigten überdies, dass die Teilnehmer diesen Workshop ausnahmslos als eine persönliche Bereicherung verstanden. Auch im Hinblick auf die Inhalte in den jeweils dreitägigen Veranstaltungen – die Vertrautmachung bzw. Rezeption der Bildungsstandards und den Beschreibungen in den Bildungsstandards, die Einführung in den Bereich der Forschung zu schwierigkeitsgenerierenden Merkmalen von Testaufgaben, die Beschreibung der Studienkonzeption und -durchführung, der Diskussion über die Konstruktion von guten Testaufgaben und ausstehende empirische wie fachdidaktische Arbeiten im Fach Französisch – besitzt ein solches Verfahren Modellcharakter als Instrument der schulgestützten Lehrerbildung. Es wäre durchaus vorstellbar, Fachkollegien an Schulen mit empirisch ermittelten Schwierigkeiten von Testaufgaben in Fortbildungen zu konfrontieren, um die fachinterne Diskussion über aufgabenbezogenes Lernen zu beflügeln und fachspezifisches Wissen etwa zu den schwierigkeitsgenerierenden Merkmalen von Hör- und Leseverstehensaufgaben zu vermitteln. Das Verfahren zur Gewinnung von Kompetenzskalen im Fach Französisch bietet ein gutes Beispiel dafür, wie Forschung praxisrelevantes Wissen generiert, nicht nur als deklaratives Wissen über Kompetenzen und Kompetenzstufen, sondern auch prozedurales Wissen über den Umgang mit Leistungsdaten.

Literatur

Alderson, C. (2000). *Assessing Reading*. Cambridge: Cambridge University Press.
Basisstandards für die Fremdsprachen. Vernehmlassungsbericht. Entwurf Stand 12.01.2009. Schweizerische Konferenz der kantonalen Erziehungsdirektoren (EDK/CDIP/CDPE/CDEP). Unveröffentlichtes Dokument.
Buck, G. (2001). *Assessing Listening*. Cambridge University Press.
Bundesministerium für Bildung und Forschung (Hrsg.). (2003). *Zur Entwicklung nationaler Bildungsstandards. Eine Expertise*. BMFB: Berlin.
Caspari, D. & Schinschke, A. (2007). Interkulturelles Lernen: Konsequenzen für die Konturierung eines fachdidaktischen Konzepts aufgrund seiner Rezeption in der Berliner Schule. In L. Bredella & H. Christ (Hrsg.). *Fremdverstehen und interkulturelle Kompetenz* (S. 78–100). Tübingen: Narr.
Cizek, G. J. & M. B. Bunch (2007). *Standard Setting. A guide to establishing and evaluating performance standards on tests*. Thousand Oaks/London/New Delhi: Sage.
Europarat (Hrsg.). (2001). *Gemeinsamer europäischer Referenzrahmen für Sprachen: lernen, lehren, beurteilen*. Berlin/München/Wien/Zürich/NY: Langenscheidt.
Frederking, V. (Hrsg.). (2008). *Schwer messbare Kompetenzen. Herausforderungen für die empirische Fachdidaktik*. Baltmannsweiler: Schneider.
Green, D. R., Trimble, C. S. & Lewis, D. M. (2003). Interpreting the results of three different standard setting procedures. *Educational Measurement: Issues and Practice*, 22 (1), 22–32.
Grotjahn, R. (2001). Determinants of the Difficulty of Foreign Language Reading and Listening Comprehension Tasks: Predicting Task Difficulty in Language Tests. In H. Pürschel & U. Raatz (Eds.). *Tests and translation. Papers in memory of Christine Klein-Braley* (S. 79–102). Bochum: AKS.

Karantonis, A. & Sireci, S. G. (2006). The bookmark standard setting method: A literature review. *Educational Measurement: Issues and Practice, 25* (1), 4–12.

KMK (2003). Beschlüsse der Kultusministerkonferenz. *Bildungsstandards für die erste Fremdsprache (Englisch/Französisch) für den Mittleren Schulabschluss*. Beschluss vom 04.12.03. Verfügbar unter: www.kmk.org/bildung-schule/qualitaetssicherung-in-schulen/bildungsstandards/dokumente.html [19.05.09].

KMK (2004). Beschlüsse der Kultusministerkonferenz. *Bildungsstandards für die erste Fremdsprache (Englisch/Französisch) für den Hauptschulabschluss*. Beschluss vom 15.10.04. Verfügbar unter: www.kmk.org/bildung-schule/qualitaetssicherung-in-schulen/bildungsstandards/dokumente.html [19.05.09].

Leucht, M., Harsch, C. & Köller, O. (2009, im Druck). Schwierigkeitsgenerierende Merkmale von Items zum Lese- und Hörverstehen im Fach Englisch. Erscheint in: *Diagnostica*.

Mitzel, H. C., Lewis, D. M., Patz, R. J. & Green, D. R. (2001). The Bookmark procedure: Psychological perspectives. In G. Cizek (Hrsg.), *Setting performance standards: Concepts, methods and perspectives* (S. 249–281). Mahwah, NJ: Erlbaum.

Raphaela Porsch

3.3 Die Erprobung eines Kodierschemas zur Messung der Schreibkompetenz im Fach Französisch

In diesem Beitrag soll über die Ergebnisse der Schreibproduktionen im Fach Französisch unter Anwendung eines Kodierschemas mit analytischen Kriterien und zwei holistischen Urteilen berichtet werden. Die Daten wurden im Rahmen der Normierungsstudie erhoben. Diese stellt eine Studie mit einer repräsentativen Schülerstichprobe in sechs Bundesländern dar und wurde in den Klassenstufen 9 und 10 durchgeführt. Eingangs sollen die Stichprobe, das Testdesign und die Instrumente zur Testung der fremdsprachlichen Schreibkompetenz kurz beschrieben werden. Im Anschluss daran sollen folgende Fragen beantwortet werden: (1) Eignet sich ein holistisches Urteil vor oder nach den analytischen Kriterien, um die Schreibleistungen der Schüler abzubilden und (2) können die Bewertungen zu den analytischen Kriterien auf einer gemeinsamen Skala rückgemeldet werden? Zudem sollen erste Ergebnisse zu den Schülerleistungen im Bereich Schreiben auf der Grundlage eines Globalurteils präsentiert werden.

3.3.1 Die Normierungsstudie

Als Folge der Beschlüsse der Kultusministerkonferenz vom 15.12.2004 fand im Jahr 2008 die Normierung der Aufgaben zu den Bildungsstandards für Deutsch und die erste Fremdsprache (Englisch/Französisch) in der Sekundarstufe I statt. Die Normierungsstudie im Fach Französisch wurde in den Klassenstufen 9 und 10 für den Mittleren Schulabschluss (vgl. KMK, 2003) durchgeführt. Ergänzend fand im Zuge der Normierungsstudie ein erster Ländervergleich für das Fach Französisch statt. Dieser Ländervergleich beschränkte sich ebenfalls auf den Mittleren Schulabschluss und ergänzte die Stichprobe in der 9. Jahrgangsstufe um weitere 100 Schulen.

3.3.1.1 Stichprobe und Beteiligungsquoten

Insgesamt wurden im Rahmen der Normierungsstudie in einer nach Land, Bildungsgang und Jahrgangsstufe repräsentativen Stichprobe Leistungsdaten von $N = 3.602$ Schülern der 9. und 10. Jahrgangsstufe erhoben. Die zusätzlich für den Ländervergleich getestete Stichprobe bestand aus $N = 4.385$ Schülern. Getestet wurde in insgesamt sechs Bundesländern: in Berlin, Baden-Württemberg, Hessen, Nordrhein-Westfalen, Rheinland-Pfalz und im Saarland (vgl. Verteilung der Schüler in Kapitel 3.2). Das Alter der Schüler lag im Durchschnitt bei $M = 16.03$ Jahren ($SD = .84$). Der Anteil der Mädchen lag bei 59,6 Prozent ($N = 2.145$), wobei für 0,9 Prozent ($N = 30$) der Schüler keine Geschlechtsangabe vorlag. Fast alle Schüler (99,4%) lernten Französisch als erste Fremdsprache. 95,7 Prozent der Schüler gaben an, dass sie normalerweise Deutsch zuhause sprechen. Immerhin 20,5 Prozent der Schüler hatten bilingualen Unterricht. Die Schüler stammen aus drei Bildungsgängen (vgl. Verteilung der Schüler in Kapitel 3.2), die zum Mittleren Schulabschluss führen.

3.3.1.2 Testdesign und Instrumente

Getestet wurden die folgenden fremdsprachlichen Kompetenzen in Französisch: Schreiben (10 Aufgaben), Leseverstehen (184 Items), Hörverstehen und Hör-Seh-Verstehen (gesamt 183 Items). Die Schreibaufgaben ließen sich aufgrund von *A-priori*-Einschätzungen den Niveaustufen A1 bis C1 des Gemeinsamen europäischen Referenzrahmens für Sprachen (GER, Europarat, 2001) zuordnen und wurden auf Grundlage des *Uni-Level*-Ansatzes entwickelt (vgl. Kapitel 2.5). Die Aufgaben verlangen von den Französischlernern das Schreiben von verschiedenen Textsorten zu Themen aus ihrem Interessengebiet (vgl. Tabelle 1) und wurden bereits in der Pilotierungsstudie im Fach Französisch eingesetzt (vgl. Kapitel 3.1). Je nach angesteuertem Kompetenzniveau und der geforderten Textlänge, der Textsorte, der Verwendung sprachlicher Mittel wurden die Aufgaben Blöcken à 20 Minuten (Aufgaben der GER-Niveaus A1 bis B1) bzw. 40 Minuten (Aufgaben der Niveaustufen B2 und C1) zugewiesen. Alle Testteile wurden mit Hilfe eines Multi-Matrix-Designs auf insgesamt 28 Testhefte verteilt, wobei in jedem Testheft zwei oder mehr Kompetenzen getestet wurden. Die Testzeit pro Schüler betrug insgesamt 120 Minuten. Hintergrunddaten wurden über Schülerteilnahmelisten, die von den Lehrkräften bzw. Schulkoordinatoren auszufüllen waren, sowie über einen Schülerfragebogen erhoben.

Tabelle 1: Eingesetzte Schreibaufgaben nach (a priori) GER-Niveaustufe und Textsorte

Nummer	Aufgabenname	Niveau	Textsorte
PE004	Emploi du temps	A1	Persönlicher Brief
PE005	Pauvre Juliette	A1	Persönlicher Brief
PE008	Star Allemande	A2	Persönlicher Brief
PE013	Cadeau d'anniversaire	A2	Persönlicher Brief
PE017	Le film de l'année	B1	Antwort im Internetforum
PE018	Police à l'école	B1	Brief an eine Zeitschrift
PE020	Se fâcher avec un ami	B1	Persönlicher Brief: Problembeschreibung
PE028	Quitter l'école à 14 ans ?	B2	Antwort im Internetforum: Meinung äußern/argumentieren
PE030	Promouvoir la langue allemande	B2	Aufsatz/Erörterung
PE032	Bourse d'étude en France	C1	Motivationsschreiben (offizieller Brief/Bewerbung)

3.3.2 Die Auswertung der Textproduktionen

(1) Ratingverfahren

Für die Bewertung der Texte standen zu jeder Aufgabe Kodieranweisungen und kommentierte *Benchmark*-Texte zur Verfügung (vgl. Kapitel 2.5). Die fünfzehn ausgewählten Rater für diese Arbeit waren muttersprachliche Studierende (Erstsprache Französisch) verschiedener Fachbereiche an der Universität Hamburg sowie Lehramtstudierende Französisch höherer Semester (Erstsprache Deutsch). Sie wurden am *IEA Data Processing und Research Center* in Hamburg von Bernd Tesch, dem Projektkoordinator am IQB im Fach Französisch (Sekundarstufe I), für die Bewertung aller Schreibaufgaben geschult. Für die Auswertung der Textproduktionen hatten die Beurteiler eine Vielzahl an Kriterien zu berücksichtigen sowie vor den analytischen Kriterien einen Globaleindruck und nach den Einzelbewertungen eine Gesamtbeurteilung im Hinblick auf das Erreichen des angestrebten GER-Niveaus abzugeben. Für die sprachsystematischen Kodes und die holistischen Urteile hatten die Juroren zu unterscheiden, ob ein Text unter dem Niveau liegt (Kode 1 bzw. Kode 0 zu wenig Text im Hinblick auf die Mindestwortanzahl), das Niveau erreicht hat (Kode 2) oder deutlich Kompetenzen über dem Niveau zeigt (Kode 3). Für alle weiteren Textaspekte wurde lediglich entschieden, ob das Merkmal erfüllt (Kode 1) oder nicht (Kode 0) erfüllt worden ist. Während der Trainingsphase wurden zu mehreren Messzeitpunkten die Interrater-Übereinstimmungen der Bewertungen anhand von jeweils 20 Texten einer Aufgabe überprüft. Für jede Aufgabe lagen die Bewertungen zu ~1.000 Schülertexten für die anschließende Datenauswertung vor. Bei der Zuordnung von Texten zu den Ratern wurde auf eine ausgewogene Verteilung geachtet, d.h. jeder Beurteiler hatte etwa einen gleich hohen Anteil an Texten einer Aufgabe zu bearbeiten.

(2) Strukturanalysen

Die Berechnung der bivariaten Korrelationen und die Regressionsanalysen erfolgten mit dem Programm SPSS (Version 15.0). Konfirmatorische Messmodelle bzw. Strukturgleichungsmodelle wurden mit AMOS (Version 17.0; vgl. Arbuckle, 2006) berechnet. Für robustere Schätzungen wurden für diese Analysen auch die Textbewertungen von den Schülern aus den 100 zusätzlichen Schulen zum Ländervergleich hinzugezogen.

(3) IRT-Analysen

Für die Berechnung der Personenparameter, der Leistungswerte der Schüler in der Normierung, wurde das Programm Acer ConQuest (Version 2.0; Wu, Adams, Wilson & Haldane, 2007) verwendet. Für die polytomen Variablen eignete sich ein *Partial-Credit-Modell* (Masters, 1982) am besten. Aufgrund der geringen Anzahl (< fünf Prozent) an fehlenden (Kode 9) oder nicht interpretierbaren Texten (Kode 8) – im starken Kontrast zur Datengrundlage der Pilotierungsstudie (vgl. Kapitel

3.1.5) – wurden diese Texte als unter dem Niveau in der Datenauswertung behandelt. Weiterhin wurden bei der Schätzung der Personenparameter Stichprobengewichte (Klassenstufe, Bundesland, Schulform) berücksichtigt, die vom *IEA Data Processing and Research Center* in Hamburg zur Verfügung gestellt wurden, so dass gewährleistet wurde, dass die Skalierungen mit einer repräsentativen Stichprobe durchgeführt wurden. Zu allen berücksichtigten Schülern lagen die notwendigen Informationen für die Berechnung von *Plausible Values* unter Berücksichtigung eines Hintergrundmodells vor. Die dazu verwendeten Variablen waren Geschlecht, Klassenstufe, Schulform (GY vs. andere) und die Zugehörigkeit zu einem der sechs Bundesländer.

3.3.3 Strukturanalysen zu den Schreibproduktionen

Globaleindruck vs. Globalurteil

Die erste Auswertung bezieht sich auf den Zusammenhang von Globalurteil und Globaleindruck. Ein abschließendes Globalurteil (nach den analytischen Kriterien) wurde für diese Studie zusätzlich zum Globaleindruck von den Ratern vergeben. Die Frage lautet nun: In welchem Verhältnis stehen die beiden holistischen Urteile zueinander?

Festgestellt werden kann anhand der Höhe der Korrelationen (vgl. Tabelle 2), dass der Zusammenhang zwischen dem Globaleindruck und dem Globalurteil für alle Aufgaben sehr hoch ist und man von nahezu gleichen Urteilen sprechen kann. Die Frage ist jedoch, ob für das holistische Urteil – in diesem Ansatz die Bewertung des Erreichens oder Nichterreichens des getesteten GER-Niveaus – alle analytischen Kriterien, die folgen (*Impression globale*) oder dem Urteil vorausgehen (*Évaluation globale*) gleichermaßen einbezogen werden. Für die Beantwortung dieser Frage bietet sich die Verwendung eines Strukturgleichungsmodells an, indem zwei konfirmatorische Messmodelle verbunden werden. Über alle Aufgaben hinweg lässt sich ein solches Modell nicht etablieren, weil der Anteil an fehlenden Daten, welcher dem Multi-Matrix-Design zuzuschreiben ist, zu hoch ist.

Aus diesem Grund wurde für diese Frage exemplarisch eine Aufgabe zum Niveau B1 zu dieser Fragestellung ausgewählt (PE018), zu der 1.037 bewertete Texte vorliegen. Von den Schreibern wurde erwartet, dass sie an eine französische Zeitschrift schreiben, um ihre Meinung zur Frage «Faut-il faire entrer la police à l'école ?» darzulegen und zu erklären, was die besten Mittel sind, um der Gewalt an Schulen zu begegnen. Zudem sollten zwei Beispiele genannt werden, was zu dieser Frage in Deutschland unternommen wird. Als Mindestanzahl für einen Text wurden 60 Wörter verlangt, die Bearbeitungszeit betrug 20 Minuten.

Tabelle 2: Korrelation zwischen dem Globaleindruck und dem Globalurteil (alle Aufgaben)

Aufgabe	Korrelation Globaleindruck - Globalurteil
PE004	.90*
PE005	.85**
PE008	.90**
PE013	.91**
PE017	.90**
PE018	.93**
PE020	.92**
PE028	.90**
PE030	.90**
PE032	.91**

Hinweise: Korrelationen zweiseitig signifikant (**p <. 01, *p <. 05); $N = 5844$.

Das Kodierschema sah neben den holistischen Urteilen folgende Kriterien für die Bewertung der Schülertexte vor:
- Inhalt bzw. Sprechakte (*Contenu/Actes de paroles*)[1]
- Textsorte (*Genre de texte*)
- Adressatengerechtheit (*Adéquation au destinataire*)
- Organisation des Textes: Themenaufbau (*Développement thématique*) sowie Kohärenz und Kohäsion (*Cohérence et Cohésion*),
- Lexik: Variabilität/Verständlichkeit (*Lexique – étendue*)
- Lexik: Richtigkeit der Verwendung (*Lexique – usage approprié*)
- Grammatik: Variabilität/Verständlichkeit (*Grammaire fonctionnelle*)
- Grammatik: Richtigkeit der Verwendung (*Grammaire norme*)
- Orthographie (*Orthographe lexicale*)

Zur Bewertung der sprachsystematischen Kriterien wurden die Kodes 0 bis 3 wie für die holistischen Urteile vergeben. Alle weiteren Kriterien werden als dichotome Variablen behandelt, d.h. für sie muss lediglich die Entscheidung „erfüllt/realisiert" oder „nicht erfüllt/realisiert" getroffen werden. Für die Richtigkeit und die Variabilität/Verständlichkeit der Grammatik und Lexik ist zu berücksichtigen, dass die Anforderungen sich für die getesteten Niveaus unterscheiden. Nach dem Referenzrahmen heißt es im Kodierhandbuch für das Erreichen des Niveaus B1 im Bereich Lexik: „Le répertoire élémentaire est bien maîtrisé mais des erreurs sérieuses se produisent encore quand il s'agit d'exprimer une pensée plus complexe", d.h. der elementare Wortschatz wird auf diesem Kompetenzniveau sicher verwendet, jedoch treten noch Fehler auf, wenn der Schreiber komplexe Gedanken ausdrücken möchte.

---

1   Zu dieser Aufgabe wurden folgende drei Sprechakte berücksichtigt:
    - Donner son opinion sur le sujet « Faut-il faire entrer la police à l'école ? »
    - Parler des moyens pour lutter contre la violence à l'école
    - Donner des exemples de ce qui se passe en Allemagne

Für den Zusammenhang der Kriterien mit dem Globaleindruck bzw. dem Globalurteil können zwei Vorgehensweisen Antwort geben: (a) es werden bivariate Zusammenhänge berechnet und (b) für gerichtete Zusammenhänge werden die zwei Urteile als abhängige Variablen in einer Regressionsgleichung modelliert. Der Anteil der Varianzaufklärung jeder Variablen bzw. die Beta-Gewichte geben Auskunft über den Zusammenhang, wobei wegen hohen Interkorrelationen zwischen den analytischen Kriterien (ohne Darstellung) auf eine *schrittweise Regression* zurückgegriffen. Dazu werden die Prädiktorvariablen auf Ausschluss bzw. Aufnahme in das Modell geprüft[2] und die Beta-Gewichte des Modells berichtet, welches den höchsten Erklärungszuwachs für die Varianz der abhängigen Variablen leistet.

Anhand der Korrelationskoeffizienten wird deutlich (vgl. Tabelle 3), dass es unterschiedlich hohe Zusammenhänge einzelner analytischer Kriterien mit dem Globalurteil bzw. dem Globaleindruck gibt und dass die beiden holistischen Urteile sich in der jeweiligen Zusammenhangsgröße nur gering unterscheiden. Es gibt eine Tendenz, dass die analytischen Kriterien geringfügig höher mit dem Globalurteil als mit dem Globaleindruck zusammenhängen. Vor allem die Bewertungen der Lexik und Grammatik korrelieren deutlich mit den holistischen Urteilen und liegen alle über .80. Die höhere Abhängigkeit zu den sprachlichen Kriterien – ausgenommen ist die Orthographie – wird auch in den Ergebnissen der Regressionsanalysen deutlich (vgl. Tabelle 4). Lediglich die vier sprachsystematischen Kriterien können die holistischen Urteile erklären, auch wenn weitere Variablen einen aber geringen Erklärungszuwachs leisten. Das gilt gleichermaßen für ein Urteil vor oder nach den benannten Kriterien. Wenn lediglich die vier sprachsystematischen Kriterien modelliert werden, kann die Varianz des Globaleindrucks noch zu 81 Prozent und des Globalurteils zu 85 Prozent erklärt werden.

Tabelle 3: Korrelationen zwischen dem Globaleindruck – Globalurteil und den analytischen Kriterien (Aufgabe PE018)

Variable	Korrelation mit „Globaleindruck"	Korrelation mit „Globalurteil"
Inhalt I	.58	.59
Inhalt II	.55	.55
Inhalt III	.42	.43
Textsorte	.64	.64
Organisation (Thematische Entwicklung)	.68	.69
Organisation (Kohärenz/Kohäsion)	.64	.64
Lexik (Variabilität/Verständlichkeit)	.85	.86
Lexik (Normgerechtheit)	.83	.85
Grammatik (Variabilität/Verständlichkeit)	.85	.88
Grammatik (Normgerechtheit)	.82	.84
Orthographie	.69	.70

Hinweise: Variablen z-standardisiert; alle Korrelationen zweiseitig signifikant ($p < .01$); $N = 1037$.

---

2 Es wurde auf die F-Wahrscheinlichkeiten (Schwellenwert für die Aufnahme einer Variablen = .05/Ausschluss = .01) zurückgegriffen.

Tabelle 4: Beta-Gewichte der analytischen Kriterien in einem linearen Regressionsmodell (abhängige Variablen Globaleindruck bzw. Globalurteil; Aufgabe PE018)

Variable	Abhängige Variable „Globaleindruck"	Abhängige Variable „Globalurteil"
Inhalt I	NA	NA
Inhalt II	NA	NA
Inhalt III	.04**	.04**
Textsorte	NA	NA
Organisation (Thematische Entwicklung)	.09**	.08**
Organisation (Kohärenz/Kohäsion)	NA	NA
Lexik (Variabilität/Verständlichkeit)	.25**	.20**
Lexik (Normgerechtheit)	.19**	.19**
Grammatik (Variabilität/Verständlichkeit)	.24**	.33**
Grammatik (Normgerechtheit)	.23**	.24**
Orthographie	-.04**	-.05**
R^2	.82	.86

Hinweise: Beta-Gewichte aus linearen Regressionsanalysen (schrittweise R.), NA = Prädiktoren nicht im Modell, Signifikanz **p < .01; R^2 = korrigiertes R^2/Anteil an aufgeklärter Varianz der abhängigen Variablen; N = 1037.

Zusammenfassend kann festgehalten werden, dass (1) in die holistische Beurteilung der Texte lediglich sprachsystematische Leistungen einbezogen werden. Die Richtigschreibung von Texten, die Textorganisation und inhaltliche Aspekte bleiben unberücksichtigt. (2) Dies gilt für beide holistische Urteile, so dass die Aussage getroffen werden kann, dass das Globalurteil und der Globaleindruck gleichermaßen als ein Gesamturteil über einen Text herangezogen werden können.

Dimensionalität der Bewertungen

Für eine Berechnung von Leistungswerten für die getesteten Schüler stellt sich nun die Frage, ob alle Items bzw. die bewerteten Kriterien einer Aufgabe gemeinsam modelliert werden sollten und damit eine Globalskala „Schreibkompetenz" basierend auf Teilaspekten rückgemeldet werden sollte oder sich mehrere Teildimensionen identifizieren lassen. In einem ersten Schritt werden die Variablen im Hinblick auf den Zusammenhang mit einer latenten Variablen geprüft. Für eine konfirmatorische Faktorenanalyse wurde ein Faktor etabliert, mit Hilfe einer explorativen Faktorenanalyse wird keine Annahme über die Anzahl an Faktoren getroffen. Jedoch zeigt sich als Ergebnis, dass lediglich ein Faktor extrahiert werden kann. Die Faktorladungen zu beiden Analyseverfahren sind in der Tabelle 5 dargestellt.[3]

---

[3] Die konfirmatorische Faktorenanalyse bzw. die Schätzung eines eindimensionalen Modells wurde ohne die Zulassung von Residualkorrelationen durchgeführt, so dass die „schlechten" Fitstatistiken erklärbar sind. Die Zulassung von insgesamt sechs Residualkorrelationen ändert im Modell nur geringfügig die Höhe der Faktorladungen, verbessert die Fitstatistiken jedoch erheblich (Chi-Quadrat = 508.9; df = 41, Signifikanz p < .001; RMSEA=.086; CFI=.970; SRMR=.0376).

Tabelle 5: Faktorladungen der analytischen Kriterien (Aufgabe PE018)

Variable	Faktorladungen (EFA)	Faktorladungen (KFA)
Inhalt I	.77	.72
Inhalt II	.64	.60
Inhalt III	.47	.43
Textsorte	.83	.78
Organisation (Thematische Entwicklung)	.83	.79
Organisation (Kohärenz/Kohäsion)	.83	.78
Lexik (Variabilität/Verständlichkeit)	.89	.91
Lexik (Normgerechtheit)	.86	.88
Grammatik (Variabilität/Verständlichkeit)	.89	.90
Grammatik (Normgerechtheit)	.89	.85
Orthographie	.86	.84

Hinweise: EFA = Explorative Faktorenanalyse (Hauptkomponentenanalyse: ein Faktor extrahiert; Varianzanteil des Faktors 64,32 %); KFA = Konfirmatorische Faktorenanalyse/1-Faktor-Modell): standardisierte Werte; Chi-Quadrat = 1158.5; df = 44; p < .001; RMSEA = .16; CFI = .86; SRMR = .06; N = 1037.

An den Ergebnissen wird deutlich, dass vor allem die sprachsystematischen Kriterien und die textorganisatorischen durch einen Faktor erklärt werden können. Der dritte bewertete Sprachakt (Nennung von Beispielen, wie in Deutschland Gewalt an Schulen begegnet wird) korrespondiert am geringsten mit der Gesamtskala. Die im Vergleich zu den weiteren Kriterien[4] geringe Trennschärfe des zweiten (α = .58) und dritten Sprechaktes (α = .42) weist darauf hin, dass diese Bewertungskriterien wenig geeignet sind, um zwischen fähigen und weniger fähigen Schreibern in der Fremdsprache zu unterscheiden. Die Annahme ist, dass der Erfolg dieser Kriterien stark vom Vorwissen der Schülerinnen und Schüler abhängt.

Auch in einer zweidimensionale Lösung, in der die Inhaltskriterien einer Teildimension zugeordnet werden, und die weiteren Kriterien einer zweiten Dimension, bestehen keine höheren Zusammenhänge mit den latenten Faktoren. Zudem besteht zwischen den Teildimensionen eine messfehlerkorrigierte Korrelation nahe Eins, so dass ein eindimensionales Modell als am besten geeignet angesehen werden muss, um die Bewertungen der Textproduktionen abzubilden. Dargestellt wurden die Analysen zu einer Aufgabe, die das Niveau B1 testet. Es zeigt sich jedoch anhand von Analysen der Textbewertungen weiterer Aufgaben, dass sich die dargestellten Befunde replizieren lassen. Daraus kann geschlossen werden, dass (1) die Kriterien für die Bewertung der Textproduktionen sich durch eine Dimension gut abbilden lassen und (2) lediglich die Inhaltsbewertungen weniger durch einen etablierten Faktor beschrieben werden können.

---

4 Cronbachs Alpha als Reliabilitätsmaß einer Skala liegt bei .93. Die Trennschärfen der weiteren Variablen liegen zwischen .70 und .88.

3.3.4 Aufgabenschwierigkeiten, Cut-Scores und Stufenbreiten im Schreiben

Parameterschätzungen auf Grundlage des Globalurteils

Um die Schülerleistungen auf Kompetenzstufen abzubilden, wurde im Kapitel 3.2 die Bookmark-Methode als das im Französischprojekt eingesetzte Standard-Setting beschrieben. Das Verfahren erlaubte die empirisch gestützte Niveaustufenziehung für die Kompetenzen im Lese- und Hörverstehen. Allerdings wurde nach der Erprobung mit dem Verfahren die Eignung für Schreibaufgaben als gering betrachtet, weil die niedrige Anzahl von Items ein breites Intervall zulässt, in dem die Kompetenzstufen eingezogen werden können.

Allerdings konnten durch eine eindimensionale Skalierung des Globalurteils aller Aufgaben plausible Ergebnisse gewonnen werden (vgl. Tabelle 6) und zwar in zweifacher Hinsicht: (1) Die Schwierigkeiten der Aufgaben lassen sich aufsteigend gemäß der Reihenfolge der *a priori* vorgenommenen Niveaustufenzuordnung ordnen und (2) ein Einziehen von Trennwerten auf Basis dieser Schwierigkeiten mit einem Abstand von 100 Punkten zeigt eine plausible Verteilung der Schülerleistungen (vgl. Tabelle 7).

Tabelle 6: Aufgabenschwierigkeiten (Globalurteil) – Items geordnet nach Schwierigkeit

Aufgabe	Schwierigkeit (logit-Skala)	a priori GER-Niveaustufe	Outfit	Infit	Schwierigkeit (transformiert)
PE005aj	-2.48	A1	1.13	1.08	316
PE004aj	-1.41	A1	0.94	0.94	352
PE008aj	-0.67	A2	0.98	1.00	400
PE013aj	-0.64	A2	0.95	0.96	402
PE017aj	0.75	B1	0.98	0.98	492
PE020aj	0.98	B1	1.07	1.05	507
PE018aj	1.30	B1	0.89	0.96	528
PE028aj	2.49	B2	0.91	0.93	605
PE030aj	2.52	B2	0.86	0.96	607

Anmerkung: Mittlere Personenfähigkeit auf 0 fixiert; Globalurteil zu PE032j aufgrund extremer Schwierigkeit ausgeschlossen; Kodes 1-3; $N = 3602$.

Für die empirisch gewonnene Skala wurden ein Mittelwert von $M = 500$ und eine Standardabweichung von $SD = 100$ in der 9. Jahrgangsstufe festgelegt. Indem die Skalierung auf der Grundlage des Raschmodells erfolgte, konnten die Fähigkeiten der Schüler in direkte Beziehung zu den Aufgabenschwierigkeiten gesetzt werden, d.h. die Personen- und Itemparameter liegen auf einer gemeinsamen Skala. Die Trennwerte auf dieser Skala wurden bei 380 (Übergang A1 zu A2), 480 (Übergang A2 zu B1) und 580 (Übergang B1 zu B2 oder höher) eingezogen, die somit höher liegen im Vergleich zu den Kompetenzstufenmodellen zum Lese- und Hörverstehen. Ein Trennwert zwischen B2 und C1 wird für das Kompetenzstufenmodell zum Schreiben nicht vorgeschlagen, weil lediglich eine Aufgabe zum Niveau C1 in der Testung eingesetzt wurde, die hinsichtlich der empirischen Schwierigkeit deutlich über den Leistungsfähigkeiten der getesteten Population lag und zudem die Grenze von den Teilnehmern des ersten Standard-Settings (vgl. Kapitel 3.2) bereits als nicht reliabel angesehen wurde. Insgesamt fällt an der Raschhomogenität der Items auf, dass eine aufgabenübergreifende Auswertung auf Grundlage des Globalurteils möglich ist.

Tabelle 7: Schüleranteile nach GER-Stufe je Jahrgangsstufe und Schulform (Schreiben: Globalurteil)

Kompetenzniveau	9. Jahrgangsstufe		10. Jahrgangsstufe		Gesamt
	Gymnasien	Andere	Gymnasien	Andere	
B2 oder höher	29.6%	1.8%	41.3%	1.5%	25.8%
B1	50.0%	16.1%	43.1%	22.8%	38.9%
A2	18.6%	44.0%	14.2%	55.2%	25.4%
A1	1.8%	38.1%	1.3%	20.5%	9.8%
gewichtete Fallzahlen	8.022	3.600	7.444	2.425	21.491

Anmerkung: Schätzungen beruhen auf den Daten der Normierung. Fallzahlen stellen Populationszahlen dar.

Die Tabelle 7 zeigt, wie sich die Schüler der 9. und der 10. Jahrgangsstufe, die einen Mittleren Schulabschluss anstreben, auf die letztendlich festgelegten vier Stufen im Kompetenzbereich Schreiben verteilen, wenn man die vorgeschlagenen Kompetenzstufensetzung heranzieht. In der 10. Jahrgangsstufe ist der Anteil der Gymnasiasten, die auf der Stufe A1 liegen und damit auf einem unteren Niveau der elementaren Sprachverwendung liegen, sehr gering. Für die Schüler anderer Schulformen liegt der Anteil deutlich höher bei über 20 Prozent. Auf dem Niveau A2 liegen 14,2 Prozent der Gymnasiasten und über 55 Prozent der Schüler anderer Schulformen in der Klassenstufe 10. Das Niveau B1 oder ein höheres erreichen fast 85 Prozent der Gymnasiasten der 10. Jahrgangsstufe, jedoch lediglich 24,3 Prozent der Schüler anderer Schulformen.

Erwartungsgemäß ergibt sich eine ungünstigere Verteilung in der 9. Jahrgangsstufe. Es zeigt sich dort, dass große Anteile der Schülerinnen und Schüler in den nicht-gymnasialen Bildungsgängen in der 9. (82,1%) und noch in der 10. Jahrgangsstufe (75,7%) das in den KMK-Bildungsstandards formulierte B1-Niveau verfehlen. In der 10. Jahrgangsstufe des Gymnasiums erreichen dagegen lediglich 15,5 Prozent nicht das Niveau B1. Insgesamt zeigt sich danach, dass in der Gruppe der Schüler mit Französisch als erster Fremdsprache hohe Leistungsniveaus im Schreiben erreicht werden, dies aber vor allem ein Effekt des großen Gymnasiastenanteils ist. Unterscheidet man nach Bildungsgängen, so ergeben sich in den nicht-gymnasialen Bildungsgängen ernüchternde Befunde. Geschlussfolgert werden muss, dass das Schreiben von zusammenhängenden Texten, so wie es in der vorliegenden Studie untersucht wurde, nur in wenigen Klassen an Realschulen oder

Schulen mit mehreren Bildungsgängen ausreichend geübt wird, um das Niveau B1 zum Erreichen des Mittleren Schulabschlusses (KMK, 2003) im Fach Französisch zu erreichen.

Wie in Abschnitt 3.3.3 gezeigt, bildet das Globalurteil jedoch vorrangig die Anwendung von Lexik und Grammatik in Bezug auf ein getestetes GER-Niveau beim Schreiben eines zusammenhängenden Textes auf Französisch ab. Damit kann zwar von fremdsprachlicher Schreibkompetenz gesprochen werden, jedoch wurde in dieser Untersuchung auf Grundlage der Bildungsstandards ein weiter gefasstes Verständnis von Schreibkompetenz für die Messungen angelegt (vgl. Kapitel 2.2.4). Deshalb wurden neben den sprachlichen Kriterien weitere Textmerkmale bewertet, die, so konnte auch gezeigt werden, sich auf einer Skala abbilden lassen. Im Folgenden sollen daher Analysen zur Auswertung mit allen Kriterien herangezogen werden.

Parameterschätzungen auf Grundlage aller Bewertungskriterien

Vor der Vorstellung der Ergebnisse zu allen Aufgaben sollen nachfolgend unter Anknüpfung der Strukturanalysen (vgl. Abschnitt 3.3.3) die Itemschwierigkeiten der bereits untersuchten B1-Aufgabe (PE018) betrachtet werden.[5] Oben hatte sich erhebliche Evidenz dafür gegeben, dass die verschiedenen Kriterien ein gemeinsames Merkmal der Schreibkompetenz abbilden. Diese Eindimensionalität wird insgesamt durch die durchgängig akzeptablen Infit-Werte in der Tabelle 8 bestätigt, wenn auch der vorherige Ausschluss der drei Inhaltsvariablen nötig war.

Tabelle 8: Empirische Schwierigkeiten der analytischen Kriterien (Aufgabe PE018)

Kriterium	Schwierigkeit (logit-Skala)	Outfit	Infit
Textsorte	-3.61	NA	1.13
Organisation (Thematische Entwicklung)	-2.06	NA	1.00
Organisation (Kohärenz/Kohäsion)	-2.04	0.88	1.05
Lexik (Variabilität/Verständlichkeit)	0.77	0.69	0.75
Lexik (Normgerechtheit)	0.48	0.76	0.85
Grammatik (Variabilität/Verständlichkeit)	0.41	0.74	0.81
Grammatik (Normgerechtheit)	0.84	0.93	0.96
Orthographie	-2.84	NA	1.06

Hinweise: Mittlere Personenfähigkeit auf 0 fixiert; angegeben sind mittlere Schwierigkeiten der Items; Kodes 0/1 bzw. 0-3; NA = nicht ermittelbare Outfits; N = 1037.

Die Übersicht der Schwierigkeiten der Items auf einer Logit-Skala mit dem Mittelwert Null und leichten Items im Bereich bis -3 und schwere Items im Bereich bis +3 (vgl. Tabelle 8) zeigt, dass die Textorganisation, die Verwendung der richtigen

---

5 Da es sich um die Berechnung mit Hilfe eines *Partial-Credit-Modells* handelt, liegen Schwierigkeiten für jeden Step vor. Angegeben wird die mittlere Schwierigkeit der Steps.

Textsorte und die Orthographie für die Schüler am leichtesten zu bewältigen sind. Damit wird deutlich, dass wie bereits auf Grundlage der Pilotierungsdaten ermittelt (vgl. Kapitel 3.1), sich das Kriterium „Orthographie" nur in geringem Maße eignet, die Schreibfähigkeit abzubilden. Da die Bewertung auf Grundlage des Referenzrahmens erfolgt und eine Richtigschreibung prinzipiell erst ab dem Niveau B2 erwartet wird, schneiden die Französischlerner bedeutend besser ab. Mit anderen Worten, das Item bzw. die Bewertung der Orthographie anhand von Textproduktionen ist wenig geeignet, die Varianz der Schülerleistungen im Fach Französisch abzubilden.

Es zeigt sich bei Betrachtung der mittleren Schwierigkeiten, dass keines der Kriterien für diese Aufgabe tatsächlich „schwierig" für die Schüler war bzw. es lediglich Items im leichten und mittleren Bereich gibt. Bei Analyse der Schwierigkeiten der einzelnen Steps zeigt sich dagegen, dass das Erreichen des Kodes 3 (deutlich über dem Niveau) für die vier Kriterien zu Grammatik und Lexik als besonders schwierig anzusehen ist im Vergleich zum Kriterium „Orthographie". Deutlich wird dieser Befund auch bei Betrachtung der Häufigkeiten der vergebenen Kodes: Mehr als 75 Prozent der Schüler haben den Kode 3 für die orthographischen Leistungen in ihren Text erhalten. Dagegen haben lediglich 7,52 bis 11,96 Prozent diese Bewertung für ihre Anwendung von sprachlichen Mitteln erhalten.

Folgende Schwierigkeiten bei der Anwendung des *Partial-Credit-Modells* zur Auswertung der Bewertungen der Schreibproduktionen einer Aufgabe werden deutlich:

- Die drei Inhaltskriterien können nicht als raschkonform bezeichnet werden und mussten aus der Analyse ausgeschlossen werden. Zwar können bei Vorliegen von mehreren Sprechakten Summenwerte gebildet werden, diese Werte würden jedoch nicht im Sinne der sonstigen Verwendung der Kodes interpretierbar sein. Für die dargestellte Aufgabe wären danach drei Punkte zu erreichen, wobei jedoch zu entscheiden ist, ob der Höchstwert kongruent mit dem Kode 3 ist, der in allen anderen Fällen das deutliche Überschreiten der Anforderungen an das getestete Niveau angibt.
- *Partial-Credit-Modelle* erlauben zwar die Analyse von dichotomen und polytomen Daten. Faktisch werden die Variablen gewichtet, d.h. die dichotomen Kriterien (hier Textsorte und Organisation) gehen schwächer in die Berechnung der Personenparameter ein. Die Frage stellt sich, ob dies auch aus (fach)didaktischer Sicht erwünscht ist.
- Als Alternative bietet sich die Rekodierung aller Variablen in dichotome Variablen an, so dass ein (dichotomes) Raschmodell (Rasch, 1960/80) aus der Gruppe der 1-PL-Modelle verwendet werden kann. Die Anwendung verursacht jedoch bei allen ursprünglich polytomen Variablen, den sprachsystematischen Kriterien, unplausible Schwierigkeiten.
- Auch die Skalierung mit Hilfe eines *Partial-Credit-Modells* zeigt keine perfekte Passung aller Items zum Modell an.

Tabelle 9: Empirische Schwierigkeiten der analytischen Kriterien („Sprachsystematik")

Aufgabe	Kriterium	A-priori-Niveaustufe	Schwierigkeit (logit-Skala)	Outfit	Infit
PE004	Lexik (V)	A1	-1.31	1.05	1.03
PE004	Grammatik (V)	A1	-2.34	1.36	1.16
PE004	Grammatik (N)	A1	-2.42	1.58	1.19
PE005	Lexik (V)	A1	-2.27	1.27	1.18
PE005	Grammatik (V)	A1	-3.22	1.38	1.18
PE005	Grammatik (N)	A1	-2.82	1.19	1.16
PE008	Lexik (V)	A2	-0.51	0.95	0.98
PE008	Lexik (N)	A2	-0.89	1.16	1.07
PE008	Grammatik (V)	A2	-1.37	0.90	0.94
PE008	Grammatik (N)	A2	-1.01	1.18	1.11
PE013	Lexik (V)	A2	-0.45	0.93	0.93
PE013	Lexik (N)	A2	-0.88	1.23	1.10
PE013	Grammatik (V)	A2	-1.35	0.93	0.93
PE013	Grammatik (N)	A2	-0.76	1.25	1.13
PE017	Lexik (V)	B1	0.74	0.85	0.89
PE017	Lexik (N)	B1	0.54	0.92	0.97
PE017	Grammatik (V)	B1	0.91	0.92	0.94
PE017	Grammatik (N)	B1	0.94	1.06	1.10
PE018	Lexik (V)	B1	1.82	0.76	0.86
PE018	Lexik (N)	B1	1.51	0.85	0.93
PE018	Grammatik (V)	B1	1.44	0.82	0.91
PE018	Grammatik (N)	B1	1.90	0.90	1.04
PE020	Lexik (V)	B1	1.57	0.68	0.76
PE020	Lexik (N)	B1	0.95	0.86	0.87
PE020	Grammatik (V)	B1	0.77	0.79	0.85
PE020	Grammatik (N)	B1	1.62	1.06	0.96
PE028	Lexik (V)	B2	3.16	0.86	0.91
PE028	Lexik (N)	B2	3.03	1.01	1.03
PE028	Grammatik (V)	B2	2.90	0.98	0.94
PE028	Grammatik (N)	B2	2.99	1.20	1.00
PE030	Lexik (V)	B2	3.28	0.88	0.87
PE030	Lexik (N)	B2	3.25	1.17	0.93
PE030	Grammatik (V)	B2	3.11	0.95	1.01
PE030	Grammatik (N)	B2	3.15	1.15	1.09

Hinweise: V = Variabilität/Verständlichkeit; N = Normgereichtheit; Mittlere Personenfähigkeit auf 0 fixiert; angegeben sind mittlere Schwierigkeiten der Items; Aufgaben PE004/5: „Lexik: Normgerechtheit" nicht kodiert; Kodes 1-3; *N* = 5844.

Die dargestellten Schwierigkeiten bei der Auswertung von Textproduktionen einer Schreibaufgabe unter Anwendung eines IRT-Modells weisen auf die Schwächen des Kodiersystems für eine aufgabenübergreifende Auswertung hin. Vor allem die unterschiedliche Anzahl von Bewertungen der notwendigen Sprechakte, die ein Schreiber leisten muss, führt zu einer Gewichtung von Textsorten, die mehrere Sprechakte verlangen. Zudem zeigte sich keine Raschkonformität der Inhaltsvariablen, so dass ein Ausschluss aus der Skalierung vorgenommen wurde.

Eine aufgabenübergreifende Analyse der Schreibaufgaben in der Normierungsstudie sollte idealerweise *alle* analytischen Bewertungen berücksichtigen. Wie oben erwähnt, mussten allerdings die Bewertungen der Sprechakte ausgeschlossen werden. Ebenfalls ausgeschlossen wurden die Bewertungen der Orthographie. Die extrem leichten Itemschwierigkeiten zeigen hier an, dass die getesteten Schüler mehrheitlich in der Lage waren, die Anforderungen der Aufgaben auf oder sogar weit über dem Niveau zu erfüllen.

Durch eine unterschiedliche Berücksichtigung der realisierten Textsorten, der Adressatenberücksichtigung und der Textorganisation (je nach Niveaustufe/ Aufgabe ein oder mehr Variablen) wird einerseits eine Gewichtung impliziert, andererseits wurden in dieser Untersuchung einzelne Aufgaben in Bezug auf diese Kriterien von der Mehrheit der Schüler erfüllt und mussten deshalb im Rahmen der Skalierung ausgeschlossen werden. Das bedeutet für die Auswertung: (1) Es werden lediglich polytome Variablen in den Parameterschätzungen berücksichtigt und (2) es fließen nur die Bewertungen der lexikalischen und grammatikalischen Qualität ein. Die Aufgabe PE032, eine Schreibaufgabe zur Testung des Niveaus C1, wurde wie bereits für die Auswertung auf Grundlage des Globalurteils ausgeschlossen.

Aus den Ergebnissen der aufgabenübergreifenden Auswertung (vgl. Tabelle 9) wird deutlich, dass die Itemschwierigkeiten sich entsprechend der *A-priori*-Niveaustufenzuordnung anordnen. Ausnahme ist das Kriterium „Lexik (Variabilität/Verständlichkeit)" der A1-Aufgabe PE004, welches geringfügig schwerer als die entsprechenden Items der A2-Aufgaben ist. Deutlich wird zudem, dass die Modellpassung für die Mehrzahl der Items gegeben ist. Auf eine Berichterstattung über die Verteilung der Schülerleistungen auf die Niveaustufen wird verzichtet. Begründung ist, dass diese Ergebnisse ähnlich den Parameterschätzungen auf Grundlage des Globalurteils ausfallen. Ursache ist der hohe Zusammenhang der sprachsystematischen Bewertungen mit dem Globalurteil, die die faktoriellen Analysen zeigen konnten.

3.3.5 Fazit und Ausblick

Diese Arbeit diente der Auswertung von Daten, die für die Bewertungen von Textproduktionen vorlagen. Die Texte wurden im Rahmen einer standardisierten Testung von Französischlernern in den Klassenstufen 9 und 10 verfasst. Die Bewertung basierte auf einem Kodierschema, welches holistische und analytische Kriterien vorsieht und somit Potenzial für eine Auswertung im Rahmen von *large-scale* Untersuchungen hat und gleichermaßen für differenzierte Aussagen aus Kompetenztests oder für die Beantwortung von Forschungsfragen der Schreibdidaktik geeignet scheint.

Für die Anwendung im Bereich *large-scale assessment* ergeben sich folgende Herausforderungen:
(1) Für eine aufgabenübergreifende Skalierung konnten lediglich Bewertungen der sprachsystematischen Aspekte (Grammatik, Lexik) Berücksichtigung finden. Im Gegensatz zu den Schreibaufgaben können für eine Auswertung von Lese- oder Hörversehenstests, in der eine Vielzahl von Items eingesetzt wird, Items aus den Analysen ausgeschlossen werden (vgl. Kapitel 3.1). Dagegen ist es inhaltlich kaum vertretbar, dass einzelne Kriterien bei einigen Schreibaufgaben nicht in die Berechnung der Personenparameter eingehen, auch wenn keine Individualdiagnose bzw. keine individuelle Rückmeldung an die Schülerinnen und Schüler stattfindet.
(2) Erprobt werden könnte neben einer Einschränkung an getesteten Textsorten oder/und Niveaustufen die Anpassung der verfügbaren Kodes für jede Variable. Denkbar ist, dass alle Kriterien als polytome Variablen behandelt werden, d.h. den Juroren stehen generell die Kodes 0 bis 3 zur Verfügung. Dazu muss geprüft werden, inwieweit eine Stufung im Hinblick auf differenzierte Aussagen über die Textqualität mit dem Referenzrahmen vereinbar ist oder ob sich ggf. auf andere bestehende Kodiersysteme gestützt werden sollte.
(3) Empfehlenswert ist vor allem die Verwendung des Globalurteils für die Berechnung der Leistungswerte zum Schreiben. Das holistische Globalurteil erlaubt es, die Schreibleistungen über alle Aufgaben hinweg auf einer IRT-Skala abzubilden. Auf dieser Skala lassen sich auch die Grenzen für die GER-Kompetenzniveaus definieren. Die resultierenden Verteilungen der Schülerinnen und Schüler sind plausibel. Für die Verwendung des Globalurteils muss jedoch durch die Kodieranweisungen und/oder die Schulung der Juroren gewährleistet werden, dass alle Kriterien in diese Bewertung gleichermaßen eingehen. Exemplarisch wurde gezeigt, dass dieser Anspruch bisher nicht erfüllt wird: Die Bewertung der Anwendung der grammatikalischen und lexikalischen Mittel wurde vorrangig für ein Globalurteil herangezogen.
(4) Gezeigt wurde, dass sich ein holistisches Urteil vor und nach den analytischen Kriterien eignet, um die Schreibleistungen der Schüler abzubilden, so dass auf eine Variable verzichtet werden kann. Zu klären ist noch, inwieweit die Anwendung der analytischen Kriterien eine holistische Bewertung beeinflusst.
(5) Für differenzielle Forschungsfragen und Berichterstattungen zu einzelnen Textsorten bzw. Aufgaben sollten jedoch auch im Rahmen von *large-scale* Studien analytische Kriterien Teil der Bewertung sein.
(6) Die Frage, wie es zu dem Umstand kam, dass vorrangig die sprachsystematischen Aspekte in das Globalurteil einflossen, kann mit den vorliegenden Daten nicht geklärt werden. Möglich ist das Vorliegen eines „Nähe-Fehlers", bei dem durch die zeitliche Nähe zweier zu beurteilender Merkmale Übertragungseffekte auftreten, oder eines Halo-Effektes[6] (vgl. Von Saldern, 1997; Böhme, Bremerich-Vos & Robitzsch, 2009). Wenn das Interesse besteht, dass ein holistisches Urteil tatsächlich stärker das beschriebene Konstrukt der fremd-

---
6   Der Halo-Effekt meint, dass ein Beurteiler sich durch besonders ausgeprägte Eigenschaften oder Verhaltensweisen beeinflussen lässt. Der Einfluss des Halo-Effektes ist besonders stark, wenn der Beurteiler speziell auf eine Verhaltensweise oder ein Merkmal Wert legt (z.B. die Schrift/Leserlichkeit von Textproduktionen).

sprachlichen Schreibkompetenz (vgl. Kapitel 2.5) misst, müssen die Beurteiler bzw. Beurteilungen der Texte in Hinblick auf diese Fehler geprüft und u.U. interveniert werden. Notwendig ist für eine solche Überprüfung das Vorliegen von Mehrfachbeurteilungen, die trotz des Kostenaufwands auch in Zukunft im Rahmen der Auswertung von Antworten aus offenen Aufgabenformaten eingesetzt werden sollten. Texte, die von allen Ratern bewertet werden, können diskutiert werden, so dass die Beurteiler über einen gemeinsamen Wissensstand über das Konstrukt verfügen und das Kodierschema bzw. die Ratingskala schließlich konsistent und in ähnlicher Weise anwenden (vgl. Böhme et al., S. 8).

(7) Gezeigt werden konnte, dass die Bewertungen zu den analytischen Kriterien sich auf einer Dimension abbilden lassen. Der geringste Zusammenhang mit einem Faktor „Schreibkompetenz" zeigte sich mit den Inhaltsvariablen. Alle Inhaltsaspekte sollten noch einmal im Hinblick auf den Einfluss von Wissensbeständen bei den Schülern in der Klassenstufe 8 bis 10 reflektiert werden, für die die Aufgaben zum Einsatz kommen. Empfohlen wird zudem die Anzahl an Bewertungen zum Inhalt zu vereinheitlichen, damit aufgabenübergreifend Auswertungen stattfinden können. Die zwar logische Verwendung von (unterschiedlich vielen) Sprechakten, führt zu einer möglicherweise unerwünschten Gewichtung von einzelnen Aufgaben.

(8) Für zukünftige Testungen in der Sekundarstufe I wird empfohlen, auf den Einsatz von Aufgaben zur Testung des C1-Niveaus zu verzichten. Im ersten Standard-Setting (vgl. Kapitel 3.2) waren sich die Experten einig, dass – trotz der starken Orientierung am Referenzrahmen für die Entwicklung der Aufgaben und die Bewertung der Textproduktionen – eine Differenzierung von B2- und C1-Aufgaben kaum möglich ist. Die Datenauswertung zeigte, dass es zu Bodeneffekten kommen kann, d.h. die Aufgaben fallen deutlich zu schwer aus, weil kaum Schülerinnen und Schüler dieser Altersgruppe die Anforderungen der Aufgaben erreichen. Aus Sicht der Erwerbsforschung stellt sich zudem die Frage, ob Fremdsprachenlerner in diesem Alter die kognitiven Anforderungen für die Textsorten erfüllen können, die in den Deskriptoren des Referenzrahmens zu den Niveaus B2 und C1 zum Ausdruck kommen.

Aus der Sicht des IQB, das mit der Aufgabe betraut ist, die Leistungen der Schülerinnen und Schüler auf Grundlage der länderübergreifenden Bildungsstandards festzustellen, stellen die produktiven Fertigkeiten die größten Herausforderungen für eine reliable Messung und Auswertung dar. Gezeigt wurde für die Daten zu den Schreibaufgaben im Fach Französisch, dass auch aus messtheoretischer Sicht die Auswertung und Kompetenzstufenmodellierung besonderer Aufmerksamkeit bedarf. Zudem muss bedacht werden, dass eine Verwendung eines Kodierschemas für die Auswertung von Lernertexten im Rahmen von standardbasierten Studien auch ein fachdidaktisches Signal sendet.

Bereits die Verwendung des GER (Europarat, 2001) als Ausgangspunkt für die Beschreibungen der Kompetenzstufen und der Bewertungen hat ein Zeichen gesetzt. So hat der Referenzrahmen und die Anbindung der Standards u.a. den Stellenwert von Fehlern verändert (vgl. Kleppin, 2009) und schlägt Beschreibungen für Entwicklungsverläufe vor, die Grundlage von Kompetenzstufenmodellen und von

Rückmeldungen für Fremdsprachenlerner sein können. Besonders bemerkenswert ist die Darstellung der Teilkompetenzen in Form von Könnensbereichen der Lerner, d.h. ein Positivansatz wurde gewählt, der auch für die Auswertung der Schreibproduktionen am IQB im Bereich der Fremdsprachen im Vordergrund steht. Ferner wird die Handlungsorientierung und der Lebensweltbezug, den der GER versucht zu etablieren, in der Konzeption der Testaufgaben berücksichtigt.

Die Verwendung von Deskriptoren des Referenzrahmens stößt jedoch im Kontext der Messung von Schreibleistungen im Fach Französisch auf seine Grenzen. Deutlich wurde dies besonders für das Kriterium „Orthographie". Die Anforderungen, die dem Referenzrahmen entnommen wurden, können von vielen deutschen Französischlernern leicht erfüllt werden. Daraus muss geschlossen werden:

1. Der Umstand, dass deutsche Französischschreiber deutlich besser als erwartet abschneiden, ist dem Kontext des Lerners geschuldet, in diesem Fall den Französischlehrerinnen und -lehrern, die deutlich höhere Orthographieleistungen bei den Schülerinnen und Schülern ausgebildet haben als es für das Niveau B1 zum Erreichen des Mittleren Schubschlusses (KMK, 2003) gefordert wird.
2. Eine Anbindung an den Referenzrahmen ist nicht für alle Aspekte der Textqualität von Lernertexten empfehlenswert. Die vorgeschlagenen Stufen lassen sich empirisch nicht immer nachweisen. Die Autoren verweisen selbst mehrmals, nachfolgend unter der Globalskala zum Schreiben, auf folgenden Umstand hin: „Die Deskriptoren dieser Skala sowie der beiden folgenden Sub-Skalen (Kreatives Schreiben; Berichte und Aufsätze schreiben) sind nicht empirisch kalibriert worden" (Europarat, 2001, S. 67). Die Beschreibungen im Referenzrahmen, welcher die Möglichkeit zu einer Rückmeldung eines in Europa verständlichen Kompetenzstufensystems bietet, müssen empirisch auf Grundlage der erhobenen Leistungsdaten validiert und ggf. für den deutschen Kontext revidiert werden. Diese Herausforderung wird von vielen Testinstituten beschrieben, die eine Anbindung an den Referenzrahmen wollen. Eine Kritik lautet: „The descriptor scale stake insufficient account of how variation in terms of contextual parameters may affect performances by raising or lowering the actual difficulty level of carrying out the target 'Can-do' statement" (Weir, 2005, S. 1). Die Performanz in einem Test wird vor allem durch die Testbedingungen (*context validity*) beeinflusst. Für die Messung der Schreibkompetenz ist es zudem die Validität der Auswertung (*scoring validity*) bedeutsam, speziell die Bewertungskriterien/Ratingskala, die Rater und das Ratingverfahren (Weir, 2004, S. 47; vgl. auch Eckes, 2009).

Kritisiert wird am GER ferner, dass einzelne Deskriptoren in ihrer Wortwahl nicht konsistent oder eindeutig genug für die Entwicklung von Tests sind (Weir, 2005, S. 2). Vor allem wenn auf die Deskriptoren der Niveaustufen B2 und C1 zurückgegriffen werden soll, um Kompetenzstufen einzuziehen, bemerkten auch Experten, dass eine deutlichere Trennung erforderlich ist. Für das Standard-Setting Verfahren zum Lese- und Hörverstehen hat das IQB mit einer Gruppe aus deutschen Fachdidaktikern zusätzliche Deskriptoren vorgeschlagen und eingesetzt. Das Erfordernis bestand, weil deutlich wurde, dass die Niveaustufenbeschreibungen nicht immer im Einklang mit den Schwierigkeiten der Schüler bzw. den empirischen Ergebnissen stehen und deshalb Grenzziehungen nicht als reliabel empfunden wurden (vgl. Kapitel 3.2). Solche Erweiterungen bzw. Ergänzungen zu den Skalen können auch für die Modellierung der fremdsprachlichen Schreibkompetenz formuliert werden, indem Befunde dieser und weiterer Studien berücksichtigt werden.

Für den Einsatz und die Auswertung der Schreibaufgaben in den Vergleichsarbeiten der Klassenstufe 8 empfiehlt es sich lediglich Aufgaben zur Testung der Niveaus A1 bis B1 einzusetzen. Da es sich um kein Bildungsmonitoring handelt und Schüler verschiedener Bundesländer nicht verglichen werden (sollen), können auch Mittelwerte oder prozentuale Verteilungen zu den einzelnen Bewertungsaspekten berichtet werden. Das vorgestellte Kodierschema bietet die Möglichkeit differenzierte Aussagen zu treffen, die für eine Kompetenzentwicklung bzw. Schreibförderung notwendig sind.

Zweifellos sind mit dem *Uni-Level*-Ansatz auch Grenzen im Rahmen einer solchen Auswertung gesetzt. Der Einsatz von verschiedenen schweren Aufgaben, die sich durch die Themen und geforderten Textsorten unterscheiden, ist auch im Rahmen einer Lernförderung sinnvoll. Für den Unterricht kann aber eine Auswertung, die lediglich das Erreichen oder Nichterreichen eines Niveaus anzeigt, nur begrenzt eine Hilfestellung für die Lehrkräfte und Lerner darstellen. Empfehlenswert ist für diesen Schreibkontext eine aufgabenspezifische Rückmeldung zu geben, so dass Förderbedarf in einzelnen Bereichen im Hinblick auf bestimmte Textsorten feststellbar wird. Wenn das Erreichen der Schülerinnen und Schüler von Kompetenzstufen ermittelt werden soll, ist es zukünftig wünschenswert, dass auch Zwischenstufen (z.B. B1+) in die Kompetenzstufenmodelle aufgenommen werden.

Literatur

Arbuckle, J. L. (2006). *Amos 17.0 user's guide*. Spring House: Amos Development Cooperation.

Böhme, K., Bremerich-Vos, A. & Robitzsch, A. (2009). Aspekte der Kodierung von Schreibaufgaben. In D. Granzer, O. Köller & A. Bremerich-Vos, M. van den Heuvel-Panhuizen, M. Reiss & G. Walther (Hrsg.). *Bildungsstandards Deutsch und Mathematik. Leistungsmessung in der Grundschule* (S. 290–329). Weinheim: Beltz.

Eckes, T. (2009). Die Beurteilung sprachlicher Kompetenz auf dem Prüfstand: Fairness in der beurteilergestützten Leistungsmessung. In K. Schramm, H. J. Vollmer & K. Aguado (Hrsg.), *Fremdsprachliches Handeln beobachten, messen und evaluieren: Neue methodische Ansätze der Kompetenzforschung und Videographie* (im Druck). Frankfurt am Main: Peter Lang.

Europarat (Hrsg.). (2001). *Gemeinsamer Europäischer Referenzrahmen für Sprachen: lehren, lernen, bewerten*. München: Langenscheidt.

Kleppin, K. (2009). „Fehler" und „Fehlerkorrektur". *Praxis Fremdsprachenunterricht, 1*, 60–61.

KMK (2003). Beschlüsse der Kultusministerkonferenz. *Bildungsstandards für die erste Fremdsprache (Englisch/Französisch) für den Mittleren Schulabschluss*. Beschluss vom 04.12.2003. Verfügbar unter: www.kmk.org/dokumentation/beschluesse-der-kmk/beschluesse-aus-dem-bereich-des-allgemeinbildenden-schulwesens.html [08.07.09].

Masters, G. N. (1982). A Rasch model for partial credit scoring. *Psychometrika, 47*, 149–74.

Linacre, J. M. (1994). Many-Facet Rasch Measurement. Chicago: MESA Press (publiziert im Original 1989).

Rasch, G. 1980. *Probabilistic models for some intelligence and attainment tests.* Chicago: University of Chicago Press (publiziert im Original 1960).

Von Saldern, M. (1997). Fehler. In M. von Saldern (Hrsg.), *Schulleistungen in Deutschland – Ein Beitrag zur Standortdiskussion* (S. 92–101). Münster: Waxmann.

Weir, C. Y. (2004). *Language testing and validation: An evidence-based approach.* Basingstoke: Palgrave Macmillan.

Weir, C. Y. (2005). Limitations of the Common European Framework for developing comparable examinations and tests. *Language testing, 22* (3), 1–20.

Wu, M. L., Adams, R. J., Wilson, M. R. & Haldane, S. A. (2007). *ACER ConQuest Version 2.0. Generalized item response modelling software. Manual.* Melbourne: Australian Council for Educational Research.

Verzeichnis verwendeter Fachbegriffe
(Raphaela Porsch & Bernd Tesch)

Nachfolgend werden die zentralen Fachbegriffe aufgeführt und kurz erläutert, die in diesem Band Verwendung finden. *Kursiv* gesetzte Begriffe haben einen eigenen Eintrag.

ALTE
Akronym aus „Association of Language Testers in Europe". 1990 gegründete Vereinigung europäischer Testinstitute mit dem Ziel der Förderung des wissenschaftlichen Austausches und der internationalen Standardisierung von Testinstrumenten und Zertifikaten.

Ankeritems
Items, die in mehreren *Testheften* bzw. Blöcken erscheinen, um diese Testhefte zu verlinken, so dass mit Hilfe von IRT-Modellen *Items* und Personen auf einer Metrik angeordnet werden können. Man spricht auch von *Verlinkungsitems*.

Ankreuzaufgaben bzw. Ankreuzitems
Im Projekt Französisch sind das i.d.R. *Multiple-Choice-Items* oder *Richtig-Falsch-Nicht-im-Text-Items*. Der Testperson werden vier bzw. drei Antwortoptionen vorgegeben, aus denen genau eine richtige Antwort ausgewählt werden muss. Die falschen Optionen werden *Distraktoren* genannt. Ankreuzitems können verschieden konstruiert sein, bzw. auch eine andere Anzahl von richtigen Antworten oder Anzahl von Distraktoren sind möglich.

Assessment
Im Bildungsbereich versteht man darunter die Durchführung diagnostischer Studien zur Messung von Schulleistungen. Large-Scale-Assessment meint in diesem Zusammenhang die Verwendung großer Stichprobengrößen bzw. sogar Vollerhebungen.

Attraktor
(engl. to attract = anziehen, auf sich lenken) Ein Attraktor ist die richtige Antwortoption in einem *Multiple-Choice-Item*, wobei insgesamt drei oder mehr Optionen zur Auswahl stehen.

Aufgabe
Als Aufgabe wird ein Komplex aus Impulsmaterial (Lesetext, Hörtext, Abbildung, etc.), Aufgabenstamm oder Stimuli genannt Instruktion zu verschiedenen *Items*, die sich auf dieses Material beziehen, bezeichnet.

Auswertungsobjektivität
Die *Objektivität* der Auswertung einer Schülerlösung ist gewährleistet, wenn verschiedene Personen unabhängig voneinander zur gleichen Bewertung der Lösung (z.B. als „falsch" oder „richtig") gelangen.

Benchmark
Ursprünglich „Maßstab"; *„Benchmarking"* als Methode des Vergleichens mit Hilfe festgelegter Referenzwerte bzw. Modell- oder Musterlösungen. Für das *Ratertraining* im Bereich der Testung sprachproduktiver Schülerleistungen (Schreiben, Sprechen) werden beispielhafte *Benchmark*-Texte bzw. Videoaufnahmen für jeden Kode ausgewählt und beschrieben.

Bildungsmonitoring
Maßnahmen zur Gewinnung wichtiger Steuerungsinformationen im Bildungsbereich wie *Vergleichsarbeiten* oder *Ländervergleiche*, die es erlauben, Tendenzen in der allgemeinen Kompetenzentwicklung einer Population zu erkennen, wie z.B. die Zunahme der Lesefähigkeit deutscher Schülerinnen und Schüler.

Bildungsstandards für die erste Fremdsprache
beschreiben in Form von Kann-Beschreibungen Anforderungen an die Schüler zum Hauptschulabschluss (KMK, 2004) und zum Mittleren Schulabschluss (KMK, 2003) in der ersten Fremdsprache (Englisch/Französisch). Sie orientieren sich eng am *Gemeinsamen europäischen Referenzrahmen für Sprachen* und seinen Stufen A2 und B1. Die Entwurfsfassungen der *KMK* von 2003 (Mittlerer Schulabschluss) und 2004 (Hauptschulabschluss) sind verbindlich für alle Bundesländer in Deutschland. Sie stellen die Grundlage von Lehrwerken und Lehrplänen dar und dienen der Entwicklung von standardbasierten Testaufgaben für die *Lernstandserhebungen* und die *Ländervergleiche* am IQB.

Bookmark Methode
ist ein *Standard-Setting-Verfahren* mit dem Kompetenzstufen durch eine Setzung von *Cut-Scores* ermittelt werden. Dazu werden die *Items* entsprechend ihrer empirisch ermittelten Schwierigkeiten aufsteigend in einem Heft (OIB = *Ordered Item Booklet*) angeordnet und Experten vorgelegt. Diese setzen die *Cut-Scores* in Hinblick auf die Eigenschaften der *Items*. Diese werden im Projekt Französisch durch die *Deskriptoren* des *Gemeinsamen europäischen Referenzrahmens für Sprachen* und den *Bildungsstandards für die erste Fremdsprache* determiniert.

Cohen's Kappa
zufallsbereinigtes Maß der Raterübereinstimmung (*Interrater-Reliabilität*). Es berücksichtigt das Verhältnis der beobachteten zu der bei Zufall erwarteten Übereinstimmung.

Cronbachs Alpha
Maß der internen Konsistenz einer Skala bzw. als Angabe über die *Reliabilität* eines psychometrischen Instruments.

Cut-Scores (auch Cut-Offs)
Trennwerte auf einer kontinuierlichen Skala, um theoretisch definierte Kompetenzstufen voneinander abzugrenzen. Diese Trennwerte zur Ermittlung von *Kompetenzstufenskalen* werden durch Experten in einem *Standard-Setting*-Verfahren gesetzt.

Deskriptor
Im *Gemeinsamen europäischen Referenzrahmen für Sprachen* und in den Bildungsstandards wird jedes Niveau für jede (Teil-)Kompetenz mit Hilfe von Deskriptoren dargestellt. Das sind zumeist positiv formulierte Kann-Beschreibungen von Sprachhandlungen.

Dichotome Kodierung
dazu werden binäre Nummern bestimmten Antworten zugeordnet. Üblich ist es, dass „0" und „1" eine falsche und richtige Antwort in einem Leistungstest repräsentieren.

Differential Item Functioning (DIF)
Ziel ist die Konstruktion eines möglichst fairen Tests bei Nichtbenachteiligung von Subgruppen (z.B. verschiedene Geschlechter, Migrantengruppen, Schulformen). Differential Item Functioning tritt auf, wenn verschiedene Gruppen der Population bei gleicher Fähigkeit unterschiedliche Lösungswahrscheinlichkeiten für ein *Item* besitzen.

Distraktor
(engl.: distractor – Ablenker) ist eine falsche Antwortoption in einem *Multiple-Choice-Item*.

Durchführungsobjektivität
Die *Objektivität* der Durchführung eines Tests ist gewährleistet, wenn der Test an verschiedenen Personen unter den gleichen Bedingungen durchgeführt wird.

Dutch Grid
im Kontext der Aktivitäten des „Dutch CEF Construct Project" entwickelte Kriterienraster, die in Erweiterung des GER detailliert Testaufgaben für die Bereiche Lese- und Hörverstehen spezifizieren.

Ergebnisermittlungsvalidität
Güte der Punktevergabe (*scoring*) bei einem Test

Formatives Testen
Testvorgänge, die während des Lernprozesses vorgenommen werden. Testergebnisse werden wie in einem Regelkreis an die Schülerinnen und Schüler zurückgemeldet, um daraus unmittelbar Maßnahmen zur weiteren Lernsteuerung abzuleiten. Formatives Testen dient somit nicht zur Evaluation von Lernleistungen im Hinblick auf die Vergaben von Noten oder Zertifikaten.

Gemeinsamer europäischer Referenzrahmen für Sprachen (GER)
ist ein vom Europarat entwickeltes Grundlagenwerk zur Beschreibung von Sprachkompetenzen (Deutsche Fassung, 2001 bei Langenscheidt erschienen). Einzelne Kompetenzen werden auf sechs Niveaus aufsteigend von A1 bis C2 mit Hilfe von *Deskriptoren* beschrieben. Der GER mit seinen Niveaustufen stellt in zahlreichen europäischen Ländern die Grundlage von Lehrplänen, Tests, Lehrwerken und Abschlusszertifikaten von Sprachkursen dar. Auch die *Bildungsstandards für die erste Fremdsprache* orientieren sich am GER.

Hintergrundmodell
IRT-Modelle können neben der Parameterschätzung gleichzeitig *Regressionsanalysen* mit Hilfe von *Hintergrundvariablen* der Schüler durchführen. Ein Vorteil ist, dass das Modell latente Regressionskoeffizienten bzw. Differenzen zwischen verschiedenen Gruppen (z.B. Jungen vs. Mädchen) liefert. Zudem können trotz designbedingter Ausfälle in den Leistungsdaten mit Hilfe der Hintergrundinformationen und der Anwendung der *Plausible-Value* Technik diese Daten geschätzt werden.

Hintergrundvariablen
der *Stichprobe* bzw. der Teilnehmer einer Studie dienen einerseits der Dokumentation und werden auch als so genannte Kontrollvariablen in einem *Hintergrundmodell* verwendet.

Hintergrundwissen
Meist synonym zu Weltwissen. Gemeint sind allgemeine, also nicht sprach- bzw. textbezogene Wissensbestände, die den sprachlichen Dekodiervorgang ermöglichen.

Implementation
Schrittweise Einbindung der *Bildungsstandards* in den Unterricht und in die Kerncurricula der Länder. Zum Zweck der Implementierung wurden für das Fach Französisch in einem eigenen Projektabschnitt *Lernaufgaben* entwickelt, die sich an den Bildungsstandards orientieren und für den Einsatz im Unterricht geeignet sind [vgl. Tesch, B., Leupold, E. & Köller, O. (2008). *Bildungsstandards Französisch: konkret*. Berlin: Cornelsen].

Inferierendes (schlussfolgerndes) Lesen bzw. Hören
Die Verarbeitung impliziter d.h. nicht wörtlich bzw. ausdrücklich in der Vorlage gegebener Textinformationen. In gewissem Umfang ist die Bildung von Inferenzen bei den meisten aktiven Sprachverarbeitungsprozessen beteiligt.

Interdependenzhypothese
Sie geht davon aus, dass muttersprachliche Lesefertigkeiten prinzipiell auf das Lesen in der L2 transferierbar sind und dass letztlich das Lesen in L1 und L2 zum großen Teil auf den gleichen zugrunde liegenden Fähigkeiten basiert.

Interkomprehension
Nutzung von Transferbasen verwandter Sprachen für sprachliche Dekodierprozesse. Die Interkomprehensionsdidaktik davon aus, dass geübte Leser der Muttersprache bereits über gut nutzbare Transferbasen verfügen. Der Umfang der Transfermöglichkeiten hängt insbesondere von der Distanz zwischen den jeweiligen Sprachen ab.

Interrater-Reliabilität
die Konsistenz der *Kodierungen* bzw. der *Ratings* wird als Übereinstimmung von mehreren Bewertungen einer Antwort durch verschiedene *Rater*, die in einem *Ratertraining* geschult wurden. Die Übereinstimmung kann mit Hilfe verschiedener Analyseverfahren ermittelt werden. Häufig wird der Prozentsatz der absoluten und der näheren Übereinstimmung, die *Korrelation* bzw. die gleiche Rangreihe der

Juroren in Bezug auf die vergebenen Kodes, *Cronbachs Alpha* oder *Cohen's Kappa* angegeben. Während des *Ratertrainings* dienen diese Maße der möglichen Intervention oder dem Ausschluss von *Ratern*, nach dem *Rating* der Dokumentation im Hinblick auf das Vorliegen der *Auswertungsobjektivität*.

Intrarater-Reliabilität
die Konsistenz der *Kodierungen* bzw. *Ratings* zu einer Schülerantwort durch eine Person, die zu verschiedenen Zeitpunkten gemessen wird.

Item
Ein einzelner Arbeitsauftrag, eine Frage- oder Problemstellung ggf. die Antwortalternativen werden als Item bezeichnet. Es können verschiedene *Itemformate* eingesetzt werden.

Itemfitwerte
Outfit und Infit werden über die Abweichungen der beobachteten Itemantworten zu den aufgrund des Testmodells erwarteten Itemantworten gebildet und geben somit Aufschluss, wie gut einzelne *Items* durch das gewählte IRT-Modell abgebildet werden. Beide haben einen Erwartungswert von Eins. Das Outfit-Maß ist sehr sensibel für nicht modellkonforme Antworten von Personen, die sehr wenige oder sehr viele *Items* lösen. Das Infit-Maß ist dagegen sensibler für nicht modell-konforme Antworten von Personen, die eine mittlere Anzahl von *Items* lösen.

Itemformate
Ein *Item* in einem Test kann auf unterschiedliche Weise konstruiert werden. Die gängigen Arten von *Items* werden eingeteilt in: offene Formate (frei verfasste Antworten, freie Schreibaufgaben), halboffene Formate (u.a. *Kurzantworten, Lückentextaufgaben, Korrektur- und Verbesserungsaufgaben*) und geschlossene Formate (u.a. *Ankreuzaufgaben, Zuordnungs- und Umordnungsaufgaben*).

Item-Response-Theorie (IRT; Probabilistische Testtheorie)
beschreibt den Zusammenhang zwischen beobachtbarem Antwortverhalten und dem dahinter stehenden Persönlichkeitsmerkmal auf Grundlage eines wahrscheinlichkeitstheoretischen Modells. Aus dem beobachteten Antwortverhalten wird auf zwei latente Variablen geschlossen, welche das Antwortverhalten determinieren: die Itemschwierigkeit und die Personenfähigkeit. Die Schätzung der Fähigkeit erfolgt unabhängig von der Schätzung der Itemschwierigkeiten. Es wird davon ausgegangen, dass die Wahrscheinlichkeit ein *Item* zu lösen mit steigender Personenfähigkeit zunimmt. *Items* und Personen können mit Hilfe von IRT-Modellen auf einer gemeinsamen Skala abgebildet werden. Das am häufigsten angewendete Modell ist das *Rasch-Modell*.

Klassische Testtheorie
umfasst eine Vielzahl von statistischen Modellen bzw. Verfahren, die genutzt werden können, um zu bestimmen, wie genau eine Messung ist und wie gut man Messwerten vertrauen kann. Ermittelte Werte für die Bestimmung der Qualität von *Items* oder Skalen sind u.a. die *Trennschärfe* und *Cronbachs Alpha*.

KMK bzw. Kultusministerkonferenz
Ständige Konferenz der Kultusminister der Länder in der Bundesrepublik Deutschland ist ein Zusammenschluss der für Bildung und Erziehung, Hochschulen und Forschung sowie kulturelle Angelegenheiten zuständigen Minister bzw. Senatoren der Länder.

Kodieranweisung
In einer Kodieranweisung werden richtige und falsche Antworten für ein *Item* dargestellt und voneinander abgegrenzt. Da die Personen, die die Schülerlösungen bewerten bzw. die *Kodierung* vornehmen, nicht an der Aufgabenentwicklung beteiligt sind, benötigen sie klare Hinweise, wann eine Lösung als falsch bzw. als richtig zu bewerten ist. Zu diesem Zweck enthält die Kodieranweisung sowohl grundsätzliche Ausführungen zu richtigen und falschen Antworten als auch illustrierende Beispiele echter Schülerantworten.

Kodierer/in
Die Kodierer/innen werten die im Test erhobenen Schülerlösungen aus. Sie werden für die Bewertung von Schreibaufgaben auch als *Rater* bezeichnet.

Kodierung
Prozess der Zuordnung der Lösungen zu Kodes, die die Qualität einer Lösung widerspiegeln. Es kann zwischen einer *dichotomen Kodierung* und einer *polytomen Kodierung* unterschieden werden. Wenn mehrere Aspekte bei einer Bewertung, i.d.R. bei offenen Aufgaben, berücksichtigt werden sollen, dann spricht man von einem *Rating*, welches eine Schulung bzw. *Ratertraining* voraussetzt.

Kognitive Validität
Entsprechen die bei der Bearbeitung der jeweiligen Aufgabe involvierten kognitiven Prozesse den Prozessen, die bei vergleichbaren Leseaktivitäten außerhalb der Testsituation eingesetzt werden, handelt es sich um eine kognitiv valide Aufgabe.

Kohärenz
gibt an, in welcher Weise ein Text inhaltlich zusammenhängt, meist bezogen auf den einem ganzen Text zugrunde liegenden Sinnzusammenhang.

Kohäsion
bezeichnet die semantisch-syntaktische Verknüpftheit von Sätzen in einem Text. Die terminologische Abgrenzung von Kohäsion und *Kohärenz* ist nicht einheitlich – die Begriffe werden auch synonym gebraucht. Textkohäsion kann bei expliziter Konnexion und expliziter Wiederaufnahme deutlich auf der Textoberfläche signalisiert sein (mit Hilfe von Kohäsionsmitteln) oder muss als implizite Konnexion oder implizite Wiederaufnahme erschlossen werden.

Kompetenz
bei Schülern verfügbare oder durch diese erlernbare Fähigkeiten und Fertigkeiten, wobei in Anlehnung an Weinert (2001) Kompetenzen als psychologische *Konstrukte*, also theoretische Vorstellungen über einen Gegenstand, angesehen werden.

Kompetenzorientierter Unterricht
ein Unterrichtsparadigma, das das Erreichen bestimmter domänenspezifischer Kompetenzniveaus (Mindest-, Regel-, Optimalstandards) fokussiert. *Kompetenzen* werden zunächst mit Hilfe von *Deskriptoren* beschrieben und operationalisiert. Lernausgangslagen werden diagnostiziert, um darauf aufbauend individuelle Fördermaßnahmen zu konzipieren. Das Erreichen von Zwischenständen kann diagnostiziert werden (*formatives Testen*), um die Lernstrategien fortlaufend anzupassen. Das Lernergebnis wird überprüft und mit den angestrebten Standards abgeglichen. Aus allgemeinpädagogischen wie fachdidaktischen Erwägungen ist es sinnvoll, im Unterricht Freiräume zu lassen, die mitunter nicht diagnostisch erfasst werden bzw. die schwer messbar sind wie soziales, methodisches (Lernen des Lernens), ästhetisches Lernen und auch motivational bedeutsame und spielerisch motivierte Unterrichtsphasen (Kontaktaufnahme, Singen, Leselust, etc.) einzuplanen.

Kompetenzstufenskala
Items werden hinsichtlich ihrer Schwierigkeit verschiedenen Kompetenzstufen zugeordnet und auf einer Skala, häufig mit typischen Aufgabenbeispielen, abgebildet. Im Fremdsprachenprojekt sind diese Stufen an den *Gemeinsamen Europäischen Referenzrahmen für Sprachen* angelehnt (Europarat, 2001) und steigen im Hinblick auf die sprachlichen Anforderungen von A1 bis C1 an. Mit Hilfe eines *Standard-Setting Verfahrens* werden Trennwerte (sog. *Cutscores* oder Cut-Offs) zwischen den empirisch ermittelten Schwierigkeiten der *Items* gezogen. Die Anwendung von IRT-Modellen erlaubt die Personen(fähigkeiten) und Itemschwierigkeiten den gleichen Kompetenzstufen zuzuordnen.

Konstrukt
Ein Konstrukt ist ein nicht direkt beobachtbarer Sachverhalt bzw. eine *Kompetenz*, d.h. Konstrukte sind somit gedanklicher bzw. theoretischer Natur. Diese Sachverhalte sind nicht direkt sichtbar, sondern aus beobachtbaren Sachverhalten (Indikatoren), wie das Verhalten in einem Test, zu erschließen. Die Umsetzung in Aufgaben bzw. Fragestellungen eines theoretisch aufgestellten Konstruktes wird als Operationalisierung bezeichnet. Im Projekt Französisch stellen z.B. „Leseverstehen" oder „Hörverstehen" zu messende Konstrukte dar.

Korrektur- und Verbesserungsaufgaben
Bei Korrekturaufgaben sollen Fehler, z.B. Rechtschreibfehler, in Texten identifiziert und korrigiert werden.

Korrelation
eine Korrelation gibt den Zusammenhang zwischen zwei *Variablen* bzw. Merkmalen wieder. Für intervallskalierte Daten ist das Korrelationsmaß der Pearsonsche Produkt-Moment-Korrelationskoeffizient r (kurz „Pearsons r" oder nur „r"). Er variiert zwischen minus Eins und plus Eins. Ein hohes negatives r besagt: Je höher das eine Merkmal ausgeprägt ist, desto niedriger das andere Merkmal, und je niedriger das eine Merkmal, desto höher das andere Merkmal. Ein hohes positives r besagt entsprechend: Je höhere Werte das eine Merkmal annimmt, desto höhere auch das andere (bzw. je niedriger, desto niedriger). Ein Wert nahe Null sagt aus, dass zwischen beiden Merkmalen kein Zusammenhang besteht.

Kurzantworten (Réponse courte)
verlangen eine von der Testperson eigenständig formulierte kurze Antwort. Diese kann je nach Fragestellung aus einem Wort oder einzelnen Wörtern beziehungsweise wenigen Sätzen bestehen.

L2 (Language 2)
Übliche Abkürzung für die Zweitsprache oder die erste Fremdsprache. L1 entspricht der Mutter- bzw. Erstsprache.

Ländervergleich
Stichprobenbasierte Vergleichsstudie im Rahmen des *Bildungsmonitorings* der *KMK*. Je nach Lernstufe, Fach bzw. Fächergruppe werden unterschiedliche Vergleichsintervalle gewählt, z.B. alle sechs Jahre im Hinblick auf die Sprachen in der Sekundarstufe I, alle vier Jahre für die Grundschule.

Lernaufgaben
sollen schrittweise zur Aneignung bzw. Entwicklung von *Kompetenzen* führen. Funktionale kommunikative Kompetenzen lassen sich in verschiedene Teilkompetenzen zerlegen, deren Erwerb durch Lernaufgaben unterstützt werden kann. Lernaufgaben dienen im Gegensatz zu *Testaufgaben* nicht primär der Evaluation von Lernleistungen, können aber zur Vorbereitung auf Prüfungen auch der Diagnose dienen.

Lernstandserhebungen
synonym zu **Vergleichsarbeiten**.

Lesestrategien
Zielgerichtete Aktivitäten zur Erschließung von Texten. Es ist genaues, sorgfältiges Lesen vom schnellen Lesen zu unterscheiden. Die drei wichtigsten Typen schnellen Lesens sind suchendes Lesen, identifizierendes Lesen (*skimming*) und orientierendes Lesen (*scanning*).

Linguistic Coding Differences Hypothesis (LCDH)
Nach der LCDH sind Leseprobleme in der *L2* und der L1 z.T. auf die gleichen basalen Ursachen zurückzuführen, und zwar insbesondere auf Verarbeitungsprobleme auf der orthografisch-phonologischen Ebene.

Lückentextaufgaben
Diese Aufgaben bestehen aus Texten, in denen einzelne Wörter oder Wortgruppen fehlen. Diese sind zu ergänzen, indem entweder frei geantwortet oder aus einer Liste möglicher Antworten gewählt wird.

Multi-Matrix-Design
Testdesign, um eine hohe Anzahl von *Items* für eine hohe Anzahl von Testpersonen einzusetzen. Jede Testperson muss nur auf eine begrenzte Anzahl von Items antworten, die sich in einem *Testheft* befinden. Jedoch können alle Personen und Items auf einer gemeinsamen Skala mit Hilfe von Modellen der *Item-Response-Theorie* auf einer Skala abgebildet werden, wenn es in Testheften gleiche Items (vgl. *Ankeritems*) gibt.

Multiple-Choice Item
(engl. für Mehrfachauswahl; auch als QCM-Item bezeichnet) eine Form einer *Ankreuzaufgabe*, die es der Testperson erlaubt aus mehreren Antwortoptionen zu wählen, wobei neben mehreren falschen Optionen (*Disktraktoren*) eine oder mehrere Antworten richtig sind (*Attraktor*).

Normierung
Der Begriff bezeichnet die Erstellung (bundes-)einheitlicher Skalen bezogen auf die verschiedenen Leistungsbereiche eines Kompetenzmodells, das heißt im Falle der Sprachen zunächst Hör- und Hör-Seh-Verstehen, Leseverstehen und Schreiben. Auf diesen Skalen werden Leistungsbereiche festgelegt, die Mindest-, Regel- und Optimalstandards abbilden. Die Normierung erfolgt anhand einer repräsentativen *Stichprobe* und auf der Grundlage pilotierter und fachdidaktisch validierter Items.

Ordered Item Booklet (OIB)
In einem *Standard-Setting* mit Hilfe der *Bookmark Methode* verwendete Zusammenstellung von Items. Die Items sind nach statistisch ermittelten Schwierigkeiten aufsteigend sortiert.

Objektivität
Eines der drei *Testgütekriterien*: Ein Test gilt dann als objektiv, wenn unabhängig von den Personen, die den Test durchführen (*Durchführungsobjektivität*) oder auswerten (*Auswertungsobjektivität*), die Testpersonen zu den gleichen Ergebnissen gelangen.

Paarprüfungen
Etabliertes Testverfahren zum Sprechen, bei dem zwei Prüflinge miteinander interagieren statt einzeln mit einem Prüfer zu sprechen. Die beiden Prüflinge können zunächst räumlich getrennt sein und nach einem individuellen Prüfungsabschnitt zusammentreffen oder ohne räumliche Trennung gemeinsam die Prüfung durchlaufen, wobei jeder Prüfling auch individuelle Prüfungsphasen absolvieren kann.

Pilotierung
Als Pilotierung von Testitems bezeichnet man einen Test, der an einer größeren *Stichprobe* der Zielgruppe Itemparameter (z.B. *Trennschärfe*, Schwierigkeit) in einem Umfang ermittelt, der es erlaubt, davon ausgehend eine begründete Itemauswahl für den Haupttest vorzunehmen. Für die Pilotierung des IQB wurden Verfahren der *klassischen Testtheorie* zur Ermittlung von *Trennschärfen* oder Distraktoreigenschaften angewendet. Zudem wurde das Vorliegen von *Differential Item Functioning* (schulform- und geschlechtsspezifische Verzerrungen) sowie die die Raschhomogenität der Items in IRT-Analysen geprüft. Im Bereich der produktiven Kompetenzen dient eine Pilotierung unter anderem dazu, das Kodierschema zu erproben und falls nötig Modifikationen an den *Kodieranweisungen* vorzunehmen.

Plausible Value (PVs)
stellen Personenfähigkeitsparameter dar, die mit IRT-Analysen gewonnen werden. Die Plausible-Value-Technik kann als eine Zufallsziehung aus einer a-posteriori Verteilung für jede Person beschrieben werden. Ein Vorteil ist, dass durch die Verwendung von Plausible Values varianzabhängige Populationsparameter unverfälscht geschätzt werden.

Polytome Kodierung
Kodes bzw. Zahlen, die Antworten zugeordnet werden und eine unterschiedliche Qualität von Antworten aus einem Leistungstest repräsentieren (z.B. 1 „nicht verständlich" bis 5 „keine Rechtschreibfehler" oder in einem Fragebogen eine aufsteigende Zustimmung (z.B. 1 „nie" bis 5 „sehr oft").

Präpilotierung
Vor der *Pilotierung* werden Studien mit Gelegenheitsstichproben der Zielpopulation zu den einzelnen Teilkompetenzen mit dem Ziel durchgeführt, Itemeigenschaften wie die *Trennschärfe* zu ermitteln und die *Kodieranweisungen* aus Schülerantworten zu generieren. Anhand der Kriterien werden *Items* überarbeitet oder bereits aus weiteren Testungen ausgeschlossen.

Prüfer-Leitfaden
Bestandteil der Testinstrumente zur Evaluation des Sprechens. Er enthält allgemeine Hinweise zur Durchführung einer Prüfung (Prozeduren, Zeiten, Verhalten), zu Konventionen (z.B. Duzen und Siezen) und zur Fragetechnik für die einzelnen Prüfungsteile.

Rasch-Modell
Das (dichotome) Rasch-Modell definiert die Wahrscheinlichkeit einer Antwort eines Probanden auf ein dichotomes (also ein falsch oder richtig gelöst kodiertes) Item als logistische Funktion von Personenparameter θ und Itemparameter σ. Der Personenparameter repräsentiert das Personenmerkmal, der Itemparameter die Schwierigkeit der Aufgabe, weil ein Anstieg des Itemparameters mit einer Abnahme der Wahrscheinlichkeit einhergeht, das *Item* zu lösen.

Rater
Juroren, die eine Auswertung von Sprachproduktionen vornehmen und dazu Einzelkriterien gewichten sollen bzw. zu einem Gesamturteil kombinieren (vgl. *Rating*).

Ratertraining
Schulung von Personen, die ein *Rating* vornehmen sollen. Im Projekt Französisch wird eine Schulung v.a. zur Bewertung der Textproduktionen benötigt. Um die *Auswertungsobjektivität* zu gewährleisten, wird die Qualität der Bewertungen zwischen den *Ratern* (*Interrater-Reliabilität*) oder/und von einem *Rater* zu verschiedenen Zeitpunkten (Intrarater-Reliabilität) mit Hilfe von mehrfach bewerteten Texten überprüft.

Rating
ist eine Form der Bewertung von Testleistungen zu offenen Aufgabenformaten wie mündliche Sprachproduktionen oder schriftliche Texte, bei dem verschiedenen Aspekte berücksichtigt werden sollen, um zu einem Gesamturteil zu gelangen.

Regressionsanalyse
ist ein Analyseverfahren, das den Zusammenhang zwischen einer intervallskalierten abhängigen (zu erklärenden) *Variable* (Kriterium) und einer oder mehreren, ebenfalls intervallskalierten unabhängigen (erklärenden) *Variablen* (Prädiktoren) aufdeckt. Die Maßzahl für den Zusammenhang zwischen allen Prädiktoren einer-

seits und dem Kriterium andererseits ist das multiple R bzw. das (korrigierte) quadrierte R, das der erklärten Varianz entspricht. Der eigenständige Beitrag jedes einzelnen Prädiktors (bei Konstanthaltung der anderen Prädiktoren) zur Aufklärung der Unterschiede im Kriterium wird mit den Beta-Gewichten angegeben.

Reliabilität
Eines der drei *Testgütekriterien*: Ein reliabler (engl.: reliable = zuverlässig) Test misst ein bestimmtes Merkmal unter vergleichbaren Bedingungen bei vergleichbaren Gruppen genau und zuverlässig, d. h. die Ergebnisse des Tests sind vergleichbar.

Repair
Das Beheben von Störungen, die in der sprachlichen Interaktion auftreten. Repair umfasst als Sonderfall die Korrektur von Fehlern, aber auch allgemeine Probleme des Sprechens, Hörens und Gesprächsverstehens. Repair im Sinne von „Fehlerkorrektur" dominiert in der fremdsprachlichen Unterrichtssituation, während sie in der nicht-unterrichtlichen Gesprächssituation, wo sie zu einem Gesichtsverlust führen würde, kaum eine Rolle spielt. In nicht-unterrichtlichen Gesprächssituationen ist es in der Regel dem Sprecher überlassen, seine Fehler selbst zu korrigieren.

Richtig-/Falsch-/Nicht-im-Text-Items (Vrai-/Faux-/Pas-dans-le-texte-Items)
Diese *Items* bestehen aus einem Itemstamm, der als Frage oder Aussage formuliert sein kann sowie drei Antwortalternativen, „vrai", „faux" und „pas dans le texte". Der Proband muss entscheiden, ob eine gegebene Aussage richtig oder falsch ist oder die Information nicht im Text erscheint.

Salienz
Das „Hervorstechen" eines Merkmals. Diese Eigenschaft definiert sich in Bezug auf eine bestimmte sprachliche Umgebung, in der ein bestimmtes Merkmal, z.B. eine besondere Betonung, hervorsticht. Das Erkennen hervorstechender Merkmale gilt als zentraler Lernmechanismus.

Scanning
Linear suchender Lesevorgang mit dem Ziel, Einzelinformationen zu identifizieren.

Schema-Theorie
Vertreter der Schema-Theorie betonen den Einfluss bereits existierender Wissensbestände auf den Leseprozess und damit die Rolle der absteigenden Top-down-Verarbeitung. Sie gehen von erfahrungsbasierten mentalen Strukturen aus, in denen das Wissen eines Lesers repräsentiert ist.

Schwellenhypothese
Erklärungsansatz für Dekodiervorgänge beim Lesen, Variante der *Interdependenzhypothese*. Nach der sprachlichen Schwellenhypothese ist der erfolgreiche Einsatz von bereits vorhandenen L1-Lesefertigkeiten erst ab einer bestimmten Kompetenzstufe in der *L2* möglich.

Schwierigkeitsgenerierende Merkmale
Variablen, die die Löseschwierigkeit einer Testaufgabe erklären können: Itemvariablen, Textvariablen und Text-Item-Variablen.

Skalieren
umfasst mehrere Schritte: eine Skala wird definiert, ein psychometrisches Modell wird geprüft, Eigenschaften der *Items* und die Passung einzelner *Items* in das gewählte IRT-Modell mit Hilfe von *Itemfitwerten* wie Infit und Outfit wird geprüft und es werden Messwerte für Personen konstruiert.

Skimming
Das rasche Überfliegen eines Textes mit dem Ziel, das Wesentliche zu erfassen.

Standardabweichung
ist ein so genanntes Streuungsmaß, das für intervallskalierte Daten Auskunft darüber gibt, wie homogen oder heterogen eine Merkmalsverteilung ist. Je kleiner die Standardabweichung ist, desto enger gruppieren sich die Werte der einzelnen Fälle um den Mittelwert. Je größer sie ist, desto weiter streuen sie um den Mittelwert. Liegt eine Normalverteilung vor, so lässt sich über die Verteilung folgendes sagen: Im Bereich Mittelwert plus/minus eine Standardabweichung liegen etwa 68 Prozent der Fälle; im Bereich Mittelwert plus/minus zwei Standardabweichungen liegen etwa 95 Prozent der Fälle. Das Quadrat der Standardabweichung ist die Varianz.

Standard-Setting
Empirisch-gestütztes Verfahren zur Ermittlung von *Cutscores* bzw. Trennwerten eines Kompetenzmodells. Im Bereich der Fremdsprachen werden damit die Übergänge der Niveaus des *Gemeinsamen europäischen Referenzrahmens für Sprachen* festgelegt.

Stichprobe
bezeichnet die nach bestimmten Kriterien ausgewählte Gruppe an Personen einer Grundgesamtheit. Die Auswahl wird getroffen, weil nicht die gesamte Zielpopulation getestet oder befragt werden kann. Die Ergebnisse der Teilgruppe werden verallgemeinert bzw. stehen repräsentativ für die Gesamtpopulation.

Summatives Testen
Es erfolgt im Gegensatz zum *formativen Testen* nach Abschluss eines Lernzyklus und dient infolgedessen nicht zur Optimierung eines laufenden Lernprozesses, sondern als Vergleichsgrundlage (entweder im Hinblick auf die Lernstandsfeststellung einer Klasse, Lerngruppe oder Kohorte oder zur Bereitstellung späterer Vergleichsmöglichkeiten).

Testaufgabe
bezeichnet im Kontext von empirischer Forschung eine *Aufgabe* zur Testung einer *Kompetenz*, die als psychologisches *Konstrukt* beschrieben werden kann, da lediglich das Verhalten und nicht die *Kompetenz* selbst beobachtet werden kann.

Testgütekriterien
Jeder wissenschaftliche Test muss bestimmten Qualitätskriterien genügen. Die Hauptgütekriterien sind *Objektivität*, *Reliabilität* und *Validität*. Daneben gelten für Tests weitere Kriterien wie die Testfairness und die Testökonomie sowie Kriterien wie die Authentizität, die fachdidaktische Prämissen widerspiegeln.

Testheft
Ein Testheft stellt eine Zusammenstellung von mehreren Aufgaben dar. Im Rahmen eines *Multi-Matrix-Designs* wurden Aufgaben erst Blöcken zugeordnet, die eine Teilkompetenz wie Leseverstehen messen sollen. Im zweiten Schritt werden mehrere Blöcke Testheften zugeordnet. In Kompetenztests werden i.d.R. mehrere verschiedene Testhefte in einer Klasse administriert, um u.a. das Abschreiben zu verhindern und Informationen über viele Items zu erhalten, die jedoch nicht allen Testteilnehmern vorgelegt werden müssen.

Testwirkungsvalidität
(engl.: consequential validity) bezieht sich auf Qualität der Wirkung, die ein Test auf alle an ihm Beteiligten und von ihm Betroffenen ausübt wie z.B. die Rückwirkung der Verwendung innovativer Itemformate auf den Unterricht.

Trennschärfe
Neben den *Testgütekriterien* müssen Testitems weiteren qualitativen Anforderungen genügen. Das Kriterium der Trennschärfe wird über die *Korrelation* zwischen dem Itemwert und dem Gesamtpunktwert des Tests berechnet. Ein hoher Wert nahe Eins gibt an, dass das *Item* gut zwischen Personen mit hohen und niedrigen Fähigkeiten bzw. Testwerten unterscheiden kann.

Validität
Eines der drei *Testgütekriterien*. Ein valider (engl.: valid = gültig) Test misst tatsächlich das Merkmal, das er entsprechend dem *Konstrukt* messen soll.

Variable
Variablen in einem Datensatz können neben Zahlen (Angabe über die richtige oder falsche Antwort zu einem *Item*) auch Begriffe (z.B. Schulformen) repräsentieren und damit Informationen in eine zählbare oder statistisch auswertbare Form bringen. Man kann Variablen je nach ihrem Messniveau (Skalenniveau) klassifizieren und unterscheidet das Nominal-, Ordinal-, Intervall- und Verhältnisniveau. Die Feststellung über das Messniveau ist vor allem relevant für die Auswahl des geeigneten statistischen Verfahrens.

Vergleichsarbeiten
Sammelbezeichnung für flächendeckende *Lernstandserhebungen* in den Bundesländern, die seit 2004 in der Grundschule (am Ende der Klassenstufe 3) in den Fächern Mathematik und Deutsch und seit 2009 in der Sekundarstufe I (am Ende der Klassenstufe 8) in den Fächern Deutsch, Mathematik und erste Fremdsprache durchgeführt werden. Sie werden auch als Kompetenztests bezeichnet.

Verlinkungsitems
synonym zu Ankeritems.

Washback
ist ein *Testgütekriterium* und wird auch als Rückwirkungseffekt, impact- oder backwash-Effekt bezeichnet. Man versteht darunter den Einfluss des Tests sowohl auf den einzelnen Kandidaten als auch z.B. auf das jeweilige Erziehungssystem – u.a. in Form einer Ausrichtung des Unterrichts auf Testinhalte und Aufgabenformate.

Zuordnungs- und Umordnungsaufgaben (Appariement-Items)
Items dieser Aufgaben erfordern die Zuordnung oder auch Umordnung von Elementen verschiedener Kategorien. Sie können z.B. aus zwei Listen von Begriffen (z.B. Personen und ihre Berufe) bestehen, die einander eindeutig zugeordnet werden müssen.

Anhang

Der folgende Anhang enthält die Deskriptoren zum Sprechen, Hören, Lesen und Schreiben. Weiterhin finden Sie die Eingabeformulare zum Hören und Lesen, die Testspezifikationen zum Hören, Lesen und Schreiben sowie Beispielaufgaben der Niveaus A1 bis C1 zum Lese- und Hörverstehen (Beispielaufgaben zum Schreiben vgl. Kapitel 2.2.4 und zum Sprechen vgl. Kapitel 2.2.5). Die Testspezifikationen zum Sprechen liegen zurzeit nur in der Entwurfsfassung vor. Auf eine Veröffentlichung an dieser Stelle wird daher verzichtet.

Übersicht der Beispielaufgaben zum Hörverstehen

Niveau des Beispiel-items	Aufgabe	Anzahl Items gesamt/ Aufgabe	Item-formate/ Itemtyp	Textart Stimulus	Thema	Kognitive Anfor-derung
A1	«Directions»	5	Geschlossen/ Zuordnung	Dialog	Le quotidien Les lieux	Detailliertes Erfassen
A2	«Au commissariat de police»	3	Geschlossen/ Mehrfach-auswahl	Dialog	Autres	Detailliertes Erfassen
B1	«Réveil des dieux»	3	Geschlossen; Halboffen/ Mehrfach-auswahl; Kurzantwort	Radio-interview	Les loisirs Distraction/ média	Detailliertes Erfassen
B1	«Répondeur du proriétaire»	1	Geschlossen/ Mehrfach-auswahl	Nachricht auf Anruf-beant-worter	Les voyages Les services	Erschließen der Kernaussage
B2	«Conducteur arrêté»	1	Halboffen/ Kurzantwort	Monolog	Les problèmes globaux	Erfassen der Kernaussage
C1	«Réveil des dieux»	3	Geschlossen; Halboffen/ Mehrfach-auswahl; Kurzantwort	Radio-interview	Le quotidien Les lieux	Detailliertes Erfassen

Hinweis: Niveaustufenzuordnung auf Grundlage der empirisch ermittelten Schwierigkeiten und Kompetenzstufenzuordnungen im Standard-Setting (vgl. Kapitel 3.2)

Hörverstehen: Beispiel A1 «Directions»

Tu vas entendre cinq personnes qui demandent leur chemin dans la rue. Écoute les dialogues et indique par les chiffres où se trouvent les bâtiments recherchés. Mets les chiffres dans la bonne case.

Ordne jedem Ort die passende Zahl zu.
Achtung, zwei Zahlen sind zu viel!

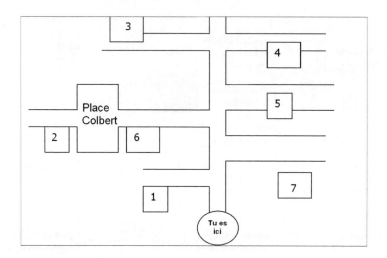

Lieus	Le café	La poste	Le cinéma	La banque	Le supermarché
Numéro					

(Le cinéma is circled)

Pardon Monsieur, où est le café, s.v.p. ?
Prenez la deuxième rue à droite.

Pardon Madame, pour aller à la poste, s.v.p. ?
Alors, vous continuez tout droit, vous prenez la première rue à gauche…

Excusez-moi, mademoiselle. Je cherche le cinéma.
Le cinéma, ce n'est pas trop loin. Vous allez tout droit, à la deuxième rue, vous tournez à gauche, vous continuez, vous traversez la place Colbert et c'est le premier bâtiment à gauche.

Excusez-moi, monsieur. Où se trouve la banque s.v.p. ?
C'est assez loin d'ici. Prenez la troisième rue à gauche.

Pardon madame, y a-t-il un supermarché près d'ici ?
Oui, le supermarché est dans la troisième rue à droite.

Hörverstehen: Beispiel A2 «Au commissariat de police»

Tu vas entendre un document sonore. Choisis la bonne réponse et mets une croix dans la case correspondante ☒.

Du hörst jetzt eine Aufnahme. Wähle die richtige Antwort und kreuze das dazugehörige Feld an ☒!

▶ **Quel type de sac portait la personne agressée ?**

A B C D

☐ ☐ ☐ ☐

Policier :	Madame. Vous avez l'air angoissé. Qu'est-ce qui s'est passé ?
Femme :	On m'a volé mes papiers, mes clés, mon lecteur mp3, enfin, tout ce que j'avais dans mon sac.
Policier :	Calmez-vous, mademoiselle, ça s'est passé quand et où ?
Femme :	Devant la gare, il y a cinq minutes.
Policier :	Soyez précis. Qu'est-ce qui s'est passé, vous avez été agressée ?
Femme :	Non, je cherchais le bureau des renseignements, je ne le voyais pas, et je suis allée vers le kiosque pour demander où il était et quelqu'un m'a bousculée violemment. Quand j'ai repris mes esprits je me suis aperçue que je n'avais plus de sac.
Policier :	Un sac à main ?
Femme :	Non, un sac à dos que je portais à l'épaule gauche.
Policier :	Vous avez vu le voleur ?
Femme :	Pas tout à fait. J'ai vu un type qui s'enfuyait, j'ai crié « au voleur » mais personne n'a rien fait
Policier :	Vous pouvez le décrire ?
Femme :	Ben, je vais essayer. J'ai pas vu ses cheveux, mais je crois qu'il était brun, il portait des lunettes de soleil et il avait une moustache, ça j'en suis sûre.
Policier :	Bon, d'accord, on va rédiger votre déclaration, mais n'espérez pas trop qu'on retrouve vos affaires. Il y a des tas de vols de ce genre, la ville est pleine de touristes en ce moment.

Hörverstehen: Beispiel B1 «Réveil des dieux»

> *Tu vas entendre un document sonore. Pour chaque question, choisis la bonne proposition et mets une croix dans la case qui correspond à la bonne réponse* ☒.
>
> *Du hörst jetzt eine Aufnahme. Wähle die richtige Antwort und kreuze das dazugehörige Feld an* ☒ *!*

▶ **Le livre parle ...**

☐   **A** : de la conquête de la Chine par le Japon.

☐   **B** : de la conquête de L'Egypte par la France.

☐   **C** : de la conquête de l'Amérique par l'Espagne.

☐   **D** : de la conquête du Japon par la Grande-Bretagne.

« Notre auditeur Marius qui a treize ans et qui habite à Paris, nous parle aujourd'hui d'un livre intitulé *Le Réveil des Dieux* de Fabrice Colin.

- Bonjour, alors *Le Réveil des Dieux* c'est un livre dont l'histoire se passe au 19 siècle au temps où les Anglais ont conquis le Japon. J'ai bien aimé ce livre car il y a pas mal d'action mais aussi parce qu'on apprend beaucoup de chose sur les Japonais de cette époque, sur leur tradition.
- Tu le conseilles donc à nos auditeurs
- Absolument, je pense que c'est le livre parfait pour les jeunes de mon âge. »

Hörverstehen: Beispiel B1 «Répondeur du proriétaire»

Tu vas entendre un document sonore. Choisis la bonne réponse et mets une croix dans la case correspondante ☒ .

Du hörst jetzt eine Aufnahme. Wähle die richtige Antwort und kreuze das dazugehörige Feld an ☒ !

Tu passes les vacances sur la Côte d'Azur. Le propriétaire de la maison de vacances appelle pendant votre absence et vous laisse un message.

▶ *Qu'est-ce que tu dois faire ?*

Tu dois ...

☐   **A** : téléphoner à l'électricien.

☐   **B** : rappeler le propriétaire.

☐   **C** : être à la maison ce soir-là.

☐   **D** : passer chez le propriétaire.

« Bonjour, c'est Monsieur Dumas à l'appareil. Je suis le propriétaire de la maison.
Vous êtes là ce soir ? Je dois passer vers 20 heures avec l'électricien. Il y a un petit problème avec l'installation électrique.»

Hörverstehen: Beispiel B2 «Conducteur arrêté»

Tu vas entendre un document sonore. Réponds à la question.
Du hörst jetzt eine Aufnahme. Beantworte die Frage!

▶ **Pourquoi la police a arrêté le conducteur ?**

Parce que le conducteur _____

_____.

« Et maintenant, pour terminer notre journal…une petite information amusante ! Hier, à Marseille, un conducteur a été arrêté par la police…pour conduite trop lente. Il roulait à 36km/h sur une autoroute où la vitesse était limitée à 130km/h.
La police a estimé que cette vitesse trop lente présentait un risque pour les autres véhicules. Le malheureux conducteur a dû payer 100 euros d'amende. »

Hörverstehen: Beispiel C1 «Réveil des dieux»

Tu vas entendre un document sonore. Pour chaque question, choisis la bonne proposition et mets une croix dans la case qui correspond à la bonne réponse ☒.

Du hörst jetzt eine Aufnahme. Wähle die richtige Antwort und kreuze das dazugehörige Feld an ☒ *!*

Réponds à la question.

Beantworte die Frage!

▶ *Marius a aimé le livre. Pourquoi ? Donne une raison.*

_____

_____

« Notre auditeur Marius qui a treize ans et qui habite à Paris, nous parle aujourd'hui d'un livre intitulé *Le Réveil des Dieux* de Fabrice Colin.

- Bonjour, alors *Le Réveil des Dieux* c'est un livre dont l'histoire se passe au 19 siècle au temps où les Anglais ont conquis le Japon. J'ai bien aimé ce livre car il y a pas mal d'action mais aussi parce qu'on apprend beaucoup de chose sur les Japonais de cette époque, sur leur tradition.
- Tu le conseilles donc à nos auditeurs
- Absolument, je pense que c'est le livre parfait pour les jeunes de mon âge. »

Übersicht der Beispielaufgaben zum Leseverstehen

Niveau des Beispielitems	Aufgabe	Anzahl Items gesamt	Itemformate/ Itemtyp	Textart Stimulus	Thema	Kognitive Anforderung
A1	«Rendez-vous»	1	Halboffen/ Kurzantwort	Text Email	La vie quotidienne	Erfassung der relevanten Einzelinformation
A2	«Alpes»	4	Halboffen/ Kurzantwort	Annonce	Le travail	Erfassen einer Einzelinformation
B1	«Aimer Lire»	1	Geschlossen/ Mehrfachauswahl	Text Monolog	Ästhetik/ Literatur	Erschließen der Kernaussage
B2	«Le roman courtois»	1	Geschlossen/ Mehrfachauswahl	Text Monolog	Ästhetik/ Literatur	Erschließen einer Hauptaussage
C1	«Schtroumpfs»	1	Geschlossen/ Mehrfachauswahl	Text Monolog	La diversité culturelle	Erschließen einer Hauptaussage

Hinweis: Niveaustufenzuordnung auf Grundlage der empirisch ermittelten Schwierigkeiten und Kompetenzstufenzuordnungen im Standard-Setting (vgl. Kapitel 3.2)

Leseverstehen: Beispiel A1 « Rendez-vous »

Lis le document. Réponds à la question par un mot ou un groupe de mots.

Lies das Dokument. Beantworte die Frage mit einem Wort oder einer Wortgruppe!

▶ *Où est-ce que David doit aller demain ?*

Leseverstehen: Beispiel A2 « Alpes »

Lis le document. Réponds aux questions par quelques mots.

Lies das Dokument. Beantworte die Fragen mit wenigen Worten.

Détails de l'offre

L'association « Alpes de Lumière » recherche 5 animateurs/ animatrices pour l'été 2007 pour encadrer un groupe de 40 enfants de 6 à 10 ans.
Vous aurez en charge la programmation des animations culturelles et sportives, l'organisation et la gestion de la vie quotidienne…

▶ *De quel type de travail est-ce qu'on parle ?*

_____

Leseverstehen: Beispiel B1 « Aimer lire »

Lis le document. Choisi la bonne réponse et mets une croix dans la case correspondante ⊠.

Lies das Dokument. Wähle die richtige Antwort und kreuze das dazugehörige Feld an ⊠.

Bon, dit le prof, puisque vour n'aimez pas lire ... C'est moi qui vous lirai des livres. Sans transition, il ouvre son cartable et en sort un bouquin gros comme ça, un truc cubique, vraiment énorme, à couverture glacée. (...).
- Vous y êtes?
Ils n'en croient ni leurs yeux ni leurs oreilles. Ce type va leur lire tout ça ? Mais on va y passer l'année ! Perplexité ... Une certaine tension, même ... Ca n'existe pas, un prof qui se propose de passer l'année à lire. Ou c'est un sacré fainéant, ou il y a anguille sous roche. L'arnaque nous guette. On va avoir droit à la liste de vocabulaire quotidien, au compte-rendu de lecture permanent...

▶ **Les élèves sont étonnés car :**

☐ **A :** ils réalisent que la majorité d'entre eux n'aime pas lire.

☐ **B :** ils devront faire un compte-rendu de lecture permanent.

☐ **C :** le professeur leur propose de leur lire un livre en classe.

☐ **D :** ils apprendront une liste de mots chaque jour.

Leseverstehen: Beispiel B2 « Le roman courtois »

> *Lis le document. Choisis la bonne réponse et mets une croix dans la case correspondante ☒ .*
>
> Lies das Dokument. Wähle die richtige Antwort und kreuze das dazugehörige Feld an ☒ !

STYLE
LE ROMAN COURTOIS

Le roman courtois est très à la mode au Moyen-âge (du XIIème au XVème siècle). C'est un récit où dominent les aventures fabuleuses de chevaliers cherchant à plaire à la dame de leur cœur. Le héros est toujours partagé entre l'aventure et l'amour. La fidélité, la politesse, la générosité qui sont des valeurs chevaleresques deviennent peu à peu un idéal de vie grâce à ces romans. Le mot courtoisie, toujours utilisé, désigne aujourd'hui une politesse raffinée.

▶ **Lequel de ces sujets pourrait faire l'objet d'un roman courtois ?**

☐ **A :** Une courtisane trahit le roi.

☐ **B :** Tristan part au combat pour sauver celle qu'il aime.

☐ **C :** Gargantua est un géant qui aime jouir des plaisirs de la vie.

☐ **D :** Un gentilhomme quitte sa famille pour devenir mousquetaire du roi.

Leseverstehen: Beispiel C1 « Schtroumpfs »

Lis le document. Choisis la bonne réponse et mets une croix dans la case correspondante ☒ *.*

Lies das Dokument. Wähle die richtige Antwort und kreuze das dazugehörige Feld an ☒ !

Le dessin animé commence comme tous les autres : par les images idylliques du village des Schtroumpfs, créés par Peyo.

Soudain, du ciel tombent des bombes, qui détruisent tout et tuent tout le monde, sauf le bébé Schtroumpf qui se retrouve seul, au milieu des décombres.

Réalisé au profit de l'UNICEF pour sa campagne "Laissez les enfants en paix !", ce spot, court mais impressionnant, a été diffusé sur les télévisions belges, à des heures où les enfants sont couchés. Le but est véritablement de choquer.

L'ironie de ce choix, c'est que l'UNICEF ne parvenait pas à mobiliser l'opinion en montrant des images de la réalité, pourtant effroyables, et a dû se rabattre sur l'un des symboles imaginaires du monde de l'enfance pour frapper les esprits.

▶ *Pourquoi l'UNICEF a-t-elle choisi les Schtroumpfs pour sa campagne ?*

☐ A : Pour atténuer le choc causé par les images réelles.

☐ B : Parce qu'ils représentent pour tous un symbole de paix.

☐ C : Parce qu'ils permettent de mieux atteindre les consciences.

☐ D : Pour que les enfants puissent également se sentir concernés.

Anhang

	REFERENZRAHMEN (GER)	BILDUNGSSTANDARDS	Ergänzende Deskriptoren
	Hörverstehen	**Hörverstehen**	**Hörverstehen**
A1.1	**Hörverstehen allgemein** Kann verstehen, wenn sehr langsam und sorgfältig gesprochen wird und wenn lange Pausen Zeit lassen, den Sinn zu erfassen. **Dialang-Raster zur Selbstbeurteilung** Ich kann alltägliche Äußerungen, die sich auf einfache und konkrete alltägliche Bedürfnisse beziehen, verstehen, wenn langsam, deutlich und mit Wiederholungen gesprochen wird. Ich kann einem Gespräch folgen, wenn sehr langsam und deutlich gesprochen wird und wenn lange Pausen es mir ermöglichen, das Gesagte zu verstehen.		Die Schülerinnen und Schüler können Eigennamen, häufig gebrauchte Wörter, Ausdrücke, ritualisierte Anweisungen sowie kurze Textzusammenhänge verstehen, sofern es sich um vertraute Themen und Situationen handelt. Die dafür notwendige Information ist stark hervorgehoben (durch Pausen, Salience, Betonung/Intonation, syntaktische Strukturen, Redundanzen/Wiederholungen, u. a.).
A1.2	Ich kann Fragen und Anweisungen verstehen und kurzen, einfachen Weisungen folgen. Ich kann Zahlen, Preise und Zeitangaben verstehen. Ich kann vertraute Wörter und ganz einfache Sätze verstehen, die sich auf mich selbst, meine Familie oder auf konkrete Dinge um mich herum beziehen, vorausgesetzt, es wird langsam und deutlich gesprochen.		
A2.1	**Hörverstehen allgemein** Versteht genug, um Bedürfnisse konkreter Art befriedigen zu können, sofern deutlich und langsam gesprochen wird. **Dialang-Raster zur Selbstbeurteilung** Ich kann einzelne Sätze und die gebräuchlichsten Wörter verstehen, wenn es um für mich wichtige Dinge geht (z.B. sehr einfache Informationen zur Person und zur Familie, Einkaufen, Arbeit, nähere Umgebung). Ich verstehe das Wesentliche von kurzen, klaren und einfachen Mitteilungen und Durchsagen. Ich kann genug verstehen, um mich in einfachen, routinemäßigen Situationen ohne große Anstrengung zu verständigen. Ich kann normalerweise das Thema eines Gesprächs in meiner Umgebung erkennen, wenn dieses langsam und deutlich geführt wird.	**Hauptschulabschluss** Die Schülerinnen und Schüler können Wendungen und Wörter verstehen, wenn es um Dinge von ganz unmittelbarer Bedeutung geht (z.B. ganz grundlegende Informationen zu Person, Familie, Einkaufen, Schule, nähere Umgebung), sofern deutlich und langsam gesprochen wird (A2). Die Schülerinnen und Schüler können • im Allgemeinen das Thema von Gesprächen, die in ihrer Gegenwart geführt werden, erkennen, wenn langsam und deutlich gesprochen wird (A2), • das Wesentliche von kurzen, klaren und einfachen Durchsagen und Mitteilungen erfassen (A2), • die Hauptinformationen von kurzen, langsam und deutlich gesprochenen Tonaufnahmen über vorhersehbare alltägliche Dinge entnehmen (A2)	Die Schüler und Schülerinnen können Einzelinformationen, die Hauptaussage oder einfache implizite Informationen von Anweisungen, Durchsagen, Mitteilungen auch in längeren Hörtexten oder Gesprächen mit mehreren relevanten Informationen verstehen, sofern es sich um vertraute Themen und Situationen handelt.

	Ich kann normalerweise Gespräche in deutlich gesprochener Standardsprache über geläufige Sachverhalte verstehen, auch wenn ich im tatsächlichen Alltagsleben eventuell um Wiederholung oder eine andere Formulierung bitten müsste. Ich kann genug verstehen, um konkreten Bedürfnissen im alltäglichen Leben gerecht zu werden, vorausgesetzt, es wird deutlich und langsam gesprochen. Ich kann Redewendungen und Ausdrücke verstehen, die unmittelbare Bedürfnisse betreffen. Ich kann einfache Angelegenheiten in Geschäften, Postämtern oder Banken erledigen. Ich kann einfache Wegbeschreibungen verstehen, wenn es darum geht, wie ich zu Fuß oder mit öffentlichen Verkehrsmitteln von A nach B komme. Ich kann die wichtigsten Informationen kurzer Tonbandaufnahmen verstehen, die von vorhersehbaren Alltagsthemen handeln, wenn langsam und deutlich gesprochen wird. Ich kann Nachrichtensendungen im Fernsehen, die über Ereignisse, Unfälle usw. berichten, die Hauptinformation entnehmen, wenn Bildmaterial die Kommentare begleitet. Ich kann die Hauptaussagen in kurzen, klaren und einfachen Mitteilungen und Durchsagen erfassen.	
A2.2	Hörverstehen allgemein Kann Wendungen und Wörter verstehen, wenn es um Dinge von ganz unmittelbarer Bedeutung geht (z.B. ganz grundlegende Informationen zu Person, Familie, Einkaufen, Arbeit, nähere Umgebung), sofern deutlich und langsam gesprochen wird.	Hauptschulabschluss Die Schülerinnen und Schüler können die Hauptinformationen von Fernsehmeldungen über Ereignisse erfassen, wenn der Kommentar durch das Bild unterstützt wird (A2+).
B1.1	Hörverstehen allgemein Kann die Hauptpunkte verstehen, wenn in deutlich artikulierter Standardsprache über vertraute Dinge gesprochen wird, denen man normalerweise bei der Arbeit, in der Ausbildung oder der Freizeit begegnet; kann auch kurze Erzählungen verstehen. Dialang-Raster zur Selbstbeurteilung Ich kann die Hauptpunkte verstehen, wenn klare Standardsprache verwendet wird und wenn es um vertraute Dinge aus Arbeit, Schule, Freizeit usw. geht. Ich kann in vielen Radio- oder Fernsehsendungen über aktuelle Ereignisse und über Themen aus meinem Berufs- oder Interessengebiet die Hauptinformation entnehmen, wenn relativ langsam und deutlich gesprochen wird. Ich kann die Bedeutung gelegentlich vorkommender unbekannter Wörter aus dem Zusammenhang erschließen	Mittlerer Schulabschluss Die Schülerinnen und Schüler können unkomplizierte Sachinformationen über gewöhnliche alltags- oder berufsbezogene Themen verstehen und dabei die Hauptaussagen und Einzelinformationen erkennen, wenn in deutlich artikulierter Standardsprache gesprochen wird (B1+). Die Schülerinnen und Schüler können (Englisch und Französisch) • im Allgemeinen den Hauptpunkten von längeren Gesprächen folgen, die in ihrer Gegenwart geführt werden (B1), • Vorträge verstehen, wenn die Thematik vertraut und die Darstellung unkompliziert und klar strukturiert ist (B1+), • Ankündigungen und Mitteilungen zu konkreten Themen verstehen, die in normaler Geschwindigkeit in Standardsprache gesprochen werden (B2). Die Schülerinnen und Schüler können unkomplizierte Informationen über lebensweltbezogene Themen verstehen und dabei die Hauptaussagen und relevante Einzelinformationen erkennen, sofern klar artikuliert und mit vertrautem Akzent gesprochen wird. Sie können aus Äußerungen einfache Schlussfolgerungen ziehen.

	und die Bedeutung des Satzes verstehen, wenn es sich um ein bekanntes Thema handelt. Ich kann normalerweise den wesentlichen Punkten einer längeren Diskussion um mich herum folgen, wenn deutlich gesprochen und Standardsprache verwendet wird. Ich kann einer alltäglichen Unterhaltung in deutlicher Sprechweise folgen, auch wenn ich in einer tatsächlichen Situation manchmal um Wiederholung einzelner Wörter und Sätze bitten muss. Ich kann einfache, sachliche Informationen über die geläufigen Themen des Alltags- und Berufslebens verstehen und sowohl allgemeine Aussagen als auch spezifische Details erkennen, sofern deutlich und mit geläufigem Akzent gesprochen wird. Ich kann Gesprächen über geläufige, regelmäßig vorkommende Ereignisse die Hauptaussagen entnehmen, wenn deutlich und in Standardsprache gesprochen wird. Ich kann einem Vortrag oder einem Gespräch innerhalb meines Fachgebiets folgen, sofern mir die Thematik vertraut ist und der Vortrag einfach und klar strukturiert ist. Ich kann einfache technische Informationen verstehen, wie zum Beispiel Bedienungsanleitungen für Geräte des alltäglichen Gebrauchs. Ich kann meist den Informationsgehalt aufgezeichneten oder übertragenen Tonmaterials verstehen, vorausgesetzt, es handelt sich um geläufige Themen und es wird relativ langsam und deutlich gesprochen. Ich kann vielen Filmen folgen, wenn Bild und Aktion die Handlung im Wesentlichen tragen, eine einfache Geschichte erzählt und deutlich gesprochen wird. Ich kann die wesentlichen Inhalte in Sendungen zu geläufigen Themen oder Themen, die für mich von persönlichem Interesse sind, erfassen, wenn relativ langsam und deutlich gesprochen wird.	• vielen Filmen folgen, deren Handlung im Wesentlichen durch Bild und Aktion getragen wird (B1). Die Schülerinnen und Schüler können • in Radionachrichten und in einfacheren Tonaufnahmen über vertraute Themen die Hauptpunkte verstehen, wenn relativ langsam und deutlich gesprochen wird (B1), • das Wesentliche von Fernsehsendungen zu vertrauten Themen verstehen, sofern darin relativ langsam und deutlich gesprochen wird (B1).
B1.2	Hörverstehen allgemein Kann unkomplizierte Sachinformationen über gewöhnliche alltags- oder berufsbezogene Themen verstehen und dabei die Hauptaussagen und Einzelinformationen erkennen, sofern klar artikuliert und mit vertrautem Akzent gesprochen wird.	
B2	Hörverstehen allgemein Kann im direkten Kontakt und in den Medien gesprochene Standardsprache verstehen, wenn es um vertraute oder auch um weniger vertraute Themen geht, wie man ihnen normalerweise im privaten, gesellschaftlichen, beruflichen Leben oder in der Ausbildung begegnet. Nur extreme Hintergrundgeräusche, unangemessene Diskursstrukturen oder starke Idiomatik beeinträchtigen das Ver-	Die Schülerinnen und Schüler können gesprochene Standardsprache verstehen, wenn es um vertraute oder auch um weniger vertraute Themen geht, wie man ihnen normalerweise im privaten, gesellschaftlichen, beruflichen Leben oder in der Ausbildung begegnet. Sie können die Hauptaussagen und Details von inhaltlich und sprachlich komplexen Redebeiträgen zu konkreten und abstrakten Themen verstehen. Sie können längeren Redebeiträgen

ständnis. Kann die Hauptaussagen von inhaltlich und sprachlich komplexen Redebeiträgen zu konkreten und abstrakten Themen verstehen, wenn Standardsprache gesprochen wird; verstehe auch Fachdiskussionen im eigenen Spezialgebiet. Kann längeren Redebeiträgen und komplexer Argumentation folgen, sofern die Thematik einigermaßen vertraut ist und der Rede- oder Gesprächsverlauf durch explizite Signale gekennzeichnet ist.

Dialog-Raster zur Selbstbeurteilung:
Ich kann genau verstehen, was mir in gesprochener Standardsprache gesagt wird, selbst bei Hintergrundgeräuschen.
Ich kann gesprochene Standardsprache verstehen, live oder durch Medienübertragung, sowohl zu bekannten als auch zu unbekannten Themen, welchen man normalerweise im persönlichen, akademischen oder beruflichen Leben begegnet. Nur extreme Hintergrundgeräusche, unklare Strukturen und/oder der Gebrauch idiomatischer Ausdrücke bereiten mir einige Probleme.
Ich kann die Hauptaussagen komplexer Redebeiträge sowohl zu konkreten als auch zu abstrakten Themen, welche in Standardsprache formuliert sind, einschließlich technischer Diskussionen innerhalb meines Fachgebietes verstehen.
Ich kann längeren Gesprächen und komplexen Argumentationslinien folgen, sofern mir das Thema einigermaßen vertraut ist und Ziel und Richtung des Beitrags vom Redner klar benannt werden.
Ich kann den wesentlichen Punkten von Vorträgen, Gesprächen und Berichten sowie anderen Redebeiträgen mit komplexen Gedankengängen und komplexer Sprache folgen.
Ich kann in Standardsprache und normaler Geschwindigkeit gesprochene Ansagen und Mitteilungen konkreten und abstrakten Inhalts verstehen.
Ich kann die meisten Rundfunkreportagen und fast alle anderen Tonaufnahmen oder -übertragungen in Standardsprache verstehen und dabei die Stimmung, den Tonfall, usw. des Sprechers heraushören.
Ich kann die meisten Fernsehnachrichten und Sendungen zu aktuellen Themen, wie Dokumentarfilme, Live-Interviews, Talkshows, Theaterstücke und die meisten Spielfilme, in Standardsprache verstehen.
Ich kann einem Vortrag oder einem Gespräch innerhalb meines Fachgebietes folgen, soweit der Beitrag klar vorgetragen wird.

und komplexer Argumentation folgen, sofern die Thematik einigermaßen vertraut ist und der Rede- oder Gesprächsverlauf durch explizite Signale gekennzeichnet ist. Extreme Hintergrundgeräusche, nicht vertraute Diskursstrukturen oder starke Idiomatik können das Verständnis erschweren.

C1	Hörverstehen allgemein	Die Schülerinnen und Schüler können genug verstehen, um längeren Redebeiträgen über nicht vertraute, abstrakte und komplexe Themen zu folgen.
	Kann genug verstehen, um längeren Redebeiträgen über nicht vertraute, abstrakte und komplexe Themen zu folgen, wenn auch gelegentlich Details bestätigt werden müssen, insbesondere bei fremdem Akzent.	Sie können ein breites Spektrum idiomatischer Wendungen und umgangssprachlicher Ausdrucksformen verstehen und Registerwechsel richtig beurteilen.
	Kann ein breites Spektrum idiomatischer Wendungen und umgangssprachlicher Ausdrucksformen verstehen und Registerwechsel richtig beurteilen.	Sie können Reden und Gesprächen folgen, auch wenn diese nicht klar strukturiert sind und wenn Zusammenhänge nicht explizit ausgedrückt sind.
	Kann längeren Reden und Gesprächen folgen, auch wenn diese nicht klar strukturiert sind und wenn Zusammenhänge nicht explizit ausgedrückt sind.	
	Dialang-Raster zur Selbstbeurteilung	
	Ich kann bei angeregter Unterhaltung unter Muttersprachlern mithalten.	
	Ich kann genug verstehen, um längeren Gesprächen über abstrakte und komplexe Themen, welche über mein Fachgebiet hinausgehen, zu folgen. Allerdings muss ich gelegentlich bei einzelnen Details nachfragen, vor allem wenn ich mit dem Akzent nicht vertraut bin.	
	Ich kann vielerlei idiomatische Ausdrücke und umgangssprachliche Wendungen sowie den Wechsel der Stilebene erkennen.	
	Ich kann längeren Redebeiträgen folgen, selbst wenn diese nicht klar strukturiert sind und die gedanklichen Verknüpfungen nur angedeutet und nicht explizit benannt werden.	
	Es fällt mir relativ leicht, den meisten Vorträgen, Diskussionen und Debatten zu folgen.	
	Ich kann öffentlichen Ansagen schlechter Qualität bestimmte Informationen entnehmen.	
	Ich kann komplexe technische Informationen, wie Bedienungsanleitungen und Beschreibungen für geläufige Produkte und Dienstleistungen, verstehen.	
	Ich kann die verschiedensten Tonaufnahmen verstehen, auch wenn nicht alle Beiträge in der Standardsprache gesprochen werden, und kann dabei Feinheiten erkennen, einschließlich impliziter Einstellungen und Beziehungen zwischen den Sprechern.	
	Ich kann Spielfilmen mit einem hohen Anteil an Umgangssprache und idiomatischen Ausdrücken folgen.	

Anmerkung: Für die Erstellung der Kodieranweisungen und der Testspezifikationen wurden auch weitere Skalen berücksichtigt.

	REFERENZRAHMEN (GER)	BILDUNGSSTANDARDS	Ergänzende Deskriptoren
	LESEN	LESEN	LESEN
A1	Leseverstehen allgemein Kann sehr kurze, einfache Texte Satz für Satz lesen und verstehen, indem er/sie bekannte Namen, Wörter und einfachste Wendungen heraussucht und, wenn nötig, den Text mehrmals liest.		Die Schülerinnen und Schüler können Informationen aus sehr kurzen, einfachen Texten zu vertrauten Themen entnehmen, besonders, wenn das Verstehen durch die graphische Darbietung unterstützt wird.
A1.2	Dialang-Raster zur Selbstbeurteilung Ich kann die Grundaussage eines einfachen Informationstextes und kurzer, einfacher Beschreibungen verstehen, insbesondere wenn diese Bilder enthalten, die den Text erklären. Ich kann sehr kurze, einfache Texte mit bekannten Namen, Wörtern und grundlegenden Redewendungen verstehen, wenn ich zum Beispiel Teile des Textes noch einmal lese. Ich kann kurzen, einfach geschriebenen Anleitungen folgen, insbesondere wenn sie Bilder enthalten. Ich kann bekannte Namen, Wörter und sehr einfache Redewendungen in einfachen Mitteilungen in den häufigsten Alltagssituationen erkennen. Ich kann kurze, einfache Mitteilungen, z.B. auf Postkarten, verstehen.		
A2.1	Leseverstehen allgemein Kann kurze, einfache Texte lesen und verstehen, die einen sehr frequenten Wortschatz und einen gewissen Anteil international bekannter Wörter enthalten. Dialang-Raster zur Selbstbeurteilung Ich kann kurze, einfache Texte verstehen, welche die gebräuchlichsten Wörter beinhalten, einschließlich international verständlicher Wörter. Ich kann kurze, einfache Texte in der Alltagssprache verfasste Texte verstehen. Ich kann kurze, einfache alltagssprachlichen Materialien, wie Anzeigen, Broschüren, Speisekarten und Fahrplänen, bestimmte Informationen entnehmen.	Hauptschulabschluss Die Schülerinnen und Schüler können kurze, einfache Texte lesen und verstehen, die einen sehr frequenten Wortschatz und einen gewissen Anteil international bekannter Wörter enthalten (A2). Die Schülerinnen und Schüler können • kurze, einfache persönliche Briefe und E-Mails verstehen (A2), • konkrete, voraussagbare Informationen in einfachen Alltagstexten auffinden, z.B. in Anzeigen, Prospekten, Speisekarten, Fahrplänen, Programmzeitschriften (A2), • gebräuchliche Zeichen und Schilder an öffentlichen Orten, z.B. Wegweiser,	Die Schülerinnen und Schüler können kurze Texte oder Textstellen aus längeren Texten zu vertrauten Themen aus ihrer Lebenswelt lesen. Sie können ihnen Einzelinformationen entnehmen oder die Hauptaussage erfassen, vorausgesetzt die Texte sind in einer einfachen Sprache geschrieben (vorwiegend sehr frequenter oder aus anderen Sprachen bekannter oder leicht aus dem Kontext erschließbarer Wortschatz) und/oder das Verstehen wird graphisch unterstützt.

	Ich kann kurze, einfache persönliche Briefe verstehen. Ich kann standardisierte Routinebriefe und -faxe über geläufige Sachverhalte verstehen. Ich kann einfache Gebrauchsanleitungen für Gegenstände des alltäglichen Lebens, wie zum Beispiel ein öffentliches Telefon, verstehen. Ich kann gebräuchliche Schilder und Mitteilungen an öffentlichen Stätten, wie auf der Straße, in Restaurants und Bahnhöfen oder am Arbeitsplatz, verstehen.	Warnungen vor Gefahr verstehen (A2), aus einfacheren schriftlichen Materialien wie Briefen, Broschüren, Zeitungsartikeln (oder auch dem Niveau entsprechenden fiktionalen Texten) spezifische Informationen herausfinden (A2), einfache Anleitungen für Apparate verstehen, mit denen sie im Alltag zu tun haben (A2).
A2.2	**Leseverstehen allgemein** Kann kurze, einfache Texte zu vertrauten, konkreten Themen verstehen, in denen gängige alltags- oder berufsbezogene Sprache verwendet wird.	
B1.1	**Leseverstehen allgemein** Kann unkomplizierte Sachtexte über Themen, die mit den eigenen Interessen und Fachgebieten in Zusammenhang stehen, mit befriedigendem Verständnis lesen. **Dialog-Raster zur Selbstbeurteilung** Ich kann einfache Texte verstehen, deren Themen sich mit meinen Interessen decken. Ich kann in alltäglichen Materialien, wie Briefen, Broschüren und kurzen offiziellen Schriftstücken, die von mir benötigte Information finden und verstehen. Ich kann in einem längeren oder in mehreren kurzen Texten eine von mir benötigte spezifische Information finden, welche ich zur Fertigstellung einer Aufgabe benötige. Ich kann die wichtigsten Punkte in einfachen Zeitungsartikeln zu geläufigen Themen erkennen. Ich kann in einer leicht verständlich geschriebenen Argumentation die wesentlichen Schlussfolgerungen erkennen. Ich kann in einem Text den Roten Faden einer Argumentation erkennen, jedoch nicht unbedingt alle Details verstehen. Ich kann die Beschreibung von Ereignissen, Gefühlen und Wünschen in persönlichen Briefen so gut verstehen, dass ich mit einem Freund oder Bekannten einen Briefwechsel führen kann. Ich kann verständlich geschriebene, einfache Gebrauchsanweisungen für Geräte verstehen.	**Mittlerer Schulabschluss** Die Schülerinnen und Schüler können verschiedene unkomplizierte Texte aus Themenfeldern ihres Interessen- und Erfahrungsbereiches lesen und verstehen (B1). Die Schülerinnen und Schüler können • Korrespondenz lesen, die sich auf das eigene Interessengebiet bezieht und die wesentliche Aussage erfassen (B2), • klar formulierte Anweisungen, unkomplizierte Anleitungen, Hinweise und Vorschriften verstehen (B1/ B2), • längere Texte nach gewünschten Informationen durchsuchen und Informationen aus verschiedenen Texten zusammentragen, um eine bestimmte Aufgabe zu lösen (B1+), • in kürzeren literarischen Texten (z.B. Short Stories) die wesentlichen Aussagen erfassen und diese zusammentragen, um eine bestimmte Aufgabe zu lösen (B1), • die Aussagen einfacher literarischer Texte verstehen, in klar geschriebenen argumentativen Texten zu vertrauten Themen die wesentlichen Schluss-folgerungen erkennen, z.B. in Zeitungsartikeln (B1/ B1+).	Die Schülerinnen und Schüler können die Hauptaussage(n) sowie Detailinformationen verschiedener klar strukturierter Texte aus Themenfeldern ihres Interessen- und Erfahrungsbereiches erfassen. Sie können nicht explizit genannte Informationen erfassen und einfache Schlussfolgerungen ziehen. Einzelne lexikalische Lücken können kompensiert werden.
B2	**Leseverstehen allgemein** Kann sehr selbständig lesen, Lesestil und -tempo verschiedenen Texten und Zwecken anpassen und geeignete Nachschlagewerke selektiv benutzen. Verfügt über einen großen Lesewortschatz, hat aber möglicherweise Schwierigkeiten mit selten gebrauchten Wendungen.		Die Schülerinnen und Schüler können die Hauptaussagen und Details von inhaltlich und sprachlich komplexen Texten unterschiedlicher Textsorten zu vertrauten oder weniger vertrauten Themen erfassen. Sie können implizite Informationen erfassen und einfache Schlussfolgerungen ziehen. Diskursstrukturen können erkannt und zum Textverständnis genutzt werden.

	Dialang-Raster zur Selbstbeurteilung: Ich kann Schriftverkehr, der sich mit meinen persönlichen Interessen befasst, lesen und dabei die wichtigsten Aussagen ohne größere Mühe verstehen. Ich kann Fachtexte, die nicht aus meinem Fachgebiet kommen, verstehen, vorausgesetzt, ich kann ein Wörterbuch benutzen, um Fachbegriffe nachzuschlagen. Ich kann Texte unterschiedlicher Textsorte relativ leicht in unterschiedlicher Geschwindigkeit und auf unterschiedliche Art und Weise lesen, je nachdem, mit welchem Ziel ich den Text lese und um welche Textsorte es sich handelt. Ich kann beim Lesen einen umfangreichen Wortschatz verstehen, habe jedoch manchmal Schwierigkeiten mit weniger geläufigen Wörtern und Redewendungen. Ich kann den Inhalt und die Bedeutung von Nachrichten, Aufsätzen und Berichten aus einem breiten Spektrum fachbezogener Sachverhalte schnell erfassen, um zu entscheiden, ob eine genauere Bearbeitung lohnend ist. Ich kann Aufsätze und Berichte verstehen, die sich mit aktuellen Problemen beschäftigen und in denen die Verfasser bestimmte Standpunkte oder Sichtweisen vertreten.	
C1	Leseverstehen allgemein Kann lange, komplexe Texte im Detail verstehen, auch wenn diese nicht dem eigenen Spezialgebiet angehören, sofern schwierige Passagen mehrmals gelesen werden können. Dialang-Raster zur Selbstbeurteilung Unter gelegentlicher Zuhilfenahme des Wörterbuches kann ich jegliche Art von Schriftverkehr verstehen. Ich kann lange, komplexe Anleitungen für neue Geräte oder neue Verfahren auch außerhalb meines Fachgebietes genau verstehen, wenn ich schwierige Passagen mehrmals lesen kann.	Die Schülerinnen und Schüler können längeren Lesetexten zu nicht vertrauten, abstrakten und komplexen Themen folgen. Sie können sprachliche Register sowie grundlegende rhetorische Mittel und idiomatische Wendungen deutend verstehen. Sie können kontinuierliche und diskontinuierliche Texte mit Rückgriff auf breite Wissens- und Leseerfahrungen in ihrer Aussage und Intention verstehen.

Anmerkung: Für die Erstellung der Kodieranweisungen und der Testspezifikationen wurden auch weitere Skalen berücksichtigt.

	REFERENZRAHMEN (GER)	BILDUNGSSTANDARDS
	Schreiben	**Schreiben**
A1.1	**Schriftliche Produktion allgemein** Kann einfache, isolierte Wendungen und Sätze schreiben. **Kreatives Schreiben** Kann einfache Wendungen und Sätze über sich selbst und fiktive Menschen schreiben: wo sie leben und was sie tun. **Berichte und Aufsätze schreiben** Keine Deskriptoren verfügbar. **Dialang-Raster zur Selbstbeurteilung** Ich kann einfache Mitteilungen an Freunde schreiben. Ich kann beschreiben, wo ich wohne. Ich kann auf Formularen meine persönlichen Daten eintragen. Ich kann einzelne, einfache Ausdrücke und Sätze schreiben. Ich kann eine kurze, einfache Postkarte schreiben. Ich kann mit Hilfe eines Wörterbuches kurze Briefe und Mitteilungen schreiben.	
A2.1	**Schriftliche Produktion allgemein** Kann eine Reihe einfacher Wendungen und Sätze schreiben und mit Konnektoren wie *und*, *aber* oder *weil* verbinden. **Kreatives Schreiben** Kann in einer Reihe einfacher Sätze über die eigene Familie, die Lebensumstände, den Bildungshintergrund oder die momentane oder vorherige berufliche Tätigkeit schreiben. Kann kurze, einfache, fiktive Biographien und einfache Gedichte über Menschen schreiben. **Berichte und Aufsätze schreiben** Keine Deskriptoren verfügbar. **Dialang-Raster zur Selbstbeurteilung** Ich kann kurze, einfache Beschreibungen von Ereignissen und Aktivitäten liefern. Ich kann sehr einfache persönliche Dankes- und Entschuldigungsschreiben verfassen.	**Hauptschulabschluss** Die Schülerinnen und Schüler können in einer Reihe einfacher Sätze über die eigene Familie, die Lebensumstände und die Schule schreiben. Sie können eine sehr kurze, elementare Beschreibung von Ereignissen, Handlungen, Plänen und persönlichen Erfahrungen erstellen sowie kurze Geschichten nach sprachlichen Vorgaben verfassen. (A2/A2+) Die Schülerinnen und Schüler können: • kurze, einfache Notizen und Mitteilungen schreiben, die sich auf unmittelbare Bedürfnisse und notwendige Dinge beziehen (A2), • einfache, persönliche Briefe und E-Mails schreiben (A2), • nach sprachlichen Vorgaben kurze einfache Texte (Berichte, Beschreibungen, Geschichten, Gedichte) (A2).

Anhang 325

		Ich kann kurze, einfache, alltägliche Nachrichten und Mitteilungen schreiben. Ich kann Pläne und Vereinbarungen beschreiben. Ich kann über meine Vorlieben und Abneigungen bei bestimmten Dingen schreiben. Ich kann über meine Familie, mein Umfeld, meinen schulischen Werdegang sowie meine gegenwärtige oder letzte berufliche Tätigkeit schreiben. Ich kann über Aktivitäten und persönliche Erfahrungen aus der Vergangenheit schreiben.	
A2.2	Kreatives Schreiben Kann in Form verbundener Sätze etwas über alltägliche Aspekte des eigenen Umfelds schreiben, wie z.B. über Menschen, Orte, einen Job oder Studienerfahrungen. Kann eine sehr kurze, elementare Beschreibung von Ereignissen, vergangenen Handlungen und persönlichen Erfahrungen verfassen.	
B1.1	Schriftliche Produktion allgemein Kann unkomplizierte, zusammenhängende Texte zu mehreren vertrauten Themen aus seinem/ihrem Interessengebiet verfassen, wobei einzelne kürzere Teile in linearer Abfolge verbunden werden. Kreatives Schreiben Kann unkomplizierte, detaillierte Beschreibungen zu einer Reihe verschiedener Themen aus seinem/ihren Interessengebiet verfassen. Kann Erfahrungsberichte schreiben, in denen Gefühle und Reaktion in einem einfachen, zusammenhängenden Text beschrieben werden. Kann eine Beschreibung eines realen oder fiktiven Ereignisses oder eines kürzlich unternommenen Reise verfassen. Kann eine Geschichte erzählen. Berichte und Aufsätze schreiben Kann in einem üblichen Standardformat sehr kurze Berichte schreiben, in denen Sachinformationen weitergegeben und Gründe für Handlungen angegeben werden. Dialoga-Raster zur Selbstbeurteilung Ich kann sehr kurze Berichte schreiben, in welchen Alltagsinformationen weitergeleitet werden und welche Gründe für Handlungsweisen angeben. Ich kann in persönlichen Briefen Erfahrungen, Gefühle und Ereignisse detailliert beschreiben. Ich kann die wichtigsten Einzelheiten eines unvorhersehbaren Ereignisses, wie z.B. eines Unfalls, beschreiben. Ich kann Träume, Hoffnungen und Wünsche beschreiben. Ich kann, z.B. bei Problemen, Anfragen entgegennehmen und dazu Notizen anfertigen. Ich kann die Handlung eines Buches oder Films sowie meine Reaktionen beschreiben. Ich kann Meinungen, Pläne und Handlungen kurz schriftlich begründen und erklären.	Mittlerer Schulabschluss Die Schülerinnen und Schüler können Erfahrungen zusammenhängende Texte zu vertrauten Themen aus ihrem Interessengebiet verfassen (B1). Die Schülerinnen und Schüler können • in persönlichen Briefen Mitteilungen, einfache Informationen und Gedanken darlegen (B1), • einfache standardisierte Briefe und E-Mails adressatengerecht formulieren, z.B. Anfragen, Bewerbungen (B1), • unkomplizierte, detaillierte Texte zu einer Reihe verschiedener Themen aus ihren Interessengebieten verfassen, z.B. Erfahrungsberichte, Geschichten, Beschreibungen (B1), • kurze, einfache Aufsätze zu Themen von allgemeinem Interesse schreiben (B1). Die Schülerinnen und Schüler können • eine Nachricht notieren, wenn jemand nach Informationen fragt oder ein Problem erläutert (B1+), • kurze Berichte zu vertrauten Themen schreiben, darin Informationen weitergeben, Gründe für Handlungen angeben und Stellung nehmen (B1+).
B1.2	Berichte und Aufsätze schreiben Kann einen kurzen, einfachen Aufsatz zu Themen von allgemeinem Interesse schreiben. Kann im eigenen Sachgebiet mit einer gewissen Sicherheit größere Mengen von Sachinformationen über vertraute Routineangelegenheiten und über weniger routinemäßige Dinge zusammenfassen, darüber berichten und dazu Stellung nehmen.	

B2.1	**Schriftliche Produktion allgemein** Kann klare, detaillierte Texte zu verschiedenen Themen aus seinem/ihrem Interessensgebiet verfassen und dabei Informationen und Argumente aus verschiedenen Quellen zusammenführen und gegeneinander abwägen. **Kreatives Schreiben** Kann klare, detaillierte Beschreibungen zu verschiedenen Themen aus seinem/ihrem Interessengebiet verfassen. Kann eine Rezension eines Films, Buchs oder Theaterstücks schreiben. **Berichte und Aufsätze schreiben** Kann in einem Aufsatz oder Bericht etwas erörtern, dabei Gründe für oder gegen einen bestimmten Standpunkt angeben und die Vor- und Nachteile verschiedener Optionen erläutern. Kann Informationen und Argumente aus verschiedenen Quellen zusammenführen. **Dialang-Raster zur Selbstbeurteilung:** Ich kann unterschiedliche Ideen und Lösungsmöglichkeiten für ein Problem gegeneinander abwägen. Ich kann Informationen und Argumente aus unterschiedlichen Quellen zusammenfassen. Ich kann eine logische Argumentationskette entwickeln. Ich kann über Ursachen, Folgen und hypothetische Situationen spekulieren.
B2.2	**Kreatives Schreiben** Kann klare, detaillierte, zusammenhängende Beschreibungen realer oder fiktiver Ereignisse und Erfahrungen verfassen, dabei den Zusammenhang zwischen verschiedenen Ideen deutlich machen und die für das betreffende Genre geltenden Konventionen beachten. **Berichte und Aufsätze schreiben** Kann einen Aufsatz oder Bericht schreiben, in dem etwas systematisch erörtert wird, wobei entscheidende Punkte angemessen hervorgehoben und stützende Details angeführt werden. Kann verschiedene Ideen oder Problemlösungen gegeneinander abwägen.
C1	**Schriftliche Produktion allgemein** Kann klare, gut strukturierte Texte zu komplexen Themen verfassen und dabei die entscheidenden Punkte hervorheben, Standpunkte ausführlich darstellen und durch Unterpunkte oder geeignete Beispiele oder Begründungen stützen und den Text durch einen angemessenen Schluss abrunden. **Kreatives Schreiben** Kann klare, detaillierte, gut strukturierte und ausführliche Beschreibungen oder auch eigene fiktionale Texte in lesergerechtem, überzeugendem, persönlichem und natürlichem Stil verfassen. **Berichte und Aufsätze schreiben** Kann klare, gut strukturierte Ausführungen zu komplexen Themen schreiben und dabei zentrale Punkte hervorheben.

Kann Standpunkte ausführlich darstellen und durch Unterpunkte, geeignete Beispiele oder Begründungen stützen.
<u>Dialang-Raster zur Selbstbeurteilung</u> Ich kann Standpunkte durch zusätzliche Argumente, Begründungen und sinnvolle Beispiele weiter ausführen und untermauern. Ich kann eine Erörterung systematisch aufbauen und dabei wesentliche Punkte angemessen hervorheben sowie unterstützende Einzelheiten mit gewisser Bedeutung anführen. Ich kann komplexe Sachverhalte klar und detailliert darstellen. Ich kann normalerweise ohne Zuhilfenahme eines Wörterbuchs schreiben Ich kann so gut schreiben, dass meine Ausdrucksweise nur dann überprüft werden muss, wenn es sich um ein wichtiges Schriftstück handelt.

Anmerkung: Für die Erstellung der Kodieranweisungen und der Testspezifikationen wurden auch weitere Skalen berücksichtigt.

REFERENZRAHMEN (GER)	BILDUNGSSTANDARDS
Sprechen	**Sprechen**
A1.1	
Mündliche Produktion allgemein Kann sich mit einfachen, überwiegend isolierten Wendungen über Menschen und Orte äußern. Zusammenhängendes monologisches Sprechen: Erfahrungen beschreiben Kann sich selbst beschreiben und sagen, was er/sie beruflich tut und wo er/sie wohnt. Zusammenhängendes monologisches Sprechen: Argumentieren Keine Deskriptoren verfügbar Öffentliche Ankündigungen/Durchsagen machen Keine Deskriptoren verfügbar Vor Publikum sprechen Kann ein kurzes, eingeübtes Statement verlesen, um z.B. einen Redner vorzustellen oder einen Toast auszubringen.	
A2.1	
Mündliche Produktion allgemein Kann eine einfache Beschreibung von Menschen, Lebens- oder Arbeitsbedingungen, Alltagsroutinen, Vorlieben oder Abneigungen usw. geben, und zwar in kurzen, listenhaften Abfolgen aus einfachen Wendungen und Sätzen. Zusammenhängendes monologisches Sprechen: Erfahrungen beschreiben Kann die Familie, Lebensverhältnisse, die Ausbildung und die gegenwärtige oder die letzte berufliche Tätigkeit beschreiben. Kann mit einfachen Worten Personen, Orte, Dinge beschreiben. Zusammenhängendes monologisches Sprechen: Argumentieren Keine Deskriptoren verfügbar Öffentliche Ankündigungen/Durchsagen machen Kann sehr kurze, eingeübte Ankündigungen mit vorhersehbarem, auswendig gelerntem Inhalt vortragen, die bei konzentriertem Zuhören verständlich sind.	Hauptschulabschluss An Gesprächen teilnehmen Die Schülerinnen und Schüler können sich in einfachen, routinemäßigen Situationen verständigen, in denen es um einen unkomplizierten und direkten Austausch von Informationen über vertraute Themen geht (A2). Die Schülerinnen und Schüler können • alltägliche Höflichkeitsformalen verwenden, um jemanden zu begrüßen oder anzusprechen (A2), • Jemanden einladen und auf Einladungen reagieren (A2), • um Entschuldigung bitten und auf Entschuldigungen reagieren (A2), • sagen, was sie gern haben und was nicht (A2), • auf einfache Weise praktische Fragen des Alltags besprechen und Verabredungen treffen, wenn sie klar, langsam und direkt angesprochen werden (A2),

	Vor Publikum sprechen Kann eine eingeübte, kurze, einfache Präsentation zu einem vertrauten Thema vortragen. Kann unkomplizierte Nachfragen beantworten, falls die Möglichkeit besteht, um Wiederholung oder um Hilfe beim Formulieren zu bitten.	• sich in einfachen Routinesituationen (Einkaufen, Essen, öffentliche Verkehrsmittel) verständigen und Informationen geben und erfragen (A2), • mit Formulierungshilfen die eigene Meinung zu lebenspraktischen Fragestellungen äußern, wenn diese Fragen ggf. in Kernpunkten wiederholt werden, • in einem Interview einfache Fragen beantworten und auf einfache Feststellungen reagieren (A2). Zusammenhängendes Sprechen Die Schülerinnen und Schüler können eine einfache Beschreibung von Menschen, Lebens-, Schul- oder Arbeitsbedingungen, Alltagsroutinen, Vorlieben oder Abneigungen usw. geben und zwar in kurzen, einfach strukturierten Wendungen und Sätzen (A2) Die Schülerinnen und Schüler können • eine kurze, einfache Präsentation zu einem vertrauten Thema geben (A2), • etwas erzählen und in Form einer einfachen Aufzählung berichten (A2), • kurz und einfach über eine Tätigkeit oder ein Ereignis berichten (A2).
A2.2	Zusammenhängendes monologisches Sprechen: Erfahrungen beschreiben Kann etwas erzählen oder in Form einer einfachen Aufzählung berichten. Kann über Aspekte des eigenen alltäglichen Lebensbereichs berichten, z.B. über Leute, Orte, Erfahrungen in Beruf oder Ausbildung. Kann kurz und einfach über ein Ereignis oder eine Tätigkeit berichten. Kann Pläne und Vereinbarungen, Gewohnheiten und Alltagsbeschäftigungen beschreiben sowie über vergangene Aktivitäten und persönliche Erfahrungen berichten. Kann mit einfachen Mitteln Gegenstände sowie Dinge, die ihm/ihr gehören, kurz beschreiben und vergleichen. Kann erklären, was er/sie an etwas mag oder nicht mag. Vor Publikum sprechen Kann eine kurze, eingeübte Präsentation zu einem Thema aus seinem/ ihrem Alltag vortragen und dabei kurz Gründe und Erläuterungen zu Meinungen, Plänen und Handlungen geben. Kann mit einer begrenzten Anzahl unkomplizierter Nachfragen umgehen.	
B1.1	Mündliche Produktion allgemein Kann relativ flüssig eine unkomplizierte, aber zusammenhängende Beschreibung zu Themen aus seinen/ihren Interessengebieten geben, wobei die einzelnen Punkte linear aneinander gereiht werden. Zusammenhängendes monologisches Sprechen: Erfahrungen beschreiben Kann zu verschiedenen vertrauten Themen des eigenen Interessensbereichs unkomplizierte Beschreibungen oder Berichte geben. Kann relativ flüssig unkomplizierte Geschichten oder Beschreibungen wiedergeben, indem er/sie die einzelnen Punkte linear aneinander reiht. Kann detailliert über eigene Erfahrungen berichten und dabei die eigenen Gefühle und Reaktionen beschreiben.	Mittlerer Schulabschluss An Gesprächen teilnehmen Die Schülerinnen und Schüler können an Gesprächen über vertraute Themen teilnehmen, persönliche Meinungen ausdrücken und Informationen austauschen (B1). Die Schülerinnen und Schüler können • soziale Kontakte herstellen durch Begrüßung, Sich-Vorstellen, Abschied, Danken und Höflichkeitsformeln verwenden (A2),

	Kann über die wichtigsten Einzelheiten eines unvorhergesehenen Ereignisses (z.B. eines Unfalls) berichten. Kann die Handlung eines Films oder eines Buchs wiedergeben und die eigenen Reaktionen beschreiben. Kann Träume, Hoffnungen, Ziele beschreiben. Kann reale und erfundene Ereignisse schildern. Kann eine Geschichte erzählen. Zusammenhängendes monologisches Sprechen: Argumentieren Kann für Ansichten, Pläne oder Handlungen kurze Begründungen oder Erklärungen geben. Öffentliche Ankündigungen/Durchsagen machen Kann kurze, eingeübte Ankündigungen zu alltäglichen Ereignissen aus dem eigenen Erfahrungsgebiet so vortragen, dass sie trotz fremder Intonation und Betonung klar verständlich sind. Vor Publikum sprechen Kann eine vorbereitete, unkomplizierte Präsentation zu einem vertrauten Thema aus seinem/ihrem Fachgebiet so klar vortragen, dass man ihr mühelos folgen kann, wobei die Hauptpunkte hinreichend präzise erläutert werden. Kann Nachfragen aufgreifen, muss aber möglicherweise um Wiederholung bitten, falls zu schnell gesprochen wurde.	Gefühle wie Überraschung, Freude Trauer, Interesse und Gleichgültigkeit ausdrücken und auf entsprechende Gefühlsäußerungen reagieren (B1). ein Gespräch oder eine Diskussion beginnen, fortführen und auch bei sprachlichen Schwierigkeiten aufrechterhalten (B1). die meisten Dienstleistungsgespräche und routinemäßigen Situationen bewältigen, z.B. Umgang mit öffentlichen Einrichtungen während eines Auslandsaufenthaltes, Einkauf, Essen (B1). in einem Interview konkrete Auskünfte geben, z.B. in Bewerbungsgesprächen (B1+). eine kurze Geschichte, einen Artikel, einen Vortrag, ein Interview oder eine Dokumentarsendung zu vertrauten Themen einem Gesprächspartner vorstellen und Informationsfragen dazu beantworten (B1+). in Gesprächen und Diskussionen kurz zu den Standpunkten anderer Stellung nehmen und höflich Überzeugungen und Meinungen, Zustimmung und Ablehnung ausdrücken (B1/B1+). Zusammenhängendes Sprechen Die Schülerinnen und Schüler können Erfahrungen und Sachverhalte zusammenhängend darstellen, z.B. beschreiben, berichten, erzählen und bewerten (B1). Die Schülerinnen und Schüler können • mit einfachen Mitteln Gegenstände und Vorgänge des Alltags beschreiben, z.B. Rezepte, Wegbeschreibungen, Spielregeln, Bedienungsanleitungen (A2), • eine vorbereitete Präsentation zu einem vertrauten Thema vortragen, wobei die Hauptpunkte hinreichend präzise erläutert werden (B1), • für Ansichten, Pläne oder Handlungen kurze Begründungen oder Erklärungen geben (B1).
B1.2	Zusammenhängendes monologisches Sprechen: Argumentieren Kann eine Argumentation gut genug ausführen, um die meiste Zeit ohne Schwierigkeiten verstanden zu werden.

B2.1	**Mündliche Produktion allgemein** Kann zu einer großen Bandbreite von Themen aus seinen/ihren Interessengebieten klare und detaillierte Beschreibungen und Darstellungen geben, Ideen ausführen und durch untergeordnete Punkte und relevante Beispiele abstützen. **Zusammenhängendes monologisches Sprechen: Erfahrungen beschreiben** Kann im Rahmen des eigenen Interessengebiets zu einem breiten Themenspektrum klare und detaillierte Beschreibungen und Berichte geben. **Zusammenhängendes monologisches Sprechen: Argumentieren** Kann etwas klar erörtern, indem er/sie die eigenen Standpunkte ausführlich darstellt und durch Unterpunkte oder geeignete Beispiele stützt. Kann seine/ihre Argumentation logisch aufbauen und verbinden. Kann den Standpunkt zu einem Problem erklären und die Vor- und Nachteile verschiedener Alternativen angeben. **Öffentliche Ankündigungen/Durchsagen machen** Kann Ankündigungen zu den meisten allgemeinen Themen so klar, spontan und flüssig vortragen, dass man ihnen ohne große Mühe folgen kann. **Vor Publikum sprechen** Kann eine klare, vorbereitete Präsentation vortragen und dabei Gründe für oder gegen einen Standpunkt anführen und die Vor- und Nachteile verschiedener Alternativen angeben. Kann flüssig und spontan eine Reihe von Nachfragen aufgreifen, ohne Anstrengung für sich oder das Publikum.	
B2.2	**Mündliche Produktion allgemein** Kann Sachverhalte klar und systematisch beschreiben und darstellen und dabei wichtige Punkte und relevante stützende Details angemessen hervorheben. **Zusammenhängendes monologisches Sprechen: Argumentieren** Kann etwas systematisch erörtern und dabei entscheidende Punkte in angemessener Weise hervorheben und stützende Einzelheiten anführen. **Vor Publikum sprechen** Kann eine klare und systematisch angelegte Präsentation vortragen und dabei wesentliche Punkte und relevante unterstützende Details hervorheben. Kann spontan vom vorbereiteten Text abweichen und vom Publikum aufgeworfene interessante Fragen aufgreifen, häufig in bemerkenswert gewandter und flüssiger Weise.	
C1	**Mündliche Produktion allgemein** Kann komplexe Sachverhalte klar und detailliert beschreiben und darstellen und dabei untergeordnete Themen integrieren, bestimmte Punkte genauer ausführen und alles mit einem angemessenen Schluss abrunden.	

Zusammenhängendes monologisches Sprechen: Erfahrungen beschreiben
Kann komplexe Sachverhalte klar und detailliert darstellen.
Kann Sachverhalte ausführlich beschreiben und Geschichten erzählen, kann untergeordnete Themen integrieren, bestimmte Punkte genauer ausführen und alles mit einem angemessenen Schluss abrunden.

Zusammenhängendes monologisches Sprechen: Argumentieren
Keine Deskriptoren verfügbar

Öffentliche Ankündigungen/Durchsagen machen
Kann beinahe mühelos öffentliche Ankündigungen vortragen und dabei durch Betonung und Intonation auch feinere Bedeutungsnuancen deutlich machen.

Vor Publikum sprechen
Kann ein komplexes Thema gut strukturiert und klar vortragen und dabei die eigenen Standpunkte ausführlich darstellen und durch Unterpunkte, geeignete Beispiele oder Begründungen stützen.
Kann spontan und scheinbar mühelos mit Zwischenrufen umgehen.

Anmerkung: Für die Erstellung der Kodieranweisungen und der Testspezifikationen wurden auch weitere Skalen berücksichtigt.

Eingabeformular Hören

Titel der Aufgabe:	Quelle/ Copyright:	Entwickler/in:	Muttersprl. geprüft:	Zeit für Stimulus: ____ min
Beschreibung Input: Hören				
Thema	<ul><li>Informationen zur Person</li><li>Wohnen und Umwelt</li><li>Tägliches Leben</li><li>Freizeit, Unterhaltung</li><li>Reisen</li><li>Menschliche Beziehungen</li><li>Gesundheit und Hygiene</li><li>Bildung und Ausbildung</li></ul>		<ul><li>Einkaufen</li><li>Essen und Trinken</li><li>Dienstleistungen</li><li>Orte</li><li>Sprache</li><li>Wetter</li><li>Sonstiges</li></ul>	
Diskurstyp	<ul><li>argumentativ</li><li>deskriptiv</li><li>expositorisch</li><li>instruktiv</li><li>narrativ</li><li>phatisch</li></ul>			
Abstraktion	<ul><li>ausschließlich konkret</li><li>hauptsächlich konkret</li><li>eher abstrakt</li><li>hauptsächlich abstrakt</li></ul>			
Authentizität	<ul><li>authentisch</li><li>adaptiert/vereinfacht</li><li>für Test verfasst</li></ul>			
Vokabular	<ul><li>ausschließlich frequent</li><li>hauptsächlich frequent</li><li>eher speziell</li><li>speziell</li></ul>			
Grammatik	<ul><li>ausschließlich einfach</li><li>hauptsächlich einfach</li><li>begrenzt komplex</li><li>komplex</li></ul>			
Anzahl Hörvorgänge			**Länge Stimulus (Hörsequenz)**	____(mm:ss)
Textquelle	<ul><li>Debatte/Diskussion (live, medial vermittelt)</li><li>Unterhaltung (Theaterstücke, Shows, Lesestoff, Musiktexte)</li><li>Interview (live, medial vermittelt)</li><li>Nachrichtensendungen</li><li>Öffentliche Durchsagen</li><li>Reden, Vorträge, Präsentationen, Predigten</li><li>Werbung (z.B. Radio, Fernsehen, im Supermarkt)</li><li>Höreranrufe beim Sender</li><li>Elektronische Fremdenführer</li><li>Ritualsprache (Zeremonien, Gottesdienste)</li></ul>		<ul><li>Alltägliche Anweisungen (durch Polizei, Zollbeamte, Flugbegleiter usw.)</li><li>Sportkommentare (Fußball, Cricket, Boxen, Pferderennen usw.)</li><li>Lieder und Gedichte</li><li>Telefongespräche</li><li>Telefoninformation (Anrufbeantworter, Wetterbericht, Verkehrsbericht usw.)</li><li>Verkehrsdurchsagen</li><li>Fernseh- und Rundfunkdokumentationen</li><li>Wetterbericht</li><li>Sonstige</li></ul>	

Charakteristik Hörsequenz	Geschwindigkeit	■ langsam ■ normal ■ schnell	Anzahl Sprecher	■ 1 ■ 2 ■ > 2
	Akzent	■ Standardaussprache ■ Leichte regionale Färbung ■ Starke regionale Färbung ■ Nicht-Muttersprachler	Klarheit Aussprache	■ Künstlich ■ Klar ■ Normal ■ Manchmal undeutlich

Beschreibung Items				Kognitive Tätigkeit	Fokus	Niveau
Nr	Typ	Format	Zeit			
01	1 Geschlossen ankreuzen 2 Geschlossen andere 3 Kurzantwort einfach 4 Kurzantwort erweitert	Multiple Choice Richtig/ Falsch Zuordnung Anordnung Kurzantwort Lückentext	--	Erkennen/ Erfassen (explizite Informationen) Erschließen/ Inferieren (implizite Informationen)	Kernaussage Hauptaussagen Detail Meinung/ Haltung Stimmung/ Gefühl Folgerung/ Ergebnis Kommunikative Absicht Textstruktur/ Textzusammenhang	A1 A2 B1 B2 C1 C2
02	--	--	--	--	--	--
03	--	--	--	--	--	--
04	--	--	--	--	--	--

Eingabeformular Lesen

Titel der Aufgabe:	Quelle/ Copyright:	Entwickler/in:	Mspr. Geprüft:	Zeit für Stimulus: ____ min
Beschreibung Input: Lesen				
Thema	▪ Informationen zur Person ▪ Wohnen und Umwelt ▪ Tägliches Leben ▪ Freizeit, Unterhaltung ▪ Reisen ▪ Menschliche Beziehungen ▪ Gesundheit und Hygiene ▪ Bildung und Ausbildung		▪ Einkaufen ▪ Essen und Trinken ▪ Dienstleistungen ▪ Orte ▪ Sprache ▪ Wetter ▪ Sonstiges	
Diskurstyp	▪ argumentativ ▪ deskriptiv ▪ expositorisch ▪ instruktiv ▪ narrativ ▪ phatisch			
Abstraktion	▪ ausschließlich konkret ▪ hauptsächlich konkret ▪ eher abstrakt ▪ hauptsächlich abstrakt			
Authentizität	▪ authentisch ▪ adaptiert/vereinfacht ▪ für Test verfasst			
Vokabular	▪ ausschließlich frequent ▪ hauptsächlich frequent ▪ eher speziell ▪ speziell			
Grammatik	▪ ausschließlich einfach ▪ hauptsächlich einfach ▪ begrenzt komplex ▪ komplex			
Anzahl Wörter				
Textquelle	▪ Zusammenfassungen v. Artikeln ▪ Werbematerial ▪ Bedienungsanleitungen ▪ Transkripte von Rundfunksendungen ▪ Broschüren ▪ Geschäftsbriefe ▪ Screenshots (Homepage, Blog) ▪ Verträge ▪ Wörterbücher ▪ Übungsmaterialien ▪ Garantiescheine ▪ Handbücher ▪ Lehrmaterial ▪ Arbeitsplatzbeschreibungen ▪ Zeitschriftenartikel ▪ Reklamezusendungen		▪ Speisekarten ▪ Zeitungen ▪ Hinweise, Bestimmungen ▪ Romane ▪ Text per Tageslichtprojektor ▪ Privatbriefe ▪ Programmhefte ▪ Öffentliche Durchsagen und Aushänge ▪ Kochrezepte ▪ Nachschlagewerke ▪ Regularien ▪ Berichte, Notizen	

	■ Etiketten, Aufkleber, Verpackungen ■ Flugblätter, Graffiti ■ Sicherheitshinweise ■ Illustrierte				■ Rituelle Texte, Predigten, Kirchenlieder ■ Hinweisschilder ■ E-Mail ■ Lehrbücher, Textsammlungen ■ Eintrittskarten, Fahrkarten, Fahrpläne ■ BD ■ Visitenkarten	

	Beschreibung Items			Kognitive Tätigkeit	Fokus	Niveau
Nr	Typ	Format	Zeit			
01	1 Geschlossen ankreuzen 2 Geschlossen andere 3 Kurzantwort einfach 4 Kurzantwort erweitert	Multiple Choice Richtig/Falsch/ Nicht im Text Zuordnung Anordnung Kurzantwort Lückentext	--	Erkennen/ Erfassen (explizite Information) Erschließen/ Inferieren (implizite Information)	Kernaussage Hauptaussagen Detail Meinung/ Haltung Stimmung/ Gefühl Folgerung/ Ergebnis Kommunikative Absicht Textstruktur/ Textzusammenhang	A1 A2 B1 B2 C1 C2
02	--	--	--	--	--	--
03	--	--	--	--	--	--
04	--	--	--	--	--	--

Testspezifikationen Niveau A1 (Hörverstehen) (Auszüge)

Compréhension de l'oral	Brève description et/ou référence
Dans quelles situations, catégories de contenu et domaines attend-on des candidats qu'ils prouvent leur compétence ? ➢ Le Tableau 5 dans le CECR 4.1 peut servir de référence	**Domaine personnel** Lieux (dans la famille, chez des amis, différentes pièces de la maison…) ; Institutions (famille, réseaux sociaux) ; Personnes (parents, frères et sœurs, camarades de classe, voisins, amis…) ; Objets (du quotidien de l'adolescent : stylo, livre.., animaux domestiques, biens domestiques…) ; Evénements (rencontres, événements sportifs….) ; Actes (gestes de la vie quotidienne, activités sportives et loisirs…). **Domaine public** Lieux publics (rue, transports en commun, magasins, cabinets médicaux, cinéma, restaurant) ; Personnes (simples citoyens, vendeurs dans un magasin, conducteurs, contrôleurs, passagers) ; Objets (argent, repas, billets de train…) ; Evénements (spectacles) ; Actes (achats, utilisation de services médicaux, voyages par : train/route/avion, sorties/loisirs) ; Textes (annonces au public). **Domaine éducationnel** Lieux (école) ; Institutions ; Personnes (professeur, élèves) ; Evénements (situations de classe). **Domaine professionnel** Personnes (vétérinaire, facteur, professeur, cuisinier)
Quels sont les thèmes de communication que les candidats doivent être capables de traiter ? ➢ Les listes du CECR 4.2 peuvent servir de référence	Caractérisation personnelle, maison et environnement, vie quotidienne, loisirs (cinéma, concert, sports), voyages, relations avec les autres, santé, achats, nourriture et boisson, services, lieux., temps (météorologique)
Quelles activités communicatives les candidats doivent-ils être capables d'effectuer ? ➢ Les listes du CECR 4.3 peuvent servir de référence	Identifier des faits et des informations exprimés oralement, correspondant à des situations simples de la vie quotidienne.
Quels types d'activités communicatives et quelles stratégies les candidats doivent-ils être capables de mettre en œuvre ? ➢ Les listes du CECR 4.4.2.1 peuvent servir de référence	▪ Identifier le sujet d'une discussion enregistrée brève et simple. ▪ Saisir le point essentiel d'une annonce ou d'un message bref, simple et clair. ▪ Comprendre et extraire l'information essentielle de courts passages enregistrés ayant trait à un sujet courant, si le débit est lent et la langue clairement articulée.
Quels types de textes et de quelle longueur attend-on que les candidats soient capables de traiter ? ➢ Les listes du CECR 4.6.2 et 4.6.3 peuvent servir de référence	Annonces publiques et instructions, brefs dialogues (longueur des items : de 35 secondes à 1mn20)
Quelles sortes de tâches les candidats doivent-ils être capables d'exécuter ? ➢ La description du CECR 7.1, 7.2 et 7.3 peut servir de référence	▪ associer une situation de communication à une image/photo ▪ relier un énoncé à une image/photo; ▪ poursuivre un dialogue en repérant l'acte de parole approprié; ▪ repérer une information plus précise et ciblée (lieu, objet de la vie quotidienne).
Après avoir pris connaissance de l'échelle de Compréhension générale de l'oral reproduite ci-dessous, dites et justifiez à quel(s) niveau(x) de l'échelle le sous test devrait se situer. ➢ Les sous échelles de compréhension de l'oral du CECR 4.4.2.1 ainsi que celles qui s'y rapportent peuvent servir de référence	Niveau : Niveau A1 du CECR Justification (y compris références documentaires)

Testspezifikationen Niveau A2 (Hörverstehen)

Compréhension de l'oral	Brève description et/ou référence
Dans quelles situations, catégories de contenu et domaines attend-on des candidats qu'ils prouvent leur compétence ? ➢ Le Tableau 5 dans le CECR 4.1 peut servir de référence	**Domaine personnel** Lieux (chez soi, dans les différentes pièces de la maison : cuisine, chambre), Institutions (famille, réseaux sociaux) ; Personnes (parents, frères et sœurs, camarades de classe, voisins, amis) ; Objets (habillement, objets du quotidien de l'adolescent : stylo, livre.., biens domestiques…) ; Evénements (rencontres, problèmes relationnels avec les parents, sorties avec les amis, recherche d'une baby-sitter, préparer une surprise pour l'anniversaire d'un ami, vacances) ; Actes (gestes de la vie quotidienne par ex. cuisiner, manger, bricoler, activités sportives et loisirs…). **Domaine public** Lieux publics (rue, transports en commun, magasins, cinéma, loisirs, restaurant, café, hôtel) ; Personnes (simples citoyens, vendeurs dans un magasin, contrôleurs, passagers, serveurs) ; Objets (argent, valises, repas, billets de train) ; événements (matchs, spectacles) ; Actes (achats, utilisation de services médicaux, prendre un rendez-vous, voyages par la route/le train/le bateau/l'avion, dîner en ville / loisirs/ sorties, demander son chemin, s'inscrire à un cours) ; Textes (annonces au public) ; **Domaine éducationnel** Lieux (école, classe, cantine, bus scolaire) ; Institutions ; Personnes (professeur, élèves) ; Evénements (situations de classe et hors de classe- dans la cour, à la cantine, dans le bus). **Domaine professionnel** Pas d'items dans le domaine professionnel en A2.
Quels sont les thèmes de communication que les candidats doivent être capables de traiter ? ➢ Les listes du CECR 4.2 peuvent servir de référence	caractérisation personnelle, maison, foyer et environnement, vie quotidienne, loisirs (cinéma, sports, concert, télévision et radio), voyages, relations avec les autres, santé, achats, nourriture et boisson, services, lieux, langue étrangère, temps (météorologique)
Quelles activités communicatives les candidats doivent-ils être capables d'effectuer ? ➢ Les listes du CECR 4.3 peuvent servir de référence	Identifier des faits et des informations exprimés oralement, correspondant à des situations simples de la vie quotidienne.
Quels types d'activités communicatives et quelles stratégies les candidats doivent-ils être capables de mettre en œuvre ? ➢ Les listes du CECR 4.4.2.1 peuvent servir de référence	▪ Identifier le sujet d'une discussion enregistrée brève et simple. ▪ Saisir le point essentiel d'une annonce ou d'un message bref, simple et clair. ▪ Comprendre et extraire l'information essentielle de courts passages enregistrés ayant trait à un sujet courant, si le débit est lent et la langue clairement articulée. ▪ déterminer l'intention globale de communication ▪ repérer les impressions des interlocuteurs
Quels types de textes et de quelle longueur attend-on que les candidats soient capables de traiter ? ➢ Les listes du CECR 4.6.2 et 4.6.3 peuvent servir de référence	Annonces publiques et instructions, messages sur répondeur téléphonique, petits dialogues, extraits d'émissions radiophoniques
Quelles sortes de tâches les candidats doivent-ils être capables d'exécuter ? ➢ La description du CECR 7.1, 7.2 et 7.3 peut servir de référence	QCM et appariements : ▪ associer une situation de communication/ relier un énoncé à une image/photo; ▪ continuer un dialogue en repérant l'acte de parole approprié; ▪ repérer une information plus précise et ciblée (lieu, objet). ▪ déterminer le thème global du document (ex : Quel est le sujet de cette étude faite auprès des Français ?)

	- déterminer l'intention globale de communication (ex : Pourquoi la jeune fille téléphone ? pour proposer/ refuser / demander...) - résumer la situation de communication (La cliente ne peut pas avoir de salade composée/La cliente refuse une salade composée sans tomates....) - commencer à repérer l' « implicite » du discours et notamment les « impressions » des interlocuteurs (ex : repérer que le locuteur a trouvé ses vacances « ennuyeuses » à l'aide d'indices cotextuels « un peu long », « pas génial ») - déduire le « type » du document (ex : « je laisse la parole à Marie Dupont pour le journal. Que va-t-on entendre maintenant ? de la publicité/ de la musique/ les informations/ une interview). Réponses courtes : *Les réponses courtes sont plus nombreuses qu'au niveau A1 (expliquer pourquoi)* - « repérer » une information particulière chiffrée (horaire, numéro de téléphone), un lieu, un objet. La réponse attendue est parfois plus longue qu'en A1 mais toujours citée explicitement dans le document sonore.
Après avoir pris connaissance de l'échelle de Compréhension générale de l'oral reproduite ci-dessous, dites et justifiez à quel(s) niveau(x) de l'échelle le sous test devrait se situer. ➢ Les sous échelles de compréhension de l'oral du CECR 4.4.2.1 ainsi que celles qui s'y rapportent peuvent servir de référence	Niveau : Niveau A2 du CECR
	Justification (y compris références documentaires)

Testspezifikationen Niveau B1 (Hörverstehen)

Compréhension de l'oral	Brève description et/ou référence
Dans quelles situations, catégories de contenu et domaines attend-on des candidats qu'ils prouvent leur compétence ? ➢ Le Tableau 5 dans le CECR 4.1 peut servir de référence	**Domaine personnel** Lieux (chez soi) ; Institutions (famille, réseaux sociaux) ; Personnes (parents, frères et sœurs, camarades de classe, voisins, amis) ; Evénements (problèmes relationnels avec les parents, avec les amis) ; Actes (lecture, radio et TV, passe-temps, jeux/sports) **Domaine public** Lieux publics (club de sport) ; Personnes (Journalistes, animateurs, présentateurs, célébrités, joueurs, acteurs) ; Evénements (Incidents, Matchs, Concours, Spectacles) ; Actes (Utilisation de services, Loisirs) ; Textes (émissions radiophoniques, flashs d'information, message informatif, interviews de célébrités). **Domaine éducationnel** Institutions ; Personnes (professeur, élèves, ministère) ; Evénements (problème de la violence à l'école). **Domaine professionnel** Pas d'items dans le domaine professionnel en B1.
Quels sont les thèmes de communication que les candidats doivent être capables de traiter ? ➢ Les listes du CECR 4.2 peuvent servir de référence	vie quotidienne et relations avec les autres (amour, amitié), loisirs (cinéma, sports, littérature, télévision et radio), éducation (Europe, école), temps (météorologique)
Quelles activités communicatives les candidats doivent-ils être capables d'effectuer ? ➢ Les listes du CECR 4.3 peuvent servir de référence	Identifier des faits et des informations exprimés oralement, correspondant à des situations simples de la vie quotidienne.

Quels types d'activités communicatives et quelles stratégies les candidats doivent-ils être capables de mettre en œuvre ?
➢ Les listes du CECR 4.4.2.1 peuvent servir de référence
	• comprendre une information globale
	  – identifier le sujet d'une discussion, le thème d'une émission, d'un reportage.
	  – saisir le point essentiel d'une annonce, d'un message.
	• repérer une information particulière (donnée chiffrée, lieu…)
	  – comprendre l'information contenue dans la plupart des documents enregistrés ou radiodiffusés, dont le sujet est d'intérêt personnel et la langue standard et clairement articulée.
	• comprendre des informations détaillées
	  – comprendre les points principaux des bulletins d'informations radiophoniques et de documents enregistrés simples, sur un sujet familier (débit assez lent/ langue articulée).
	• saisir l'implicite du discours
	  – déterminer l'intention globale de communication
	  – repérer les impressions des interlocuteurs
	  – repérer le message que veut faire passer un interlocuteur
	  – synthétiser les éléments principaux d'un document
	  – repérer la fonction principale d'un extrait.

Quels types de textes et de quelle longueur attend-on que les candidats soient capables de traiter ? ➢ Les listes du CECR 4.6.2 et 4.6.3 peuvent servir de référence	dialogues (*durée*), extraits d'émissions radiophoniques : flashs infos, bulletins météorologiques, reportages courts, interviews de personnalité, témoignages d'auditeurs, informations insolites.
Quelles sortes de tâches les candidats doivent-ils être capables d'exécuter ? ➢ La description du CECR 7.1, 7.2 et 7.3 peut servir de référence	QCM: • déterminer le thème global du document (ex : De quoi parle-t-on ?) • déterminer l'intention globale de communication (ex : pour passer une annonce et demander des conseils…) • résumer la situation de communication • repérer la fonction principale d'un extrait.

	Réponses courtes :
	▪ « repérer » une information particulière chiffrée (horaire, numéro de téléphone), un lieu, un objet. La tâche demandée est cependant plus complexe qu'en A1 et A2. Ainsi, si l'on demande de repérer une donnée chiffrée par exemple, le document sonore comporte d'autres données chiffrées. ▪ résumer une situation de communication.
Après avoir pris connaissance de l'échelle de Compréhension générale de l'oral reproduite ci-dessous, dites et justifiez à quel(s) niveau(x) de l'échelle le sous test devrait se situer. ➢ Les sous échelles de compréhension de l'oral du CECR 4.4.2.1 ainsi que celles qui s'y rapportent peuvent servir de référence	Niveau : Niveau B1 du CECR
	Justification (y compris références documentaires)

Testspezifikationen Niveau B2 (Hörverstehen)

Compréhension de l'oral	Brève description et/ou référence
Dans quelles situations, catégories de contenu et domaines attend-on des candidats qu'ils prouvent leur compétence ? ➢ Le Tableau 5 dans le CECR 4.1 peut servir de référence	**Domaine personnel** Objets (p. ex. nouvelles technologies, équipements de loisirs, voir B1) **Domaine public** Personnes (Journalistes, animateurs, présentateurs, célébrités, joueurs, acteurs) ; Evénements (Fête de la musique, festival de cinéma, promotion d'un artiste) **Domaine éducationnel** Evénements (débats sur des questions éducationnelles : enseignement des langues étrangères au primaire, apprentissage des langues mortes, réformes éducatives) **Domaine professionnel** Pas d'items dans le domaine professionnel en B2
Quels sont les thèmes de communication que les candidats doivent être capables de traiter ? ➢ Les listes du CECR 4.2 peuvent servir de référence Thème	vie quotidienne, loisirs (cinéma, sports, littérature, télévision et radio), éducation et langues étrangères.
Quelles activités communicatives les candidats doivent-ils être capables d'effectuer ? ➢ Les listes du CECR 4.3 peuvent servir de référence	Identifier des faits et des informations exprimés oralement, correspondant à des situations simples de la vie quotidienne.

Quels types d'activités communicatives et quelles stratégies les candidats doivent-ils être capables de mettre en œuvre ?
➢ Les listes du CECR 4.4.2.1 peuvent servir de référence
	- comprendre une information globale et des informations détaillées.
	- comprendre les bulletins d'informations radiophoniques et les documents enregistrés
	- saisir l'implicite du discours
	  – déterminer l'intention globale de communication
	  – synthétiser les éléments principaux d'un document
	  – repérer la fonction principale d'un extrait.

Quels types de textes et de quelle longueur attend-on que les candidats soient capables de traiter ? ➢ Les listes du CECR 4.6.2 et 4.6.3 peuvent servir de référence	Annonces (gare), émissions radiophoniques : informations et événements, reportages, interviews de personnalité.
Quelles sortes de tâches les candidats doivent-ils être capables d'exécuter ? ➢ La description du CECR 7.1, 7.2 et 7.3 peut servir de référence	QCM : - déterminer le thème global du document (ex : Que demande-t-on ?) de façon précise. - déterminer l'intention principale de communication (ex : Quel titre correspond le mieux à l'extrait ?) - repérer la fonction principale/ l'objectif d'un extrait.
Après avoir pris connaissance de l'échelle de Compréhension générale de l'oral reproduite ci-dessous, dites et justifiez à quel(s) niveau(x) de l'échelle le sous test devrait se situer. ➢ Les sous échelles de compréhension de l'oral du CECR 4.4.2.1 ainsi que celles qui s'y rapportent peuvent servir de référence	Niveau : Niveau B2 du CECR Justification (y compris références documentaires)

Testspezifikationen Niveau C1 (Hörverstehen)

Compréhension de l'oral	Brève description et/ou référence
Dans quelles situations, catégories de contenu et domaines attend-on des candidats qu'ils prouvent leur compétence ? ➢ Le Tableau 5 dans le CECR 4.1 peut servir de référence	**Domaine personnel** Objets (réseaux sociaux, fêtes, événements sportifs, romans, magazines, …) **Domaine public** Personnes (v. B2) **Domaine éducationnel** Evénements (v. B2) **Domaine professionnel** Pas d'items dans le domaine professionnel en C1
Quels sont les thèmes de communication que les candidats doivent être capables de traiter ? ➢ Les listes du CECR 4.2 peuvent servir de référence Thème	vie quotidienne, loisirs (cinéma, sports, littérature, télévision et radio), éducation et langues étrangères.
Quelles activités communicatives les candidats doivent-ils être capables d'effectuer ? ➢ Les listes du CECR 4.3 peuvent servir de référence	Identifier des faits et des informations exprimés oralement, correspondant à des situations de la vie quotidienne.
Quels types d'activités communicatives et quelles stratégies les candidats doivent-ils être capables de mettre en œuvre ? ➢ Les listes du CECR 4.4.2.1 peuvent servir de référence	▪ comprendre une information globale et des informations détaillées. ▪ comprendre les bulletins d'informations radio-phoniques et les documents enregistrés ▪ saisir l'implicite du discours – déterminer l'intention globale de communication – synthétiser les éléments principaux d'un document – repérer la fonction principale d'un extrait.
Quels types de textes et de quelle longueur attend-on que les candidats soient capables de traiter ? ➢ Les listes du CECR 4.6.2 et 4.6.3 peuvent servir de référence	Annonces (gare), émissions radiophoniques : informations et événements, reportages, interviews de personnalité.
Quelles sortes de tâches les candidats doivent-ils être capables d'exécuter ? ➢ La description du CECR 7.1, 7.2 et 7.3 peut servir de référence	QCM: ▪ déterminer le thème global du document (ex : Que demande-t-on ?) de façon précise. ▪ déterminer l'intention principale de communication (ex : Quel titre correspond le mieux à l'extrait ?) ▪ repérer la fonction principale/ l'objectif d'un extrait.
Après avoir pris connaissance de l'échelle de Compréhension générale de l'oral reproduite ci-dessous, dites et justifiez à quel(s) niveau(x) de l'échelle le sous test devrait se situer. ➢ Les sous échelles de compréhension de l'oral du CECR 4.4.2.1 ainsi que celles qui s'y rapportent peuvent servir de référence	Niveau : Niveau C1 du CECR Justification (y compris références documentaires)

Testspezifikationen A1 (Leseverstehen) (Auszüge)

Compréhension de l'oral	Brève description et/ou référence
Dans quelles situations, catégories de contenu et domaines attend-on des candidats qu'ils prouvent leur compétence ? ➢ Le Tableau 5 dans le CECR 4.1 peut servir de référence	**Domaine personnel** Institutions (famille, réseaux sociaux) ; Personnes (parents, camarades de classe, amis…) ; Evénements (rencontres, anniversaires) ; Actes (gestes de la vie quotidienne, activités sportives et loisirs…) ; Textes (agenda, messagerie électronique, bloc-note). **Domaine public** Lieux publics (rue, transports en commun, magasins, cabinets médicaux, cinéma, bibliothèque, musée) ; Personnes (simples citoyens, vendeurs dans un magasin) ; Evénements (spectacles, expositions) ; Objets (DVD, places de cinéma, concert…) ; Actes (achats, utilisation de services médicaux, voyages par : train/route/avion, sorties/loisirs) ; Textes (billets de train, horaires, annonces, panneaux, affiches, pancartes, publicité, annuaire, plan ou carte, …). **Domaine éducationnel** Lieux (école) ; Institutions ; Personnes (élèves) ; Actes (travail personnel, recherche de correspondant) ; (Textes : petite annonce, article de journal, messagerie électronique) **Domaine professionnel** En A1, un seul item dans le domaine professionnel : offre d'emploi.
Quels sont les thèmes de communication que les candidats doivent être capables de traiter ? ➢ Les listes du CECR 4.2 peuvent servir de référence	Vie quotidienne, loisirs (cinéma, concert, sports), voyages, relations avec les autres, santé, éducation, achats, services, lieux.
Quelles activités communicatives les candidats doivent-ils être capables d'effectuer ? ➢ Les listes du CECR 4.3 peuvent servir de référence	Identifier des faits et des informations dans des documents écrits très courts et très simples, correspondant à des situations de la vie quotidienne.
Quels types d'activités communicatives et quelles stratégies les candidats doivent-ils être capables de mettre en œuvre ? ➢ Les listes du CECR 4.4.2.1 peuvent servir de référence	➢ Comprendre des textes très courts et très simples. ➢ Reconnaître les noms, les mots et les expressions les plus courants dans les situations ordinaires de la vie quotidienne. ➢ Saisir le contenu d'un texte informatif assez simple accompagné d'un document visuel. ➢ Comprendre des indications brèves et simples. ➢ Trouver un renseignement spécifique et prévisible dans des documents courants simples. ➢ Suivre des indications brèves et simples pour aller d'un point à un autre.
Quels types de textes et de quelle longueur attend-on que les candidats soient capables de traiter ? ➢ Les listes du CECR 4.6.2 et 4.6.3 peuvent servir de référence	Documents écrits courts et simples; messages électroniques, publicités, affiches, billets, agenda, annonces, annuaire, article avec support visuel…
Quelles sortes de tâches les candidats doivent-ils être capables d'exécuter ? ➢ La description du CECR 7.1, 7.2 et 7.3 peut servir de référence	▪ Relever des indications chiffrées (heures, prix, numéros de téléphone, date…) ▪ Relever des informations simples données dans un document écrit. ▪ S'orienter. QCM du type Vrai, faux, pas dans le texte : ▪ Comprendre le sens global du document. Lorsque l'information n'est pas dans le texte, la question portera sur le type de renseignement qui pourrait réellement apparaître dans le même genre de document. ▪ Repérer une information plus précise (lieu, objet).

	Réponses courtes :
	▪ « repérer » une information chiffrée, un lieu, une date, un prix, une heure, un numéro de téléphone. La réponse attendue est un mot ou un groupe de mots.
Après avoir pris connaissance de l'échelle de Compréhension générale de l'oral reproduite ci-dessous, dites et justifiez à quel(s) niveau(x) de l'échelle le sous test devrait se situer. ➢ Les sous échelles de compréhension de l'oral du CECR 4.4.2.1 ainsi que celles qui s'y rapportent peuvent servir de référence	Niveau : Niveau A1 du CECR
	Justification (y compris références documentaires)

Testspezifikationen A2 (Leseverstehen)

Compréhension de l'écrit	Brève description et/ou référence
Dans quelles situations, catégories de contenu et domaines attend-on des candidats qu'ils prouvent leur compétence ? ➢ Le Tableau 5 dans le CECR 4.1 peut servir de référence	**Domaine personnel** Lieux (chez des amis), institutions (famille, réseaux sociaux) ; Personnes (parents, camarades de classe, amis…) ; Evénements (rencontres, anniversaires, fêtes, vacances) ; Objets (téléphone portable, argent) ; Actes (gestes de la vie quotidienne, activités sportives et loisirs…) ; Textes (agenda, messagerie électronique, bloc-notes). **Domaine public** Lieux publics (rue, parc, transports en commun, magasins, cinéma, bibliothèque, musée, plage, pays) ; Personnes (simples citoyens, vendeurs dans un magasin) ; Evénements (spectacles, expositions, fêtes) ; Objets (permis de conduire, plan de métro, carte SNCF, billets, téléphone portable, DVD, ordinateur…) ; Actes (achats, voyages par : train/route/avion, sorties/loisirs, respect de l'environnement) ; Textes (billets de train, horaires, annonces, panneaux, affiches, pancartes, publicité, annuaire, plan ou carte, …). **Domaine éducationnel** Lieux (école) ; Institutions ; Personnes (professeurs, élèves) ; Evénements (festival de la science) ; Objets (emploi du temps) ; Actes (travail personnel, recherche de correspondant) ; (Textes : petite annonce, article de journal, messagerie électronique) **Domaine professionnel**
Quels sont les thèmes de communication que les candidats doivent être capables de traiter ? Les listes du CECR 4.2 peuvent servir de référence	Vie quotidienne, loisirs (cinéma, concert, sports), voyages, relations avec les autres, santé, éducation, achats, services, lieux.
Quelles activités communicatives les candidats doivent-ils être capables d'effectuer ? ➢ Les listes du CECR 4.3 peuvent servir de référence	Identifier des faits et des informations de documents écrits, correspondant à des situations simples de la vie quotidienne.
Quels types d'activités communicatives et quelles stratégies les candidats doivent-ils être capables de mettre en œuvre ? ➢ Les listes du CECR 4.4.2.1 peuvent servir de référence	➢ Comprendre des textes très courts et très simples. ➢ Reconnaître les noms, les mots et les expressions les plus courants dans les situations ordinaires de la vie quotidienne. ➢ Saisir le contenu d'un texte informatif assez simple accompagné d'un document visuel. ➢ Comprendre des indications brèves et simples. ➢ Trouver un renseignement spécifique et prévisible dans des documents courants simples. ➢ Suivre des indications brèves et simples pour aller d'un point à un autre. ➢ Identifier une opinion. ➢ Comprendre l'intention de communication. ➢ Choisir un titre pour un document ou dire à quelle question répond un texte.
Quels types de textes et de quelle longueur attend-on que les candidats soient capables de traiter ? ➢ Les listes du CECR 4.6.2 et 4.6.3 peuvent servir de référence	Documents écrits courts et simples; messages électroniques, publicités, affiches, billets, recettes de cuisine, instructions, fiches, emploi du temps, annonces, plans ou cartes, horaires, annuaire, article avec support visuel…
Quelles sortes de tâches les candidats doivent-ils être capables d'exécuter ? ➢ La description du CECR 7.1, 7.2 et 7.3 peut servir de référence	▪ S'orienter dans le métro, dans un magasin ▪ Comprendre des consignes à l'aide de panneaux ou de dessins. ▪ Comprendre l'objet d'une petite annonce. ▪ Comprendre l'objet d'un petit article de journal ▪ Se repérer dans un emploi du temps.

	▪ Comprendre l'objet d'un email, d'une lettre au courrier des lecteurs ou d'une lettre personnelle ▪ Repérer un prix ▪ Comprendre des renseignements pratiques ▪ Se repérer dans les horaires de magasin, de cinéma ou de train ▪ Comprendre le message d'une publicité.
Après avoir pris connaissance de l'échelle de Compréhension générale de l'oral reproduite ci-dessous, dites et justifiez à quel(s) niveau(x) de l'échelle le sous test devrait se situer. ➢ Les sous échelles de compréhension de l'oral du CECR 4.4.2.1 ainsi que celles qui s'y rapportent peuvent servir de référence	Niveau : Niveau A2 du CECR
	Justification (y compris références documentaires)

Testspezifikationen B1 (Leseverstehen)

Compréhension de l'écrit	Brève description et/ou référence
Dans quelles situations, catégories de contenu et domaines attend-on des candidats qu'ils prouvent leur compétence ? ➢ Le Tableau 5 dans le CECR 4.1 peut servir de référence	**Domaine personnel** Institutions (famille, réseaux sociaux) ; Personnes (adolescents, parents,…) ; Objets (téléphone portable, argent, vêtements,) ; Actes : priorités et goûts, aventure amoureuse, importance de la religion, gérer son budget, sommeil, …) ; Textes (articles). **Domaine public** Lieux publics (rue, transports en commun, magasins, villes, pays, continents) ; Personnes (adolescents, enfants, adultes, auteurs, scientifiques, sportifs, téléspectateurs, cinéastes, acteurs, simples citoyens) ; Evénements (compétitions sportives, disparition d'espèces animales, concours, expositions, publication/succès d'un livre) ; Objets (sculptures, livre, télévision, vêtements, chocolat, carte SNCF, téléphone portable, bande dessinée…) ; Actes (achats, alimentation, voyages par : train/route/avion, pratique artistique, respect de l'environnement : protection des animaux, recyclage, ; Textes (panneaux, affiches, pancartes, publicité, résultats de sondage, articles, extraits d'œuvre littéraire, site Internet…) **Domaine éducationnel** Lieux (école, classe, restaurant) ; Institutions ; Personnes (professeurs, élèves, délégués de classe, cuisiniers) ; Evénements (examens, Jeux Olympiques) ; Objets (diplômes) ; Actes (stage, apprentissage, entraînement, études) ; Textes : article de journal **Domaine professionnel** Lieux, restaurant ; Institutions ; Personnes (professeurs, élèves, cuisiniers) ; Evénements (concours) ; Objets (argent) ; Actes (stage, apprentissage) ; Textes (article de journal,
Quels sont les thèmes de communication que les candidats doivent être capables de traiter ? Les listes du CECR 4.2 peuvent servir de référence	Vie quotidienne, loisirs (cinéma, sports, expositions, télévision), voyages, relations avec les autres, santé et bien-être (religion), éducation (sciences), environnement, achats (mode), services, lieux.
Quelles activités communicatives les candidats doivent-ils être capables d'effectuer ? ➢ Les listes du CECR 4.3 peuvent servir de référence	Identifier des faits et des informations de documents écrits, correspondant à des situations courantes de la vie quotidienne.
Quels types d'activités communicatives et quelles stratégies les candidats doivent-ils être capables de mettre en œuvre ? ➢ Les listes du CECR 4.4.2.1 peuvent servir de référence	➢ Comprendre des textes factuels sur des sujets courants. ➢ Réunir des informations provenant de différentes parties du texte. ➢ Saisir le contenu d'un texte informatif accompagné ou non d'un document visuel. ➢ Comprendre des indications dans des documents courants (affiches, prospectus, site Internet). ➢ Trouver un renseignement spécifique et prévisible dans des documents courants tels que lettres et prospectus. ➢ Identifier une opinion. ➢ Comprendre l'intention de communication. ➢ Comprendre la fonction d'un document ➢ Choisir un titre pour un document ou dire à quelle phrase résume un texte.
	Documents écrits de 60 à 80 mots : panneaux, affiches, sites Internet, résultats de sondage, articles avec ou sans support visuel, extraits d'œuvre littéraire…
Quelles sortes de tâches les candidats doivent-ils être capables d'exécuter ?	■ Comprendre l'objet d'un petit article de journal ou de type encyclopédique

➢ La description du CECR 7.1, 7.2 et 7.3 peut servir de référence	■ Comprendre le message d'un texte littéraire simple ■ Comprendre une information particulière ■ Comprendre des renseignements pratiques ■ Comprendre le message d'une publicité.
Après avoir pris connaissance de l'échelle de Compréhension générale de l'oral reproduite ci-dessous, dites et justifiez à quel(s) niveau(x) de l'échelle le sous test devrait se situer. ➢ Les sous échelles de compréhension de l'oral du CECR 4.4.2.1 ainsi que celles qui s'y rapportent peuvent servir de référence	Niveau : Niveau B1 du CECR
	Justification (y compris références documentaires)

Testspezifikationen B2 (Leseverstehen)

Compréhension de l'écrit	Brève description et/ou référence
Dans quelles situations, catégories de contenu et domaines attend-on des candidats qu'ils prouvent leur compétence ? ➤ Le Tableau 5 dans le CECR 4.1 peut servir de référence	**Domaine personnel** Lieux : domicile ; Institutions (famille, réseaux sociaux) ; Personnes (adolescents, parents,…) ; Objets (argent, vêtements,) ; Actes : pratique du sport ; priorités et goûts, questions d'identité, aventure amoureuse, importance des traditions, …) ; Textes (articles). **Domaine public** Lieux publics (bibliothèques, librairies, magasins, hôpitaux, prisons, musées, transports en commun, villes, pays, continents) ; Institutions : Office franco-allemand pour la Jeunesse ; Cité du cinéma ; Personnes : les Français, adolescents, enfants, adultes, auteurs, producteurs, sportifs, cinéastes, simples citoyens, enquêteurs, SDF; Evénements (compétitions sportives, expositions, fête du livre, fête de la BD, journée du fromage) ; Actes (achats, alimentation, voyages par : train/route/avion, trouver un emploi, un logement, protection de l'environnement ; Objets : fruits, légumes, fromages, livres, CDs, magazines, films, jeux vidéo, argent, voiture ; Textes (lettres au courrier des lecteurs, bande dessinée, résultats de sondage, articles, extraits d'œuvre littéraire, site Internet…) **Domaine éducationnel** Lieux : établissement scolaire, villes, pays) ; Institutions : Deutschmobiles et Francemobiles ; Personnes (animateurs, jeunes) ; Evénements (examens) ; Objets (diplômes) ; Actes (études) ; Textes : article de journal
Quels sont les thèmes de communication que les candidats doivent être capables de traiter ? Les listes du CECR 4.2 peuvent servir de référence	Caractérisation personnelle, vie quotidienne, loisirs (cinéma, sports, lecture, expositions, voyages, relations avec les autres, santé et bien-être (alimentation), éducation, environnement, achats (mode).
Quelles activités communicatives les candidats doivent-ils être capables d'effectuer ? ➤ Les listes du CECR 4.3 peuvent servir de référence	Comprendre des articles sur des problèmes contemporains et dans lesquels les auteurs adoptent une position ou un point de vue particuliers
Quels types d'activités communicatives et quelles stratégies les candidats doivent-ils être capables de mettre en œuvre ? ➤ Les listes du CECR 4.4.2.1 peuvent servir de référence	➤ Comprendre la correspondance ➤ Lire pour s'informer et discuter
	Documents écrits de 80 à 100 mots : Textes (lettres au courrier des lecteurs, bande dessinée, résultats de sondage, articles, extraits d'œuvre littéraire, site Internet…)
Quelles sortes de tâches les candidats doivent-ils être capables d'exécuter ? ➤ La description du CECR 7.1, 7.2 et 7.3 peut servir de référence	• Saisir le contenu d'un texte informatif accompagné ou non d'un document visuel. • Trouver un renseignement spécifique • Identifier une opinion. • Choisir un titre pour un document ou dire à quelle phrase résume un texte.
Après avoir pris connaissance de l'échelle de Compréhension générale de l'oral reproduite ci-dessous, dites et justifiez à quel(s) niveau(x) de l'échelle le sous test devrait se situer. ➤ Les sous échelles de compréhension de l'oral du CECR 4.4.2.1 ainsi que celles qui s'y rapportent peuvent servir de référence	Niveau : Niveau B2 du CECR Justification (y compris références documentaires)

Testspezifikationen C1 (Leseverstehen)

Compréhension de l'écrit	Brève description et/ou référence
Dans quelles situations, catégories de contenu et domaines attend-on des candidats qu'ils prouvent leur compétence ? ➢ Le Tableau 5 dans le CECR 4.1 peut servir de référence	**Domaine personnel** Personnes : l'amoureuse ; le chanteur Renaud; Actes : aimer, chanter, …) ; Textes (articles, extraits d'oeuvre littéraire). **Domaine public** Lieux publics : établissements scolaires, villes, pays ; Institutions : UNICEF, Parlement européen des Jeunes ; Personnes : les Français, les Sénégalais, les Européens, adolescents, adultes, simples citoyens, téléspectateurs ; Evénements : lancement d'une campagne de sensibilisation ; Actes : chanter, écouter, obéir aux règles, mobiliser l'opinion, se familiariser avec les modes de vie d'autres pays ; Objets : livres, spot publicitaire, personnages de fiction; Textes : article de journal, extraits d'œuvre littéraire, site Internet… **Domaine éducationnel** Lieux : établissement scolaire, villes, pays ; Institutions : Éducation Nationale, Parlement européen des jeunes ; Personnes : professeur, élèves ; Evénements : la rentrée ; Objets : livre, cartable ; Actes : lire, se familiariser avec les modes de vie d'autres pays ; Textes (articles, extraits d'oeuvre littéraire).
Quels sont les thèmes de communication que les candidats doivent être capables de traiter ? Les listes du CECR 4.2 peuvent servir de référence	Caractérisation personnelle, vie quotidienne, voyages, relations avec les autres, bien-être, éducation, langues étrangères.
Quelles activités communicatives les candidats doivent-ils être capables d'effectuer ? ➢ Les listes du CECR 4.3 peuvent servir de référence	Comprendre dans le détail une gamme étendue de textes que l'on peut rencontrer dans la vie sociale, professionnelle ou universitaire et identifier des points de détail fins, y compris les attitudes, que les opinions soient exposées ou implicites.
Quels types d'activités communicatives et quelles stratégies les candidats doivent-ils être capables de mettre en œuvre ? ➢ Les listes du CECR 4.4.2.1 peuvent servir de référence	➢ Lire un extrait de texte littéraire ➢ Lire pour s'informer et discuter
	Documents écrits de 100 à 120 mots : Textes (articles, extraits d'œuvre littéraire, site Internet…)
Quelles sortes de tâches les candidats doivent-ils être capables d'exécuter ? ➢ La description du CECR 7.1, 7.2 et 7.3 peut servir de référence	▪ Saisir le contenu d'un texte informatif accompagné ou non d'un document visuel. ▪ Trouver un renseignement spécifique ▪ Identifier une opinion. ▪ Dire quelle phrase résume un texte.
Après avoir pris connaissance de l'échelle de Compréhension générale de l'oral reproduite ci-dessous, dites et justifiez à quel(s) niveau(x) de l'échelle le sous test devrait se situer. ➢ Les sous échelles de compréhension de l'oral du CECR 4.4.2.1 ainsi que celles qui s'y rapportent peuvent servir de référence	Niveau : Niveau C1 du CECR Justification (y compris références documentaires)

Testspezifikationen A1 (Schreiben)

Production écrite	Brève description et/ou référence
Dans quelle situation, catégorie de contenu et quels domaines attend-on des candidats qu'ils prouvent leur compétence ? ➢ Le Tableau 5 dans le CECR 4.1 peut servir de référence	Domaine personnel. Situations : familles, réseaux sociaux, personnes, Domaine public. Situations : correspondance • Quotidien
Quels sont les thèmes de communication que les candidats doivent être capables de traiter ? ➢ Les listes du CECR 4.2 peuvent servir de référence	Caractérisation personnelle, vie quotidienne et loisirs
Quelles activités communicatives les candidats doivent-ils être capables d'effectuer ? ➢ Les listes du CECR 4.3 peuvent servir de référence	Rédiger un e-mail pour se présenter, parler de sa vie quotidienne et formuler une question. Utiliser les formes les plus élémentaires de l'accueil et de la prise de congé. Choisir un registre de langue adapté au destinataire (tu/vous). Ecrire des phrases et des expressions simples sur soi-même et ses activités.
Quelles activités communicatives et quelles stratégies les candidats doivent-ils être capables de mettre en œuvre ? ➢ Les listes du CECR 4.4.2.1 peuvent servir de référence	▪ Utiliser les formes les plus élémentaires de l'accueil et de la prise de congé. ▪ Ecrire sur des aspects quotidiens de son environnement, par exemple les gens, les lieux, le temps, les loisirs. ▪ Choisir un registre de langue adapté au destinataire (tu/vous). ▪ Rédiger des phrases et des expressions simples sur soi-même et ses activités.
Quels types de textes et de quelle longueur attend-on que les candidats soient capables de traiter ? ➢ Les listes du CECR 4.6.2 et 4.6.3 peuvent servir de référence	Minimum 30 mots.
Quelles sortes de tâches les candidats doivent-ils être capables d'exécuter ? ➢ La description du CECR 7.1, 7.2 et 7.3 peut servir de référence	▪ Ecrire un e-mail ▪ Se présenter ▪ Présenter sa famille ▪ Parler de ses activités ▪ Formuler une question
Après avoir pris connaissance de l'échelle de Compréhension générale de l'oral reproduite ci-dessous, dites et justifiez à quel(s) niveau(x) de l'échelle le sous test devrait se situer. ➢ Les sous échelles de compréhension de l'oral du CECR 4.4.2.1 ainsi que celles qui se rapportent à la même habileté peuvent servir de référence	Niveau CECR : A1 Justification (y compris références documentaires) Voir les sous-échelles CECR et KMK ci-dessous.

Testspezifikationen A2 (Schreiben)

Production écrite	Brève description et/ou référence
Dans quelle situation, catégorie de contenu et quels domaines attend-on des candidats qu'ils prouvent leur compétence ? ➢ Le Tableau 5 dans le CECR 4.1 peut servir de référence	Domaine personnel. Situations : familles, réseaux sociaux Situations : vie familiale et sociale • Quotidien
Quels sont les thèmes de communication que les candidats doivent être capables de traiter ? ➢ Les listes du CECR 4.2 peuvent servir de référence	S'excuser, raconter simplement au passé, décrire, s'excuser, expliquer
Quelles activités communicatives les candidats doivent-ils être capables d'effectuer ? ➢ Les listes du CECR 4.3 peuvent servir de référence	Rédiger un petit texte pour s'excuser Choisir un registre de langue adapté au destinataire (tu/vous). Ecrire des phrases et des expressions simples pour expliquer, s'excuser et s'engager à
Quelles activités communicatives et quelles stratégies les candidats doivent-ils être capables de mettre en œuvre ? ➢ Les listes du CECR 4.4.2.1 peuvent servir de référence	▪ Ecrire un texte bref et cohérent pour expliquer, s'excuser et s'engager à ▪ Choisir un registre de langue adapté au destinataire (excuse) ▪ Rédiger des phrases et des expressions simples. ▪ Repérer les mots clés du document support et de la consigne ▪ Repérer que la consigne se compose de 2 parties, la 1ère donnant des éléments de réponse pour la 2ème
Quels types de textes et de quelle longueur attend-on que les candidats soient capables de traiter ? ➢ Les listes du CECR 4.6.2 et 4.6.3 peuvent servir de référence	Minimum 40 mots.
Quelles sortes de tâches les candidats doivent-ils être capables d'exécuter ? ➢ La description du CECR 7.1, 7.2 et 7.3 peut servir de référence	▪ Ecrire un court message informel ▪ Raconter, expliquer, s'excuser, s'engager à
Après avoir pris connaissance de l'échelle de Compréhension générale de l'oral reproduite ci-dessous, dites et justifiez à quel(s) niveau(x) de l'échelle le sous test devrait se situer. ➢ Les sous échelles de compréhension de l'oral du CECR 4.4.2.1 ainsi que celles qui se rapportent à la même habileté peuvent servir de référence	Niveau CECR : A2 Justification (y compris références documentaires) Voir les sous-échelles CECR et KMK ci-dessous.

Testspezifikationen B1 (Schreiben)

Production écrite	Brève description et/ou référence
Dans quelle situation, catégorie de contenu et quels domaines attend-on des candidats qu'ils prouvent leur compétence ? ➢ Le Tableau 5 dans le CECR 4.1 peut servir de référence	Domaine personnel. Situations : amicale ; Relater un différend
Quels sont les thèmes de communication que les candidats doivent être capables de traiter ? ➢ Les listes du CECR 4.2 peuvent servir de référence	Vie quotidienne • Quotidien • Interculturel (civilisation)
Quelles activités communicatives les candidats doivent-ils être capables d'effectuer ? ➢ Les listes du CECR 4.3 peuvent servir de référence	Rédiger un petit texte pour raconter une dispute. Choisir un registre de langue adapté au destinataire (tu/vous). Eventuellement donner un conseil Peut faire le compte rendu d'expériences en décrivant ses sentiments et ses réactions dans un texte simple et articulé.
Quelles activités communicatives et quelles stratégies les candidats doivent-ils être capables de mettre en œuvre ? ➢ Les listes du CECR 4.4.2.1 peuvent servir de référence	▪ Relater une dispute ▪ Choisir un registre de langue adapté au destinataire (tu/vous).
Quels types de textes et de quelle longueur attend-on que les candidats soient capables de traiter ? ➢ Les listes du CECR 4.6.2 et 4.6.3 peuvent servir de référence	Minimum 60 mots.
Quelles sortes de tâches les candidats doivent-ils être capables d'exécuter ? ➢ La description du CECR 7.1, 7.2 et 7.3 peut servir de référence	▪ Ecrire une lettre
Après avoir pris connaissance de l'échelle de Compréhension générale de l'oral reproduite ci-dessous, dites et justifiez à quel(s) niveau(x) de l'échelle le sous test devrait se situer. ➢ Les sous échelles de compréhension de l'oral du CECR 4.4.2.1 ainsi que celles qui se rapportent à la même habileté peuvent servir de référence	Niveau CECR : B1
	Justification (y compris références documentaires) Voir les sous-échelles CECR et KMK ci-dessous.

Testspezifikationen B2 (Schreiben)

Production écrite	Brève description et/ou référence
Dans quelle situation, catégorie de contenu et quels domaines attend-on des candidats qu'ils prouvent leur compétence ? ➤ Le Tableau 5 dans le CECR 4.1 peut servir de référence	Domaine public. Situations : formelle. Participer à un forum, donner son opinion et la justifier.
Quels sont les thèmes de communication que les candidats doivent être capables de traiter ? ➤ Les listes du CECR 4.2 peuvent servir de référence	Vie quotidienne • Esthétique • Humanisme
Quelles activités communicatives les candidats doivent-ils être capables d'effectuer ? ➤ Les listes du CECR 4.3 peuvent servir de référence	Rédiger une dissertation sur Choisir un registre de langue adapté aux destinataires : s'adresser à un groupe destinataires inconnus (forum). Donner son opinion, la justifier, argumenter.
Quelles activités communicatives et quelles stratégies les candidats doivent-ils être capables de mettre en œuvre ? ➤ Les listes du CECR 4.4.2.1 peuvent servir de référence	▪ Donner son opinion ▪ Justifier son opinion ▪ argumenter
Quels types de textes et de quelle longueur attend-on que les candidats soient capables de traiter ? ➤ Les listes du CECR 4.6.2 et 4.6.3 peuvent servir de référence	Minimum 100 mots.
Quelles sortes de tâches les candidats doivent-ils être capables d'exécuter ? ➤ La description du CECR 7.1, 7.2 et 7.3 peut servir de référence	▪ Participer à un forum
Après avoir pris connaissance de l'échelle de Compréhension générale de l'oral reproduite ci-dessous, dites et justifiez à quel(s) niveau(x) de l'échelle le sous test devrait se situer. ➤ Les sous échelles de compréhension de l'oral du CECR 4.4.2.1 ainsi que celles qui se rapportent à la même habileté peuvent servir de référence	Niveau CECR : B2 Justification (y compris références documentaires) Voir les sous-échelles CECR ci-dessous.

Testspezifikationen C1 (Schreiben)

Production écrite	Brève description et/ou référence
Dans quelle situation, catégorie de contenu et quels domaines attend-on des candidats qu'ils prouvent leur compétence ? ➢ Le Tableau 5 dans le CECR 4.1 peut servir de référence	Domaine public Situations : formelle. Ecrire une dissertation pour donner son avis sur.
Quels sont les thèmes de communication que les candidats doivent être capables de traiter ? ➢ Les listes du CECR 4.2 peuvent servir de référence	Vie quotidienne • Esthétique • Interculturel (civilisation) • Sport et médias
Quelles activités communicatives les candidats doivent-ils être capables d'effectuer ? ➢ Les listes du CECR 4.3 peuvent servir de référence	Ecrire une dissertation pour donner son avis sur un sujet de société Choisir un registre de langue adapté au type discursif demandé Argumenter sa position
Quelles activités communicatives et quelles stratégies les candidats doivent-ils être capables de mettre en œuvre ? ➢ Les listes du CECR 4.4.2.1 peuvent servir de référence	▪ Présenter des faits ▪ Présenter une idée ▪ Argumenter pour la justifier ▪ Expliquer un choix ou une préférence
Quels types de textes et de quelle longueur attend-on que les candidats soient capables de traiter ? ➢ Les listes du CECR 4.6.2 et 4.6.3 peuvent servir de référence	Minimum 120 mots.
Quelles sortes de tâches les candidats doivent-ils être capables d'exécuter ? ➢ La description du CECR 7.1, 7.2 et 7.3 peut servir de référence	▪ Ecrire une dissertation sur un thème de société
Après avoir pris connaissance de l'échelle de Compréhension générale de l'oral reproduite ci-dessous, dites et justifiez à quel(s) niveau(x) de l'échelle le sous test devrait se situer. ➢ Les sous échelles de compréhension de l'oral du CECR 4.4.2.1 ainsi que celles qui se rapportent à la même habileté peuvent servir de référence	Niveau CECR : C1 Justification (y compris références documentaires) Voir les sous-échelles CECR ci-dessous.

Autorinnen und Autoren

Daniela Caspari
Freie Universität Berlin, Professorin für Didaktik der romanischen Sprachen und Literaturen

Rüdiger Grotjahn
Ruhr-Universität Bochum, Professor am Seminar für Sprachlehrforschung

Karin Kleppin
Ruhr-Universität Bochum, Professorin am Seminar für Sprachlehrforschung

Olaf Köller
vormals Direktor am IQB, seit 1.10.09 Professor am IPN – Leibniz-Institut für die Pädagogik der Naturwissenschaften an der Universität Kiel

Eynar Leupold
Pädagogische Hochschule Freiburg, Professor für Didaktik der französischen Sprache und Literatur

Raphaela Porsch
Institut zur Qualitätsentwicklung im Bildungswesen/Humboldt-Universität Berlin, Wissenschaftliche Mitarbeiterin im Projekt Französisch (SEKI)

Bernd Tesch
Institut zur Qualitätsentwicklung im Bildungswesen/Humboldt-Universität Berlin, Koordinator des Projekts Französisch am IQB (SEKI)

André A. Rupp, Miriam Vock,
Claudia Harsch, Olaf Köller

Volume 1: Developing Standards-based Assessment Tasks for English as a First Foreign Language

Context, Processes, and Outcomes in Germany

In collaboration with: Rita Green, Michael Leucht, Daniela Neumann, Raphaela Oehler, Hans-Anand Pant, Henning Rossa & Konrad Schröder
2008, 184 pages, pb, 24,90 €, ISBN 978-3-8309-1943-8

This report is the first in a multi-part technical report series that describes the development, calibration, and validation of standards-based tests for English as a first foreign language at the Institute for Educational Progress (*Institut zur Qualitätsentwicklung im Bildungswesen, IQB*) in Berlin, Germany. It describes the process of task development in alignment with the National Educational Standards (NES) (*Länderübergreifende Bildungsstandards*) for English as a first foreign language at the secondary level for the *Hauptschulabschluss* and the *Mittlerer Schulabschluss*. The objective of this first volume is to provide a transparent description of the task development process that illustrates the numerous decisions that were made during this process to make overt the resulting consequences for interpreting scores from the standards-based tests as well as the decisions that could be based on these interpretations.

This volume comprises background information about the context within which the NES were formulated, the theoretical frameworks for the test development, the test specifications and constructs, as well as a detailed description of the item writing process. Furthermore, key results from various pre-trials that were conducted to obtain preliminary empirical evidence for the functioning of the items are presented, and the pool of newly developed English tasks is characterized.

Claudia Harsch, Hans Anand Pant, Olaf Köller (Eds.)

Volume 2:
Calibrating Standards-based Assessment Tasks for English as a First Foreign Language

Standard-setting Procedures in Germany

2010, 188 pages, pb, 24,90 €, ISBN 978-3-8309-2299-5

This report is the second in a multi-part technical report series describing the development, calibration and validation of standards-based tests for English as a first foreign language at the *Institute for Educational Progress (Institut zur Qualitätsentwicklung im Blidungswesen, IQB)* in Berlin, Germany. It details the empirical basis of the calibration of the test item pool and criterion-referenced standard-setting procedures. The aim is to make transparent the decisions, methods and procedures which led to the setting of cut scores in alignment with the *National Educational Standards (NES)* (i.e., the *Länderübergreifende Bildungsstandards*) and the *Common European Framework of Reference for Languages (CEF)* for English as a first foreign language. Standards were set for the lower secondary school level of *Hauptschulabschluss* and *Mittlerer Bildungsabschluss*.

This second report describes the process of relating the standards-based proficiency tests to the CEF levels, delineating the purpose of the tests, the aims of the standard-setting procedures, the rationale of the chosen procedures, and the use of the *Manual for Linking Language Examinations to the CEF*. This is followed by a detailed description of the two standard-setting methods employed, the Bookmark method and the computer-assisted Criterion Mapping method—developed and implemented by *The Berkeley Evaluation and Assessment Research (BEAR) Center,* University of California. This volume provides information on how the standard-setting sessions were conducted in collaboration with *BEAR* Center, and describes procedures, data gathering, and issues and problems which arose during the course of the study. The report concludes with a synthesis of the standard-setting study's results, and discusses the implications of how these results are reported and presented to stakeholders and policy makers.